- Urlaubsziel Gomera
- Reisetipps A–Z
- Osten
- Süden
- Westen
- Norden
- Nationalpark Garajonay
- Wanderungen
- Anhang

Izabella Gawin
Insel Gomera

„Heute jedenfalls waren die Berge
von Valle Gran Rey schon lange
kein Schutz mehr vor dem Treiben der Welt
und vor deren Verkommenheit ...
Nun wird auch hier geklaut, gekifft und gekokst,
und dann und wann wird einer erschossen"

Janosch

Impressum

Izabella Gawin
Insel Gomera
erschienen im
REISE KNOW-HOW Verlag Peter Rump GmbH
Osnabrücker Str. 79, 33649 Bielefeld

© Peter Rump 2001, 2003, 2005, 2007, 2009, 2011
7., neu bearbeitete und komplett aktualisierte Auflage 2012
Alle Rechte vorbehalten.

Gestaltung
  Umschlag: G. Pawlak, P. Rump (Layout);
    Barbara Bossinger (Realisierung)
  Inhalt: G. Pawlak (Layout), Barbara Bossinger (Realisierung)
  Karten: Catherine Raisin, Thomas Buri, der Verlag
  Fotos: Izabella Gawin und Dieter Schulze (gs),
    Caroline Tiemann (ct), Thomas Müller (tm), Hotel Gran Rey/
    Valle Gran Rey (hgr), Patronato de Gomera (pdg),
    Magmar Watersport (ma)
  Titelfoto: Hotel Gran Rey/Valle Gran Rey

Lektorat: Caroline Tiemann
Lektorat (Aktualisierung): Barbara Bossinger

Druck und Bindung: Media Print, Paderborn

ISBN 978-3-8317-2210-5
Printed in Germany

Dieses Buch ist erhältlich in jeder Buchhandlung
Deutschlands, der Schweiz, Österreichs, Belgiens
und der Niederlande. Bitte informieren Sie Ihren
Buchhändler über folgende Bezugsadressen:

Deutschland
  Prolit GmbH, Postfach 9,
  D-35461 Fernwald (Annerod)
  sowie alle Barsortimente
Schweiz
  AVA Verlagsauslieferung AG,
  Postfach 27, CH-8910 Affoltern
Österreich
  Mohr Morawa Buchvertrieb GmbH,
  Sulzengasse 2, A-1230 Wien
Niederlande, Belgien
  Willems Adventure, www.willemsadventure.nl

Wer im Buchhandel trotzdem kein Glück hat,
bekommt unsere Bücher auch über unseren
Büchershop im Internet: www.reise-know-how.de

Wir freuen uns über Kritik, Kommentare und Verbesserungsvorschläge, gern per E-Mail an info@reise-know-how.de.
Alle Informationen in diesem Buch sind von der Autorin mit größter Sorgfalt gesammelt und vom Lektorat des Verlages gewissenhaft bearbeitet und überprüft worden. Da inhaltliche und sachliche Fehler nicht ausgeschlossen werden können, erklärt der Verlag, dass alle Angaben im Sinne der Produkthaftung ohne Garantie erfolgen und dass Verlag wie Autorin keinerlei Verantwortung und Haftung für inhaltliche und sachliche Fehler übernehmen. Die Nennung von Firmen und ihren Produkten und ihre Reihenfolge sind als Beispiel ohne Wertung gegenüber anderen anzusehen. Qualitäts- und Quantitätsangaben sind rein subjektive Einschätzungen der Autorin und dienen keinesfalls der Bewerbung von Firmen oder Produkten.

Izabella Gawin

Insel Gomera
mit 20 Wanderungen

REISE KNOW-HOW im Internet

www.reise-know-how.de

- Ergänzungen nach Redaktionsschluss
- kostenlose Zusatzinfos und Downloads
- das komplette Verlagsprogramm
- aktuelle Erscheinungstermine
- Newsletter abonnieren

Bequem einkaufen im Verlagsshop mit Sonderangeboten

Vorwort

Wer nach Gomera fährt, sucht weder Animation noch rauschendes Nightlife, weder kilometerlangen Strand noch Eisbein & Sauerkraut. Der Kontrast zu den touristischen Zentren im Süden Teneriffas könnte größer nicht sein. Dort die vielstöckigen Bettenburgen direkt am Meer, hier überschaubare Orte mit kleinen Häusern, gedrosseltes Tempo, Erholung und Ruhe.

Natürlich hat sich auch auf Gomera in den vergangenen Jahrzehnten einiges verändert. Als deutsche Blumenkinder die Insel entdeckten, gab es noch keine breiten, von der EU finanzierten Straßen, keine kühn durchs Gebirge geschlagenen Tunnel. Die Fahrt vom Hafen San Sebastián zur anderen Inselseite dauerte vier Stunden, es gab keine Mietautos, nur klapprige Busse, die sich über die kurvenreiche Piste quälten und manches Mal liegen blieben. Heute braucht man für die Strecke San Sebastián – Valle Gran Rey nur noch 90 Minuten. Selbst die abgelegensten Orte der Insel sind ans Verkehrsnetz angeschlossen, und dem Süden wurde gar ein Inlandsflughafen beschert.

Gomera ist die zweitkleinste und zugleich wildeste Insel des Kanarischen Archipels. Sie fasziniert mit urwüchsiger, abwechslungsreicher Natur – wie geschaffen zum Wandern. Binnen weniger Stunden erlebt man die unterschiedlichsten Landschaften: steil aufragende Felsfestungen und Palmenhaine, subtropische Täler und terrassierte, oft farbig leuchtende Hänge. Tatsächlich gibt es kaum einen Urlauber, der nicht wenigstens einmal seinen Ferienort verlässt, um zu einer Tour ins Zentrum der Insel aufzubrechen. Höchster Berg ist der Garajonay (1487 Meter), zu seinen Füßen erstreckt sich ein dschungelhafter Lorbeerwald mit uralten, knorrigen Bäumen. Huschende Wolkenschleier, geheimnisvolle Flechten und gurgelnde Bäche – wer hier wandert, hat genug Traumstoff für die kommende Nacht. Die 20 detailliert beschriebenen Wandertouren mit Karten helfen dem Gomera-Reisenden bei der Erkundung der schönsten Landschaften: Sie führen durch den Nationalpark, durch abgelegene Bergdörfer und einsame Canyons.

Ausführlich werden in diesem Buch auch die Urlaubszentren Valle Gran Rey und Playa Santiago sowie die Hauptstadt San Sebastián vorgestellt. Daneben wird besonderes Augenmerk auf die touristisch wenig erschlossenen Regionen im Norden der Insel gelegt. Neben zahlreichen Tipps zu sportlichen Aktivitäten, Kultur und Unterhaltung erhalten Leser fundierte Empfehlungen, wo sie gut wohnen und am besten essen können und wie sie preiswert Urlaub machen, ohne auf Qualität verzichten zu müssen. Ich wünsche Ihnen eine gute Reise!

Izabella Gawin

Inhalt

Vorwort 7
Kartenverzeichnis 11

Urlaubsziel Gomera

Was bietet die Insel? 14
Mildes Klima
   zu allen Jahreszeiten 14
Lavastrände und einsame Küsten 17
Schluchten und Nebelwald,
   Bananen und Palmen 21
Rieseneidechsen und Geckos 27
Feste und Folklore 29
Altkanarische Kultur 36
Geschichtlicher Überblick 37

Reisetipps A–Z

Anreise 50
Autofahren 57

Exkurse

- Gomerische Bananen – süß, fleckig und krumm 24
- Die Rieseneidechse – ein Fossil meldet sich zurück 28
- El Silbo – Renaissance einer Pfeifsprache 35
- Lorbeerwald verkehrstechnisch erschlossen – Umweltschutz à la Gomera 56
- Die grausam-schöne Beatriz – Karriere einer Hofdame 114
- Gomera in Öl und Acryl – Magischer Realismus à la Kolitscher 138
- Otto Mühl – Künstler und Kommunarde 144
- Fred Olsen – der reichste Gomero kommt aus Norwegen 164
- El Drago – der Drachenbaum von Agalán 170
- Das touristische Geschäft – von Siegern und Verlierern 211
- Gomera-Gecko gegen den Giganten Lacoste 216
- „Ort des Lichts" – die Bucht von Argaga 219
- Der musizierende Wal – König der Meere 222
- Seit über 30 Jahren – zu Gast bei Doña Efigenia 230
- Nicht nur für Naschmäuler – gomerischer Palmenhonig 244
- Castillo del Mar – die „Meeresburg" 252
- G-O-MER-A – Pepe Carvalhos Buchstabenwitz 266
- Auf dem höchsten Gipfel vereint – die Legende von Gara und Jonay 280
- In den Tiefen des Nebelwalds – Hexenzauber um Mitternacht 286

INHALT

Behinderte unterwegs	60
Busfahren	60
Diplomatische Vertretungen	61
Einkaufen und Mitbringsel	62
Einreisebestimmungen	66
Essen und Trinken	67
Flug- und Fährverbindungen zu den Nachbarinseln	73
Frauen	73
Geldfragen	74
Informationen	76
Internet	78
Karten	79
Kinder	80
Kleidung	82
Medizinische Versorgung	82
Nachtleben	84
Notfälle	84
Öffnungszeiten	85
Post	85
Routenvorschläge	86
Sicherheit	86
Sport und Erholung	88
Sprachurlaub	94
Taxi	94
Telefonieren	94
Unterkunft	96
Versicherungen	100
Zeitungen und Zeitschriften	101

Der zerklüftete Osten

Überblick	106
San Sebastián*	106
Barranco de la Villa	135
Playa de Avalos	140
Ermita de Nuestra Señora de Guadalupe	140
El Cabrito	141
Degollada de Peraza	144
Vegaipala und Jerduñe	146

Der sonnige Süden

Überblick	150
Playa Santiago*	150
Rund um Pastrana	166
Alajeró	168
Imada	174
La Dama und La Rajita	176

Der dramatische Westen

Überblick	180
Valle Gran Rey*	180
Mirador del Palmarejo	226
Arure	226
Las Hayas	229
El Cercado	229
Chipude	234

Der grüne Norden

Überblick	238
Chorros de Epina	238
Taguluche	239
Alojera	240
Tazo und Arguamul	245
Vallehermoso*	246
Tamargada	257
Las Rosas	258
Juego de Bolas	259
Agulo*	260
Lepe	266
Hermigua*	267

Nationalpark Garajonay

Überblick	280
Laguna Grande	286
Alto de Contadero	288

INHALT, WANDERUNGEN

Los Roques 289
El Cedro 291

Anhang

Literaturtipps 368
Entfernungstabelle 370
Kleine Sprachhilfe 371
Hilfe 379
Register 388
Zeichenerklärung 395
Die Autorin 396

* Die **hervorgehobenen Orte** sind die größten und bedeutendsten der Region. Im jeweiligen Kapitel findet sich ein Infokasten mit Hinweisen zu Busverbindungen, Touristinformationen, Banken, Gesundheitszentren etc.

Die 20 schönsten Wanderungen

Praktische Tipps 296
1. Aufstieg aus dem Tal des Großen Königs 302
2. Klettertour zu einem Wasserfall 305
3. Bergterrassen, Almen und ein Töpferdorf 307
4. Aussichtsrunde auf einem Hochplateau 311
5. Von Bergdorf zu Bergdorf 313
6. Paradiesischer Garten 317
7. Zwischen Himmel und Erde 318
8. Vom Hexenplatz zum höchsten Gipfel 321
9. Klassische Runde durch den Lorbeerwald 325
10. Steilaufstieg zum Nationalpark 329
11. Die rote Steilwand über Agulo 333
12. Wunderquellen und romantischer See 336
13. Vom Winde verweht – Kapellen und Geisterdörfer 339
14. Malerisches Bergdorf Imada 343
15. Schluchten und ein idyllischer Weiler 347
16. Schneejungfrau und gigantische Felsen 349
17. Von der Höhenstraße zur Südküste 353
18. Wohin die Füße tragen 358
19. Legendärer Drachenbaum 360
20. Schlucht des kleinen Ziegenbocks 363

Kartenverzeichnis

Inselkarten
Gomera, Übersicht Wanderungen ....Umschlag vorn
Gomera, Blattschnitt ....Umschlag hinten
Osten 108
Süden..152
Westen...181
Norden...240
Nationalpark Garajonay 282

Stadtpläne
San Sebastián 116
Playa Santiago 158
Valle Gran Rey, Überblick 184
Valle Gran Rey, La Calera 186
Valle Gran Rey, La Playa 192
Valle Gran Rey, Vueltas 204
Vallehermoso..249
Hermigua..270
Zeichenerklärung zu den Stadtplänen 395

Wanderkarten
Wanderungen 1 und 2 304
Wanderungen 3 und 4 310
Wanderungen 5 und 6 316
Wanderung 7 318
Wanderung 8 322
Wanderung 9 326
Wanderung 10 330
Wanderung 11 334
Wanderung 12 337
Wanderung 13 340
Wanderung 14 344
Wanderung 15 348
Wanderung 16 350
Wanderungen 17, 18 und 19 356
Wanderung 20 364

URLAUBSZIEL GOMERA

Urlaubsziel Gomera

Was bietet die Insel?

Gomera ist das ideale Reiseziel für alle, die Ruhe und Erholung in grandioser Natur suchen, kombiniert mit einem beschwingt-lockeren Ambiente und einer Hand voll Orte, an denen man Gleichgesinnte kennen lernen kann. Auch Reiseveranstalter haben den besonderen Reiz dieser Insel erkannt. Da heißt es, Gomera sei „ruhig und ursprünglich", oder an anderer Stelle: „ein Kleinod für den Naturfreund und Individualisten, der sich nicht scheut, auch etwas zu Fuß zu gehen". Noch hält sich die Zahl derer, die pauschal anreisen, in Grenzen. Die Bettenzahl beläuft sich gegenwärtig auf 5000 und soll sich höchstens verdoppeln; mehr Touristen, sagt die Inselregierung, kann Gomera auf Dauer nicht verkraften.

Mildes Klima zu allen Jahreszeiten

„Die Kanaren haben das beste Klima der Welt". Zu diesem Schluss kam eine amerikanische Universitätsstudie, die alle Urlaubsgebiete auf dem Erdball analysierte. Zwar liegt der Archipel auf der gleichen Höhe wie Florida und die Westsahara, doch das heißt nicht, dass das Klima dasselbe wäre. Drückend heiße und schwülwarme Witterung, wie für diese Breiten typisch, gibt es auf den Kanaren nicht. Hier herrscht **„ewiger Frühling":**

Die Nachttemperaturen liegen im Küstenbereich bei 14 °C bis 18 °C, unter 12 °C fallen sie selten. Die Tagestemperaturen bewegen sich **im Winter um die 21 °C,** im Sommer können sie im Norden auf über 25 °C, im Süden auf über 30 °C ansteigen. Eine leichte Brise sorgt für stete Abkühlung, verleitet freilich auch manch einen Urlauber, die Kraft der Sonne zu unterschätzen – selbst bei Verwendung eines hohen Lichtschutzfaktors sollte der Körper nicht zu lange den Strahlen ausgesetzt werden. Baden ist auf Gomera zu allen Jahreszeiten möglich; die Wassertemperaturen schwanken im Winter zwischen 17 °C und 21 °C, im Sommer zwischen 21 °C und 24 °C.

Aufgrund der Nähe zum Äquator bleibt es im Winter bedeutend länger hell als in Mitteleuropa. Noch der kürzeste Tag dauert knapp 11 Stunden, die Sonne steht weit oben und „fällt dann steil ab ins Meer". In Valle Gran Rey sind viele Urlauber von diesem Schauspiel so begeistert, dass sie sich Abend für Abend am

MILDES KLIMA ZU ALLEN JAHRESZEITEN

Tages- und Nachttemperatur in °C

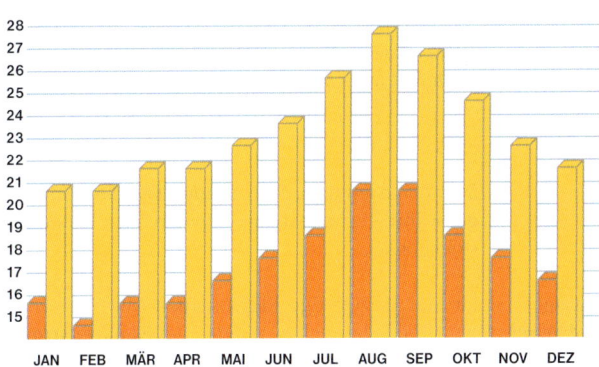

Wassertemperatur in °C

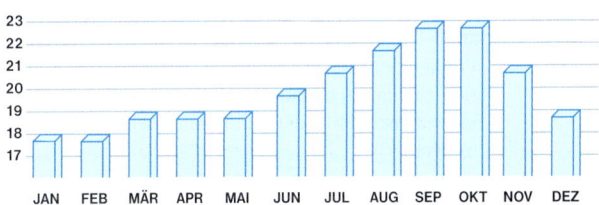

Regentage pro Monat

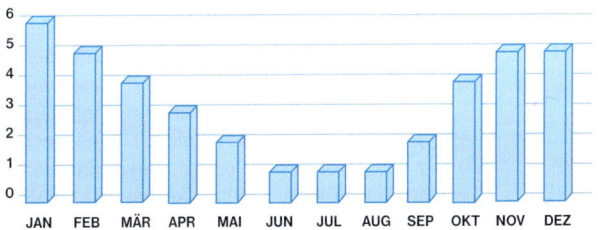

Die genannten Daten sind Durchschnittswerte, die sich auf Valle Gran Rey beziehen. In Playa Santiago ist es trockener und noch etwas wärmer, im Norden ist es vor allem in den Wintermonaten bedeutend feuchter, die Temperaturen liegen hier bis zu 3 °C niedriger.

Mildes Klima zu allen Jahreszeiten

> **Wettervorhersage**
>
> Die aktuelle Wettervorhersage für Gomera erhält man z.B. im Internet unter www.wetteronline.de/Spanien/LaGomera.htm.

Strand versammeln. Nur schade, dass die Dämmerung nicht länger währt – schon wenige Minuten nach Sonnenuntergang ist es stockdunkel.

Wasser und Wind Für das einzigartige Klima sorgen Meeresströmungen und die feuchten, atlantischen Winde. Der **Kanarenstrom** – so wird der auf der Höhe der Azoren abdriftende Ausläufer des Golfstroms genannt – dämpft die subtropischen Temperaturen. Für leichte Abkühlung sorgt auch der **Nordostpassat,** der im Spanischen *viento alisio* (elysischer Wind) heißt: Bei seinem Lauf über den Atlantik lädt er sich mit Feuchtigkeit auf und trägt sie in Form dichter Wolken heran. Sobald diese auf das Bergmassiv stoßen, stauen sie sich zu dichten Bänken, die im Tagesverlauf von den Bäumen „gekämmt" werden. Der Grundstein für eine üppige Vegetation ist damit gelegt.

Wetterscheide Das Gebirgsmassiv rund um den 1487 Meter hohen **Garajonay** wirkt als Wetterscheide, nur wenige Wolken stoßen nach Süden und Südwesten vor. Wie ein Wasserfall ergießen sie sich über den zentralen Kamm, um sich dann im heißen Süden sogleich aufzulösen. Dort muss man sich gedulden, bis der Wind einmal radikal umschwenkt und Regenwolken vom Äquator heranführt – das geschieht nur ein- oder zweimal im Jahr, manchmal auch gar nicht.

Häufiger ist da schon das – von den Gomeros gefürchtete – Einschwenken des Windes auf Südost. Dann sprechen die Einheimischen von *scirocco* oder *calima*, einem drückenden **Afrikawind.** Er führt feine, rötliche Sandpartikel mit sich, die sich wie eine Käseglocke über die Insel legen und das Atmen erschweren. Zum Glück ist der Spuk meist nach drei Tagen vorbei!

Schnee auf den Bergen Je höher man in die Berge hinaufsteigt, desto kühler wird es. Als Faustregel gilt, dass die Temperatur pro 100 Höhenmeter um etwa ein Grad sinkt. Besonders ausgeprägt sind die Klimaunterschiede

Lavastrände und einsame Küsten

im Winter. Da kann es geschehen, dass man in Playa Santiago oder Valle Gran Rey schwitzend in der Sonne liegt, während auf dem Garajonay Schneeflocken fallen.

Lavastrände und einsame Küsten

Wie eine **Felsfestung** erhebt sich Gomera aus den Fluten des Atlantiks, allseits von hohen, schroffen Klippen gesäumt. Knapp 100 Kilometer misst die Küste im Umfang, fast 80 Kilometer davon sind steil und unzugänglich. Nur dort, wo Schluchten ins Meer münden, haben sich kleine Strände ausbilden können. Über

Wilde Wellen an der Playa del Inglés im „Tal des Großen Königs"

Lavastrände und einsame Küsten

30 *playas* sind auf den Inselkarten verzeichnet, doch sollte man daran keine allzu hohen Erwartungen knüpfen: es gibt auf Gomera weder Dünen noch goldene Sandstrände. Die wenigen zum Baden geeigneten Plätze sind schmal und dunkel, und nicht bloß im Winter kann es passieren, dass sich das Meer in einer Sturmnacht den gesamten Sand einverleibt und nur Geröll an der Küste zurücklässt. Und dennoch: Es lohnt sich, die kleinen Buchten zu entdecken – die nachfolgende Übersicht soll bei der Suche helfen!

Westküste

Valle Gran Rey: Das „Tal des Großen Königs" bietet mit seinen dunklen, naturbelassenen Stränden die besten Bademöglichkeiten der Insel. Am Dorfstrand gibt es einen schmalen Sandabschnitt, breiter und zudem durch eine Mole geschützt ist der Strand in der Hafenbucht. Kleinkinder planschen an der Lagune Charco del Conde alias „Baby-Beach", Freunde des FKK treffen sich an der romantischen Playa del Inglés und in der „Schweinebucht".

Alojera: Die weite, schwarzsandige Bucht ist durch Wellenbrecher geschützt, sodass man sich problemlos erfrischen kann. Oberhalb der Bucht zweigt ein Fußweg in Richtung Norden ab, auf dem man in 20 Minuten einen schmalen Sandkiesstrand, den Puerto del Trigo, erreicht.

Nordküste

Vallehermoso: Der 200 Meter lange Steinstrand ist zwischen Felswänden herrlich gelegen, doch das Baden ist – wie fast überall an der wild-rauen Nordküste – fast das ganze Jahr über gefährlich. Erfrischen kann man sich aber im Meerwasserpool, der vorerst freilich nur im Sommer geöffnet ist. Dutzende von Betonquadern wurden aufgefahren, um die Anlage vor den anrollenden Brechern zu schützen.

Agulo: Zwei Strände sind auf den Karten eingetragen, doch nur an der dunkelsandigen, 150 Meter langen Playa de San Marcos

Die Playa del Inglés in Valle Gran Rey ist einer der schönsten Strände der Insel – zum Baden ist es allerdings meist zu gefährlich

LAVASTRÄNDE UND EINSAME KÜSTEN

kann man bei ruhiger See ins Wasser steigen. Man erreicht sie über die an Rathaus und Kirche vorbeiführende Straße, das letzte Stück geht man zu Fuß.

Hermigua: Der steinige Ortsstrand von Hermigua erstreckt sich am Rand ausgedehnter Bananenfelder. Wegen gefährlicher Strömungen und starker Brandung empfiehlt es sich, nur im östlich angrenzenden Naturschwimmbecken ins Wasser zu gehen – aber auch dort nur bei ruhiger See!

Der einzige Strand an der Nordküste, der diesen Namen verdient, ist die wild-romantische Playa de la Caleta. Der 180 Meter lange Kiessandstrand mit Bar und Umkleidekabinen liegt östlich von Hermigua und ist zu Fuß und mit dem Auto erreichbar.

LAVASTRÄNDE UND EINSAME KÜSTEN

Ostküste

San Sebastián: Neben dem nicht immer ganz sauberen Stadtstrand gibt es mit der künstlich angelegten Playa de la Cueva endlich einen empfehlenswerten Badestrand: über 200 Meter lang und vor der Brandung geschützt. In der Bucht befinden sich auch der städtische Segelclub mit Pool und ein gutes Restaurant.

Playa de Avalos: Ort mit touristischer Zukunft, sechs Kilometer nördlich San Sebastián (am Parador vorbei). Die Bucht mit Palmen und dunklem Sand ist schön gelegen, vorspringende Felsarme schützen vor Wellengang. Noch ein Stück nördlich, unweit der Ermita de Nuestra Señora de Guadalupe, folgen zwei Kiesstrände. Nur mit Boot erreichbar ist die Playa Zamora, eine kleine Sandbucht am Fuß steiler Klippen.

Playa de la Guancha: Über 350 Meter langer Steinstrand in einer weit geschwungenen, von hohen Felsen flankierten Bucht, sechs Kilometer südwestlich der Hauptstadt. Zu Fuß erreichbar (⇨Wanderung 20), selten per Boot!

El Cabrito: Malerische Kiessandbucht an der Mündung eines terrassierten, mit Obst und Gemüse bepflanzten Barrancos. Nur per Boot oder zu Fuß erreichbar (⇨Wanderung 20).

Südküste

Playa Santiago: Der einen Kilometer lange Ortsstrand hat nicht viel zu bieten, umso besser sind dafür die ans Hotel *Jardín Tecina* östlich angrenzenden, über eine Piste erreichbaren Strände. Auf die Playa de Tapahuga folgt die Playa del Medio, ein bei FKK-Freunden beliebter Kiessteinstrand in einer weit geschwungenen Bucht. Bei Ebbe kann man durch ein Felsöhr weiter vorstoßen zur Playa de Chinguarime: fast 600 Meter lang und herrlich einsam.

Cala Cantera und Playa de la Negra: zwei Strände im Südwesten, die nur per Boot oder zu Fuß erreichbar sind. Zur halbrunden Cala Cantera, wo um 1930 in einer Fischfabrik der *Caviar Gomero*, ein pikanter Brotaufstrich aus Fischeiern, erfunden wurde, gelangt man nach einer mehrstündigen Wanderung über einen Pfad, der an der Ermita de San Pedro (bei Alajeró) seinen Ausgang nimmt. Zur Playa de la Negra, dem „schwarzen" Strand in einer tief eingeschnittenen, von Tamarisken bewachsenen Bucht, kommt man am leichtesten von Arguayoda: zu Fuß vier Kilometer.

La Rajita: Seit Jahren gibt es Pläne, die Bucht touristisch aufzupolieren. Bis es so weit ist, kann man es sich am teils sandigen, teils steinigen Strand gut gehen lassen. Einsamkeit findet man auch an der sich südöstlich anschließenden, durch einen Felsrücken abgetrennten Bucht, der Playa de la Negra (s.o.).

Schluchten und Nebelwald, Bananen und Palmen

Eine Torte, aus der jedes zweite Stück herausgeschnitten wurde: so präsentiert sich Gomera aus der Vogelperspektive. Vom höchsten Punkt der Insel senken sich tiefe Canyons in alle Himmelsrichtungen zur Küste hinab. Doch nicht immer war die Insel so zerklüftet wie heute. Als sie vor 20 Millionen Jahren durch Vulkanausbrüche aus dem Meeresboden gehoben wurde, bildete sie eine sanft gewölbte Halbkugel. Später haben Wind und Wasser tiefe Schneisen ins Gestein gekerbt – im Spanischen bezeichnet man diese als **Barrancos.**

Botanische Gärten: Einheimisches und Exotisches

Für Botanikfreunde gibt es auf Gomera einige interessante Adressen. Rings um **Juego de Bolas,** das Besucherzentrum des Nationalparks, findet man alle wichtigen Pflanzen, mit lateinischem Namen säuberlich etikettiert. Ein Film veranschaulicht die verschiedenen Ökosysteme der Insel, auf Schautafeln wird der vulkanische Ursprung illustriert.

Vom Besucherzentrum ist es nicht weit zum **Jardín Botánico,** oft auch *Jardín del Descubrimiento* genannt: der „Garten der Entdeckungen" liegt an der Straße von Vallehermoso zum Strand und stellt jene fremden Pflanzen zur Schau, die im „biologischen Koffer" der Konquistadoren auf die Insel gelangten.

Wer in Playa Santiago vorbeikommt, kann bei einem Streifzug durch den Garten des Hotels **Jardín Tecina** exotische Flora aus aller Welt kennen lernen: vom gelb blühenden Akazienstrauch Tipuana Tipu über den afrikanischen Tulpenbaum bis zur bizarr verknorrten Madagaskar-Palme.

Interessant ist schließlich auch ein Besuch der **Finca Argaga** (nahe Valle Gran Rey); hier wird man in den Anbau von über 20 Arten tropischer Früchte eingeweiht.

Schluchten und Nebelwald, Bananen und Palmen

Schluchten und Nebelwald, Bananen und Palmen

Heute erinnert auf Gomera nur noch wenig an den vulkanischen Ursprung. Im Laufe der Zeit wurden Kegel und Krater abgetragen, nur das harte Gestein von Magmaschloten blieb erhalten. Zeugnisse dieses Verwitterungsprozesses sind gigantische Felsruinen wie der turmartige **Roque Agando** und die zum Tafelberg erstarrte Felsfestung **La Fortaleza**.

Lorbeerwald

Dank des ausgeglichenen Klimas und der Millionen von Jahren währenden Isolation der Insel konnte sich auf Gomera eine einzigartige Flora entwickeln. In einer Höhe von 600 bis 1500 Metern, wo die Passatwolken aufs Felsmassiv treffen und Niederschläge verursachen, hat sich der Lorbeer-Urwald **El Cedro** erhalten, der als **Nationalpark** geschützt und von der UNESCO zum „Welterbe" erklärt wurde. Meist ist der Wald in ein Wolkenmeer gehüllt und hat ein fast magisches Aussehen. Er ist ein „lebendiges Fossil", eines der letzten Überbleibsel aus dem Tertiär. Funde belegen, dass Lorbeerbäume einst auch rund ums Mittelmeer wuchsen; doch während sie dort infolge der Eiszeit ausstarben, vermochten sie auf dem Archipel dank warmer Meeresströmungen zu überleben.

Eine Wanderung durch den Nebelwald, im steten Wechselspiel von Licht und Schatten, gehört zu den Höhepunkten des Aufenthalts auf Gomera. Nirgendwo sonst ist man von einer so üppigen Flora umgeben: mannshoher Farn, flechten- und moosbewachsene Stämme sowie ein dichtes, immergrünes Blätterdach. Allein im Nationalpark gibt es 20 Baum- und über 120 Pflanzenarten!

Kleine Stauseen und Terrassenfelder – ein typischer Barranco

SCHLUCHTEN UND NEBELWALD, BANANEN UND PALMEN

Wüstenflora

Nach Süden zu geht der Lorbeerwald in **Kiefern- und Buschwald** über. Im Küstengebiet, wo keine Passatwolken je hingelangen, behaupten sich nur widerständige, an extreme Trockenheit angepasste Pflanzen. Es handelt sich meist um Dickblattgewächse, deren Blätter so fleischig-fest sind, dass der gespeicherte Wasservorrat nicht verdunsten kann. Auffälligste Vertreter dieser Gattung sind die **Kandelaberwolfsmilch,** deren meterhoch aufragende, armdicke Zweige an einen Kerzenleuchter erinnern, und der **Tabaiba-Strauch** mit seinen kleinen, blassgrünen Blättern. Ritzt man die Pflanzen ein, tritt ein milchiger Saft heraus, mit dem man nicht in Berührung kommen sollte: Er ist stark ätzend und kann Augen und Schleimhäute dauerhaft schädigen.

Am radikalsten hat sich der **Dornlattich** auf das wüstenhafte Klima eingestellt. Nur im Frühjahr bildet er Blätter und Blüten aus, ansonsten ist er nackt und bietet der Sonne keine unnötige Angriffs-

Gomerische Bananen – süß, fleckig und krumm

Die Gomeros zittern um ihre geliebten *plátanos,* das wichtigste Exportgut der Insel. Die „kanarische Banane", die seit 1900 in den Tälern des Nordens und Westens angepflanzt wird, stammt ursprünglich aus Kuba, ist aber kleiner und würziger als die heute bei uns verkaufte lateinamerikanische Züchtung. Jahrelang wurde die kanarische Banane durch Subventionen, festgesetzte Mindestpreise und Absatzgarantien gestützt. Doch damit soll jetzt Schluss sein: Die Regulierung des europäischen Bananenmarktes, so die Welthandelsorganisation, verstoße gegen internationales Handelsrecht. Deshalb lassen sich Importbeschränkungen der EU für ausländische Billigbananen nicht länger aufrechterhalten. Da nützt es nichts, dass einige Gomeros die kleine krumme durch eine große feste Banane ersetzt sehen wollen – mit dem hohen Lohnniveau, das es inzwischen auf den Kanaren gibt, wird sie der Konkurrenz aus Guatemala und Costa Rica unterlegen sein.

Was also werden die Bananenpflanzer künftig tun? Und was wird geschehen mit dem Bananenmeer im „Tal des großen Königs" und rund um Hermigua? Mit jedem Jahr, so steht zu befürchten, werden einige Hektar dem „touristischen Wohnungsbau" geopfert – in Valle Gran Rey hat der Ausverkauf schon begonnen.

fläche. Er verströmt einen unangenehmen Geruch, vor dem sogar Ziegen zurückschrecken.

Drachenbaum

Als **Wahrzeichen der Kanaren** gilt der Drachenbaum *(drago)*, auch er ein Relikt aus voreiszeitlicher Epoche. Streng genommen ist er gar kein Baum, sondern ein bis zu 20 Meter hoch wachsendes Liliengewächs. Charakteristisch ist der dicke, runde Stamm, der nicht aus Holz, sondern aus Fasern besteht. Ihm entspringt ein weit verzweigtes Geäst mit einem dichten Bündel lanzenförmiger Blätter. Auf Gomera hat sich nur ein einziges wild wachsendes Exemplar erhalten: der majestätische, jahrhundertealte **Drago de Agalán** (⇨Wanderung 19). Jüngere, zur Zierde angepflanzte Drachenbäume findet man in den Gärten von Hotels und Apartmenthäusern sowie im Stadtpark von San Sebastián.

Palmen
Auf über 100.000 Exemplare wird der Bestand an Palmen auf Gomera geschätzt. *La palma canaria*, die Kanarische Palme, wächst vor allem in quellenreichen Tälern wie dem Valle Gran Rey und im Barranco de Taguluche. Mit ihren bis zu dreieinhalb Meter langen Wedeln gilt sie als schönste ihrer Gattung und ist die kanarische Nutzpflanze schlechthin. Aus den Blättern werden Matten geflochten und aus dem Stamm Bienenkörbe geschnitzt. Das Harz dient zur Herstellung des **Palmenhonigs** – nur die leicht bitteren Dattelfrüchte werden verschmäht.

Dickblattgewächs

Bananenstauden und Palmen

Rieseneidechsen und Geckos

Aufgrund der isolierten Lage Gomeras haben nur wenige Säugetiere den „Sprung" auf die Insel geschafft. Auf den Booten der ersten Siedler kamen Nutztiere wie Ziege und Schaf, zugleich aber auch unfreiwillige Reisebegleiter wie Ratte und Fledermaus. Später brachten Konquistadoren das Kaninchen mit, damit sie auf der wildlosen Insel ihrer Jagdlust frönen konnten.

Vögel brauchten kein Transportmittel, um auf die Insel zu gelangen. Besonders häufig sind Kolkraben, Turmfalken und Blaumeisen, es gibt aber auch ein paar nur auf den Kanaren beheimatete Arten. Mit etwas Glück sieht man im Nationalpark die **Lorbeertaube,** die sich von den Früchten der dort wachsenden Bäume ernährt. Sie heißt *paloma rabiche (Columba junonae)* und hat es zum Wappentier Gomeras gebracht. Berühmt ist der Kanarienvogel, der – in seiner Wildform grüngrau und weniger stimmgewaltig – durch Züchtung zum gelbgefiederten Singvogel hochgepäppelt worden ist.

Die Rieseneidechse – ein Fossil meldet sich zurück

Es begann mit Exkrementen: Am 5. Juni 1999 fand ein Wissenschaftler in Quiebracanillas, einer schwer zugänglichen Schlucht im Westen der Insel, einen eingetrockneten Knödel, der so groß war, dass er nur von einer Rieseneidechse stammen konnte. „Mein Herz sprang vor Freude", erinnert sich *Aurelio Martín,* und ein zufriedenes Lächeln huscht über sein Gesicht. Nachdem Fallen aufgestellt worden waren, konnte man der staunenden Weltöffentlichkeit wenige Tage später verkünden: „Die 500 Jahre lang als ausgestorben geltende Eidechsenart *Gallotia gomerana* lebt!". Die sechs eingefangenen Rieseneidechsen (spanisch: *lagartos gigantes*) sind 50 Zentimeter lang und haben einen weißen Bauch sowie einen dunklen, feingeschuppten Rücken. Sie sind enge Verwandte der Rieseneidechse von El Hierro und Teneriffa, die gleichfalls erst vor wenigen Jahren wiederentdeckt wurden.

An der Universität La Laguna fand man heraus, dass es sich bei den Reptilien sowohl um Männchen als auch Weibchen handelte – die Reproduktion der Spezies ist also gesichert. Inzwischen hat man sie nach Gomera zurückgebracht und nahe der Playa del Inglés (Valle Gran Rey) mit 1 Mio. € EU-Geldern ein Terrarium gebaut. Aus 6 Tieren sind dank der Arbeit des Biologen *Mateo Miras* mittlerweile über 150 geworden – nun werden sie ausgewildert (www.gigantedelagomera.org).

Skinks und Geckos

Wie auch auf den Nachbarinseln, braucht man auf Gomera keine Angst vor giftigen Schlangen und Skorpionen zu haben. Doch was es gibt, mehr als vielen Bauern lieb ist, sind Eidechsen. Zwölf verschiedene Arten leben auf der Insel, davon ist die Hälfte endemisch, d.h., es gibt sie nur auf den Kanaren. Der Skink wird bis zu neun Zentimeter lang und ist an seinem glatten, tiefroten Schuppenkleid zu erkennen. Gern sonnt er sich zwischen Steinen an alten Mauern. Die sympathischen kleinen Geckos ziehen es vor, während der Tagesstunden zu schlafen – erst wenn es dunkel wird, werden sie munter. Im Zimmer laufen sie mit ihren kleinen Zehen, die mit je 200.000 Borsten bestückt sind, die Decke entlang und jagen Mücken und Käfer.

Feste und Folklore

Welch wunderbare Namen tragen doch die **Heiligen,** zu deren Ehren in den gomerischen Dörfern der Trommeltanz erklingt: Einmal ist es die „Schneejungfrau", das andere Mal die „Madonna des Kiefernbaums", dann Catalina und Carmen, Mercedes und Santa Rosa de Lima. Auf Gomera wird vor allem in den Sommermonaten viel gefeiert – und fast immer ist es eine weibliche Heilige, der es zu huldigen gilt.

Dabei liegen Frömmigkeit und Frohsinn erstaunlich eng beieinander. Meist beginnt die **Fiesta** mit Prozession und Messe, doch der religiöse Akt leitet rasch über zu einem ausgelassenen Veranstaltungsreigen, der sich über Tage und Wochen erstreckt und alles einschließt, was den Bewohnern Spaß macht: Sport und Spektakel, Tanz und Gesang, natürlich auch ein großer Schmaus, zu dem der Inselwein in Strömen fließt.

Eine Fiesta bietet Gästen eine gute Möglichkeit, kanarische Musik kennen zu lernen. Anfangs treten **Folkloregruppen** in ihren typischen Trachten auf; sie tanzen zu traditioneller, meist von lateinamerikanischen Rhythmen beeinflusster Musik. Balladenartige Gesänge erzählen von Liebe und Leidenschaft, Emigration und Tod. Zu den populärsten Ensembles zählen *Los Magos* aus Chipude und *Coros y Danzas* aus Hermigua/Agulo.

Zur Krönung des Auftritts ertönt der **Trommeltanz** *(baile del tambor):* Jüngere und ältere Männer greifen zu einer kleinen, mit Ziegenhaut bespannten Trommel und bearbeiten sie mit kräftigen, monotonen Schlägen. Dazu stimmen sie einen schleppenden Singsang an, der seine hypnotisierende Wirkung auf die Zuschauer nicht verfehlt. Mit erhobenen Armen und kleinen, wiegenden Schritten wippen und drehen sie sich stundenlang, ohne an Kraft zu verlieren. Unterstützt wird die seltsame Litanei von den halbkugeligen *chácaras*, aus dem Holz des Maulbeerbaums geschnitzten und auf Hochglanz polierten Kastagnetten. Sie werden mit erhobenem Arm kräftig aufeinander geschlagen – in der einen Hand ein Paar mit dunklem Klang (*macho* – männlich), in der anderen das hell tönende Paar (*hembra* – weiblich).

Sehnlichst auf die Zeit um Mitternacht warten die jugendlichen Gomeros. Denn nun treten einheimische **Rock- und Salsa-Bands** auf und heizen ihren Fans gebührend ein. Zum Abschluss der Fiesta dürfen sich dann alle an einem riesigen **Feuerwerk** erfreuen, das den nächtlichen Himmel erhellt.

Die schönsten Inselfeste

In der folgenden Übersicht werden alle bedeutenden **Fiestas** zusammengefasst, ergänzt um die **nationalen Feiertage.** Doch die Termine sind mit Vorsicht zu genießen, denn nicht selten verlegt die lokale Verwaltung die Fiesta auf das nachfolgende Wochenende, um auch den auf anderen Inseln lebenden Gomeros die Teilnahme zu ermöglichen. Den aktuell gültigen Festtagskalender *(calendario de fiestas)* bekommt man bei der Touristeninformation in San Sebastián.

●**1. Januar:** *Año Nuevo.* Kurz vor Mitternacht essen die Gomeros zu jedem der zwölf Glockenschläge eine Traube; danach wird Champagner getrunken und bis zum nächsten Morgen ausgelassen getanzt.
●**5. Januar:** *Cabalgata de los Reyes Magos.* Am 5. Januar, dem Vorabend des Dreikönigsfests, feiert man in Valle Gran Rey und andernorts die **Ankunft der Heiligen Drei Könige** mit einer großen Bonbon-Parade.
●**6. Januar:** *Los Reyes.* Brave Kinder bekommen am Tag der **Heiligen Drei Könige** *(Santos Reyes)* ihre „Weihnachtsgeschenke". In Valle Gran Rey führt eine farbenprächtige Prozession zur Ermita de los Reyes hinauf.
●**Anfang Februar:** *Festival Valle Luna.* Musik und Tanz im Valle Gran Rey.
●**20. Januar:** *Fiesta de San Sebastián.* In Gomeras Hauptstadt wird das Fest des Schutzheiligen gefeiert.
●**Februar/März:** *Fiesta de Carnaval.* **Karneval** erlebt man am explosivsten in San Sebastián, doch auch in Valle Gran Rey weiß man sich zu vergnügen. Der Faschingsdienstag *(Martes de Carnaval)* ist Feiertag. Das mehrwöchige Fest endet mit dem Begräbnis der Sardine *(Entierro de la sardina):* Die Pappmaché-Skulptur eines riesigen Fisches wird am Strand entzündet, derweil die schwarz gekleideten Trauergäste in lautstarkes Wehklagen ausbrechen.

Feste und Folklore

In Samba-Laune – beim Karneval

FESTE UND FOLKLORE

- **April:** *Semana Santa*. **Ostern** auf Gomera: Große Prozessionen mit Paukenschlag, Weihrauch und Fackelschein finden vor allem in San Sebastián statt. Offizielle Feiertage sind der Gründonnerstag *(Jueves Santo),* der Karfreitag *(Viernes Santo)* und der Ostersonntag *(Domingo de Pascua).*
- **25. April:** *Fiesta de San Marcos*. Eines der wichtigsten Inselfeste wird in Agulo begangen. Auf Messe und Prozession folgt die öffentliche Mutprobe: Auf dem Kirchplatz werden Scheiterhaufen errichtet und angezündet, junge Männer springen durch die Flammen und stellen damit unter Beweis, dass sie auch einen Feuer speienden Vulkan nicht fürchten.
- **1. Mai:** *Día del Trabajo*. Am **Tag der Arbeit** bleiben auch auf Gomera alle Geschäfte geschlossen.
- **15. Mai:** *Fiesta de San Isidro*. Der Schutzheilige der Bauern wird mit Festen in Alajeró, Chorros de Epina und La Palmita geehrt.
- **30. Mai:** *Día de Canarias*. „Tag der Kanarischen Inseln" – die Verleihung des Autonomiestatuts ist ein weiterer willkommener Anlass zum Feiern.
- **Anfang Juni:** *Fiesta de Corpus Cristi*. Wer das **Fronleichnamsfest** besonders farbig erleben möchte, fährt an diesem Tag in die Hauptstadt.
- **13. Juni:** *Fiesta de San Antonio*. Kleinere Feste finden in San Sebastián und Valle Gran Rey statt.
- **13.–29. Juni:** *Fiesta de los Piques*. Wieder ist Agulo Schauplatz einer zweiwöchigen Fiesta: mit Wettbewerb in der Silbo-Pfeifsprache und kanarischem Ringkampf.
- **24. Juni:** *Fiesta de San Juan*. Zur Sonnenwendfeier werden Feuer in Vallehermoso, San Sebastián und Valle Gran Rey entzündet. Kostümierte Hexen tanzen um die Flammen, das Schlechte verbrennt und es wendet sich alles zum Guten.
- **29. Juni:** *Fiesta de San Pedro*. Prozessionen in Ortsteilen von Hermigua, Vallehermoso, San Sebastián und Valle Gran Rey.
- **8. Juli:** *Fiesta de San Benito*. Patronatsfest in Hermigua.
- **14. Juli:** *Virgen de la Salud*. Patronatsfest in Arure.
- **16. Juli:** *Fiesta del Carmen*. Die **Schutzheilige der Fischer** verlässt ihre Kapelle und lässt sich aufs Meer hinausfahren. Gefeiert wird in Valle Gran Rey, Playa Santiago, San Sebastián und (alle fünf Jahre) in Vallehermoso.
- **25. Juli:** *Santiago Apóstol*. Am Jakobstag bleiben alle Geschäfte geschlossen.
- **Letzter Samstag im Juli:** *Fiesta de Nuestra Señora del Pino*. Das Dorf El Cercado huldigt der „Jungfrau des Kiefernbaums", der Schutzpatronin des Archipels.

Carmen – die Schutzheilige der Fischer

- **3. August:** *Fiesta de San Benito Abad.* Patronatsfest in San Sebastián.
- **5. August:** *Fiesta de la Virgen de las Nieves.* Fest der „Schneejungfrau" in La Dama.
- **8. August:** *Fiesta de Santo Domingo.* Im Obertal von Hermigua wird mehrere Tage zu Ehren des Ortsheiligen gefeiert.
- **15. August:** *Fiesta de Nuestra Señora de Candelaria.* Der **Himmelfahrtstag** ist überall ein Feiertag, doch ein besonderer Höhepunkt ist die Fiesta zu Ehren der Inselpatronin in Chipude.
- **16. August:** *Fiesta de San Salvador.* Patronatsfest in Arure.
- **23. August:** *Fiesta de Santa Rosa de Lima.* Folklore vom Feinsten auf dem Dorfplatz von Las Rosas in der Gemeinde Agulo.
- **24. August:** *Fiesta de San Bartolomé.* Patronatsfest in Alojera und San Sebastián.
- **1. Samstag im September:** *Fiesta de la Virgen de Coromoto.* In den 1940er und 50er Jahren emigrierten viele Männer aus Las Hayas nach Venezuela. Der Schutzpatronin dieses Landes gedenkt man mit einem großen Fest.
- **6. September:** *Fiestas Colombinas.* Kolumbus-Tage in San Sebastián mit Ausstellungen, Vorträgen und Konzerten.
- **8. September:** *Fiesta de la Encarnación.* Das Obertal feierte einen Monat zuvor, nun ist das Untertal von Hermigua an der Reihe.
- **13. September:** *Fiesta de Nuestra Señora del Buen Paso.* Wallfahrt von Alajeró bergauf zur Ermita del Buen Paso, der „Kapelle des Guten Weges".
- **24. September:** *Fiesta de Nuestra Señora de Mercedes.* Mercedes ist die Schutzpatronin von Agulo.
- **Anfang Oktober:** *Fiesta de la Virgen Nuestra Señora del Rosario.* In Hermigua wird rund um die Plaza de Santo Domingo de Guzmán mehrere Tage gefeiert: mit Messe und Prozession, Musikdarbietungen und Tanz. Außerdem gibt es einen Gastro-Wettbewerb und Veranstaltungen für Kinder.
- **2. Oktober:** *Fiesta de Santa Catalina.* Ein Fest für die Heilige der Philosophie und Theologie am Strand von Hermigua.
- **5. Oktober:** *Fiesta de Nuestra Señora de Guadalupe.* Alle fünf Jahre (das nächste Mal 2013) pilgern Tausende von Gomeros zur Kapelle am Kap Puntallana, um die Madonnenstatue im Rahmen einer großen Schiffsprozession nach San Sebastián zu bringen. Dort wird mehrere Tage getanzt und geschwoft, die Statue wird quer über die Insel getragen.
- **2. Oktobersonntag:** *Fiesta de la Virgen de las Nieves.* Fest zu Ehren der „Schneejungfrau" an der Waldkapelle zwischen dem Roque de Agando und der Degollada de Peraza.
- **12. Oktober:** *Día de la Hispanidad.* **Spanischer Nationalfeiertag** – man gedenkt der so genannten Entdeckung Amerikas durch *Kolumbus.*
- **31. Oktober:** *Fiesta de los Cochinos.* Beim „Schweinefest" in Alojera wird kräftig geschmaust.
- **1. November:** *Todos los Santos.* Am Allerheiligentag bleiben alle Geschäfte geschlossen, vielerorts werden Nüsse und Kastanien verzehrt.
- **30. November:** *Fiesta de San Andrés.* Beim Weinfest in Vallehermoso, Agulo und Hermigua genießt man Kostproben des neuen Weins.
- **6. Dezember:** *Día de la Constitución Española.* Der **Verfassungstag** wird in ganz Spanien gefeiert.
- **8. Dezember:** *Santa Inmaculada Concepción.* **Mariä Empfängnis** – Prozessionen in vielen Orten der Insel.
- **13. Dezember:** *Fiesta de Santa Lucía.* Patronatsfest in Tazo.

Feste und Folklore

• **24./25. Dezember:** *Fiesta de Navidad.* **Weihnachten** auf Gomera: Gruppen von Musikern, den so genannten *villancicos*, ziehen durch die Straßen und singen Weihnachtslieder. Heiligabend kommen die Familien zum Festmahl zusammen, danach besuchen sie die Mitternachtsmesse. Vielerorts werden Krippenspiele aufgeführt.

El Silbo – Renaissance einer Pfeifsprache

Ein 7-Jähriger meint: „El Silbo ist zwar schwer zu lernen, aber ich will's schaffen! Weil es billiger als das Handy ist!". Das neue Pflichtfach in der Schule heißt *el silbo gomero*. Aus Klassenzimmern ertönen Pfiffe, die nach schalldichten Wänden verlangen, und auch in den Pausen wird die neue Kunst eifrig ausprobiert. Die nationale Zeitung *El Mundo* stimmte das skeptisch: „Nichts gegen die Pflege des eigenen Bauchnabels", kommentierte sie, „aber muss man ihn deswegen gleich zur akademischen Disziplin erheben?"

El Silbo war einmal die logische Antwort der Gomeros auf die zerklüftete Topografie der Insel. Wollte man dem Nachbarn auf dem gegenüberliegenden Bergkamm eine Nachricht zukommen lassen, lief man nicht quälend lange durch die trennende Schlucht, sondern bediente sich der Pfeifsprache – für die vertrauten Dinge des Alltags reichte sie voll aus. Nun gibt es zwar eine Pfeifsprache auch in anderen gebirgigen Ländern wie etwa Mexiko und der Türkei, doch nirgendwo ist sie so perfekt ausgebildet wie auf Gomera. Wort um Wort wird hier pfeifend buchstabiert. „Jedem Ton in einer bestimmten Höhe und Stärke lässt sich ein Buchstabe des Alphabets zuordnen", beteuert Juan, der das neue Fach unterrichtet.

Mit der Verbreitung des Telefons geriet die Pfeifsprache in Vergessenheit. Als sie 1982 in die Liste der erhaltenswerten Kulturgüter aufgenommen wurde, lebten gerade mal noch drei *silbadores*, die das Wissen um die Sprache an eine neue Generation weitergeben konnten. So erfolgreich waren sie, dass 2007 eine erste Sinfonie für Silbo-Pfeifer uraufgeführt wurde (*Laura Vega:* „Gara & Jonay"). 2009 wurde El Silbo UNESCO-Weltkulturerbe. Eine Hommage entdeckt man bereits am Mirador de Igualero: Die turmhohe Skulptur zeigt die Handhaltung beim Pfeifen. Wer eine Silbo-Kostprobe hören will, schaut bei www.silbogomero.com.es hinein.

Altkanarische Kultur

„Sie waren mittelgroß, tatkräftig und flink. Vor allem aber waren sie geschickt darin, sich zu verteidigen", schrieb *Kolumbus* über die Gomeros, nachdem er die Insel 1492 besucht hatte.

Vor der Ankunft der Spanier hatten die Gomeros unbehelligt auf der kleinen Insel gelebt. Schon lange vor Christi Geburt waren sie von Nordwestafrika auf den Archipel übergesetzt. Noch heute gibt es **Berberstämme** im marokkanischen Rif-Gebirge, die sich *Ghomâra* nennen, was nach Meinung von Wissenschaftlern auf eine Verwandtschaft schließen lässt.

Die Gomeros waren vorwiegend Bauern und Ziegenhirten, mit Waffen aus Stein gingen sie auf Jagd. Ihre Toten bestatteten sie in Höhlen, für die lange Reise ins Jenseits wurden ihnen Schmuck und Keramik mit auf den Weg gegeben. Den Sonnengott, den sie verehrten, nannten sie *Orahan*, doch glaubten die Gomeros auch an andere übersinnliche Wesen. An spektakulären Plätzen zwischen Erde und Himmel huldigten sie ihnen, so auf dem höchsten Gipfel Garajonay, dem Festungsberg La Fortaleza, El Calvario und dem Roque Agando.

Nach der Conquista wurden die Gomeros getauft und mussten Kastilisch lernen; ihre eigene Sprache und Kultur gingen im Lauf von einigen Generationen weitgehend verloren. Überdauert haben die Pfeifsprache El Silbo, die archaische Keramik und das Gofio-Gericht, dazu insgesamt 52 berberische Worte, vorwiegend Ortsnamen wie Taguluche, Chipude, Tazo und Arguamul. Mehr über die Ureinwohner erfährt man im Archäologischen Museum von San Sebastián.

Aus der Chronik Le Canarien (1405) –
die Eroberung aus der Sicht der Konquistadoren

Geschichtlicher Überblick

Erste Kontakte

Ab 1100 v. Chr. **Phönizische Seefahrer** erkunden den Ostatlantik und laufen dabei möglicherweise auch die Kanarischen Inseln an.

Um 800 v. Chr. Die antiken Schriftsteller **Homer** und **Hesiod** berichten von paradiesischen Inseln jenseits der Straße von Gibraltar.

Ab 500 v. Chr. **Berber aus Nordwestafrika** besiedeln die Kanarischen Inseln in mehreren Schüben. Da sie keinen Kontakt zur übrigen Welt haben und schriftliche Zeugnisse aus jener Zeit fehlen, ist über die Frühgeschichte der Bewohner nur wenig bekannt.

25 v. Chr. Der römische Vasall *König Juba II. von Mauretanien* entsendet ein Expeditionskorps zum Archipel. Nachzulesen ist dies in der „Na-

turgeschichte" des Historikers *Plinius d.Ä.* (23–79 n. Chr.). Er nimmt eine relativ genaue Verortung der Inseln vor.

2. Jh. n. Chr. Der alexandrinische Geograf *Ptolemäus* markiert den Rand der Welt an den Kanarischen Inseln. Durch El Hierro wird der Nullmeridian gezogen.

3. Jh. n. Chr. In einem Text des afrikanischen Schriftstellers *Arnobio* erscheint erstmals der Name *Canarias Insulas*.

4. Jh. n. Chr. Mit dem Zerfall des Römischen Reiches geraten die Kanarischen Inseln aus dem Blickfeld der Europäer.

999 Von Nordwestafrika aus, seit dem 7. Jahrhundert islamisch beherrscht, werden Fahrten zu den Kanaren unternommen. Dem Araber *Ben Farroukh* gelingt im Jahr 999 die **Wiederentdeckung** der Kanarischen Inseln, doch verknüpfen sich hiermit keine Eroberungsabsichten.

Die Zeit der Eroberung

1336 *Lancelotto Malocello,* ein Genueser in portugiesischen Diensten, landet auf der später nach ihm benannten Insel Lanzarote, die 1339 auf der Landkarte des Mallorquiners *Angelino Dulcert* erstmals eingetragen wird. Auch eine im Westen des Archipels gelegene Insel namens *Gommaria* wird erwähnt.

Ab 1341 Die iberischen Königreiche **Portugal, Kastilien und Aragonien** rivalisieren um den Besitz des kanarischen Archipels und entsenden mehrere Expeditionen. Dabei werden zahlreiche Altkanarier geraubt und als Sklaven verkauft.

1344 Auch die **Kirche** meldet Besitzansprüche an. *Papst Clemens VI.* verleiht den Königstitel an den „herrenlosen" Inseln an seinen Günstling *Luis de la Cerda,* Sohn des enterbten *Alfons von Kastilien.* Der Besitzanspruch auf den Archipel geht damit laut christlicher Rechtsauffassung auf die kastilische Krone über. Ab 1351 werden **Missionare** entsandt.

1402–05 *Jean de Béthencourt,* normannischer Adliger in kastilischem Dienst, erobert die Insel **Lanzarote** und darf sich daraufhin mit

Geschichtlicher Überblick

Ritter ohne Furcht und Tadel: Die Truppen Béthencourts landen auf den Kanaren

GESCHICHTLICHER ÜBERBLICK

dem Titel „König der Kanarischen Inseln" schmücken. Die Eroberung wird auf **Fuerteventura** und **El Hierro** ausgedehnt, doch scheitert der Versuch, auch Gomera einzunehmen. *Béthencourt* kehrt nach Frankreich zurück und überlässt die Verwaltung der Inseln seinem Neffen.

Ab 1418 Der Archipel wird mehrfach verkauft und getauscht, ist vorübergehend auch in **portugiesischem Besitz.**

1445–47 Die noch nicht unterworfenen Inseln gelangen in Besitz der andalusischen Adelsfamilie *Peraza*. Nachdem *Guillén Peraza* beim Versuch, die Nachbarinsel La Palma einzunehmen, von den Ureinwohnern getötet worden ist, konzentriert sich sein Vater *Fernán Peraza d.Ä.* auf die Eroberung von **Gomera.** Er errichtet in San Sebastián einen Festungsturm und unternimmt von dort mehrere Feldzüge ins Innere der Insel.

1474 Die Heirat von *Isabella von Kastilien* und *Ferdinand von Aragonien* markiert eine wichtige Etappe bei der **Herausbildung des spanischen Staates.** Die vormals um die iberische Vormachtstellung konkurrierenden Königreiche vereinigen sich. Gemeinsam leiten sie eine offensive Eroberungspolitik ein: nicht nur auf der Iberischen Halbinsel, sondern auch auf dem Atlantik.

1477 *Hernán Peraza,* Enkel von *Fernán Peraza d.Ä.,* geht auf „seiner" Insel auf Menschenjagd; gefangene Gomeros werden auf den Sklavenmärkten von Valencia und Sevilla verkauft, um die adelige Kriegskasse aufzubessern.

1479 Der Papst als internationale Rechtsinstanz teilt den Atlantik zwischen den aufstrebenden Kolonialmächten Spanien und Portugal auf. Im Vertrag von Alcâcovas wird der kanarische Archipel endgültig Spanien zugesprochen; im Gegenzug erhält Portugal Westafrika und alle sonstigen atlantischen Inseln. Erstmals wird die spanische Krone selbst auf den Kanarischen Inseln aktiv und entsendet gut ausgerüstete Truppen nach Gran Canaria.

1483 Es gelingt den von der spanischen Krone entsandten Militärführern, **Gran Canaria** zu unterwerfen.

1484 und 1488 In der Zwischenzeit forciert *Hernán Peraza* die Eroberung Gomeras. Ein erster **Aufstand der Ureinwohner** wird niedergeschlagen. Bei der zweiten Revolte wird der spanische Konquistador von den Gomeros getötet. Aus Rache lässt seine Witwe *Beatriz de Bobadilla* Hunderte Ureinwohner hinrichten bzw. versklaven.

Eine der ersten Karten, auf denen die Kanaren eingezeichnet sind (1375)

GESCHICHTLICHER ÜBERBLICK

1492 **Kolumbus** startet von Gomera aus seine Entdeckungsfahrt zur Neuen Welt.

1493–1496 Nach mehrjährigen Kämpfen fallen die letzten noch nicht eroberten Inseln **La Palma** und **Teneriffa**. Damit ist der gesamte Archipel auch de facto in spanischem Besitz.

Vom Zucker- zum Bananenboom

Ab 1500 *Beatriz de Bobadilla* lässt mit Hilfe von Sklaven und angeworbenen Siedlern im fruchtbaren Inselnorden das „weiße Gold" Zucker anbauen.

1516 Die gomerische Konquistadorenfamilie erhält vom spanischen König den Grafentitel.

Ab 1540 Als Zucker in Amerika billiger produziert werden kann, verlegen sich die Inselherren auf den Anbau von **Wein.**

1553–85 Der Gold- und Silbertransport von den amerikanischen Kolonien lockt **Piraten** an, mehrfach wird San Sebastián attackiert.

Um 1650 Die Grafenfamilie verlegt ihren Wohnsitz nach Teneriffa und setzt auf Gomera einen Statthalter ein.

Ab 1700 Das wirtschaftliche Machtzentrum verschiebt sich von der Iberischen Halbinsel in den Nordseeraum. England und Holland, bald auch Frankreich dominieren den internationalen Handel.

1739 Die **britische Kriegsflotte** greift San Sebastián mit einem großen Geschwader an.

1762 Gräfliche Steuererhöhungen lösen einen Aufstand auf der Insel aus. Immer mehr Gomeros emigrieren nach Mittel- und Südamerika.

1837 Der Señorial-Status auf Gomera wird abgeschafft, d.h. die Insel ist fortan nicht der Grafenfamilie, sondern direkt der spanischen Krone unterstellt. Für die meisten Gomeros ändert sich wenig: Sie bleiben schlecht bezahlte Pächter und Tagelöhner auf den grundherrlichen Plantagen.

GESCHICHTLICHER ÜBERBLICK

1852	Den kanarischen Häfen wird der **Freihandelsstatus** gewährt. Von Zoll- und Steuerschranken befreit, werden sie interessant als internationaler Warenumschlagplatz.
1860	Im Inselsüden entstehen die ersten **Fischkonservenfabriken.**
Ab 1880	Der Freihandel lockert die ökonomischen Bande zum Mutterland. Die als Industrie- und Handelsmacht weltweit dominierenden **Briten** können sich als führende Wirtschaftskraft auf dem Archipel etablieren. Sie nutzen ihn als Zwischenstopp auf dem Weg in ihre neuen westafrikanischen Kolonien und führen den **Bananenanbau** ein, um auf dem Rückweg vom Schwarzen Kontinent leeren Laderaum mit profitabler Fracht aufzufüllen.
1898	Nach dem Verlust der letzten Kolonien Spaniens in Übersee (Kuba, Puerto Rico, Philippinen) bemühen sich Deutschland, Frankreich und Belgien vergeblich um den Kauf der Kanarischen Inseln als eines attraktiven Stützpunkts zur Sicherung der Handelsrouten und zur Erschließung Afrikas.
Um 1900	Nun werden die Briten auch auf Gomera aktiv. Das Unternehmen *Fyffes* erwirbt Plantagen in Agulo und Hermigua.
Ab 1914	Der U-Boot-Krieg im Ostatlantik führt zu einer totalen Isolation der Kanarischen Inseln von der Außenwelt.
Ab 1918	Der wirtschaftliche Einfluss der Briten nimmt ab, Bananen werden billiger aus den Kolonien in Mittelamerika bezogen. Die spanische Regierung bemüht sich um Reintegration der „vergessenen Inseln"; der norwegische Reeder *Olsen* investiert in den Anbau profitabler Exportgüter.
1927	Die Kanarischen Inseln werden in eine Ostprovinz (Hauptstadt Las Palmas de Gran Canaria) und eine **Westprovinz** (Santa Cruz de Tenerife) aufgeteilt.
1933	Die erstarkten Gewerkschaften initiieren am 22. März einen **Generalstreik;** in Hermigua kommt es zu Straßenschlachten, bei denen es Tote und Verletzte gibt.

GESCHICHTLICHER ÜBERBLICK

1936 — Der nach Teneriffa strafversetzte General *Franco* unternimmt am 18. Juli einen **Staatsstreich** gegen die demokratisch gewählte republikanische Regierung in Madrid. Mit den ihm loyalen Truppen aus den spanischen Kolonien Nordwestafrikas marschiert er auf der Iberischen Halbinsel ein und provoziert einen dreijährigen **Bürgerkrieg.** Auf Gomera bricht der Widerstand gegen *Franco* bereits nach wenigen Wochen zusammen.

Tourismus-Ära

Ab 1950 — Bis zum Tod des Generals *Franco* (1975) wird Spanien diktatorisch regiert, feudale Verhältnisse werden stabilisiert. Die Inseln werden wieder an das „Mutterland" angebunden. Auf **Gran Canaria und Teneriffa** beginnt man mit dem Ausbau des Tourismus. Dagegen ist auf den kleinen Inseln noch keine Hoffnung in Sicht, zahllose Gomeros suchen deswegen ihr Heil in der Emigration nach Amerika.

Ab 1960 — Die Franco-Regierung gewährleistet politische und fiskalische Rahmenbedingungen, aufgrund derer sich ausländische Investoren sichere Profite ausrechnen dürfen. Auf den kanarischen Hauptinseln kommt es daraufhin zu einem gewaltigen Bauboom, es entstehen riesige **Touristenzentren.**

1972 — Zur Ankurbelung des Tourismus wird in der Hauptstadt ein Parador, ein staatliches Luxushotel, eröffnet. Derweil entwickelt sich Valle Gran Rey im Westen Gomeras zum **Paradies „alternativer" Touristen.**

Eines der wenigen größeren Hotels Gomeras: Hotel Gran Rey

GESCHICHTLICHER ÜBERBLICK

Urlaubsziel Gomera

1974	Die Reederei *Olsen* richtet einen **täglichen Fährverkehr** zwischen San Sebastián und Los Cristianos auf Teneriffa ein.
Ab 1975	Nach dem Tod *Francos* setzt in Spanien die Demokratisierung ein. Den Kanarischen Inseln wird im **Autonomiestatut** von 1982 Selbstverwaltung in Fragen von Kultur und Wissenschaft zugebilligt.
1986	Spanien wird Vollmitglied von **NATO und EG** (später EU). Es profitiert von ausländischen Investitionen und EU-Subventionen, die dem Land einen ungeahnten Wohlstandsschub bescheren: Das „Armenhaus Europas" wird zum Modell gelungener Modernisierung.
Ab 1992	Nach kurzer Tourismuskrise nimmt die Zahl der Besucher wieder auf allen Inseln zu. Der Archipel profitiert vom Krieg auf dem Balkan sowie der labilen innenpolitischen Situation in einigen Ländern Nordafrikas. EU-Gelder zur Förderung strukturschwacher Zo-

Steckbrief Gomera

- **Lage:** im Westen des Archipels, über 300 km vom afrikanischen Festland und 1500 km von Gibraltar entfernt
- **Fläche:** 378 km², fast kreisförmig; 81,5 km² sind bewaldet, 16,2 km² werden landwirtschaftlich genutzt.
- **Höchster Berg:** Garajonay (1487 m)
- **Einwohner:** 18.000, verteilt auf sechs Gemeinden
- **Hauptstadt:** San Sebastián de la Gomera, 7000 Einwohner
- **Religion:** vorwiegend römisch-katholisch
- **Sprache:** Spanisch; die einheimische Bevölkerung verfügt kaum über Fremdsprachenkenntnisse – dank gutem Willen klappt die Verständigung trotzdem!
- **Verwaltung:** Die Kanarischen Inseln bilden innerhalb Spaniens eine autonome Region (vergleichbar mit den Bundesländern in Deutschland). Sie ist in zwei Provinzen aufgeteilt: Gomera gehört seit 1927 mit La Palma, El Hierro und Teneriffa zur Westprovinz Santa Cruz de Tenerife, Gran Canaria bildet mit Lanzarote und Fuerteventura die Ostprovinz Las Palmas de Gran Canaria. Jede Insel wird von einem Inselrat, dem *Cabildo Insular*, verwaltet; dieser überwacht die Arbeit der *Ayuntamientos*, der Bürgermeisterämter der Gemeinden.
- **Wirtschaft:** Bananen sind das einzige Exportgut der Insel; ausschließlich für den Eigenbedarf werden Kartoffeln, Mais und Tomaten angebaut, Fischfang und Viehwirtschaft haben nur noch geringe Bedeutung. Noch immer ziehen viele Jugendliche auf die Nachbarinsel Teneriffa, um im Tourismusgewerbe zu arbeiten; nur wenige finden Anstellung in den Hotels und Apartmentanlagen Gomeras.
- **Tourismus:** Einige Hotels und Apartmentanlagen in Valle Gran Rey, Playa Santiago, Hermigua und San Sebastián, doch keine Ferienzentren wie auf der Nachbarinsel Teneriffa. Im Valle auch Apartments, an der Grenze zum Nationalpark auch mehrere res- taurierte Landhäuser.
- **Letzter Vulkanausbruch:** Die letzten Ausbrüche liegen 2,8 Mio. Jahre zurück. Nirgends sonst auf den Kanaren hatten deshalb die Kräfte der Erosion so viel Zeit, das Antlitz der Insel zu formen.
- **Zeit:** Westeuropäische Zeit (= Mitteleuropäische Zeit minus 1 Std.)

Geschichtlicher Überblick

nen fließen auf Gomera in den Straßenbau und den ländlichen Tourismus.

1996 — Der dem Archipel zehn Jahre zuvor eingeräumte wirtschaftliche Sonderstatus wird aufgehoben, die volle Integration in die Europäische Gemeinschaft ist besiegelt.

1998 — Auf den Kanarischen Inseln werden laut Pressenotiz etwa sechs Milliarden DM Schwarzgeld „gewaschen". Das so genannte B-Geld wird vor allem in Immobilien angelegt.

1999 — Als letzte kanarische Insel erhält Gomera einen **Flughafen,** gleichzeitig werden die Fährverbindungen zwischen San Sebastián und Los Cristianos erweitert.

2003 — In Playa Santiago wird der erste Golfplatz der Insel eingeweiht.

2004–08 — Tausende von Schwarzen versuchen vom afrikanischen Festland aus das gelobte EU-Land Kanaren zu erreichen, viele landen auch auf Gomera. Für die meisten von ihnen endet die gefährliche Reise erfolglos: Sie werden abgeschoben, d.h. auf den afrikanischen Kontinent zurückbefördert.

2009 — El Silbo, die Pfeifsprache Gomeras, wird Weltkulturerbe der UNESCO.

2012 — Die Weltwirtschaftskrise trifft Spanien hart, die Arbeitslosenzahlen und das Haushaltsdefizit steigen rapide.

Praktische Reisetipps A–Z

Praktische Reisetipps von A bis Z

Anreise

Mit Flugzeug und Fähre

Die Anreise nach Gomera läuft in der Regel über Teneriffa und ist eine Kombination von Flug- und Schiffsreise.

Ferienflüge

Buchtipp
„Clever buchen, besser fliegen", erschienen in der Praxis-Reihe des REISE KNOW-HOW Verlags, Bielefeld

Ein **Hin- und Rückflug** nach Teneriffa kostet je nach Saison, Flughafen und Gesellschaft zwischen 150 und 650 €, am günstigsten fast immer außerhalb oder am Ende der Schulferien. Die meisten Flüge bieten AirBerlin (www.airberlin.com), TuiFly (www.tuifly.com) und Condor (www.condor.com). Konkurrenz bekommen sie von Billigfliegern wie RyanAir (www.ryanair.com), wo man zwar bei frühzeitiger Buchung preisgünstige Tickets bekommt, allerdings auf versteckte Nebenkosten, z.B. für Verpflegung an Bord, Gepäck und Versicherungen achten sollte. Kinder unter zwei Jahren ohne Sitzplatzanspruch fliegen meist für 10 % des Erwachsenenpreises, Kinder von 2 bis 11 Jahren erhalten je nach Airline unterschiedliche Ermäßigungen.

Buchen kann man Nur-Flüge ebenso wie Pauschalarrangements in fast allen Reisebüros und natürlich auch im **Internet.** Im E-Mail-Newsletter, den man kostenlos anfordern kann, machen die Ferienflieger auf Sonderaktionen aufmerksam. Preissuchmaschinen für Flugtickets spucken manch ein Schnäppchen aus, oft sogar wenige Tage vor Abflug. Hier einige Beispielseiten:

- www.ltur.com
- www.de.lastminute.com
- www.5vorflug.de
- www.restplatzboerse.at
- www.fluege.de

Gute Aussicht im Flieger

Wer auf dem Hinflug die schönste Aussicht genießen möchte, wählt einen Fensterplatz in Flugrichtung links. Bei typischer Flugroute und klarer Sicht sieht man die Alpen, die Straße von Gibraltar und anschließend die afrikanische Küste.

ANREISE

- www.kayak.com
- www.billigflieger.de
- www.billig-flieger-vergleich.de
- www.swoodoo.de
- www.megaflieger.de
- www.easypilot.de
- www.skyscanner.net

Beim Kauf des Tickets sollte man bedenken, dass es **auf Teneriffa zwei Flughäfen** gibt: einen im Norden (Los Rodeos) und einen im Süden (Reina Sofía). Für die Weiterfahrt nach Gomera mit dem Schiff ist der Südflughafen sehr viel besser, denn von dort ist es nicht weit zum Fährhafen Los Cristianos.

Transfer auf Teneriffa

Die meisten Urlauber landen auf Teneriffas **Südflughafen** (Reina Sofía) und versuchen, auf schnellstem Weg zum Fährhafen zu gelangen. Mit dem Bus 111 kommt man etwa alle 30 Minuten direkt nach **Los Cristianos.** Die aktuellen Abfahrtzeiten für Busse findet man im Internet unter www.titsa.com. Dort kann auch geprüft werden, ob der Bus gegen den Widerstand der Taxifahrer den Fährhafen zukünftig direkt ansteuern darf oder sich weiterhin mit dem Halt am Busbahnhof in 500 Meter Entfernung begnügen muss. Entscheidet man sich schon am Flughafen für ein **Taxi,** zahlt man für die 20 km lange Strecke knapp 25 €, sonntags etwa 30 €. Radfahrer benutzen die parallel zur Autobahn verlaufende Landstraße.

Sollte es aufgrund einer Flugverspätung nötig sein, in Los Cristianos eine Zwischenübernachtung einzulegen, findet man nahe dem Fährhafen mehrere Pensionen. Preiswert ist die Pension Playa (Calle La Paloma 9, Tel. 922792264).

Überfahrt nach Gomera

In Los Cristianos starten Fähren der Reedereien *Fred Olsen* und *Naviera Armas* nach Gomera. Für die Strecke **nach San Sebastián** benötigt man je nach eingesetzter Fähre zwischen 35 und 90 Minuten. Deutlich schneller ist der moderne Olsen-Express; die langsamere Fähre von Armas hat den Vorteil, dass sie nicht nur billiger ist, sondern dass man auf dem Sonnendeck Platz nehmen kann und Gomera langsam auf sich zukommen sieht. Vielleicht hat man sogar Glück und kann Delfine beobachten, die sich im Meer tummeln.

Wer von Los Cristianos sogleich **nach Playa Santiago oder Valle Gran Rey** will, muss in der Regel in San Sebastián in ein kleine-

res, nur Personen beförderndes Schnellboot umsteigen (Tabletten helfen bei hohem Seegang gegen Übelkeit).

Für die einfache Fahrt Teneriffa – Gomera zahlen Erwachsene 28–40 €, Ermäßigungen gibt es für Kinder, Studenten und Senioren. Tickets bekommt man im Hafengebäude in Los Cristianos. Da sich die Fahrpläne alle paar Monate ändern, empfiehlt sich kurz vor der Reise ein Blick ins Internet, wo die einzelnen Unternehmen die aktuellen Abfahrtszeiten und Preise vorstellen:

- www.fredolsen.es
- www.navieraarmas.com

Mit der Schnellfähre von Teneriffa nach Gomera

Bei Fahrten mit der Reederei Olsen muss man das Gepäck nicht eigenhändig auf die Fähre tragen, sondern kann es im Hafen in gebührenpflichtige Gepäckcontainer legen. Bei Ankunft auf Gomera werden diese gut sichtbar (zur Selbstentladung) aufgestellt.

Ankunft im Hafen von Gomera — **San Sebastián,** zugleich Fährhafen und Inselhauptstadt, liegt im Osten Gomeras. Im Hafen gibt es Büros der Schifffahrtsunternehmen; vor dem Gebäude stehen die Linienbusse. Außerdem warten hier die Vertreter von Autoverleihfirmen und Taxifahrer. Zum Ortszentrum mit seinen vorwiegend preiswerten Unterkünften ist es nicht weit. Die Uferpromenade führt, am Jachthafen vorbei, in wenigen Gehminuten zum Hauptplatz.

Die meisten Urlauber steuern noch am gleichen Tag das legendäre Valle Gran Rey an, andere bevorzugen das sonnenverwöhnte Playa Santiago im Süden oder die Ortschaften im grünen Norden. Aber auch San Sebastián sammelt Punkte: Die beschauliche Hauptstadt ist keine schlechte Basis für Entdeckungsfahrten per Auto und Bus.

Flug mit Zwischenstation

Der **Flughafen von Gomera** befindet sich nahe Playa Santiago im Süden der Insel. Auf Besucher wirkt er wie ein Fünf-Sterne-Hotel mit Landebahn. Das Portal ähnelt dem Eingang einer grandiosen Kirche, die Holzdecken im Mudejar-Stil und die umlaufenden Galerien sind von traditioneller kanarischer Architektur inspiriert. Bislang werden in diesem schönen Gebäude nur wenige Flüge abgewickelt. Da aufgrund der zerklüfteten Topographie Gomeras nur eine kleine Landebahn gebaut werden konnte, sind **internationale Flüge nicht zugelassen,** aber auch die Zahl der interinsularen Verbindungen hält sich in Grenzen.

●**Aeropuerto de Gomera,** Info Tel. 902404704; nach jeder Ankunft eines Flugzeuges fährt ein Bus nach Valle Gran Rey bzw. San Sebastián.

Wer nach Gomera fliegen will, muss also einen **Zwischenstopp** auf einer der großen Inseln einlegen. Im Falle eines Flugs nach Teneriffa hat man bei der Buchung vorsichtig zu sein. Da es zwei Flughäfen gibt, einen im Norden (Los Rodeos) und einen im Süden (Reina Sofía), ist darauf zu achten, dass man dort landet, wo auch die Maschine nach Gomera startet. Ansonsten hat man ei-

Kleines „Flug-Know-how"

Ohne gültigen Reisepass oder Personalausweis kommt man nicht an Bord. Bei innereuropäischen Flügen muss man mindestens **60 Minuten vor Abflug** am Schalter der Airline eingecheckt haben. Späteres Erscheinen kann die Verweigerung der Beförderung nach sich ziehen. Einige Fluggesellschaften bieten für frühe Abflüge die Möglichkeit, bereits am Vorabend einzuchecken. Sitzplatzreservierungen bei Buchung sind möglich, aber oft mit Zusatzkosten verknüpft. Größere Beinfreiheit bieten die Sitzplätze am Notausgang (meist kostenpflichtig), in der ersten Reihe werden sie an Touristen mit Kindern vergeben. Ungestört schlafen kann man vor allem am Fenster, „spazieren gehen" am besten vom Randplatz. Im vorderen Teil des Flugzeugs bis etwa zu den Tragflächen spürt man die Bewegungen der Maschine weniger: Reisende mit Flugangst fühlen sich dort sicherer.

Bei **Billigtickets,** die ein festes Datum beinhalten, gibt es keine Änderungsmöglichkeit bezüglich des Flugtermins. Wenn man den Flug verpasst, hat man Pech gehabt. Nur noch selten sind die Mitarbeiter der entsprechenden Airline bereit, Sie aus Kulanz auf die nächste freie Maschine umzubuchen. Anders ist es mit normalen Tickets: Hier kann der Flugtermin (sofern Plätze frei sind) innerhalb der Geltungsdauer verschoben werden, wofür freilich Gebühren anfallen.

Geht ein Ticket verloren, das schon rückbestätigt wurde, hat man gute Chancen, einen Ersatz dafür zu erhalten. Einige Airlines kassieren dafür aber noch einmal 50 bis 100 € und bei manchen läuft gar nichts mehr. Gut ist es, deutlich lesbare Fotokopien des Tickets zu machen und bei einer Vertrauensperson zu hinterlegen. Das hilft enorm bei einer Neuausstellung des Tickets.

Noch darf bei den meisten Fluggesellschaften **Gepäck** bis zu 15 oder 20 kg pro Person kostenlos eingecheckt werden. Zusätzlich kann jeder Fluggast ein Handgepäckstück bis zu 5, 8 oder 10 kg (Höchstmaße 55 x 40 x 20 cm) mit an Bord nehmen. Übersteigt das Gepäck die Gewichtsgrenze, ist die Airline nicht verpflichtet, das Gepäck auf dem gleichen Flug zu befördern, und man trägt die Mehrkosten für die Versendung als Frachtgut oder die Zulassung als Übergepäck. Als solches werden mindestens 5 € pro Kilo berechnet. Beim Kauf des Tickets sollte man sich über die Bestimmungen der zur Wahl stehenden Airlines genau informieren. Vor allem Billigflieger wie Ryanair verlangen inzwischen recht hohe Beträge für jedes aufzugebende Gepäckstück.

Kleines „Flug-Know-how"

Aus **Sicherheitsgründen** sind Taschenmesser, Nagelfeilen und Scheren im aufzugebenden Gepäck zu verstauen. Findet man sie bei der Kontrolle im Handgepäck, werden sie weggeworfen. Darüber hinaus gilt, dass leicht entzündliche Gase und entflammbare Stoffe nichts im Passagiergepäck zu suchen haben.

Flüssigkeiten sowie wachs- und gelartige Stoffe (wie Kosmetik- und Toilettenartikel, Sprays, Shampoos, Cremes, Zahnpasta, Suppen) dürfen nur mit an Bord genommen werden, sofern sie die Höchstmenge von 100 ml nicht überschreiten und in einem durchsichtigen, wiederverschließbaren Plastikbeutel verpackt sind, der maximal einen Liter Fassungsvermögen hat. Von den Einschränkungen ausgenommen sind Babynahrung und verschreibungspflichtige Medikamente sowie alle Flüssigkeiten/Getränke/Gels, die nach der Fluggastkontrolle z.B. in Travel-Value-Shops erworben wurden.

Sondergepäck (sperrige Gepäckstücke) muss bei der Fluggesellschaft 1–4 Wochen im Voraus angemeldet werden. Tauch- und Golfgepäck werden in der Regel kostenlos befördert, sofern sie nicht schwerer als 30 kg sind. Dagegen ist die Beförderung von Fahrrädern und Surfbrettern fast immer mit Zusatzkosten verknüpft. Für die sichere Verpackung hat man selber zu sorgen. Das Personal am Check-in-Schalter erwartet, dass der Fahrradlenker parallel zum Rahmen steht und die Pedalen nach innen gedreht oder abmontiert sind; die Luft ist aus den Reifen herauszulassen. Wer Kratzer am kostbaren Drahtesel vermeiden will, holt sich im Fahrradladen einen speziellen Karton (meist gratis). Noch vor Reiseantritt sollte man in Erfahrung bringen, ob der Veranstalter bereit ist, das sperrige Gepäck im Transferfahrzeug zu befördern. In der Vergangenheit kam es vor, dass „aus sicherheitstechnischen Gründen" der Transport verweigert wurde und sich der Gast selber um die Beförderung von Fahrrad und Surfbrett zu kümmern hatte. Sollte statt des gebuchten Bustransfers ein Taxitransfer zum Urlaubsort nötig sein, muss der Urlauber die entstehenden Kosten tragen!

Die **Bestätigung des Rückfluges** ist bei einigen Airlines immer noch obligatorisch. Sie sichern sich damit ab gegen kurzfristig auferlegte Änderungen der Abflugzeit. Ruft man nicht an, kann es passieren, dass die Buchung im Computer der Airline gestrichen wird. Bei Billigtickets ist dann der Anspruch auf Beförderung verwirkt, ansonsten verfällt das Ticket erst mit Überschreiten der Gültigkeitsdauer. Steht die Rufnummer zur Rückbestätigung nicht auf dem Ticket, sollte man sie sich bei Mitarbeitern der Airline am Flughafen oder im Hotel geben lassen.

nen anstrengenden, 90-minütigen Bus- oder Taxitransfer auf sich zu nehmen!

Mit Auto und Schiff

Wer aus bestimmten Gründen nicht fliegen will oder darf oder sein eigenes Fahrzeug dabei haben möchte, kann Gomera auch über Land (hohe Mautgebühren!) und per Schiff erreichen. Einmal wöchentlich startet eine komfortable Autofähre der spanischen Gesellschaft Acciona/Trasmediterránea in **Cádiz** (südspanische Atlantikküste), zwei Tage später erreicht sie **Santa Cruz de Tenerife.** Von dort geht es anschließend nach Los Cristianos, von wo man mit der Olsen- oder Armas-Fähre nach Gomera übersetzt

Lorbeerwald verkehrstechnisch erschlossen – Umweltschutz à la Gomera

Breite Asphaltstraßen im Naturschutzgebiet, eine kostspielige Großkläranlage, die nicht funktioniert, und ein Flughafen, den angeblich niemand gewollt hat: so sieht die Bilanz der Umweltgruppe Guarapo aus. Dabei hatte in den ersten Jahren der Demokratie alles so schön angefangen: 1981 wurden 4000 Hektar des weltweit einmaligen Lorbeerwalds zum **Nationalpark** erklärt, denn man war zu der Einsicht gelangt, dass der Wald mit seinen „wolkenkämmenden" Bäumen sehr wichtig für den Wasserhaushalt Gomeras ist. Einen kräftigen Impuls erhielt der Naturschutz nach dem verheerenden Waldbrand von 1984, als 10 % des gesamten Waldbestands vernichtet wurden. Der Nationalpark wurde von der UNESCO zum **Biosphärenreservat** erklärt, und die kanarische Regierung wies 16 weitere *parajes naturales* aus. Insgesamt steht fast ein Drittel der Inselfläche unter Naturschutz, d.h. die Erhaltung der dort lebenden Flora und Fauna genießt Priorität – so jedenfalls steht's auf dem Papier.

Doch dann trat Spanien der **EU** bei und Gomera profitierte von den großzügigen Brüsseler Geldern, die für „ultraperiphere Regionen" locker gemacht wurden. Der kleinen, rückständigen Insel wurden mehr als **100 Straßenkilometer** beschert: breit und bequem und mit vielen Tunneln; 58 Hektar Wald sind ihnen zum Opfer gefallen. Seitdem kommen viele **Tagesausflügler aus**

(siehe „Überfahrt nach Gomera"). Aktuelle Abfahrtszeiten und Preise findet man im Internet unter www.trasmediterranea.es, die Ticketreservierung erfolgt über DER-Reisebüros.

Autofahren

Wer die Schönheit der Landschaft entdecken will, mietet sich am besten ein Auto oder ein Motorrad. Mit dem Linienbus sind Inselrundfahrten nicht möglich, und auch die Startpunkte der Wanderungen sind per Bus nicht immer erreichbar. Dank finanzieller Hilfe der EU befinden sich die Straßen in sehr gutem Zustand, doch so schnell, wie man vermuten könnte, kommt man nicht voran.

Teneriffa, um die „wilde Insel" zu sehen. Die Abgase ihrer Busse und Mietautos verpesten so sehr den Nationalpark, dass man öffentlich über eine Höchstgrenze zugelassener Fahrzeuge zu debattieren begann.

Doch auch der **Flughafen** steht auf der schwarzen Liste der Umweltschützer. Für den Bau der Landebahn wurde im Inselsüden ein Berg planiert. „Eine falsche Entscheidung", meinen Vertreter von Guarapo, „denn der Fährservice ist vorbildlich und ebenso schnell wie das Flugzeug aus Teneriffa." Seit Jahren engagiert sich Guarapo dafür, dass die Insel als Ganzes zum Biosphärenreservat erklärt wird, auf dass die Bautätigkeit gebremst werde – ein Erfolg war ihnen bisher nicht beschieden.

Immerhin will die Inselregierung 90 Mio. Euro investieren, damit die Einwohner ihren gesamten Energiebedarf aus Wind-, Wasser- und Sonnenkraft decken können.

AUTOFAHREN

Kurven und Steigungen bestimmen das Tempo der Reise, nach starkem Regen ist in den Bergen mit Steinschlag zu rechnen.

Mietfahrzeug

Viele Pauschalurlauber buchen einen Wagen bereits daheim, meist direkt über den Reiseveranstalter. Doch das ist gar nicht nötig – Autos können problemlos auch auf Gomera gemietet werden.

Wer ein Auto mieten will, muss mindestens **21 Jahre** alt und schon ein Jahr im Besitz eines gültigen Führerscheins sein. Ausweis und **nationaler Führerschein** sind bei Abschluss des Mietvertrages vorzulegen. Bevor man jedoch den Vertrag unterschreibt, sollte man das Fahrzeug gründlich in Bezug auf Lenkung, Bremse und Kupplung überprüfen. Auch sollte man nachschauen, ob Seitenspiegel und Scheibenwischer in Ordnung sind und ob sich ein Ersatzreifen sowie – und das ist neu – zwei Warndreiecke im Gepäckraum befinden. Im Vertrag ist zu vermerken, wie voll der Tank bei Rückgabe des Fahrzeugs zu sein hat (sollte identisch sein mit dem aktuellen Stand der Tankanzeige).

Ein **Preisvergleich** zwischen den örtlichen Anbietern lohnt. Viele Verleihfirmen locken mit solidem Grundpreis, überraschen den Kunden dann jedoch mit hohen Steuer- und Versicherungskosten. **Rabatt** wird meist bei einer Miete ab drei Tagen gewährt, noch preiswerter ist es, Autos auf Wochenbasis zu mieten. Wer das Fahrzeug für mehrere Tage mietet, sollte darauf achten, ob im Kalendertag-Rhythmus oder im 24-Stunden-Takt abgerechnet wird. Bei der letzten Umfrage hatte CICAR bezüglich des Preis-Leistungs-Verhältnisses und der Sicherheitsstandards die Nase vorn. Die Firma unterhält Filialen an allen Flug- und Fährhäfen, in San Sebastián, Playa Santiago und Valle Gran Rey. Abgesehen von Weihnachten sind Autos stets in ausreichender Zahl vorhanden, schlimmstenfalls fehlt der gewünschte Wagentyp und man bekommt für den gleichen Preis einen besseren.

● **CICAR-Zentrale:** Tel. 928822900, www.cicar.com, info@cicar.com

Benzin

Volltanken heißt ¡*Lleno, por favor!* Der Preis für Superbenzin liegt bei etwa 1 € pro Liter. Tankstellen öffnen in der Regel um 8 Uhr und schließen um 20 Uhr. Nur in San Sebastián, Hermigua und Valle Gran Rey sind sie auch am Sonntagvormittag bis 13 Uhr geöffnet.

AUTOFAHREN

Verkehrsregeln

In Spanien werden Verkehrsverstöße mit hohen **Geldstrafen** geahndet; wer zuviel Alkohol im Blut hat, muss gar mit dem Entzug des Führerscheins rechnen. Hier die wichtigsten Vorschriften:

- **Alkoholgrenze:** 0,5 Promille; für alle, die den Führerschein erst in den vergangenen zwei Jahren gemacht haben, sogar 0,3 Promille.
- **Anschnallpflicht:** innerhalb und außerhalb geschlossener Ortschaften; für Kinder unter drei Jahren sind Kindersitze vorgeschrieben; Kinder über drei Jahren sollten, sofern sie keine 1,50 m groß sind, auf einer Rückhaltevorrichtung sitzen.
- **Höchstgeschwindigkeit:** innerhalb geschlossener Ortschaften 50 km/h (mind. 25 km/h), auf Landstraßen 90 km/h (mind. 45 km/h), auf Straßen mit mehr als einer Fahrbahn in jeder Richtung 100 km/h (mind. 50 km/h).
- **Park- bzw. absolutes Halteverbot:** gelbe bzw. rote Kennzeichnung am Bordstein.
- **Überholverbot:** 100 m vor Kuppen und an Stellen, die nicht mindestens 200 m zu überblicken sind.
- **Telefonieren:** nur mit Freisprechanlage erlaubt.
- **Warndreieck/Westenpflicht:** Im Falle einer Panne oder eines Unfalls sind vor und hinter dem Fahrzeug Warndreiecke aufzustellen; der Fahrer legt beim Verlassen des Fahrzeugs sofort eine reflektierende Weste an.
- **Abschleppen:** privat nicht erlaubt, nur von Unternehmen mit Lizenz *(grúa)*.

Unfall

Nach einem Unfall ist die Verleihfirma umgehend zu verständigen. Wurde eine Person verletzt, sollte unbedingt die Polizei angerufen werden (⇨ „Notfälle"). Über die **Notrufnummer 112** erreicht man die Zentrale für alle Notfälle (deutschsprachig). Über Computer wird der Standort des Anrufers verortet und der nächstgelegene Notarzt- bzw. Polizeiwagen verständigt.

Es empfiehlt sich in jedem Fall, die KFZ-Nummern der Beteiligten sowie deren Namen, Anschriften und Versicherung aufzuschreiben. Hier die Notrufnummern der wichtigsten Automobilclubs:

- **ADAC,** Tel. 0049-89-222222, www.adac.de
- **ÖAMTC,** Tel. 0043-1-71199-0, www.oeamtc.at
- **TCS,** Tel. 0041-22-4172220, www.tcs.ch

Behinderte unterwegs

Für körperbehinderte Fluggäste gibt es bei den meisten Airlines eine kostenlose Flugbegleitung am Abflug- und Zielflughafen. Außerdem werden Rollstühle für die Beförderung von und zum Flugzeug bereitgestellt. Details erfährt man im Reisebüro oder auch bei der *Bundesarbeitsgemeinschaft der Clubs Behinderter und ihrer Freunde e.V.* (Tel. 06131-225514). Leider mangelt es bis heute in fast allen Unterkünften Gomeras an Barrierefreiheit, die Toiletten sind zu eng, die Duschen nicht unterfahrbar. Und wenn schon einmal mehrere Räume, so im Hotel *Jardín Tecina* in Playa Santiago oder im Hotel *Coello* in Vallehermoso, dem „Kriterienbogen" der Behindertenverbände standhalten, so scheitert eine Empfehlung an der Beschaffenheit des Hotelstrandes: steinig und für Rollstuhlfahrer ungeeignet.

Busfahren

Busse *(guaguas)* sind auf Gomera selten, aber preiswert; Gepäckstücke werden kostenlos befördert, Fahrräder allerdings nicht einmal gegen Bares. Alle Busverbindungen sind auf die Hauptstadt ausgerichtet. Es gibt eine Ost-West-, eine Süd- und eine Nordroute. Für die Fahrt nach Valle Gran Rey braucht der Bus weniger als 2 Std., nach Playa Santiago und Vallehermoso (via Hermigua und Agulo) 1 Std. 15 Min. Der Preis für die genannten Strecken beträgt 4-6 €.

Leider mangelt es an Querverbindungen. Man wünschte sich z.B. die Einrichtung einer Linie von Vallehermoso nach Valle Gran Rey. Wenn es freilich nach den Taxifahrern und Autovermietern geht, wird das Busnetz so schnell nicht erweitert: Wanderer sind auf sie angewiesen.

Fahrplan — Schilder mit aktuellen Abfahrtzeiten sucht man auf Gomera vergebens, darum sollte man sich bei der Touristeninformation eine Kopie des Fahrplans geben lassen. Die Erfahrung lehrt allerdings, dass dieser nicht auf dem neuesten Stand ist oder sich während der Urlaubszeit spontan ändert ...

Wer dennoch auf eine Busfahrt nicht verzichten will, sollte stets ein paar Minuten vor der regulären Abfahrtszeit an der gewünschten Haltestelle stehen, da die Busfahrer gern früher abfahren, um am Zielpunkt eine längere Pause einlegen zu können.

Verbindungen Zwei bis fünf Busse pro Tag fahren auf folgenden Strecken (www.gomera-island.com):

- **Linie 1:** Valle Gran Rey – San Sebastián
- **Linie 2:** San Sebastián – Hermigua – Agulo – Vallehermoso
- **Linie 3:** San Sebastián – Playa Santiago – Imada – Alajeró
- **Linie 4:** Vallehermoso – Las Hayas – La Dama
- **Linie 5:** Vallehermoso – Epina – Alojera
- **Linie 6:** Valle Gran Rey – Flughafen (Aeropuerto)
- **Linie 7:** San Sebastián – Flughafen (Aeropuerto)

Diplomatische Vertretungen

Spanische Botschaften
- **Botschaft des Königreichs Spanien,** Lichtensteinallee 1, 10787 Berlin, Tel. 030-2540070, emb.berlin.inf@maec.es.
- **Botschaft des Königreichs Spanien,** Argentinierstr. 34, 1040 Wien, Tel. 01-5055788, emb.viena@maec.es.
- **Botschaft des Königreichs Spanien,** Kalcheggweg 24, 3006 Bern, Tel. 031-3505252, emb.berna@maec.es.

Konsulate auf den Kanaren Auf Gomera gibt es keine diplomatische Vertretung. Hilfe in unangenehmen Lebenslagen bekommt man bei den zuständigen Botschaften und Konsulaten auf den Nachbarinseln bzw. in Madrid. So wird beim **Verlust des Passes** ein Ersatz-Reiseausweis ausgestellt; ist das **Geld weg,** werden Kontakte mit Freunden vermittelt oder es wird – gegen Rückzahlungsverpflichtung – ein Überbrückungsgeld gezahlt. Auch hilft man, z.B. im Falle einer Festnahme, bei der Suche nach einem Übersetzer oder Anwalt. Im Sterbefall benachrichtigt das Konsulat die Hinterbliebenen und ist bei der Erledigung der Formalitäten vor Ort behilflich.

- **Deutsches Konsulat,** Calle Albareda 3-2°, 35007 Las Palmas de Gran Canaria, Tel. 928491800, www.las-palmas.diplo.de, Mo–Fr 9–12 Uhr.
- **Österreichisches Honorarkonsulat,** Calle Hermano Apolinar 12, La Orotava, Teneriffa, Tel. 922325961, Mo, Mi, Do 15.30–18.30 Uhr.
- **Schweizer Botschaft,** Calle de Núñez de Balboa, 35A-7°, Madrid, Tel. 914363960, Mo–Fr 9–13 Uhr.
- Auf der Website des spanischen Außenwirtschaftsministeriums kann man unter „Embajadas y Consulados" alle spanischen Vertretungen im Ausland nachschlagen: www.mae.es.

Einkaufen und Mitbringsel

Lebensmittel

Für **Selbstversorger** ist Gomera gut gerüstet. In der Hauptstadt San Sebastián sowie in den Ferienorten Valle Gran Rey und Playa Santiago braucht man auf nichts zu verzichten, was einem lieb und vertraut ist – von irischer Butter über holländischen Gouda bis zu italienischer Pasta. Nicht minder reich ist das Sortiment an **Naturkost.** Ob Vollkornbrot oder Müsli, Soja oder Tofu – alles ist da! Bei vielen anderen Waren hat man die Wahl zwischen Einheimischem und Importiertem – doch man staunt ein wenig über die hohen Preise für das gomerische Obst, und auch der an der Küste gefangene Fisch ist nicht gerade preiswert.

Spezialitäten

Ausgezeichnet schmeckt der **gomerische Ziegenkäse.** Die Tiere ernähren sich von wild wachsenden Wald- und Wiesenpflanzen, entsprechend rein ist die Milch, aus der der Käse gewonnen wird. Da gibt es milden Frischkäse *(queso fresco)*, cremigen, geschmacksintensiven Halbgereiften *(queso semicurado)* und harten,

Einkaufen und Mitbringsel

würzigen Gereiften *(queso curado)*. Eine besondere Spezialität ist *almogrote*, ein „eingemachter", in Olivenöl und Knoblauch eingelegter Käse. Sehr gut schmecken dazu die weißen, aus Vallehermoso stammenden **Weine** der Marke *Garajonay* und *Roque Cano*. Oder man greift zum *gomerón*, einem aus weißem Rum gemixten **Likör**. Noch hochprozentiger ist *mistela*, der außer Orangenlikör auch selbstgebrannten Schnaps enthält. Beide Getränke werden mit *miel de palma*, dem sirupartigen **Palmenhonig**, abgeschmeckt.

Palmenhonig – Producto de la Gomera

Einkaufen auf dem Bio-Markt (Valle Gran Rey)

EINKAUFEN UND MITBRINGSEL

Souvenirs   Als Mitbringsel hat Gomera vor allem traditionelles **Kunsthandwerk** zu bieten: archaische, nur mit der Hand geformte Tongefäße aus El Cercado, Stickerei- und Webarbeiten aus Hermigua und mit Ziegenhaut bespannte Trommeln *(tambores)*. Aus Holz geschnitzt sind sowohl die Kastagnetten *(chácaras)* als auch die Schalen *(mortero)*, in denen der typische Kresseeintopf serviert wird.

In den Läden von Valle Gran Rey und San Sebastián sind **DVDs** und attraktive **Fotobände** zu Gomera erhältlich. Einen poetischen Abgesang auf das „verlorene Paradies", die Zeit vor der Ankunft der Pauschalos, bietet *Oliver Hecks* DVD **Encantada** (die Verzauberte). Hier kommen all jene zu Wort, die von einem „alternativen" Leben jenseits von Karriere & Kommerz träumen: so „die Feuerschwinger und Trommler am Strand, die Hippies in der Schweinebucht, die Sinnsucher in den Bananen" (Valle-Bote). Die schönsten Fotos stammen von *Thomas K. Müller* (El fotógrafo), der sich mit seinen Aufnahmen auch über die Insel hinaus einen Namen gemacht hat.

Freunde der gomerischen **Folklore** erkundigen sich nach CDs von *Son Gomeros, Los Tres de Valle Gran Rey* und *Las Parrandas de*

EINKAUFEN UND MITBRINGSEL

Hermigua. Vom Zauber Gomeras ist auch die Musik von auf der Insel lebenden ausländischen Musikern inspiriert. Das Duo *Dos Guitarras* (*Ulises* und *Joachim*) verbindet Flamenco mit Blues, mal ruhig-meditativ, dann wild ausbrechend.

Schmuck, geschnitzt aus Avocado-Kernen

Archaisch anmutende Keramik aus El Cercado

Einreisebestimmungen

Dokumente Bürger aus Deutschland und Österreich benötigen zur Einreise einen gültigen **Personalausweis oder Reisepass** und können unbegrenzt lange bleiben. Schweizer benötigen für einen Aufenthalt bis zu drei Monaten eine nationale Identitätskarte – wollen sie länger bleiben, müssen sie ein Visum bei der spanischen Botschaft beantragen (⇨ „Diplomatische Vertretungen").

Auch **Kinder** brauchen einen eigenhändig unterschriebenen Ausweis mit Nationalitätsvermerk und Lichtbild.

Tiere Wer auf seinen Vierbeiner nicht verzichten kann, benötigt einen **EU-Heimtierausweis,** worin Kennzeichnungsnummer, Name, Alter, Geschlecht und Rasse vermerkt sind und in dem von einem Arzt die gültige **Tollwutimpfung** bescheinigt wird. Die Impfung muss mindestens einen Monat, aber höchstens zwölf Monate vor Ankunft erfolgt sein. Darüber hinaus muss das Tier mit einem **Microchip** gekennzeichnet sein.

Immer mehr Fluggesellschaften gehen dazu über, einen beträchtlichen Preis für die Mitnahme von Tieren zu verlangen. Diese werden in speziellen Transportbehältern befördert und reisen im beheizten Laderaum. Meist wird bei Charterflügen das Gewicht des Hundes aufs Freigepäck angerechnet: Hat man mehr als 20 Kilogramm Gepäck, zahlt man – analog zum normalen Übergepäck – einen Aufpreis von ca. 5–7 € pro Kilogramm.

Tipps zur Reisevorbereitung

- Prüfen Sie, ob Ihre **Personaldokumente** noch gültig sind!
- Fertigen Sie **Kopien** von Personalausweis und Führerschein an!
- Denken Sie an ausreichenden **Krankenversicherungsschutz!**
- Notieren Sie **Konto-, Kredit- und Scheckkartennummern** sowie die Telefonnummern Ihrer Bank und Kreditkartenbüros, damit Sie bei Verlust oder Diebstahl sofort eine Sperrung veranlassen können!

ESSEN UND TRINKEN

Arten-schutz Exemplare von Tier- und Pflanzenarten, die vom Aussterben bedroht sind, dürfen nicht ein- und ausgeführt werden. Auch für Deutschland und Spanien ist das Washingtoner Artenschutzabkommen verbindlich. Die „Fibel zum Artenschutz" verschickt das Referat Öffentlichkeitsarbeit im Bundesumweltministerium auf Anfrage kostenlos.

Zoll Aufgrund der steuerlichen Sonderstellung gelten auf den Kanarischen Inseln bis auf weiteres die bekannten **Mengenbeschränkungen:**

- **Tabakwaren** (Mindestalter 17): 200 Zigaretten oder 100 Zigarillos oder 50 Zigarren oder 250 g Tabak
- **Alkoholische Getränke** (Mindestalter 17): 1 Liter über 22 Vol.-% (CH: 15 Vol.-%) oder 2 Liter bis 22 Vol.-% (CH: 15 Vol.-%)
- **Andere Waren** (Mindestalter 15): nach Deutschland 500 g Kaffee, nach Österreich zusätzlich 100 g Tee, (ohne Altersbeschränkung): 50 g Parfüm und 0,25 Liter Eau de Toilette sowie Waren bis zu 175 € bzw. 300 SFr. pro Person.

Essen und Trinken

Ob Fisch oder Fleisch, gomerisch oder italienisch, venezolanisch oder deutsch-alternativ: Auf der ach so kleinen, gottverlassenen Insel sind viele Küchen dieser Welt vertreten. Die größte **kulinarische Vielfalt** bietet Valle Gran Rey, doch auch die Hauptstadt San Sebastián und – mit gewissem Abstand – Playa Santiago können sich sehen lassen.

Keine andere kanarische Insel gibt es, die so gut mit Waren aus **Naturkostläden** bestückt ist: Weder auf Müsli und Vollkorn noch auf Bio-Honig und Reformhaus-Pastete muss man verzichten. Knackige Salate und frisch gepresste Obstsäfte sind in vielen Orten der Renner.

Essens-zeiten Das Mittagessen *(almuerzo)* beginnt nicht vor 13 Uhr, der umfangreiche Abendschmaus *(cena)* nicht vor 20 Uhr. Nur in den Ferienorten Playa Santiago und Valle Gran Rey, wo Gomeros in der Minderheit sind, werden die Öffnungszeiten den Bedürfnissen der Touristen angepasst. Dort wird das Abendessen oft schon ab 18 Uhr serviert, einige Restaurants sind von 12 bis 24 Uhr durchgehend geöffnet.

Essen und Trinken

ESSEN UND TRINKEN

Gastronomisches Glossar

Vor allem in abgelegenen Berg- und Küstendörfern gibt es nach wie vor keine mehrsprachigen **Speisekarten.** In der kleinen Sprachhilfe im Anhang findet sich ein „Wörterbuch" mit allen wichtigen gastronomischen Begriffen, die einem auf Speisekarten begegnen.

Typische Speisen

Käse

Wer wie ein Gomero essen will, wählt als Vorspeise einen Teller mit zartem, weißem **Schafs- und Ziegenkäse** *(queso blanco)*, der mit frisch gemahlenem Pfeffer angerichtet wird. Eine gute Alternative ist **almogrote**, ein steinhart gereifter, zerriebener Ziegenkäse, der mit viel Knoblauch und Tomaten, höllisch scharfen Pepperoni und Olivenöl vermixt und als pikanter Brotaufstrich serviert wird. In einigen wenigen Restaurants wird **queso asado** angeboten, zart gegrillter, warmer Käse.

Eintopf

Wem der Sinn nicht nach fettreicher Kost steht, der greift lieber zum Eintopf. Besonders nach einer Tour durch den feucht-kühlen Lorbeerwald sehnt man sich nach etwas, das die erstarrten Glieder erwärmt. Hervorragend schmeckt der **puchero,** der aus mindestens sieben Gemüsesorten besteht. Eine jede wird einzeln gedünstet, erst zum Schluss kommen die Bestandteile zusammen. Kichererbsen und Süßkartoffeln sind immer dabei, Kürbis sorgt für Sämigkeit, Paprika für pikanten Geschmack. An Feiertagen, wenn man sich etwas besonders Gutes gönnen will, kommen verschiedene Fleischsorten dazu.

Runzelkartoffeln, Kresseeintopf im Holznapf und Ziegenfleisch – hier im Bergdorf El Cedro

Essen und Trinken

Bleibt vom sämigen Sud etwas übrig, wird er mit **Wildkresse** zu *potaje de berros* vermixt. Die Blätter der am Bachufer wachsenden Pflanze sind größer, und der Geschmack ist milder als der der uns bekannten Treibhauspflanze. Am besten schmeckt der Kresseeintopf im Waldweiler El Cedro, wo die Kresse, kaum gepflückt, schon in den Kochtopf wandert. Traditionell wird der *potaje de berros* in einer Holzschale gereicht und mit etwas Ziegenkäse abgeschmeckt.

Runzel-kartoffeln

Kein gomerisches Mahl ohne **papas arrugadas,** kleine feste Kartoffeln, die ungeschält in stark salzhaltigem Wasser gekocht werden. Ist das Wasser verdunstet, lagern sich die Salzkristalle auf den

Ein deftiger Gemüseeintopf und dazu Wein von der Insel

Kartoffeln ab und lassen sie weiß und runzlig erscheinen. Die heißen Kartoffeln werden in **mojo rojo** getunkt, eine rote, feurigscharfe Soße. Ihre Herstellung ist denkbar einfach: Knoblauch, roter Chili und grobes Meersalz werden in einem Holzmörser zerstampft, mit Olivenöl und Weinessig vermischt. Nimmt man statt rotem Chili frischen Koriander, erhält man **mojo verde,** eine milde Variante, die vor allem zu Fisch gereicht wird.

Gofio Nicht jedermanns Sache ist *gofio*, ein kulinarisches Überbleibsel der Altkanarier. Dabei handelt es sich um ein Mehl aus geröstetem Getreide, das mit Milch oder Brühe verrührt wird. Vor allem auf dem Land gilt es noch immer als wichtiger Proviant. Hirten, die oft tagelang unterwegs sind, verkneten den *gofio* mit etwas Wasser und bewahren ihn im *zurrón* auf, einem Beutel aus feingegerbter Ziegenhaut. Bei Bedarf brechen sie sich ein Stück von der Masse ab, weichen sie mit Milch auf und kneten sie gut durch. Dazu verzehren sie frischen Honig oder Ziegenkäse und schwören, dies sei das beste und gesündeste Mahl der Welt.

Fisch und Fleisch In den Lokalen der Bergdörfer kehrt man gerne ein. Fast immer gut schmeckt das in einer Wein-Kräuter-Soße marinierte **Zicklein** (*cabrito*), zur Jagdzeit im Herbst auch **Kaninchen** (*conejo*). Fri-

Im Mittelpunkt des Alltags: die Bar

Vor allem in den Dörfern ist die Bar weitaus mehr als nur ein Ort zum Trinken und Essen. Sie ersetzt den Tante-Emma-Laden und die Apotheke, die Post und die Nachrichtenbörse. Hier trifft man sich, um Neuigkeiten zu diskutieren, Karten zu spielen und ein paar Töne auf der *timple*, einer Art Mini-Gitarre, anzustimmen. Man isst eine *tortilla* oder ein gut belegtes *bocadillo*, trinkt einen Kaffee oder spült das Essen mit Bier hinunter. Für viele männliche Gomeros ist die Bar das öffentliche Wohnzimmer, in dem ein Gutteil des Tages und auch der Nacht verbracht wird.

> ### Preiskategorien
>
> Um dem Leser eine Vorstellung zu vermitteln, wie teuer die in diesem Buch vorgestellten Restaurants sind, wurden sie in drei Preisklassen unterteilt. Die Preise gelten für ein **Hauptgericht mit Nachspeise oder Getränk.**
>
> - Untere Preisklasse €: bis 15 €
> - Mittlere Preisklasse €€: 15–25 €
> - Obere Preisklasse €€€: ab 25 €

schen Fisch *(pescado)* gibt es in den Küstenorten. In einigen Restaurants kann man sich „seinen" Fisch in der Vitrine aussuchen. Häufig werden Seehecht, Sardine und Thunfisch *(merluza, sardina, atún* bzw. *bonito)* gefangen. Daneben gibt es zarten **Kalamar** *(calamar),* den man aber nicht mit den kleinen, dünnhäutigen **Tintenfischen** *(chipirones)* oder der fleischigen **Krake** *(pulpo)* verwechseln sollte. Wer eine **Fischsuppe** probieren möchte, bestellt *caldo de pescado:* oft ist sie mit Muscheln angereichert und fast immer mit Safran gewürzt.

Getränke Zum Essen bestellt man frisch gepressten Orangensaft *(zumo de naranja)* oder Mineralwasser *(agua mineral),* oft auch Bier *(cerveza)* der Marke *Dorada* aus Teneriffa oder *Tropical* aus Gran Canaria. In neuer Qualität präsentiert sich der Inselwein: der weiße, fruchtige *Garajonay* aus der einheimischen Traube *Forastera Gomera,* die Tropfen *Cumbres de Garajonay* und der rote *Asocado,* der Tischwein *Roque Cano* und edler *Malvasía.* Ob sich der 4-prozentige Bananensekt *(cava del plátano)* durchsetzen wird, bleibt abzuwarten.

Nachspeisen Wer das Essen mit etwas Süßem abschließen will, bestellt eine der typisch kanarischen Nachspeisen wie *bienmesabe* (Mandelmus), *queso de almendras* (Mandelkuchen) oder *torta de cuajada* mit Palmenhonig (Törtchen aus Frischkäse und Eiern).

Köstlich schmeckt der einheimische Ziegenkäse, der frisch *(tierno),* halbgereift *(semicurado)* und gereift *(curado)* auf den Tisch kommt.

Flug- und Fährverbindungen zu den Nachbarinseln

Flug

Der kanarische Flugverkehr ist stark ausgerichtet auf Teneriffa und Gran Canaria, die Hauptinseln des Archipels. Zu ihnen gibt es ein bis zwei Flüge täglich ab Gomera. Was aber den Verkehr der „Kleinen" untereinander angeht, sieht die Situation nicht gut aus. Zwar sind zzt. von Gomera zwei Flüge pro Woche nach La Palma geplant, doch diese können rasch wieder gestrichen werden, wenn sie nicht profitabel sind. Das könnte dann wieder bedeuten: nach La Palma nur mit Umsteigen in Teneriffa – ärgerlich und zeitraubend!

- **Aeropuerto de Gomera,** Tel. 902404704, www.aena.es

Fähre

Bei den Schiffsverbindungen gibt es mit jeder Saison einen neuen Fahrplan. Nach Teneriffa kommt man mehrmals täglich direkt (siehe Anreise), nach La Palma und El Hierro in der Regel nur mit Umweg via Los Cristianos, doch könnte sich das schon im kommenden Jahr ändern.

Die aktuellen **Abfahrtszeiten** und **Preise** erfährt man im Hafen und in den Reisebüros von San Sebastián sowie online unter den Adressen:

- www.fredolsen.es
- www.navieraarmas.com

Frauen

Buchtipp
„Als Frau allein unterwegs" von Birgit Adam, REISE KNOW-HOW Verlag, Bielefeld

Frauen, die allein unterwegs sind, können sich auf Gomera **problemlos bewegen.** Seit den 1970er Jahren wird die Insel von allein reisenden Frauen gern besucht. Vor allem in Valle Gran Rey hat man sich darauf eingestellt: Frau braucht sich nicht als Freibeute zu fühlen, wenn sie allein ein Zimmer mietet und im Restaurant oder Café allein am Tisch Platz nimmt. Aggressive Anmache spürt man höchstens mal am Wochenende in den Kneipen von Vueltas.

Sollten trotzdem einmal ernsthaftere Probleme auftreten, wendet man sich an die *Asociación de Mujeres Gara,* die gomerische

74 GELDFRAGEN

Frauenvereinigung in San Sebastián (Ansprechpartnerin ist *Olga*). Die aktuelle Anschrift erhält man in der Touristeninformation.

Geldfragen

Währung

Auch in Spanien ist seit 2002 der **Euro** (ausgesprochen: e-**u**-ro) die gültige Währung. Bürger der Schweiz müssen weiterhin Wechselmodalitäten ertragen. Der Umtausch von Banknoten sowie die Einlösung von Travellerschecks ist bei allen Banken und Sparkassen möglich. Außerhalb der üblichen Schalterstunden (Mo–Fr 9–14, Sa 9–13 Uhr) können auch Geldautomaten *(telebancos)* in Anspruch genommen werden, an denen mit der Maestro-/EC-Karte Geld im Rahmen der festgesetzten Höchstbeträge abgehoben werden kann. Je nach Hausbank wird dafür pro Abhebung eine Gebühr von max. 4 € bzw. 6 SFr berechnet.

GELDFRAGEN 75

Kreditkarten

Die auf Gomera gängigsten Kreditkarten sind **Visa** und **Mastercard** (jeweils am Emblem erkennbar). Sie werden von allen größeren Hotels und Restaurants, Geschäften und Autovermietungen akzeptiert. Die Barauszahlung per Kreditkarte sollte innerhalb der EU nicht mehr kosten als im Inland, aber die Praxis sieht oft anders aus. Je nach ausgebender Bank werden bis zu 5,5 % der Abhebungssumme berechnet, wobei dieser Satz am Bankschalter in der Regel höher ist als am Geldautomaten. Für das bargeldlose Zahlen per Kreditkarte innerhalb der EU darf die ausgebende Bank keine Gebühr für den Auslandseinsatz veranschlagen; für die Schweizer wird jedoch ein Entgelt von ca. 1–2 % des Umsatzes berechnet.

Checkliste für Kreditkarten

- Bitte überprüfen, bis wann die Karte gültig ist!
- Geheimnummer (PIN) auswendig lernen, damit Bargeld an Automaten abgehoben werden kann!
- Vorder- und Rückseite der Karte fotokopieren und die 16-stellige Kartennummer notieren!
- Die Fotokopien getrennt von der Karte aufbewahren, damit man diese bei eventuellem Verlust sperren lassen kann.
- Den Namen des kartenausgebenden Instituts notieren!
- Bei der Bedienung von Geldautomaten sicherstellen, dass niemand die Geheimnummer sieht.
- Sperren lassen: Für Kunden der wichtigsten deutschen Kreditinstitute (Sparkassen, Landesbanken, Volks- und Raiffeisenbanken) gibt es die **einheitliche Sperrnummer** 0049-116116. Sie gilt für Maestro-/EC-, Handy-, Kredit- und Krankenkassenkarten.

Österreicher und Schweizer können diesen Service vorerst nicht in Anspruch nehmen – sie sollten vor der Reise bei ihrer jeweiligen Bank die für sie geltende Sperrnummer erfragen.

Allein unterwegs: auf Gomera völlig normal

Richtwerte für Preise

Unterkunft

- Einfache Pension, DZ pro Tag: ab 25 €
- Apartment pro Tag: ab 30 €
- Hotel, DZ pro Tag: ab 40 €
- Landhaus pro Woche: ab 300 €

Strand und Sport

- Geführte Tageswanderung: 30–40 €
- Tennisplatz pro Stunde: 9–12 €

Verkehrsmittel

- Bus San Sebastián – Valle Gran Rey: 6,50 €
- Schiff San Sebastián – Valle Gran Rey ca. 7 €
- Taxi San Sebastián – Valle Gran Rey: 60–65 €
- Taxi San Sebastián – Playa Santiago: 35–40 €
- Mietwagen pro Tag: ab 30 €
- Fahrradmiete pro Tag: ab 12 €
- Super-Benzin, 1 Liter: knapp 1 €

Im Lokal

- 3-Gänge-Menü, kanarisch: 8–14 €
- Fischplatte vom Grill: 8–12 €

Informationen

Aktuelles **Informationsmaterial** kann unter Tel. 06123-99134 oder Fax 9915134 angefordert werden. Auskünfte werden unter dieser Nummer nicht erteilt. Dafür sind allein die Büros des Spanischen Fremdenverkehrsamts (www.spain.info) zuständig.

INFORMATIONEN

- Kaninchen: 6–8 €
- Tortilla: 4 €
- Bier, 0,3 Liter: 2,20 €
- Glas Wein, 0,2 Liter: 2,20 €
- Kaffee mit Milch: 1,50 €
- Frisch gepresster Orangensaft: 2,50 €

Im Supermarkt

- Brötchen: 0,30 €
- Milch, 1 Liter: 0,80 €
- Wurst, 100 g: ab 0,90 €
- Käse, 100 g: ab 0,85 €
- Apfelsinen, 1 kg: 1,25 €
- Flasche Bier: 0,70 €
- Flasche Mineralwasser, 1 Liter: 0,60 €
- Film: 5 €
- Zigaretten, 200 Stück: 14–18 €

Trinkgeld

In Restaurants sind 5–10 % Trinkgeld üblich, freilich nur, wenn die Bedienung den Gast wirklich zufriedengestellt hat.

Fremdenverkehrsämter
- **Spanisches Fremdenverkehrsamt,** Lietzenburgerstr. 99, 10707 Berlin, Tel. 030-8826543, berlin@tourspain.es
- **Spanisches Fremdenverkehrsamt,** Grafenberger Allee 100, Kutscherhaus, 40237 Düsseldorf, Tel. 0211-6803981, duesseldorf@tourspain.es
- **Spanisches Fremdenverkehrsamt,** Myliusstr. 14, 60323 Frankfurt, Tel. 069-725038, frankfurt@tourspain.es
- **Spanisches Fremdenverkehrsamt,** Postfach 151940, 80051 München, Tel. 089-5307460, munich@tourspain.es

- **Spanisches Fremdenverkehrsamt,** Walfischgasse 8/14, 1010 Wien, Tel. 01-5129580, viena@tourspain.es
- **Spanisches Fremdenverkehrsamt,** Seefeldstr. 19, 8008 Zürich, Tel. 044-2536050, zurich@tourspain.es

<u>Touristeninformation</u> Auf **Gomera** erhält man Inselkarten und Broschüren bei den Büros in ⇨San Sebastián, ⇨Playa Santiago, ⇨Valle Gran Rey, ⇨Agulo und ⇨Hermigua.

Internet

Die Insel Gomera ist im Web häufig vertreten, und jeden Monat kommen neue Seiten hinzu. Doch was da so munter veröffentlicht wird, ist meist nichts als Werbung – auch dort, wo es als sachliche Info verkleidet ist. Viele Autoren von Websites scheinen einzig an der Frage interessiert: „Was zahlt mir der touristische Betrieb, wenn über den Eintrag auf meiner Homepage eine Buchung erfolgt?" So präsentieren sie nur noch jene Veranstalter und Hoteliers, die an Werbung interessiert sind. Restaurantbesitzer berichten Horrorgeschichten von „Internet-Spezialisten", die hohe Geldsummen für einen Eintrag auf ihrer Homepage verlangen. Zum Glück gibt es noch ein paar Websites, auf denen das Informationsinteresse im Vordergrund steht.

Internetcafés gibt es in der Hauptstadt (siehe Kurzinfos) sowie im Valle Gran Rey (La Playa/Vueltas).

- **www.gomera.de:** Empfehlenswerte Homepage des La- Paloma-Teams von Vueltas mit Inselinfos, Unterkunftstipps, Fähr- und Busverbindungen. Mit einer Webcam von Valle Gran Rey.
- **www.gomeralive.de:** Gomera-Reisemagazin mit Hinweisen für die individuelle Planung, Buchung von Hotels und Mietwagen, Postkartenmotive.
- **www.gomera-service.de:** Das Info-Büro *Servicios Integrados* von La Calera vermittelt Häuser und Apartments, Mietautos und Ausflüge.
- **www.gomera-island.com:** Touristische Homepage der Inselregierung mit einem Grundkurs in Geschichte & Kultur sowie vielen nützlichen Tipps; in der Rubrik „Dienstleistungen" verstecken sich Unterkunftslisten. Unter Download „Guaguas" gibt es den aktuellen Busfahrplan.
- **http://ecoturismogomera.com:** Bestes Angebot für ländliche Unterkünfte im Norden und Zentrum der Insel – alle gut erläutert, auch auf Deutsch, mit Bild, Text und Preisangabe.

- **www.gomera-insel.de:** Gute Einführung ins Urlaubsziel Gomera, übersichtlich und sorgfältig aufbereitet! Mit Bilder-Galerie.
- **www.lagomera.de:** Infos und Tipps, Daten zur Anreise, Hinweise auf geführte Wanderungen und Radtouren, Anzeigen von touristischen Anbietern.
- **www.insel-la-gomera.de:** Inselportrait mit Tipps und Infos von A bis Z. Nett die Rubrik für Gastro-Freaks: „So wird geräucherter Ziegenkäse hergestellt".
- **www.gomera.net:** Auf dieser Seite sind mehrere Informations- und Aktivbüros vereint.
- **www.egomera.de:** Forum für alle, „die wissen wollen, wie sich die Insel anfühlt" und „ihre Erfahrungen mit den Benutzern dieses Forums teilen wollen".
- **www.gomeracafe.de:** Forum für alle Gomera-Freunde.
- **www.gomera-tv.com:** Fotos, Filme und Musik, Künstler und Freaks. Auch Doku-Streifen und Musik-Sessions zu Gomera – eine ungewöhnliche Einstimmung auf die Insel!
- **www.gomeraimpressionen.com:** Schöne Landschaftsfotos von *Michael Reiff*.

Sonstiges
- **www.radioclm.com:** Der Valle-Gran-Rey-Sender (FM 93,6) bietet gängige Melodien, dazu lokale und internationale Nachrichten, Webcam und Fotos.
- **www.wochenblatt.es:** Das „Wochenblatt" erscheint in Konkurrenz zur „Kanarischen Rundschau".
- **www.gomeranoticias.com** und **www.gomeraverde.es:** Inselnachrichten in spanischer Sprache.
- **www.wetteronline.de/Spanien/LaGomera.htm:** Aktuelle Wetterdaten von der Urlaubsinsel Gomera.

Hinweis

Die Online-Adressen der wichtigsten Last-Minute-Anbieter werden im Kapitel „Anreise" genannt. Sportlich Aktive finden Anlauf- und Online-Adressen in der „Aktiv"-Rubrik der jeweiligen Ortschaften. Radfahrer im Valle, Taucher auch in Playa Santiago.

Karten

Wer vor allem mit dem Auto unterwegs ist, wird voll zufrieden sein mit der „Touristischen Karte La Gomera", die es vor Ort kostenlos bei den Touristeninformationen gibt. Auf ihr ist zwar kein Maßstab verzeichnet, doch das ist schon fast der einzige Nachteil gegenüber den Karten von *Michelin* und ADAC (beide 1:125.000) oder von RV (1:150.000).

Wanderern seien die Karten von *freytag & berndt* (Maßstab 1:35.000) und *Goldstadt* (1:50.000) empfohlen. Die vom *Instituto Geográfico Nacional* in Madrid herausgegebene topografische Karte („Mapa Topográfico", 1:50.000) ist gleichfalls interessant.

Kinder

Valle Gran Rey

Valle Gran Rey galt lange Zeit als Geheimtipp für Ferien mit Kindern – und dies, obgleich es dort weder lange Sandstrände noch Mini-Clubs, Wasserparks, Zoos oder ähnliche Unterhaltungsangebote gibt. Die Geschichte begann mit den „alternativen" Frauen, die erst allein, dann als **allein erziehende Mütter** kamen. Und weil ihrer so viele waren, fanden sie rasch Kontakt, organisierten sich im Babysitten und teilten sich Apartments. Als Alleinerziehende wurde man im Valle nie scheel angeschaut oder gar an den „Katzentisch" verwiesen – eher das Gegenteil war der Fall. Bis heute hat sich daran nichts geändert.

Kinder haben einen Sympathiebonus, da spielt es keine Rolle, ob sie in Begleitung von nur einem oder zwei Erwachsenen kommen. Man tätschelt die jungen Blondschöpfe, erfreut sich an ihrem Anblick und ist begeistert ob jeglicher Reaktion. *„¡Que lindo, que bonito!"* (Wie schön!): Diesen Satz wird man als BesucherIn mit Kind immer wieder hören. Selbst wenn die Kleinen im Restaurant einen Teller zerschlagen oder die Tischdecke bekleckern, ernten sie keinen bösen Blick – eher ein aufmunterndes Lächeln nach dem Motto: „Nimm's nicht so tragisch!"

Entsprechend gut ist man auf Kinder vorbereitet: Jeder Supermarkt führt Babykost und Windeln, viele Lokale bieten preiswerte Kindermenüs an. Die Bike-Station vermietet Beach-Cruiser mit Kindersitz, die Sprachschule I.D.E.A. vermittelt deutschsprachige Babysitter.

Wichtigster Kindertreff im Valle ist der Strand. Für die ganz Kleinen empfiehlt sich der **Baby-Beach** im Ortsteil La Puntilla, ein flacher Tümpel, der gefahrloses Planschen erlaubt. Die etwas Größeren zieht es an den Strand von Vueltas, weil man da „richtig schwimmen" kann – auch wenn das Wasser aufgrund der Hafennähe nicht immer ganz sauber ist.

Bei ruhiger See bietet sich ein **Bootsausflug** an, bei dem Delfine beobachtet werden können. Und besonders groß ist die Freude, wenn man in einer einsamen Bucht über Bord gehen und sich bei einem Bad erfrischen darf!

Alternativen

Gute Standorte für Urlaub mit Kindern sind auch die Finca **El Cabrito** (⇨ „Osten") und das Hotel **Jardín Tecina** (⇨ „Süden, Playa Santiago"). Während *El Cabrito* mit seinem von der Außenwelt ab-

KINDER

geschlossenen Gelände ein einziger großer Abenteuerspielplatz ist (auch malen und basteln kann man hier), besticht *Jardín Tecina* durch fantastische Pool Landschaften. Kinder werden dort mehrstündig betreut, können Tischtennis und Minigolf spielen. Abends treffen sie sich in der Mini-Disco. Hotel und Finca bieten zu allen Mahlzeiten ein reichhaltiges Büfett, an dem sich die Kids nach Herzenslust bedienen können.

Ausflüge Auf einer Entdeckungsfahrt über die Insel bietet es sich an, im Wald von Laguna Grande eine Pause einzuschieben. Dort gibt es ein schönes **Picknickgelände** mit Grillzonen und Kinderspielplät-

Kinder stört's nicht, dass der Vulkansand dunkel ist (La Playa im Valle Gran Rey)

zen. Vor oder nach einer Wanderung kann man bei der Naturschutzbehörde in **Juego de Bolas** vorbeifahren; dort wird man anschaulich in die vulkanische Entstehung der Insel sowie ihre Flora und Fauna eingeführt. Von den in diesem Buch vorgestellten Wanderungen sind für Kinder vor allem die **Wanderungen 5, 6 und 9** zu empfehlen: nicht zu schwer und in herrlicher Landschaft.

Kleidung

In den Wintermonaten kann es auf Gomera durchaus ein paar feuchte und kühle Tage geben. Für Abendspaziergänge am Urlaubsort, ganz besonders aber für die Ausflüge ins Bergland und in den Norden empfiehlt sich die Mitnahme warmer Kleidung. Pullover und Anorak, Regenschutz und festes Schuhwerk sind gefragt. Wer im Sommer wandern will, sollte eine schützende Kopfbedeckung dabei haben. Mit ins Gepäck gehören natürlich auch Badesachen, eine Sonnencreme mit hohem Lichtschutzfaktor, eventuell Strandschuhe als Schutz vor dem aufgeheizten dunklen Sand, Taucherbrille und Schnorchel. Hat man etwas vergessen, ist's nicht weiter schlimm: Vor Ort kann man alles Nötige erwerben.

Medizinische Versorgung

Staatlich — Das einzige **Krankenhaus** Gomeras *(Hospital Insular)* befindet sich in der Hauptstadt **San Sebastián.** Dort wie auch in den staatlichen Gesundheitszentren *(Centros de salud)* können sich alle gesetzlich Versicherten kostenlos behandeln lassen. Vorzulegen sind der Ausweis und die europäische Krankenversicherungskarte EHIC *(European Health Insurance Card)*, gültig für alle Länder der EU und die Schweiz. Die Anschrift des Krankenhauses sowie die Rufnummern der Gesundheitszentren finden sich im Info-Kasten der jeweiligen Ortsbeschreibung. Eine aktuelle Anschriftenliste kann man auch bei der jeweiligen Krankenkasse vor Urlaubsbeginn anfordern.

Privat — Alle Ärzte, die außerhalb staatlicher Institutionen praktizieren, sind **Privatärzte.** Wer sich bei ihnen behandeln lässt, zahlt die Rech-

MEDIZINISCHE VERSORGUNG

Gesundheitstipps

- Setzen Sie sich zu Beginn des Aufenthalts nicht zu lange der **Sonne** aus, tragen Sie möglichst Sonnenbrille und Kopfbedeckung und verwenden Sie ein Präparat mit ausreichendem Lichtschutzfaktor (je nach Hauttyp Faktor 8 und höher)!
- Muten Sie Ihrem Körper an heißen Tagen **keine eiskalten Getränke** zu!
- Das **Leitungswasser** auf Gomera ist nicht von bester Qualität, darum lieber Wasser aus Flaschen oder 5-Liter-Kanistern trinken!
- Achten Sie bei **Durchfallerkrankungen** auf eine ausreichende Flüssigkeitszufuhr! Abgepackte Glukose-Elektrolyt-Mischungen sind im Handel erhältlich und gehören in jede Reiseapotheke.

nung bar. Da ihre Erstattung im kassenüblichen Rahmen nicht garantiert ist, sei empfohlen, sich durch eine Auslandszusatzversicherung ohne Selbstbeteiligung gegen sämtliche Risiken abzusichern (⇨ „Versicherungen").

Zahnärzte Zahnärzte *(odontólogos)* behandeln **generell privat.** Vorerst gibt es eine *clínica dental* nur in San Sebastián, Valle Gran Rey und Playa Santiago. Auf der Rechnung, die nach Rückkehr bei der Krankenkasse einzureichen ist, müssen vermerkt sein: Name des Arztes und des Patienten, Diagnose und Behandlung, Datum und gezahlter Betrag.

Apotheken Apotheken *(farmacias)* sind durch ein grünes Kreuz auf weißem Grund gekennzeichnet und öffnen zu den normalen Geschäftszeiten. Der Kauf von Medikamenten lohnt sich; sie sind durchweg preiswerter als in Deutschland. Viele sind auch ohne Rezept, allerdings oft unter anderem Namen, erhältlich. Feiertags- und Nachtdienst *(farmacia de guardia)* sind an der Eingangstür der Apotheken angezeigt.

Nachtleben

Nur in zwei Orten gibt es ein bescheidenes Nachtleben. In **San Sebastián** trifft man sich in Terrassenbars rund um die beiden Plätze im Zentrum – über Mitternacht hinaus bleiben sie allerdings nur am Wochenende geöffnet. Mehr bietet da schon **Valle Gran Rey** mit den legendären Szene-Treffs im Hafenviertel Vueltas und einer Disco im Ortsteil La Playa.

Notfälle

Der **Notruf 112** ist eine Zentrale für alle Notfälle – Polizei, Arzt und Feuerwehr. Anrufe werden auch auf Deutsch beantwortet, der Anschluss ist rund um die Uhr besetzt. Wird der Reisepass oder Personalausweis gestohlen, muss man diesen bei der örtlichen Polizei melden und zwecks Beschaffung eines für den Rückflug nötigen Ersatzausweises Kontakt mit dem Konsulat aufnehmen. Auch in dringenden Notfällen, bei Vermisstensuche und Todesfällen ist der Konsul um Hilfe bemüht (⇨Diplomatische Vertretungen und ⇨Sicherheit).

Weitere wichtige Rufnummern:

- **Deutsche Rettungsflugwacht** Stuttgart: 0049-711-701070
- **Fernsprechauskunft national:** 11818
- **Fernsprechauskunft international:** 11825
- **Sperrung der Kreditkarte:** ⇨ „Geldfragen"

Öffnungszeiten

- **Banken:** Mo–Fr 9–14, Sa 9–13 Uhr
- **Post:** Mo–Fr 9–13, Sa 9–12 Uhr
- **Behörden/Fundbüro:** Mo–Fr 9–14 Uhr
- **Geschäfte und Supermärkte:** meist Mo–Fr 9–13 und 17–20 Uhr, Sa 9–13 Uhr
- **Kirchen:** meist nur während der Messe geöffnet

Im **Hochsommer** öffnen viele Geschäfte nur vormittags, die Banken bleiben samstags geschlossen, und auch für Museen gelten eingeschränkte Öffnungszeiten.

Auf der Insel ist die Siesta noch heilig: Zwischen 13.30 und 17 Uhr werden die Bürgersteige hochgeklappt – die Gomeros ziehen sich zu einem längeren Nickerchen zurück, um abends fit zu sein.

Post

Briefmarken (span. *sellos*, südamerikan. *estampillas*) bekommt man beim Postamt *(correos)* und in Tabakläden *(estancos)*, oft auch an der Hotelrezeption. Bitte beachten, dass die Post nur vormittags geöffnet ist! Das Porto für Postkarten und Briefe in andere europäische Länder nähert sich immer mehr dem EU-Standard. Die „Laufzeit" beträgt meist 5–8 Tage, während der Weihnachtsferien 2–8 Wochen.

Man kann bei der Post auch Briefe erhalten. **Postlagernde Sendungen** (Zusatz: *Lista de correos*, Name in Druckbuchstaben) werden auf der Post von San Sebastián zwei Wochen aufbewahrt. Beim Abholen den Personalausweis nicht vergessen!

Werden vom Fels geschabt –
Napfschnecken, angerichtet mit Knoblauch und frischem Koriander (lapas con ajillo)

Routenvorschläge

In der folgenden Übersicht werden die wichtigsten sehenswerten Orte aufgeführt, die man bei einem **Tagesausflug** besuchen kann. Die erste Tour beginnt in San Sebastián, wo die meisten Urlauber ankommen. Quer durchs Inselinnere geht es bis nach Valle Gran Rey, dem touristischen Hauptort. Von dort führt die Nordtour entlang der Küste nach San Sebastián. Die Südtour führt von Valle Gran Rey durchs Inselinnere nach Playa Santiago an der Südküste und von dort weiter nach San Sebastián. Eine **Entfernungstabelle** der wichtigsten Orte findet sich im Anhang.

Mit einem „R" sind die über die Insel verstreuten **Rastplätze** vermerkt. Holzbänke, Tische und Grillöfen laden zum Picknick ein, dazu gibt es oft Spielplätze für Kinder. Der meistbesuchte Rastplatz ist Laguna Grande mitten im Nationalpark.

<u>Quer über die Insel</u>   San Sebastián – Monumento al Sagrado Corazón de Jesús – Degollada de Peraza – Ermita de las Nieves (R) – Roque Agando – Cruce de la Zarcita – Pajarito – Alto del Contadero – Laguna Grande (R) – Cruce de las Hayas – Jardín de las Creces (R) – Apartacaminos – Arure – Valle Gran Rey (46 km)

<u>Nordtour</u>   Valle Gran Rey – Arure – Mirador de Alojera – Chorros de Epina (R) – Alojera – Vallehermoso – Playa de Vallehermoso – Tamargada – Las Rosas – Juego de Bolas – Agulo – Hermigua – Mirador La Carbonera – San Sebastián (84 km)

<u>Südtour</u>   Valle Gran Rey – Arure – Las Hayas – El Cercado – Chipude – Igualero – Ermita de Nuestra Señora del Paso – Drago de Agalán – Alajeró – Playa Santiago – Las Toscas – Vegaipala – Degollada de Peraza – San Sebastián (73 km)

Sicherheit

Das Wegreißen von Taschen und Kameras, Uhren und Halsketten kennt man auf dieser Insel nur aus dem Fernsehen, doch vom Risiko des **Diebstahls** bleibt auch das Ferienziel Gomera nicht mehr verschont. Wer den Mietwagen unterwegs abstellt, sollte möglichst keine Gegenstände sichtbar im Auto liegen lassen. Auch am

Bootstrip zu Walen und Delfinen

Strand ist Vorsicht geboten, insbesondere an den Stränden in Valle Gran Rey. Wo Hotels und Apartmenthäuser mit einem Safe ausgestattet sind, empfiehlt es sich, die Wertsachen – gegen Quittung und Gebühr – zu deponieren.

Wird man trotz aller Vorsichtsmaßnahmen Opfer eines Diebstahls, so muss man, um spätere Ansprüche bei der Versicherung geltend machen zu können, ein **Polizeiprotokoll** anfertigen lassen. Wurde der Personalausweis gestohlen, wird ein Ersatzausweis erst dann vom Konsul (⇨ „Diplomatische Vertretungen") ausgestellt, wenn diesem die Anzeige- und Verlustbestätigung der örtlichen Polizeibehörde vorliegen (⇨ „Notfälle"), dazu zwei Passfotos und möglichst auch eine Kopie des gestohlenen Ausweises!

Sport und Erholung

Gomera ist vor allem etwas für Naturliebhaber und **Wanderer.** Eine Auswahl der 20 schönsten Touren wird im Kapitel „Wanderungen" vorgestellt. Für **Radfahrer** ist zwar das Fahren angesichts starker Steigungen kein Zuckerschlecken, aber auch sie kommen in wachsender Zahl. Zum ausgiebigen **Baden** eignet sich Gomera wenig, der wilde Atlantik lässt es nicht zu, weit hinauszuschwimmen. **Taucher** freilich sind glücklich: Vor allem im Süden gibt es Gebiete, wo sich ihnen in strömungsarmen Gewässern die ganze Vielfalt der kanarischen Unterwasserwelt eröffnet.

Baden

Auf Gomera gibt es keine goldenen Strände wie etwa auf Fuerteventura und Gran Canaria, doch die kleinen und dunklen, oft steinigen Buchten sind auch nicht zu verachten. Im Kapitel „Urlaubsziel Gomera" werden die einzelnen Strände und Buchten ausführlich vorgestellt. Die besten Bademöglichkeiten bietet das „Tal des Großen Königs", doch auch wer in Playa Santiago Urlaub macht, entdeckt im weiteren Umkreis einsame und naturbelassene Strände. Schönster Flecken im Norden ist die Playa de la Caleta bei Hermigua, außerdem gibt es im Westen einige abgelegene Buchten, die nur zu Fuß oder mit dem Boot erreichbar sind.

FKK — Der Veranstalter TUI schreibt auf seiner Gomera-Seite: „Einige Gewohnheiten wie FKK, auffallende oder zu leichte Bekleidung … entsprechen nicht dem Gefühl für Schicklichkeit der Gomeros." Doch auch Freunde des Nacktbadens können sich auf dieser Insel vergnügen: im Valle Gran Rey an der romantischen **Playa del Inglés** und in der **„Schweinebucht"** sowie östlich von Playa Santiago an der **Playa del Medio.**

Vorsichtsmaßnahmen — Wegen möglicher **Strudel und Strömungen** sollte man äußerst vorsichtig sein. Selbst wenn das Wasser spiegelglatt ist – die Gomeros sprechen vom *mar muerto*, dem „toten Meer" –, kann man bereits in unmittelbarer Ufernähe von einer Unterströmung erfasst und blitzschnell weggezogen werden. Am sichersten sind die durch Molen geschützten Strände in Vueltas (Valle Gran Rey), Alojera und San Sebastián.

Sport und Erholung

Fertigmachen zum Tauchtrip – vor der Südwestküste

Bei **Ebbe** ist die Sogwirkung stärker, das Baden deshalb gefährlicher. Wird man tatsächlich einmal vom Sog erfasst, sollte man ihm 100 bis 200 Meter nachgeben und – sobald er an Stärke verliert – versuchen, seitlich aus ihm hinauszuschwimmen.

Im Frühjahr kann an manchen Tagen eine blaue Qualle, die so genannte **Portugiesische Galeere,** an den Strand gespült werden. Die Haut darf mit ihr nicht in Berührung kommen: Die Nesselfäden verursachen Verbrennungen, manchmal auch Lähmungserscheinungen.

Tauchen

Zwar kann Gomera nicht mit den Seychellen und dem Roten Meer mithalten, doch immerhin gibt es unterseeische Vulkangrotten und faszinierende Felsdome, in denen sich Papageien- und Thunfische, Muränen, Brassen und Barrakudas tummeln. Vor allem die Südküste mit ihrem geringen Strömungsaufkommen bietet für Anfänger und Fortgeschrittene eine spektakuläre Unterwasserwelt.

Tauchschulen gibt es in San Sebastián und Playa Santiago. Voraussetzung für die Teilnahme an geführten Tauchgängen und Kursen ist in der Regel ein ärztliches Attest, das mindestens noch sechs Monate gültig ist. Die Tauchschulen verleihen Schnorchel, Maske und Flossen, auf Wunsch auch eine komplette Ausrüstung mit Anzug, Lampe und Sauerstoffflasche. Die nächste Dekompressionskammer befindet sich auf der Nachbarinsel Teneriffa.

Surfen

Surfer können dieser Insel nicht viel abgewinnen. Junge Gomeros üben vereinzelt in der Bucht von San Sebastián oder bei La Dama.

Unterwegs mit dem Rad –
vom Meer bis hinauf in den Lorbeerwald eine echte Ochsentour

Bootstouren

Der *Benchi Express* verbindet die Küstenorte San Sebastián, Playa Santiago und Valle Gran Rey. Ausflugsschiffe starten vormittags zu den „Orgelpfeifen" (Los Órganos) im Nordwesten der Insel. Bei ruhiger See wird die Fahrt zu einer Inselumrundung erweitert.

Radfahren

Buchtipp
„Radreisen Basishandbuch", erschienen in der Praxis-Reihe des REISE KNOW-HOW Verlags, Bielefeld

Von der Aussicht auf qualvolle Anstiege lassen sich echte Radfahrer nicht abbringen, auch nicht von der Nachricht, dass ihr Drahtesel in Gomeras öffentlichen Bussen nur verpackt mitgenommen wird. Zum Glück gibt es im Valle Gran Rey eine **Bike Station,** die mit ihrem reichen Angebot den Radler verwöhnt. Man kann hier bestens gewartete Räder mieten und an geführten Touren teilnehmen, mit dem Shuttle-Bus in die Berge hinauffahren und sich so eine schweißtreibende Anfahrt ersparen. Diesen Service können auch jene nutzen, die ein eigenes Fahrrad dabei haben.

Biketour Buenavista

Mountainbikern sei die von der Bike Station in Valle Gran Rey organisierte Buenavista-Tour empfohlen. Der Shuttle-Bus hält am Rastplatz **Laguna Grande** auf 1240 Metern Höhe. Auf ruhiger Straße fährt man durch Regenwald zu den Quellen Chorros de Epina, dann auf einer Piste durch schroffe, verlassene Berglandschaft. Vorbei an der Einsiedelei Santa Clara erreicht man den Aussichtspunkt Buenavista mit herrlichem Blick auf Teneriffas Teide und das terrassierte Tal von Vallehermoso. Auf gleicher Strecke geht es zurück bis zur Kreuzung Apartacaminos, danach über Arure und vorbei am Mirador del Palmarejo hinunter ins langgestreckte „Tal des großen Königs". Für die 47 Kilometer lange Strecke benötigt man etwa drei Stunden.

Damit es unterwegs keine Probleme gibt, sollte das Rad über eine bergtaugliche Gangschaltung und breite Bereifung verfügen, ein Mountainbike ist allemal besser als ein Renn- oder Tourenrad. Unverzichtbar sind wichtige Ersatzteile wie Mantel, Schlauch, Flick- und Werkzeug, dazu Sturzhelm und Radhandschuhe sowie für die feuchten Passatwolken der Regenschutz!

Wandern

Tipps und 20 Touren findet man im Kapitel „Wandern auf Gomera" ab Seite 294.

Tennis

Nur in wenigen Ferienanlagen gibt es die Möglichkeit, Tennis zu spielen: Im Süden bietet das Hotel *Jardín Tecina* vier Kunstrasenplätze sowie einen Platz mit Hartbelag, alle mit Flutlicht; auf Wunsch wird deutschsprachiger Einzel- oder Gruppenunterricht angeboten. Im Westen spielt man Tennis auf einer Anlage neben dem Hotel *Gran Rey,* im Osten auf dem Platz im *Club Náutico* nahe dem hauptstädtischen Hafen.

Sport und Erholung

Golf

In Playa Santiago wurde hoch oben in Tecina der erste Golfplatz Gomeras eröffnet. Mit einem Höhenunterschied von 180 m zwischen dem ersten und dem letzten Loch handelt es sich um einen anspruchsvollen Parcours. Fünf Gehminuten entfernt liegen das Hotel *Jardín Tecina* und die neuen Luxuswohnungen des *Pueblo Don Thomas*.

Statt Bananen sieht man heute Golfplatzrasen – Hotel Jardín Tecina (Playa Santiago)

Sprachurlaub

In **Valle Gran Rey** besteht die beste Möglichkeit den Urlaub mit einem Sprachkurs zu verknüpfen. Viele Jahre wurden die Kurse im Ortsteil La Playa abgehalten, nun hat man sich nach La Calera zurückgezogen – weiter weg vom Strand, doch dafür in einem stattlichen Herrenhaus. Die in der Regel **zweiwöchigen Kurse** finden das ganze Jahr über statt; eine Lerngruppe besteht aus fünf bis zehn Personen. In einer kleinen Bibliothek liegen aktuelle Zeitungen und Zeitschriften aus. Gegen Gebühr werden am Wochenende Ausflüge organisiert: zu Fuß, mit dem Rad, im Boot oder per Bus.

Buchtipp
Spanisch für die Kanaren – Wort für Wort, Kauderwelsch-Reihe, REISE KNOW-HOW Verlag, Bielefeld

●**Escuela de Idiomas I.D.E.A.,** La Calera, 38870 Valle Gran Rey, Tel. 922805 703, www.spanish-course.com.

Taxi

In allen Ortschaften gibt es Haltestellen für Taxis *(parada de taxi)*, wo man auch anrufen kann (die Rufnummern finden sich bei den jeweiligen Ortsbeschreibungen). Der Fahrpreis wird auf Gomera meist noch nicht mit dem Taxameter berechnet, das heißt, es gibt **Festpreise,** über die allerdings verhandelt werden kann. Nach 23 Uhr ist es schwer, ein Taxi zu bekommen! Preisbeispiele sind im Kapitel ⇨ „Geldfragen" aufgeführt.

Telefonieren

Die **Vorwahl** für Gomera von Deutschland, Österreich und der Schweiz lautet 0034 für Spanien, es folgt die neunstellige Nummer des Anschlussinhabers. Bei Gesprächen von Spanien ins Ausland wählt man 0049 für Deutschland, 0043 für Österreich und 0041 für die Schweiz, dann die Ortsvorwahl ohne Anfangsnull und die Rufnummer des Teilnehmers.

Man telefoniert am besten mit **Telefonkarten** *(tarjetas telefónicas)*, erhältlich auf der Post und in Tabakläden *(estancos)*, im Zeitungsladen des Hafenterminals und bei El Fotógrafo in Valle Gran Rey. Gespräche von 22 bis 6 Uhr sind am günstigsten. Die natio-

TELEFONIEREN

nale **Fernsprechauskunft** ist unter der Nummer 11818, die internationale unter 11825 zu erreichen.

Mobiltelefon

Das eigene **Mobiltelefon** lässt sich auf Gomera problemlos nutzen. Wegen hoher Gebühren sollte man bei seinem Anbieter nachfragen oder auf dessen Website nachschauen, welcher der Roamingpartner günstig ist und diesen per **manueller Netzauswahl** voreinstellen. Nicht zu vergessen sind die **passiven Kosten**, wenn man von zu Hause angerufen wird (Mailbox abstellen!). Der Anrufer zahlt nur die Gebühr ins heimische Mobilnetz, die teure Rufweiterleitung ins Ausland zahlt der Empfänger.

Wesentlich preiswerter ist es, sich von vornherein auf **SMS** zu beschränken, der Empfang ist dabei in der Regel kostenfrei. Der Versand und Empfang von **Bildern per MMS** hingegen ist nicht nur relativ teuer, sondern je nach Roamingpartner auch gar nicht möglich. Die **Einwahl ins Internet** über das Mobiltelefon um Daten auf das Notebook zu laden ist noch kostspieliger – da ist in jedem Fall ein Gang in das nächste Internetcafé günstiger.

Ist das Mobiltelefon SIM-lock-frei, kann man sich eine **Prepaid-Karte** *(tarjeta prepago)* besorgen und diese gegen die deutsche SIM-Karte einwechseln. Die wieder aufladbare Karte samt neuer Telefonnummer erhält man bei einer der zahlreichen Niederlassungen der Netzbetreiber (z.B. Orange oder Movistar). Vorteil: kostenfreier Empfang von Anrufen – Nachteil: Freunde im Heimatland kennen die Rufnummer nicht, müssen erst informiert werden ... Nach der Rückkehr von den Kanaren wird die Karte aus dem Handy entfernt; das Restguthaben und die Nummer verfallen, wenn man nicht wenigstens einmal in 6 Monaten ein kostenpflichtiges Gespräch führt.

Wichtige Rufnummern

Die Telefonnummern für Krankenhaus und Gesundheitszentren finden sich im Info-Kasten der jeweiligen Stadt. Siehe auch ⇨Notfälle!

„Es gibt selten ein Hotel auf der Welt, wo Sie Tee zubereiten können. Ich habe immer diesen kleinen Tauchsieder dabei, um mir morgens einen starken Tee zu kochen." (*Janosch*, Gastmahl auf Gomera).

Unterkunft

Auf Gomera gibt es über 6000 Touristenbetten, zwei Drittel davon in Valle Gran Rey, dem sieben Kilometer langen Tal im Westen der Insel. Stark im Aufwind ist Playa Santiago an der Südküste, aber auch die Hauptstadt San Sebastián kann mit einer Reihe von Unterkünften aufwarten. Die Landhäuser konzentrieren sich auf den grünen Norden der Insel.

Individualreisende haben auf Gomera die Wahl zwischen Hotels, Pensionen und Apartments, einem Campingplatz sowie „Cluburlaub der anderen Art". In den **Weihnachts- und Osterferien** sind die Unterkünfte so gut belegt, dass man sich wenigstens für die ersten Nächte ein Dach über dem Kopf sichern sollte. Die Vorwahl für die Insel lautet 0034, es folgt die Telefonnummer der gewünschten Unterkunft.

Pauschalreise Seit einigen Jahren ist Gomera im Programm vieler Reiseveranstalter. Im Pauschalarrangement sind Flug, Transfer zur Unterkunft sowie Reiseleitung während des Aufenthalts enthalten. Die Prüfung im Einzelfall ergibt, dass man bei individueller Zusammenstellung der Bausteine in der Regel Geld spart.

Hotels und Pensionen Außer den wenigen größeren Hotels, die pauschal gebucht werden können, gibt es auf Gomera auch eine Reihe gemütlicher klei-

---

Preiskategorien

Um dem Leser eine Vorstellung zu vermitteln, wie teuer die in diesem Buch vorgestellten Unterkünfte sind, wurden die Landhäuser und Hotels, Pensionen und Apartments in vier Preisklassen unterteilt. Die Preise gelten jeweils für ein **Doppelzimmer ohne Frühstück.** Für ein Einzelzimmer zahlt man in der Regel 70 % des Doppelzimmer-Preises.

- **Untere Preisklasse** €: bis 40 €
- **Mittlere Preisklasse** €€: 40–80 €
- **Obere Preisklasse** €€€: 80–120 €
- **Luxuspreisklasse** €€€€: über 120 €

UNTERKUNFT   97

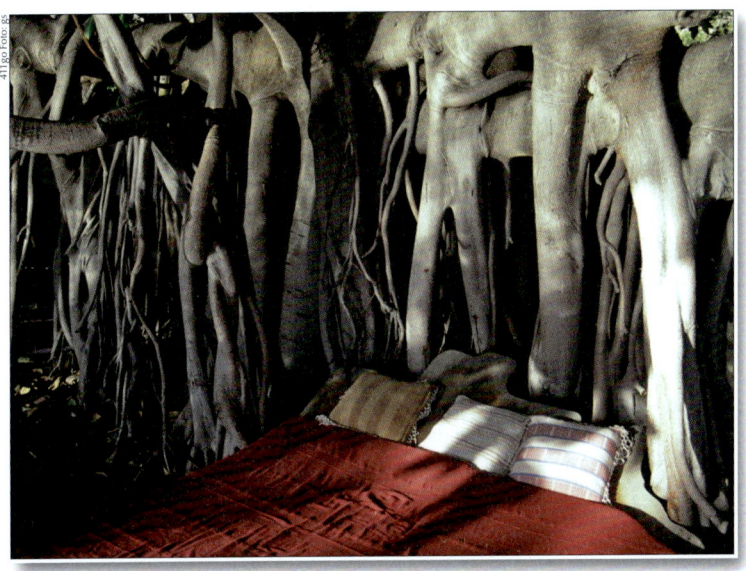

ner Hotels: in San Sebastián z.B. *Garajonay* und *Torre del Conde,* in Hermigua *Ibo Alfaro* und in Vallehermoso *Triana*. Pensionen bieten keine Verpflegung, dafür sind sie preiswerter. Eine billige Rundreise von Ort zu Ort ist gut machbar.

Apartments Apartments sind die beliebteste Unterkunftsform auf Gomera. Meist sind sie **preiswerter** als Zimmer im Hotel und geräumiger. Sie verfügen über eine **Küche,** die einem die Freiheit lässt zu entscheiden, ob man essen gehen will oder nicht. Die meisten Apartments hat Valle Gran Rey, doch auch Playa Santiago, Alojera und die Orte des Nordens sind gut bestückt.

Camping Wildes Campen ist auf Gomera verboten, doch es gibt einen kleinen Zeltplatz im Bergdorf **El Cedro,** wo es im Winter allerdings kühl werden kann.

Siesta unter den Luftwurzeln eines Gummibaums

UNTERKUNFT

Fincas Clubs mit Animation, „Plastikgeld" und bemüht-freundlichen Angestellten gibt es auf Gomera nicht, dafür aber zwei Anlagen, die sehr abgeschieden liegen und mit Kategorien wie Hotel oder Landhaus nicht erfassbar sind: In der **Finca Argayall** (⇨ „Westen, Valle Gran Rey") und der **Finca El Cabrito** (⇨ „Osten, El Cabrito") werden außer Unterkunft und Vollpension auch Seminare angeboten.

Landhäuser In den vergangenen Jahren wurden in den Berggemeinden über 150 Landhäuser in traditionell kanarischem Stil restauriert und zu attraktiven Urlaubsunterkünften umgestaltet. Die meisten von ihnen sind wunderbar ruhig gelegen, teils eingebettet in die Dorfstruktur, teils liegen sie mitten in unzerstörter Natur, „abseits der Zivilisation". Da die meisten Casas Rurales nicht ans öffentliche Busnetz angeschlossen sind, empfiehlt es sich, ein Auto zu mieten. Nur selten leben die Bewohner mit im Haus – in der Regel haben Gäste die Finca ganz für sich allein. Einige Häuser sind ideal für nur zwei Personen, in anderen könnten auch Familien mit Kindern oder kleine Gruppen einquartiert werden. Oft liegen die Häuser so nah beieinander, dass sich die Möglichkeit eines Gemeinschaftsurlaubs für mehrere Gruppen oder Familien bietet.

Angaben zur Lage der Häuser finden sich in den einzelnen Ortskapiteln, zusätzliche Infos erhält man über die Buchungszentralen

Verbrauchertipp

Wer sich im Hotel oder Restaurant oder auch bei der Autoverleihfirma schlecht behandelt fühlt, kann sich zur Wehr setzen. Oft reicht die bloße Frage nach dem **Beschwerdebuch** *(libro de reclamaciones),* um Konfliktstoff im Handumdrehen aus der Welt zu schaffen. Alle touristischen Unternehmen sind in Spanien verpflichtet, das weiße Büchlein offen sichtbar auszuhängen. Auf Verlangen wird dem Gast ein nummeriertes Beschwerdeblatt ausgehändigt, das der Kritisierte innerhalb eines Monats der Tourismusbehörde zuleiten muss. Die Klage, die auch auf Deutsch verfasst sein darf, hat viel Gewicht, denn nach mehrmaligen Eintragungen droht dem Unternehmen Lizenzentzug.

bzw. übers Internet. Die meisten Häuser werden **wochenweise vermietet,** der Preis für zwei Personen schwankt je nach Anbieter **zwischen 300 und 400 €** pro Woche.

Agenturen auf den Kanaren
- **Ecotural La Gomera,** Av. Pedro García Cabrera 7, E-38840 Vallehermoso, Tel. 922144101, http://ecoturismogomera.com.
- **Isla Rural,** Las Hoyetas 34, E-38820 Hermigua, Mobiltel. 686950171, www.islarural.com.
- **Turismo Rural Gomera,** Tel. 922288892, www.turismoruralgomera.com.
- **Las Casas Canarias/Dream Destination Travel S.A.,** Tel. 922491900 (La Palma), www.lascasascanarias.com.

Agenturen in Deutschland
- **Canarias Reisen,** Tel. 02924-9746930, www.islas-canarias-reisen.de.
- **Finca Selección,** Tel. 08334-989766, www.finca-selection.de.
- **Finca Ferien,** Tel. 05067-6526 und 05121-267758, www.fincaferien.de.

Hotel Ibo Alfaro (Hermigua) – wie im Adlerhorst

Versicherungen

Wichtig: Für alle abgeschlossenen Versicherungen sollte man die **Notfallnummern notieren** und mit der Policenummer gut aufheben! Bei Eintreten eines Notfalls ist die Versicherungsgesellschaft sofort telefonisch zu verständigen.

Krankenversicherung

Wichtig ist vor allem der Krankenschutz. Mit der **europäischen Krankenversicherungskarte EHIC** *(European Health Insurance Card)*, gültig für alle Länder der EU und die Schweiz, können sich Mitglieder einer gesetzlichen Krankenkasse kostenlos in den Gesundheitszentren und im Krankenhaus behandeln lassen (siehe „Medizinische Versorgung"). Freie Arztwahl hat man freilich nur, wenn man eine private Zusatzversicherung abgeschlossen hat. Reguläre Auslandskrankenversicherungen sind billig und können kurzfristig abgeschlossen werden, gelten allerdings nur für maximal zwei Monate. Für Versicherungen mit einer längeren Laufzeit zahlt man deutlich mehr. Und plant man eine mehr als sechsmonatige Reise, ist Vorsicht geboten: Meldet man sich korrekterweise bei der Einwohnerkontrolle ab, kündigen viele Krankenkassen den Versicherungsschutz!

Bei der Wahl der Versicherung sind **Leistungsunterschiede zu prüfen.** Besteht Vollschutz ohne Summenbegrenzung? Werden Zahnbehandlungen übernommen? Ist die Behandlung einer Krankheit, die schon vor Antritt der Reise bestand, am Urlaubsort abgedeckt? Zu klären ist auch, ob ein Rücktransport im Falle eines Unfalls oder einer schweren Krankheit übernommen wird bzw. an welche Bedingungen er geknüpft ist. Heißt es etwa, er sei „sinnvoll nach Meinung des Arztes" oder aber, er sei „medizinisch notwendig"? Gleichfalls wichtig ist die **automatische Verlängerung** der Versicherung bei verhinderter Rückreise im Krankheitsfall. Ansonsten gehen die u.U. enormen Behandlungskosten zu Lasten des Patienten!

Die Versicherungsgesellschaft sollte bei **Eintritt eines Notfalls** umgehend verständigt werden (deshalb Notfallnummer und Policenummer gut aufbewahren)! Will man die Auslagen erstattet bekommen, sind ausführliche **Quittungen** vorzulegen – mit Datum, Namen, Bericht über Art und Umfang der Behandlung sowie Betrag.

Andere Versicherungen

Aufgrund der vielen Ausschlussklauseln ist zu prüfen, ob es sich lohnt, weitere Versicherungen zu schließen. So tritt die **Reiserücktrittversicherung** nur in Kraft, wenn man vor der Reise einen schweren Unfall hat, gekündigt oder schwanger wird, gekündigt wird, nach Arbeitslosigkeit einen neuen Job bekommt, die Wohnung abgebrannt ist u.Ä. Höhere Gewalt in Form von Streiks, Terroranschlägen und Naturkatastrophen gilt hingegen nicht.

Die **Reisegepäckversicherung** lohnt kaum, da z.B. Gepäck, das bei Flugreisen verloren geht, in der Regel nur nach Kilopreis und ohnehin nur der Zeitwert nach Vorlage der Rechnung ersetzt wird. Wurde eine Wertsache nicht im Safe aufbewahrt, gibt es bei Diebstahl auch keinen Ersatz. Kameraausrüstung und Laptop dürfen beim Flug nicht als Gepäck aufgegeben worden sein. Ebenfalls nicht versichert ist Gepäck im unbeaufsichtigt abgestellten Fahrzeug. So ist die Liste der Ausschlussgründe endlos. Überdies deckt die **Hausratversicherung** Verluste bei Einbruch und Raub oft auch im Ausland. In jedem Fall muss der Versicherung als Schadensnachweis ein Polizeiprotokoll vorgelegt werden.

Eine **Privathaftpflichtversicherung** hat man in der Regel schon. Hat man eine Unfallversicherung, ist zu prüfen, ob diese im Fall plötzlicher Arbeitsunfähigkeit aufgrund eines Unfalls im Urlaub zahlt. Auch durch manche Kreditkarten oder eine Mitgliedschaft im Automobilclub ist man für bestimmte Fälle schon versichert. Die Versicherung über die Kreditkarte gilt jedoch meist nur für den Karteninhaber.

Zeitungen und Zeitschriften

Deutsche Zeitungen und Zeitschriften kommen auf Gomera mit höchstens einem Tag Verspätung an; ganz frisch sind sie im Hafenterminal von San Sebastián und am Flughafen von Playa Santiago.

Wer sich über Gomera informieren möchte, greift zum deutschsprachigen **„Wochenspiegel"**, der alle 14 Tage auf Teneriffa gedruckt wird. Er versteht sich in erster Linie als Anzeigenblatt, doch er informiert auch über Aktuelles von den Inseln.

Den neuesten Tratsch aus Valle Gran Rey verbreitet **„Der Valle-Bote"**. Er erscheint nun nicht mehr „nach Bock und Wetterlage", sondern viermal im Jahr und versteht sich „als unabhängiges, reichlich abgedrehtes Insider-Erzeugnis einer ethnischen Minderheit, dem Lobhudelei und Gefälligkeits-Journalismus aus tiefster Seele zuwider sind" (www.valle-bote.com). Man bekommt ihn in vielen Läden der Insel oder vom Chef persönlich in Vueltas *(Capitano Claudio)*. Als Kostprobe für „Neu-Gomerianer" hier ein Auszug aus der „linguistischen Nachhilfe", abgedruckt im Valle-Boten Nr. 25:

- **„Guanchen:** waren die Ureinwohner der Insel. Sie wurden im 15. und 16. Jahrhundert n. Chr. von den spanischen Eroberern so gut wie ausgerottet ...
- **Gomeros:** sind die Nachfolger der Guanchen. Meist sind sie allerdings spanischen Ursprungs. Sie bilden heute die absolute Insel-Mehrheit.
- **Gomerianer:** richtiger: Deutsch-Gomerianer – sind eingewanderte Quadratschädel, die in ein bis zwei Generationen (bei guter Führung) zu Gomeros werden (können).
- **Godos:** sind Festland-Spanier, die auf Gomera leben, aber nicht hier geboren sind. Sie genießen in etwa den gleichen sozialen Status wie ein Saupreiss in Bayern. Und sind hier ähnlich beliebt.
- **Guiris:** sind Ausländer, die hier (mit eigenem Geld) Urlaub machen."

Das Beste am Valle-Boten:
immer knapp am Zeitgeist vorbei (historisches Cover)

ZEITUNGEN UND ZEITSCHRIFTEN

"Demit Sie einen gluchlichen und ohmgenehmen Urlaub verboringen koimen"

Ausgabe Nº 25   275 Ptas

Der Valle-Bote

Die Gomera-Zeitung * unabhängig * überparteilich * abgedreht

Deutschland: 3.40 DM - USA: 1.80 $ - Schweiz: 2.75 Sfr - Österreich: 27,5 Schilling - England: ein halbes Pfund - Marokko: ein halbes Gramm - Hongkong: kostenlos

Einskommasechsfünfzweisiebenachtdreizweiachtsieben Euro

Reisetipps A-Z

Willkommen in Afrika

Politisch gesehen gehört Gomera zu Spanien. Seit über 500 Jahren schon. Vorher gehörte die Insel den Guanchen, die inzwischen aber ausgestorben wurden. Und wem sie davor gehörte, das weiss man nicht. Wirtschaftspolitisch ist man hier stramm auf dem Wege zur Europäischen Gemeinschaft. Nach den Regeln der bekannten Springprozession: Drei nach vorn, wenn es um die Subvention der insularen Bananen geht - zwei wieder zurück, wenn es um Fähigkeitsnachweise aus anderen europäischen Ländern hier anerkannt werden sollen. Geographisch aber, und das wird oft gar nicht genügend bedacht, ist hier tiefstes Afrika: 28° nördlicher Breite. Und diese Breite hat mit Tetrahydrocannabinol nicht das Geringste zu tun. "Wo die schwarzen Menschen wohnen," reimte einst unser Inselpoet Archibald Noah, "schätzt man Missionar auf Bohnen. Scharf gewürzt mit vielen roten Paprika- und Pfefferschoten."

Nanu, wird da mancher sagen, Gomera ist Afrika ? Da gibt es doch viel weniger "schwarze Menschen" als beispielsweise in Bochum-Langendreher. Und ob das, mit der afrikanischen Mentalität, auf Gomera soviel anders ist als beispielsweise in der Sächsischen Schweiz, das steht doch wohl auch noch sehr dahin. Auch ist auf Gomera noch nie ein Missionar gekocht worden. Im Gegenteil. Hier standen doch wohl in erster Linie die Missionare selbst an der Feuerstelle und legten noch ein paar Ungläubige nach.

Alles richtig. Und dennoch liegt Gomera in Afrika. Auch hierher haben die Europäer einst all das gebracht, was das Leben erst lebenswert macht: Den Lieben Gott und den Heiligen Vater, die Deutschländer Würstchen, den Farbfernseher und die VW-Vertrags-Werkstatt. Was wäre Gomera ohne uns Europäer ? Es gäbe hier nichts als Fisch und Gofio. Eigentlich müssten uns die Menschen hier doch ganz furchtbar dankbar dafür sein, dass wir ihnen die Segnungen des Heiligen Kapitalismus gebracht haben.

Heutzutage ist das alles Geschichte, so sollte man denken. Heutzutage sind die afrikanischen Inseln auf dem allerletzten Stand der Technik. Aber immer noch kommen diese selbsternannten "Missionare" aus dem kalten Norden zu uns hier herunter, um uns klarzumachen, dass wir noch lange nicht auf dem zivilisatorischen Niveau angekommen sind, das man zu Beginn dieses dritten Milleniums erwarten kann.

Leider aber können wir uns inzwischen all das via Satellit reinziehen, was in der Heimat heutzutage als Zivilisation gilt - von Verona Feldbusch bis zur Lieferung von Leopard-Panzern in die Türkei (was ja unheimlich wertvolle Arbeitsplätze schafft).

In dieser Ausgabe lesen Sie

wie der Glaserhans zwei Autos gleichzeitig fährt und wann Holiday on Eis endlich vorüber ist und woher unsere Meeresschildkröten kommen und dass 1999 das Jahr der grossen Wale war und wieso die Mapas immer mehr werden und dass man volles Ohr ruhigen Urlaub verbringen kann und wie der große Preis von Gomera endete und was Zimt & Zucker so süss macht und wie ein Kiffer sein Jubiläum feiert und dass es in der Schweinebucht mal wieder gebrannt hat und vieles mehr.

Und dann kommen die Leute, die all das mehr oder weniger schweigend mitmachen, hierher, um uns zu erzählen was Zivilisation sei. Früher wurden sie - wie gesagt - zumindest bei vielen Festlandafrikanern dafür in ganz grossen Töpfen gekocht. Heute nicht mehr. Und auf Gomera schon gar nicht. Denn heute kann man so einen "zivilisierten" Mitteleuropäer wahrscheinlich ja gar nicht mehr essen, ohne anschliessend an Schwermetallvergiftung oder ähnlichen "Zivilisations"-krankheiten elendiglich einzugehen. In diesem Sinne wünschen wir Ihnen einen angenehmen, inzwischen ja total gefahrlosen, weil kannibalenfreien, Aufenthalt vor den fernen Küsten des Schwarzen Kontinents.

104 Osten

Der zerklüftete Osten

Überblick

Der einzige Ort der Insel mit **historischen Sehenswürdigkeiten** ist San Sebastián, die beschauliche Hauptstadt. Hier war *Christoph Kolumbus* 1492 im Auftrag der spanischen Krone gelandet, und von hier wurde die Entdeckung Amerikas in Angriff genommen. Auf einem Kulturtrip können sich Besucher in die Zeit der Conquista zurückversetzen lassen.

Die Landschaft der Umgebung bietet mehr Vielfalt, als auf den ersten Blick zu vermuten ist. Schroff und trocken wirkt das Gebirge, nur zeitweise wird es von den Passatwolken berührt. Und doch braucht man nur wenige Kilometer landeinwärts zu fahren, um farbige, abwechslungsreiche Bilder einzufangen. Die größte Vielfalt herrscht im Barranco de la Villa, dem „Tal der Stauseen", mit seinen Obstplantagen und seiner reichen Vegetation. In den Schluchten nördlich und südlich der Hauptstadt leben nur wenige Menschen. Unterkunft bietet das naturgeschützte „Tal des kleinen Ziegenbocks" (El Cabrito).

San Sebastián

„La Villa" – so nennen die Gomeros ihre **Hauptstadt,** die in Wirklichkeit kaum größer ist als ein Dorf. Sie zählt gerade mal 7000 Einwohner, doch alle wichtigen Institutionen vom Cabildo (Inselregierung) übers Krankenhaus bis zum Polizeihauptquartier sind hier vereint. Die schmucken Häuser liegen im Mündungsdelta eines weiten, von kargen Bergflanken eingerahmten Barranco.

San Sebastián ist das Nadelöhr, durch das fast alle Besucher auf die Insel gelangen – daran hat sich auch nach dem Bau des Flug-

---

Vorhergehende Seite:
Grüne Hänge, San Sebastián und im Hintergrund Teneriffas Teide

Kurzinfo San Sebastián

- **Touristeninformation:** Oficina de Turismo, Casa de Aguada, Calle del Medio 4 (auch bekannt als Calle Real), Tel. 922141512, www.gomera-island.com, Mo–Fr 10–13 und 16–18, Sa 10–13 Uhr, in der Hochsaison länger.
  Freundlicher deutsch- und englischsprachiger Service; kostenlose Inselkarte mit Bus- und Fährplan, Infos zu aktuellen Kulturveranstaltungen, Boots- und Ausflugstouren.
  Hinweis: Schon mehrfach verschoben wurde die Verlegung der Touristeninformation ins Centro de Visitantes (Calle Av. de los Descubridores).
- **Rathaus:** Ayuntamiento, Plaza de las Américas 4, Tel. 922 141572, www.sansebastiangomera.org; mit Fundbüro und örtlicher Polizei, Infos nur auf Spanisch
- **Internet:** Café-Internet El @mbigú, Plaza de las Américas 8, Tel. 922871668
- **Banken:** Plaza de las Américas und Calle Ruiz de Padrón
- **Post:** Calle del Medio 50
- **Krankenhaus:** Hospital Nuestra Señora de Guadalupe, El Langrero, Tel. 922140200
- **Gesundheitszentrum:** Centro de Salud, Calle Ruiz de Padrón 32, Tel. 922872005
- **Jachthafen:** Atlanthum Gomera S.L., Av. Fred Olsen s/n, Tel. 922141769, 28°05'30''N/ 17°06'53''W; obligatorische Anlaufstelle für Segler
- **Fährverbindungen:** täglich 6–8 Verbindungen von und nach Los Cristianos (Teneriffa) mit den Fähren von *Olsen* und *Armas*. Weiterfahrt möglich mehrmals täglich via Playa Santiago nach Valle Gran Rey. Tickets erhält man in den Büros am Fährhafen *(Estación Marítima)*.
- **Autovermietung:** besonders zu empfehlen *CICAR*, im Fährhafen (Estación Marítima), Tel. 922141756
- **Taxi:** Stände am Fährhafen und an der Plaza de las Américas, Tel. 922870524
- **Bus:** Haltestelle sowohl am Fährhafen als auch am Busbahnhof an der Via de Ronda. Mehrere Busse täglich nach Valle Gran Rey (Linie 1), Hermigua-Vallehermoso (Linie 2) und Playa Santiago (Linie 3).

Stadtplan S. 116

OSTEN 109

hafens im Süden der Insel nichts geändert. An der Fährstation herrscht bei Ankunft der Schiffe reges Treiben. Aus dem Bauch großer Fähren rollen Autokarawanen, Taxifahrer lauern auf Kundschaft, und Vertreter der Autofirmen halten ihre Schilder hoch. Zum Ortszentrum ist es nicht weit. Man erreicht es von der Estación Marítima in wenigen Minuten. Die Uferpromenade führt am Jachthafen vorbei geradewegs zum Hauptplatz.

In San Sebastián fällt die Orientierung leicht: Unterkünfte und Lokale, Banken und Geschäfte konzentrieren sich auf die beiden parallel verlaufenden, verkehrsberuhigten „Hauptstraßen", die **Calle del Medio** und die **Calle Ruiz de Padrón.** Hier ist die alte Kolonialgeschichte noch lebendig, einzelne Häuser sind mit den typisch kanarischen Holzbalkonen geschmückt. Zentraler Treffpunkt ist die von Lorbeerbäumen überschattete **Plaza de la Constitución.** Daneben liegt ein neuer und moderner Platz, die **Plaza de las Américas:** weitläufig und hell, geschaffen für Feste und Open-Air-Veranstaltungen.

Einen Tagesausflug ist San Sebastián allemal wert, und es gibt gar Touristen, die Lust haben, den ganzen Urlaub hier zu verbringen. In der Stadt wird nur Spanisch gesprochen, deutsche „Bundesliga-Kneipen" gibt es noch nicht. Kaum dass die Besucher es merken, werden sie angesteckt vom gemütlich-gomerischen Lebensgefühl. In einigen Lokalen geht es **kubanisch** zu: So werden im *Cuba Libre* zu Salsa-Klängen karibische Cocktails kredenzt!

So mag man sich in diesem Städtchen wohlfühlen: „mañana, mañana", morgen ist auch noch ein Tag – genieße den Augenblick und mache das Beste daraus.

Vor seiner Fahrt in die Neue Welt soll Kolumbus hier gebetet haben

Wer **wandern** möchte, braucht nicht einmal einen Mietwagen: Die Busverbindungen sind gut, von hier erreicht man alle wichtigen Orte Gomeras – den Nationalpark sogar in nur 30 Minuten! Und wer einen Tag am Meer verbringen will, findet einen gar nicht so üblen, feinsandigen Strand gleich hinter dem Hafen.

Die Stadt des Kolumbus

Fast an jeder Straßenecke stolpert man über den Namen des genuesischen Seefahrers *Christoph Kolumbus* (spanisch: *Cristóbal Colón*). Am **12. August 1492** war er im Hafen von San Sebastián vor Anker gegangen, hatte sich mit Wasser versorgt und noch einmal die weltlichen Freuden genossen, bevor er im Auftrag der Spanischen Krone weiterreiste gen Westen. Sein Ziel war Indien, das Ursprungsland von Gold und Gewürzen. Weil arabische Zwischenhändler die Landverbindung via Nahost kontrollierten, kam es darauf an, einen Seeweg zu erkunden, der direkten Zugang zu den begehrten Luxusgütern sicherte.

San Sebastián

Kolumbus war ein erfahrener Seemann und wusste deshalb um die Bedeutung der Passatwinde. Sie würden ihn, so hoffte er, geradewegs nach Indien bringen. Heute wissen wir, dass er nicht *Las*

Indias, sondern eine neue, den Europäern bislang fremde Welt entdeckte, die später den Namen „Amerika" erhielt.

Noch heute sind viele Gomeros stolz darauf, dass sie *Kolumbus* als Gast aufgenommen und Seeleute für die Überfahrt gestellt haben. Ihre Stadt, betonen sie, habe sich schon damals als **Brücke zwischen zwei Kontinenten,** der Alten und der Neuen Welt, bewährt. Ähnlich wie bei der Arche Noah seien auf *Kolumbus'* Karavellen gomerische Orangen nach Amerika gelangt, um dort angepflanzt zu werden, und auch kanarische Ziegen, Schafe und Hühner hätten als Haustiere jenseits des Atlantiks Verbreitung gefunden.

Als *Villa de Colón* (Stadt des Kolumbus) lässt sich San Sebastián touristisch erfolgreich vermarkten. Die kleine Stadt erstrahlt im Glanz der großen Geschichte, und die Fantasie der Besucher wird beflügelt. Alle Spuren, die der Seefahrer hinterlassen hat oder hinterlassen haben könnte, werden zur Schau gestellt. Aus dem Brunnen im Zollhaus schöpfte er das Wasser, mit dem – wie es noch vor einigen Jahren in Informationsschriften hieß – „Amerika getauft wurde." In der Pfarrkirche habe er göttlichen Segen erbeten, in der Casa de Colón habe er eine stürmische Nacht verbracht. Was der Stadt noch fehlt, ist die originalgetreue Rekonstruktion von „La Niña", der Karavelle des *Kolumbus;* schön wäre es, den Hafen mit ihr zu schmücken, doch leider gibt es ein Problem mit der Finanzierung ...

Stadtrundgang

Las Plazas Bei so viel Kolumbus-Stolz verwundert es nicht, dass das Herzstück der Stadt den Namen **Plaza de las Américas** trägt (Platz der beiden Amerikas, gemeint sind Nord- und Südamerika). Der Platz ist zum Meer hin offen, Palmen spenden wohltuenden Schatten und sorgen für exotisches Flair. In den Bars und Cafés treffen sich ältere Männer zum Dominospiel, derweil sie hin und wieder ein Auge auf ihre wild herumtobenden Enkel werfen. Jüngere Besucher zieht es ins Internet-Café *El @mbigú,* wo Jazz- und Bluesrhythmen erklingen. Am Rande des Platzes steht das Rathaus, ein schmucker Bau, der sich mit seiner Loggia und den geschnitzten Balkonen wohltuend von den dahinter aufragenden Zweckbauten abhebt.

Landeinwärts schließt sich die **Plaza de la Constitución** an, die mit ihren hohen, knorrigen Lorbeerbäumen einen besonderen

Die grausam-schöne Beatriz – Karriere einer Hofdame

Dass *Kolumbus* Gomera als Sprungbrett wählte, hatte wohl etwas mit der Inselherrin zu tun, in die „unser Admiral", wie ein Teilnehmer der Expedition meldete, „heiß verliebt" war. *Beatriz de Bobadilla* hieß die Dame. Auf einem im Parador ausgestellten Gemälde sieht man sie mit hochgeschlossenem Gewand, Halskrause und zurückgekämmtem Haar – erstaunlich sittsam, möchte man meinen. Ihre Schönheit ist im Bild eingefangen, nicht aber ihre Grausamkeit und Lasterhaftigkeit.

Beatriz war eine Frau, die das Spiel und die Intrige liebte. Als Hofdame *Isabellas I.*, der Königin von Kastilien, hatte sie eine Liaison mit deren Gatten, *König Ferdinand von Aragonien*, worauf sich *Isabella* ihrer Rivalin geschickt entledigte. Sie verbannte *Beatriz* 1481 nach Gomera, das damalige „Ende der Welt", und verschonte sie nur unter einer Bedingung vor härterer Strafe: Sie hatte den seit 1477 über die Insel herrschenden, als unberechenbar geltenden *Hernán Peraza d.J.* zu heiraten.

Peraza war verantwortlich für die Tötung vieler Ureinwohner und hatte wiederholt bereits getaufte Gomeros als Sklaven verschachert. Aber auch Vertreter des eigenen Standes wurden Opfer seiner Gewalt: Als der Militärführer *Juan Rejón* auf die Insel kam, um die Machenschaften *Perazas* zu prüfen, wurde er kurzerhand liquidiert.

Die schöne *Beatriz* stimmte den Tyrannen nicht weicher. Als es 1484 zu einer Rebellion kam, war die Herrscherfamilie gezwungen, samt ihrem Gesinde Zuflucht im Festungsturm zu suchen. Nur durch die militärische Unterstützung *Pedro de Veras,* des Gouverneurs von Gran Canaria, gelang es ihnen die Macht zurückzugewinnen. Wieder wurden Hunderte von Gomeros getötet oder als Sklaven verschleppt.

Doch vier Jahre später war es um *Hernán Peraza* geschehen: Zum ersten Mal in der Geschichte der Kanaren wurde ein Regierender von den unterdrückten Ureinwohnern getötet. Der Mord gab den Startschuss zu einem heftigen Aufstand gegen die Kolonialherrschaft. Abermals musste sich *Beatriz* mit Kind und Kegel im Festungsturm verbarrikadieren und auf die Rettung durch *Pedro de Vera* hoffen. Dieser kam auch prompt mit 400 Mann und befreite sie in letzter Minute.

Beatriz gelobte Rache und inszenierte in der Pfarrkirche eine makabere Verurteilungszeremonie. Sie stellte all jenen Gomeros Straffreiheit in Aussicht, die ihre Mitschuld dadurch eingestünden, dass sie durch das linke Seitenportal, das „Tor der Vergebung" *(Puerta del Perdón),* hereinkämen. Aber auf das Wort

DIE GRAUSAM-SCHÖNE BEATRIZ

Zeichnung: Izabella Gawin

spanischer Herrscher ist nicht immer Verlass. Kaum befanden sich die Gomeros in der Kirche, schnappte die Falle zu: Alle erwachsenen Männer wurden dem Henker zugeführt, 400 Frauen und Kinder versklavt.

Als *Kolumbus* 1492 nach Gomera kam, gab es fast keine Ureinwohner mehr auf der Insel. Da La Palma noch nicht erobert war, galt Gomera zu diesem Zeitpunkt als westlichster Vorposten Europas im Atlantik, ein sicherer Ort der Rast für den Abenteurer aus Genua. Drei volle Wochen hielt er sich in San Sebastián auf, vergnügte sich mit *Beatriz* und besuchte sie auch bei seinen folgenden Amerikareisen 1493 und 1498. Nur bei seiner letzten Fahrt (1502) sparte er Gomera aus, denn zu diesem Zeitpunkt war „seine" *Beatriz* bereits mit *Alonso Fernández de Lugo,* dem neuen starken Mann der Kanaren, vermählt.

Sie lebte mit ihrem neuen Gatten auf Teneriffa und setzte auf Gomera einen Statthalter namens *Fernán Muñoz* ein, der aber rasch „ausgeschaltet" wurde, da er sich in ihren Augen illoyal verhielt. Als *Beatriz* kurz darauf einen zweiten ranghohen Politiker wegen missliebigen Verhaltens ermorden ließ, taten sich die Witwen der beiden Männer zusammen und reichten bei Hof eine Klage ein. *Beatriz de Bobadilla* musste sich aufs spanische Festland begeben, wo sie 1504 unter ungeklärten Umständen starb. Wie es heißt, wurde sie das Opfer eines Giftanschlags.

San Sebastián

■ Übernachtung
- 3 Ap. Quintero
- 11 Pensión Víctor
- 13 Ap. San Sebastián
- 16 Pensión Colón
- 17 Ap. Canarias
- 18 Hotel Torre del Conde
- 19 Ap. Orquídea
- 22 Aparthotel Villa Gomera
- 23 Hotel Colombina
- 25 Parador de Turismo Conde de la Gomera
- 26 Ap. Cathaysa
- 27 Ap. Guadalupe
- 28 Ap. Miramar
- 29 Ap. Chijere

■ Essen und Trinken
- 1 El Charcón
- 2 Casa del Mar
- 4 Café Internet El @mbigú
- 5 Cuba Libre
- 6 Kiosco Las Carabelas
- 7 Agando
- 9 Breñusca
- 10 El Pejín
- 12 Tasca la Salamandra

■ Geschäfte
- 8 Artesanía Casa de los Balcones
- 14 Artesanía Santa Ana
- 20 Mercadillo / Hiper Trebol
- 21 Sabianatura

■ Unterhaltung
- 24 Kino

■ Aktiv
- 15 Dive Art Gomera

Osten

© Reise Know-How 2012

SAN SEBASTIÁN

Zauber ausstrahlt. Mitten auf dem Platz steht ein runder Café-Pavillon, dessen Name den Karavellen des *Kolumbus* Reverenz erweist: Las Carabelas. Er ist von morgens bis abends eine beliebte Anlaufadresse.

Calle Real   Fast alle sehenswerten und historisch wichtigen Gebäude finden sich in der verkehrsberuhigten **Calle del Medio,** die im Volksmund auch **Calle Real** (Königliche Straße) genannt wird. Sie ist das Schmuckstück von San Sebastián, viele Häuser wurden restauriert, dazu gibt es hübsche kleine Läden und Terrassenlokale sowie eine Reihe von Unterkünften.

Zollhaus mit Brunnen   Das erste, an die Plaza de la Constitución angrenzende Gebäude ist die **Casa de Aguada,** das im 17. Jahrhundert erbaute Zollhaus, in dem für den Ex- und Import bestimmte Waren gelagert wurden. Die auf sie erhobenen Steuern waren die wichtigste Einkommensquelle für den Grafen. Später wurden in dem Haus kleine Verbrecher festgesetzt, heute ist hier die Touristeninformation untergebracht (die Verlegung ins „Centro de Visitantes" ist geplant). Von der Plaza de la Constitución gelangt man in einen hübschen Innenhof. Ein unauffälliger, ins Steinpflaster eingelassener **Brunnen** trägt die Aufschrift: „Colón hizo aguada en este pozo en 1492, el Viaje del Descubrimiento y en los de 1493 y 1498" (Aus diesem Brunnen versorgte sich *Kolumbus* mit Wasser für seine Entdeckungsfahrt 1492 und für seine Reisen 1493 und 1498). Etwas pathetisch ist der Tafelspruch, der an dem Brunnen prangt: „Con este agua se bautizó América" (Mit diesem Wasser wurde Amerika getauft).

Die etwas lieblos zusammengestellte Ausstellung in den angrenzenden Räumen erzählt (nur in Spanisch) davon, weshalb *Kolumbus* die Kanaren als Ausgangspunkt für seine Reisen wählte, welche „kanarischen" Lebensmittel er mit in die Neue Welt nahm und welche indianischen Produkte im Gegenzug nach Europa gelangten. Bilder veranschaulichen, mit welchen Schiffen die Mannschaft des *Kolumbus* den Atlantik überquerte.

Die wenigen Dokumente aus *Kolumbus'* Zeit sind im benachbarten Archivo Histórico aufbewahrt. Im Haus, das auch **Casa de los Quilla** heißt, werden wechselnde Ausstellungen gezeigt.

●**Casa de Aguada,** Calle del Medio 4, So geschlossen

SAN SEBASTIÁN

Galerie   Kunstfreunde finden in der Calle del Medio die beste Adresse der Insel: In einem aufwendig restaurierten Bürgerhaus aus dem 18. Jahrhundert werden Radierungen und Aquarelle des Wahlgomeros **Guido Kolitscher** ausgestellt (⇨Exkurs Magischer Realismus), dazu Werke befreundeter Künstler, u.a. Grotesken von **Luis Alberto Hernández,** düstere Visionen von **Pedro González** und expressionistische Gemälde der Kokoschka-Schülerin **Vicki Penfold.**

● **Galería de Arte Luna,** Calle del Medio 28, Tel. 922870666, www.fundacion guidokolitscher.org, Mo–Fr 10–13 und 16.30–20 Uhr, Sa 10–13 Uhr

Casa del Conde   Schräg gegenüber der Galerie befindet sich der ehemalige Zweitwohnsitz des ab 1496 auf Teneriffa residierenden Grafen von Gomera. Nur der überdachte und holzvergitterte Balkon verweist auf einstigen Reichtum. Das Haus war Ende des 20. Jahrhunderts Sitz der Inselregierung, gelegentlich finden hier Ausstellungen statt.

● **Casa del Conde,** Calle del Medio 31

Kirche   Die wuchtige Kirche „Unserer Frau Himmelfahrt" ist der größte und **schönste Sakralbau** der Insel. Der Grundstein wurde 1450 vom Konquistador *Hernán Peraza d.Ä.* gelegt – zum Zeichen des Sieges über die heidnischen Gomeros. Nach der Zerstörung durch marokkanische Piraten 1618 wurde die Kirche neu errichtet – prächtiger als zuvor, mit drei Schiffen und ebenso vielen Eingangsportalen. Eines trägt in Erinnerung an eine blutige Inselepisode den Namen **Puerta del Perdón** (Tor der Vergebung, ⇨Exkurs Beatriz de Bobadilla).

    Der Kircheninnenraum besticht durch seine Deckengewölbe aus *tea*, dem widerstandsfähigen Holz der kanarischen Kiefer. Besonders schön ist die **Pilar-Kapelle** im linken Seitenschiff: Die oktogonal angeordnete Holzdecke ist golden verziert, in ihrer Mitte prunkt ein barockes Gemälde der Krönung Marias. An die erfolgreiche Abwehr einer englischen Korsarenflotte 1743 wird auf einem Wandbild an der Stirnseite der Kapelle erinnert. Des Erzengels Michael wird im rechten Seitenschiff gedacht; mit seinem Schwert bezwang er nicht nur den Drachen, sondern auch zahlreiche Ungläubige.

● **Iglesia de Nuestra Señora de la Asunción,** Calle Real 32, tgl. 8–19 Uhr

SAN SEBASTIÁN

Archäologisches Museum

Alles, was man über die „ungläubigen" Gomeros weiß, wird im Museum gezeigt: Im Erdgeschoss werden die archäologischen Fundorte vorgestellt, im Obergeschoss wird man in Alltag und Kultur der Ureinwohner eingeweiht. Nicht geklärt ist bisher die Bedeutung der über 100 **berberisch-libyschen Schriftzeichen,** die 2006 in der Höhle *Las Toscas del Guirre* auf einer 5 x 2 m großen Felswand entdeckt wurden – der bislang wichtigste Fund dieser Art auf den Kanaren.

● **Museo Arqueológico,** Calle Torres Palida 8/Plaza de la Iglesia de La Asunción, Di–Fr 10–18, Sa/So 10–14 Uhr

Aufwendig gearbeitete Kassettendecke – in der schönsten Inselkirche

Pause im Park – am Grafenturm

Anna-Kapelle

Gegenüber der Kirche befindet sich die 1535 erbaute Kapelle der heiligen Anna. 1619 wurde sie von Piraten in Schutt und Asche gelegt und erst mehr als hundert Jahre später wieder aufgebaut. Sie diente im Laufe der Zeit als Leichenschauhaus, Lagerraum und städtisches Kino, bevor sie zur Jahrtausendwende in einen **Kunsthandwerksladen** verwandelt wurde. Nur das aufwendig gestaltete Dachgestühl aus Riga-Holz erinnert noch an ihre ursprüngliche Bestimmung.

- **Ermita de Santa Ana,** Calle del Medio 41, So geschlossen

Kolumbushaus

Das „Kolumbushaus", so wurde viele Jahre verlautbart, sei jener Ort, an dem der große Seefahrer während seines Aufenthalts in San Sebastián genächtigt habe. Tatsache ist, dass das Gebäude erst Ende des 17. Jahrhunderts entstand, nachdem sein Vorgängerbau 1618 abgebrannt war. In dem schmucken Haus wird heute **präkolumbische Keramik** aus Amerika ausgestellt, die auf verschlungenen Wegen nach Gomera gelangte. Außerdem sieht man

Seekarten aus der Zeit um 1500, im Obergeschoss zuweilen **Kunstausstellungen**.

● **Casa de Colón,** Calle del Medio 56, Mo–Fr 10–13, 15.30–17.30 Uhr

Sebastian-Kapelle

Die Kapelle zu Ehren des Stadtpatrons stammt von 1424 und ist damit die **älteste Kirche der Insel**. Sie wurde mehrfach geplündert und in Brand gesetzt, nur ein Spitzbogen über dem Seiteneingang hat sich aus den Frühtagen der Conquista erhalten. Die Skulptur des heiligen Sebastian ist von Pfeilen durchbohrt, an den Wänden hängen Abbildungen des Leidenswegs Christi.

● **Ermita de San Sebastián,** Calle del Medio 62

Grafenturm

Ein großer **Garten** mit exotischen Sträuchern, Palmen und Holzbänken lädt zu einer Verschnaufpause ein. An seiner Nordseite wird er von einem Bau aus rötlichem Gestein, dem neuen Haus des **Cabildo** (Inselregierung), begrenzt. In der Mitte des Parks steht ein 16 Meter hoher, geschichtsträchtiger Turm. Er ist das Relikt einer vermutlich einst größeren, 1447 auf Befehl von *Hernán Peraza d.Ä.* errichteten Befestigungsanlage.

Vom Ausguck im Turmdach konnten Angreifer schon von weitem gesichtet werden. Von den Schießscharten wurden die Gewehre auf sie gerichtet, durch so genannte „Pechnasen" wurde glühender Schwefel gegossen. Im 16. Jahrhundert zeigte es sich allerdings, dass der Turm als Bollwerk nur taugte gegen Angriffe vom Land, nicht aber vom Meer aus. Immer wieder gelang es Piraten, auf der Insel zu landen und die Stadt in Schutt und Asche zu legen: so geschehen 1571, 1599 und noch einmal 1618. Gegenwärtig birgt der Turm ein kleines **Kartografisches Museum.** Ausgestellt werden Reproduktionen historischer Karten, die zeigen, wie sich das Bild von der Insel im Lauf der Zeit präzisierte. So ist hier auch die von *Martin Behaim* 1492 erstellte Weltkarte zu sehen: Der Nürnberger, der viele Jahre auf den Azoren lebte, gab

Torre del Conde – der Grafenturm

auf ihr den damaligen geografischen Wissenstand exakt wieder, zugleich gilt sie als älteste Darstellung der Erde in Kugelform (Original in Nürnberg). Eine annähernd korrekte Karte Gomeras schuf im 16. Jahrhundert der Ingenieur *Leonardo Torriani* – der Italiener rüstete im Dienst der spanischen Krone die kanarischen Festungsanlagen auf, um Piraten effektiver abwehren zu können. Im Obergeschoss findet man alte Stadtpläne von San Sebastián; hier kann man sich davon überzeugen, dass Gomeras Hauptstadt schon immer ein „kleines Nest" war.

●**Torre del Conde,** meist Mo–Fr 10–13, 15–17 Uhr, Eintritt frei

Besucherzentrum

Seit dem Jahr 2000 hat San Sebastián ein „Besucherzentrum". Es befindet sich am Westausgang der Bucht: ein auffälliges, avantgardistisches Gebäude, dessen Dach sich wie eine Welle dem Meer entgegenstemmt. Im Haus ist die Eröffnung einer Touristeninformation geplant, ebenso eine Dauerausstellung über Gomeras wichtigste touristische Sehenswürdigkeit, den Lorbeerwald. Natürlich haben die Stadtväter auch vor, jenes Mannes zu gedenken, der die Insel ins Scheinwerferlicht der Geschichte gerückt hat: *Christoph Kolumbus.*

●**Centro de Visitantes,** Av. de los Descubridores s/n

Aufstieg zum Parador

Der Parador, das staatliche Vorzeigehotel, ist so schön, dass man es fast als San Sebastiáns Top-Sehenswürdigkeit bezeichnen kann. Es thront auf einer hohen Klippe über dem Meer und ist per Auto über die Straße La Pista erreichbar. Wer zu Fuß unterwegs ist, wählt den Treppenweg Camino de Puntallana, der die weiten Straßenkehren abkürzt und in zehn schweißtreibenden Minuten hinaufführt. Oben angekommen, kann man im Garten einen Kaffee trinken und den Blick auf die Bucht von San Sebastián genießen.

Im Jachthafen der Hauptstadt

Stadtplan S. 116, Übersichtskarte S. 108 · SAN SEBASTIÁN

Osten

Strände

Im Jachthafen liegen viele schmucke Boote vor Anker: Nostalgische Großsegler wie die „Alexander von Humboldt" und die „Barabah", die „Winston Churchill" und die „Lili Marleen" machen hier auf ihren Kreuzfahrten Station. Der **Stadtstrand,** die Playa de San Sebastián, liegt neben dem Jachthafen, unmittelbar an der von Autos befahrenen Uferpromenade. Er ist 600 Meter lang, dunkelsandig und mit groben Kieselsteinen übersät. Den Ruf, besonders sauber zu sein, genoss er nie, war wohl auch deshalb nicht sehr beliebt.

Inzwischen gibt es einen neuen Strand. Gegenüber dem Fährhafen gelangt man zur **Playa de la Cueva.** Der dunkle und über 200 Meter lange, künstlich aufgeschüttete Sandstrand ist von einer hübschen Promenade eingefasst, weit vorspringende Felsarme schützen ihn vor der Brandung. Der Blick schweift hinüber zur Nachbarinsel Teneriffa mit dem majestätisch aufragenden, 3718 Meter hohen Teide. Stärkung bietet das **Restaurant El Charcón** mit einer schönen Terrasse. Vom darüberliegenden Aussichtspunkt schaut man südwärts auf den Hafen und nordwärts auf den Teide, Spaniens höchsten Berg auf der Nachbarinsel.

Monumento al Sagrado Corazón de Jesús

Verlässt man San Sebastián auf der Straße nach Playa Santiago, zweigt nach knapp vier Kilometern links ein steingepflastertes Sträßchen ab, das wenig später in eine holprige Erdpiste übergeht. Nach 700 Metern endet sie an einer strahlend weißen, **sieben Meter hohen Christusskulptur:** Jesus hebt seinen Arm, als wolle er die ihm zu Füßen liegende Stadt segnen. Von seinem Sockel bietet sich ein großartiger Blick auf die Bucht von San Sebastián und die Silhouette des zuckerhutförmigen Teide auf Teneriffa.

Praktische Tipps

Unterkunft Einige der hier aufgeführten Häuser sind auch über deutsche Reiseveranstalter buchbar, neben dem Parador das Hotel *Torre del Conde* sowie die Apartmenthäuser *Villa Gomera* und *Quintero*.

Im Stadtzentrum:
● **Ap. Quintero** €€, Plaza de las Américas 6, Tel. 922141744, www.apartamentosquintero.com. Sechsstöckiges Apartmenthaus in einer kleinen Seitenstraße hinter dem Rathaus, an der Rezeption spricht man Deutsch. Die 20 zur Ver-

mietung freigegebenen Apartments befinden sich ausnahmslos in den unteren Stockwerken, die oberen werden privat genutzt. Alle verfügen über separates Schlatzimmer, Wohnküche und Balkon. Am schönsten ist das Apartment 3-H mit weitem Blick über den Hafen.
●**Ap. San Sebastián** €€, Calle del Medio 20, Tel. 922141475, Tel. 922871354, Mobiltel. 609131361. Zehn schmucke, blitzblanke Apartments, die sich rings um einen offenen, roséfarbenen Innenhof gruppieren; zentral, doch vergleichsweise ruhig, da an einer Fußgängerstraße gelegen.
●**Pensión Víctor** €, Calle del Medio 23, Tel. 922871335. Relikt aus der Pionierzeit des Tourismus: Das alte kanarische Haus ist ideal für einen Stopover. Der freundliche Wirt, nach dem die Pension benannt ist, und seine Frau Margarita vermieten neun einfache Zimmer teils mit eigenem, teils mit Etagenbad, alle mit Gratis-WLAN. Raum 4 verfügt über eine kleine Dachterrasse. Die Räume liegen vorwiegend im Obergeschoss, im Erdgeschoss befindet sich ein uriges Restaurant. Darin wird preiswerte kanarische Hausmannskost aufgetischt, die man auch auf der Straßenterrasse einnehmen kann.

Pensión Víctor: Traveller-Treff in San Sebastián

- **Pensión Colón** €, Calle del Medio 59, Tel. 922870235, www.hotelvilla gomera.com. Zehn attraktive und saubere, aber dunkle Zimmer mit Waschbecken und Gemeinschaftsbad. Wer auf den Innenhof schaut, wird bereits am frühen Morgen geweckt: Ein Kindergarten ist an die Pension angeschlossen! Ist niemand an der Rezeption, mehrmals an der Tür zum Innenhof klingeln.
- **Ap. Canarias** €€, Calle Ruiz de Padrón 3, Tel. 922141453. Ganz nahe an der Plaza de las Américas: ein Neubau mit insgesamt zwölf Studios und Apartments, sechs davon mit Blick auf Garten und Grafentum.
- **Torre del Conde** €€€, Calle Ruiz de Padrón 19, Tel. 922870000, www.hotel torredelconde.com. Nach dem Parador das beste Hotel von San Sebastián: zentral und ruhig, behaglich-elegant und dabei nur wenig teurer als die übrigen Unterkünfte der Hauptstadt. Über eine hübsche Lobby mit Aufenthaltsraum und angeschlossenem Restaurant gelangt man in die oberen Stockwerke. Alle 38 Zimmer im älteren Teil sind marmorgefliest und mit rötlich schimmernden Holzmöbeln komfortabel eingerichtet; sie verfügen über Klimaanlage, Sat-TV und Radio, Minibar und Safe sowie ein weißes Marmorbad. Am attraktivsten sind die gen Westen weisenden Räume mit Ausblick auf den palmenbestandenen Park, den Festungsturm Torre del Conde und die Christusstatue auf dem Hausberg der Stadt, Auch im attraktiven Neubau nebenan weisen die schöneren (und ruhigeren) Zimmer zum Park. WLAN ist gratis, das Büfettfrühstück mit Müsli und Joghurt macht gut satt.
- **Ap. Orquídea** €€, Av. de Colón 22, Tel. 922871488. Fünfstöckiger Neubau mit 18 Apartments, alle mit Balkon. Zurzeit ohne Rezeption, meist belegt von Reiseveranstaltern.
- **Aparthotel Villa Gomera** €€, Calle Ruiz de Padrón 66/68, Tel. 922870020, www.hotelvillagomera.com. Familiär geführtes Hotel mit 16 freundlichen Zimmern und zehn Apartments im Zentrum der Stadt.
- **Colombina** €€, Calle Ruíz de Padrón 83, Tel. 922871257, www.grupopine ro.com. 2011 neu gestyltes Mittelklassehotel in einem vierstöckigen Bau – wer eine Unterkunft nur zum Schlafen braucht, ist hier richtig. Vorherrschend sind die Farben Glitzergrau, Schwarz und Weiß, dazu klare Formen und viel Glas. Neun der insgesamt 31 Zimmer weisen zur Straße, die meisten aber zum (dunklen) Innenhof. Am besten sind die Dachgeschosswohnungen mit Natursteinwänden und Terrasse. Alle Zimmer inkl. Gratis-WLAN und Benutzung der Gemeinschaftsterrasse, Frühstück muss vorerst extra bezahlt werden.

Oberhalb der Stadt in La Lomada:
- **Parador de Turismo Conde de la Gomera** €€€€, Cerro de la Horca s/n, La Lomada, Tel. 922871100, www.paradores.es. Nostalgische Nobelunterkunft auf einer hohen Klippe über dem Hafen von San Sebastián, Vorzeigehaus der staatlichen Parador-Kette. Kreuzgänge, begrünte Innenhöfe und Aufenthaltsräume, in altkastilischem Stil eingerichtet, beschwören den Geist jener Zeit, als *Kolumbus* in die Neue Welt aufbrach. Die auf drei Trakte verteilten 58 Zimmer sind mit Holzmobiliar eingerichtet und verfügen über allen modernen Komfort inklusive luxuriösem Bad aus rotem Marmor, Betten „aus dem Märchen der Prinzessin auf der Erbse" (ADAC), Sat-TV und Klimaanlage. Von fast allen Räumen aus blickt man über den subtropischen Garten hinweg aufs Meer, bei klarer Sicht bis zum Teide auf Teneriffa. Ein großer Pool inmitten des mit Palmen und Drachenbäumen bepflanzten Gartens bietet Erfrischung. Wer es wünscht, kann den Tennisplatz des *Club Náutico* nahe dem Hafen benutzen. Das Frühstücksbüfett mit gomerischen Spezialitäten lässt keine Wünsche

offen; abends (wegen des hohen Preises aber nicht von mir getestet) kann man zwischen verschiedenen Menüs wählen; auf der Website des Hotels wird mit Kressesuppe, Fischtopf und Kaninchenrücken geworben. Einziges Manko: Man ist von der Stadt abgeschnitten, erreicht das Zentrum nur über einen steilen, schweißtreibenden Treppenweg oder per Auto nach gut zwei Kilometern.

●**Ap. Cathaysa** €€, Pista de las Palmitas 1/5, Tel. 922870396, www.cathaysa-casa.de. Zwölf Apartments in Hanglage mit Ausblick auf die Dächer von San Sebastián. Saubere und gepflegte Wohnungen für zwei bis sechs Personen, die größeren mit separater Küche. Die Zimmer werden zweimal pro Woche gereinigt.

●**Ap. Guadalupe** €€, Pista de las Palmitas 8, Tel. 922870842. Villenähnliches Haus mit fünf Apartments, zwei von ihnen mit großer Terrasse.

●**Ap. Miramar** €€, Orilla del Llano 3, Tel. 922870448. Ruhig nahe dem Parador mit fünf kleinen Apartments, alle mit kanarischen Holzbalkonen.

●**Ap. Chijere** €€, El Liriazo s/n, Tel. 922805092, www.chijere.com. Zweistöckige Apartmentanlage mit zehn Wohneinheiten für max. drei Personen, 1. Stock jeweils mit Balkon, Parterre mit Terrasse. Dazu gibt es einen Süßwasserpool mit Sonnenschirmen und Liegen. Der Internetanschluss ist kostenlos, zum Ortszentrum geht man etwa 20 Minuten.

●Weitere nahe gelegene Unterkünfte gibt es im **Barranco de la Villa** (s.u.).

Essen und Trinken

●**El Charcón** €€, Paseo Marítimo La Cueva s/n, Tel. 922141898, tgl. außer So und Mo ab 12 Uhr. Restaurant in bestechender Lage: Es schmiegt sich an den Fels an der Playa de La Cueva und ist über eine schmale, am Hafen abzweigende Straße erreichbar. Zwei Tische haben besten Meerblick bis hinüber zum Teide, doch auch die übrigen Plätze in einer Naturhöhle sind gemütlich. Bei schönem Wetter sitzt man draußen auf der Terrasse und schaut der schäumenden Brandung zu. Wie bei einem solchen Ort zu erwarten, ist Fisch Trumpf: Als Vorspeise serviert *Señor Francisco* z.B. *gambas a la plancha*, knackige, mit frischem Koriander gewürzte Garnelen, die man herauspulen muss – ein Schälchen zum Säubern der Finger wird bereitgestellt. Dann könnte man *puntillas de calamar* (Kalamarspitzen) wählen und als Nachtisch ein hausgemachtes Sorbet.

●**Casa del Mar** €€, Paseo de Fred Olsen 2, Tel. 922870320, tgl. außer Di ab 13 Uhr. Im „Haus des Meeres" treffen sich die Fischer auf ein kühles Bier, um Neuigkeiten auszutauschen; hinzu kommen all diejenigen, die Frische und Qualität schätzen und sich an dem laufenden Fernseher nicht stören. Vor dem Verzehr kann man sich die Meeresfrüchte in der Vitrine aussuchen: knallroten *vieja* (Papageienfisch) mit zartem Fleisch, blau schimmernden *bonito* (Thunfischart) oder die kleinen, aber schmackhaften *carballas*. Auf Wunsch wird der Fisch *a la plancha* serviert, mit nur wenig Fett auf einer Platte gebraten und mit Zitronen- und Orangenscheiben sowie frischer Petersilie gespickt. Größere Fische kommen *a la espalda* auf den Tisch – aufgeklappt und teilweise entgrätet. *Señora Isabel* aus Valencia bereitet außerdem köstliche *zarzuela* (Fisch in sämigem Gemüsefond) und Paella-Varianten zu; lecker ist auch *pulpo a la gallega* (zarter Tintenfisch). Ihr Sohn *Sol* bedient freundlich und aufmerksam. Zum Salat werden bestes Olivenöl und Balsamessig serviert. Sehr empfehlenswert ist das preiswerte, täglich wechselnde, dreigängige Menü mit Getränk!

●**El Pejín** €€, Calle del Medio 14, Tel. 922871530, tgl. außer Mi 12–16, 18–24 Uhr. *Pejín* ist mit seiner Tasca ins Zentrum der Stadt zurückgekehrt: Man sitzt auf Holzbänken und verschmaust iberischen Schinken und Käse, die man mit einem Gläschen guten Weins oder einem Krug Bier hinunterspült. Außerdem gibt es frischen Fisch *a la plancha* (der Tagesfang wird in einer Vitrine ausgestellt), dazu Salat und *papas arrugadas con mojo*. Wenn er gut aufgelegt ist, greift *Señor Pejín* zur Gitarre und singt mit seiner kraftvollen Stimme kanarische und amerikanische Balladen. Sohn *Tomás* serviert flink und schnell.

●**Tasca la Salamandra** €€, República de Chile 5, Mobiltel. 626223301, tgl. außer So 12.30–16 und 19.30–23 Uhr. Kleines Lokal in einem historischen Haus, liebevoll geführt von *Ancor*. Er bietet gehobene Gastronomie, Lendenfilet *(solomillo)* gibt es in sieben Varianten, mit Shitake-Pilzen, Riesengarnelen oder Feigensoße. Die Pasta ist hausgemacht und die Salate sind lecker, fantasievoll ist auch das Dessert. Mit Außenterrasse auf verkehrsberuhigter Straße.

●**Breñusca** €, Calle del Medio 11, Tel. 922870920, tgl. 9–24 Uhr. Das einfache und kleine, aber freundliche Restaurant bietet von früh bis spät deftig-kanarische Kost. Es gibt guten Kichererbseneintopf und Kaninchen in pikanter Soße. Señor *Hipólito*, der Wirt des Lokals, vermietet auch ein paar Apartments nahe der Plaza und eine Finca in Vegaipala.

●**Agando** €, Plaza de la Constitución 11, tgl. 12.30–16 und 18–22.30 Uhr. „La mejor Pizza de Canarias" (die beste Pizza der Kanaren) – so heißt es großspurig im Fenster. Weit übertrieben, sagen die Einheimischen, aber immerhin ist das Lokal gemütlich und liegt zentral.

●**Café-Internet El @mbigú** €, Plaza de las Américas 8, Mo–Do 8.30–24 Uhr, Fr/Sa 10–3 Uhr. Nicht mehr das, was es einmal war, aber immerhin mit Internet-Computern und Gratis-WLAN, einer großen Terrasse auf dem Platz und gutem *barraquito especial*: Kaffee mit Mirabilis-Likör, Zitronenstückchen und Zimt.

●**Cuba Libre** €, Plaza de las Américas 18, tgl. 10–1 Uhr. Winzige, mit Fidel-Castro- und Che-Guevara-Fotos dekorierte Bar, davor eine große Terrasse mit Palmen. *Ramón* aus Havanna serviert in Windeseile die besten Cocktails seiner Heimat: etwa den *Daiquirí*, der als *Hemingways* Lieblingsgetränk in die Weltliteratur einging, oder den *Mojito*, einen Mix aus Rum, Zitrone und Pfefferminz. Pikant ist *Cubanito* mit Tomatensaft, Rum und Tabasco, herrlich erfrischend *Havanna Especial* mit Mirabilis-Likör, frisch gepresstem Orangensaft und Kokosmilch. Und natürlich gibt es auch einiges zu essen: neben Frühstück leckere Tapas, Sandwiches und belegte Brötchen.

●**Kiosco Las Carabelas** €, Plaza de la Constitución s/n, Tel. 922870655, tgl. außer So 7–23 Uhr. Seit Jahrzehnten *der* Treff der Stadt: Generationen von Urlaubern tranken hier einen ersten *café con leche* nach ihrer Ankunft auf Gomera und schlürften einen letzten frisch gepressten Orangensaft vor der Abfahrt. Daran hat sich auch nach der Renovierung des runden Pavillons wenig geändert: Nach wie vor sitzt man am schönsten unter den hohen, knorrigen Lorbeerbäumen. Die Kellner sind schnell, und die höchst unterschiedlichen Gäste sorgen für Abwechslung. Das Essen ist fast eine Nebensache: Tapas und *bocadillos*, Snacks und Sandwiches, dazu Säfte und Kaffeevariationen.

Einkaufen

●**Wochenmarkt:** Mercadillo, Av. de Colón/Av. del Quinto Centenario. Der gemütliche Obst- und Gemüsemarkt, der jahrzehntelang auf dem zentralen Stadtplatz stattfand, wurde aus, wie es heißt, „hygienischen Gründen" in eine sterile Halle neben dem Supermarkt Trebol verlegt. Er findet vorerst jeden Mittwoch- und Samstagvormittag statt. An einigen Ständen werden auch Süßigkeiten und Palmenhonig sowie Kunsthandwerkliches verkauft.

SAN SEBASTIÁN

- **Supermarkt:** *Hiper Trebol,* Av. de Colón/Via de Ronda. Größter Supermarkt der Insel, tagsüber durchgehend geöffnet, mit Preisen „wie auf Teneriffa". Angeschlossen ist die Markthalle mit einer kleinen Auswahl an Fleisch, Käse, Obst und Gemüse, frischen Fisch gibt es in der Pescadería nebenan
- **Kunsthandwerk I:** *Artesanía Casa de los Balcones,* Calle Real 3. Strategisch platzierter Großladen, in dem man kanarisches Kunsthandwerk und Kulinaria bekommt. Darunter viel Kitsch nicht unbedingt *made in the Canaries.* Immerhin kann vor dem Kauf der Delikatessen eine Kleinigkeit gratis gekostet werden.
- **Kunsthandwerk II:** *Artesanía Santa Ana,* Calle Real 41. In der ehemaligen Kapelle der hl. Anna (1535) wird kanarisches Kunsthandwerk angeboten: archaische Keramik aus El Cercado, Gefäße aus Vulkangestein, handgefärbtes Glas und pastellfarbene Seidenschals, bestickte Tücher und Decken. Kulinarisches steht gleichfalls zur Wahl: Wein aus Vallehermoso, Schnaps und Likör, Marmelade aus exotischen Früchten, Palmen- und Bienenhonig.

Auch in der Hauptstadt gibt es schöne Ecken am Meer (Playa de la Cueva)

SAN SEBASTIÁN

●**Diätzentrum:** *Sabianatura,* Calle Profesor Armas Fernández 18, So geschl. Biologische und ökologische Produkte, Beratung für natürliche Medizin, Akupunktur, Massage und Fußreflexzonen-Massage u.v.m. Für viele Residenten ganz wichtig: Einmal wöchentlich gibt es frisches Dinkel- und Sesambrot.

Kultur

●**Kunstausstellungen:** *Galería de Arte Luna,* Calle Real 28 (s. Exkurs „Gomera in Öl und Acryl"), *Sala de Arte Caja Canarias,* Cabildo Insular, Calle República de Chile.
●**Kino:** *Auditorio Insular,* Calle Ruiz de Padrón 87. Auch San Sebastián hat nun einen regulären Kinosaal, die Gomeros müssen nicht mehr nach Teneriffa fahren, um beim Smalltalk über die neuesten Kassenhits mitreden zu können!
●**Musik:** Konzerte gibt es meist nur in Verbindung mit Festen im Parque de La Torre del Conde. Zu Weihnachten und Ostern gibt es Abende mit Chorwerken und klassischer Musik in der Iglesia de Nuestra Señora de la Asunción (Calle Real 32).

Stadtplan S. 116, Übersichtskarte S. 108

SAN SEBASTIÁN

Osten

Aktivitäten **Tauchen:** *Dive Art Gomera,* Calle Real 48, Mobiltel. 660-659098, www.magmar-watersport.com. Schon seit 2005 leiten *Stefanie* und *Andreas* das Dive Art in San Sebastián. Die Basis ist täglich ab 10 Uhr geöffnet und bietet Tauchgänge mit eigener und gemieteter Ausrüstung, Ausbildung vom Schnupperkurs bis zum Divemaster nach PADI und CMAS-Richtlinien.

Viele Gomeros wünschen sich den Markt auf den alten Platz im Zentrum zurück ...

Wandertipp

Dank **guter Busanbindung** ist die Hauptstadt ein idealer Ausgangspunkt für Wanderungen. Steigt man in den Bus, der die Höhenstraße bedient, kann man an der Degollada de Peraza (⇨Wanderung 16) und am Roque Agando (⇨Wanderung 17), an der Casita Olsen (⇨Wanderung 14) und am Parkplatz Alto de Contadero (⇨Wanderung 9) zu attraktiven Touren starten. Ohne große Schwierigkeit hat man auch Anschluss an die Wanderungen 5–7. Steigt man in den Bus Richtung Norden, kann man zu Rundtouren von Hermigua (⇨Wanderung 10), Agulo (⇨Wanderung 11) und Vallehermoso (⇨Wanderung 12) starten. Direkt vor der Haustür beginnt eine Tour zu den südlich gelegenen Stränden Playa de la Guancha und El Cabrito (⇨Wanderung 20).

Nightlife

An der Plaza de las Américas macht man auch nach Mitternacht noch manch nette Bekanntschaft. *Aramis* mixt Cocktails im **Cuba Libre,** aus dem Café **El @mbigú** weht Jazziges heran. Discos behaupten sich auf Gomera nur schwer – bleibt abzuwarten, wie lange sich die Musikkneipe beim *Centro de Visitantes* hält …

Feste

●**20. Januar:** *Fiesta de San Sebastián.* Der Schutzpatron der Hauptstadt ruft seine Schäfchen zur Prozession auf die Straße – Jüngere sind kaum dabei, sie feilen schon an ihren Karnevalskostümen.
●**Februar/März:** *Fiesta de Carnaval.* Der berühmte kanarische **Karneval** findet im Februar, manchmal aber auch erst im März statt. Während zwei voller Wochen spielt ganz San Sebastián verrückt: ein fulminantes Potpourri, bei dem sich die Lust an Glitzer und Glamour, am Verkleiden, Tanzen und Singen ungehemmt austoben darf. Jeder Karneval beginnt mit den *Concursos de Murgas,* schrägen Spottliedern auf Staat und Autorität, vorgetragen von kostümierten Grüppchen. Danach folgt die Wahl der Karnevalskönigin: Mehrere junge Frauen in zentnerschweren, erotisierenden Kostümen bewerben sich alljährlich um den Preis, der eine Karriere als Model eröffnet. Nach vielen durchtanzten Salsa-Nächten auf der *plaza* wird der Karneval hochfeierlich zu Grabe getragen. Ein schwarzer, heulender Trauerzug von Klageweibern, Vermummten und Tattergreisen wälzt sich durch die Stadt in Richtung Hafen, wo eine aus Pappmaché gefertigte, riesige Sardine, Symbol der Ausschweifung und Lust, zu Wasser gelassen und entzündet wird: Auftakt zum größten Feuerwerk des Jahres!
●**3. August:** *Fiesta de San Benito Abad.* Patronatsfest.
●**24. August:** *Fiesta de San Bartolomé.* Patronatsfest.

- **6. September:** *Fiestas Colombinas.* Zur Erinnerung an Kolumbus, der 1492 von San Sebastián in Richtung Amerika aufbrach, feiert man ein mehrtägiges Fest mit Ausstellungen und Vorträgen, Konzerten, Theateraufführungen und Sportveranstaltungen.
- **Anfang Oktober 2013:** *Fiesta de la Virgen de Guadalupe.* Alle fünf Jahre findet das Fest zu Ehren der Inselpatronin statt, in deren Verlauf ihre Statue in einer Schiffsprozession von der kleinen Kirche bei Puntallana nach San Sebastián gebracht wird; von dort geht ihre Reise weiter in jede noch so kleine Gemeinde Gomeras und erst nach zwei Monaten kehrt sie nach Puntallana zurück. In der Zwischenzeit wird vor allem in der Hauptstadt San Sebastián gefeiert *(Fiestas Lustrales)*: mit Konzerten, Ausstellungen und Sportveranstaltungen.

Barranco de la Villa

Den Barranco de la Villa, die üppige, grüne „Schlucht hinter der Stadt", erreicht man nur via San Sebastián. Auf der Carretera del Norte fährt man stadtauswärts und folgt der Abzweigung in Richtung Chejelipes. Rasch begreift man, weshalb diese Schlucht so gelobt wird. Im Talgrund wachsen Apfelsinen- und Avocadobäume, Bananen und Papayas in Fülle. Der Barranco ist einer der wasserreichsten der Insel; in mehreren **Stauseen** wird das kostbare Nass aufgefangen.

Eine erste Station auf dem Weg durchs Tal könnte man in **El Langrero** machen, wo ein uriges Lokal vor allem sonntags Scharen von Hauptstädtern anlockt. Weiter geht es durch malerische Weiler, die nur von einer Hand voll Menschen bewohnt werden. In **El Atajo** (Barrio San Bartolo) hat in den 1970er Jahren der österreichische Künstler *Guido Kolitscher* verfallene kanarische Bauernhäuser in Wohnräume und Ateliers verwandelt: eine **Künstlerkolonie** en miniature. Nächstes Schmuckstück ist **Lomo Fragoso** (Fruchtbarer Bergrücken), ein pittoresker, auf einem Felsvorsprung gelegener Ort – auf einigen Karten trägt er den Namen *Lomito Fragoso y Honduras*.

Im Dorf **Los Chejelipes** am gleichnamigen Stausee war bis vor kurzem noch eine Gofio-Mühle in Betrieb. Viele Bewohner des Ortes haben in den vergangenen Jahrzehnten Haus und Hof verlassen, oft wurden diese von Deutschen aufgekauft. Gomeros sind über die neuen Mitbürger nicht immer glücklich. Im meistgelesenen spanischsprachigen Buch zu Gomera („Paso a Paso", S. 110) wird ein Bauer vor Ort mit der Aussage zitiert: „Sie kommen hierher, als wären sie bettelarm und hätten keinen Platz zum Sterben. Man arbeitet auf dem Feld und sie fragen dies und jenes. Mit Freundlichkeit werden sie empfangen, man lädt sie ins Haus ein, gibt ihnen ein Glas Wein und unterhält sich mit ihnen. Danach kaufen sie sich ein Haus und auch Land, eine Woche später haben sie eine erste Mauer oder einen Zaun hochgezogen. Und wenn es nun einem von uns in den Sinn kommt, über ihr Grundstück zu gehen, ist das erste, was sie tun, bei der Guardia Civil anzurufen."

Noch ein paar Kehren entlang weiterer Talsperren, dann ist nach insgesamt elf Kilometern **La Laja** erreicht, ein kleines Dorf am Fuße des Roque de Ojila. Hier, auf einer Höhe von ca. 450 Metern, endet die Straße. Kanarische Palmen sorgen für einen Hauch von Exotik, auf steilen, sorgfältig angelegten Terrassen werden

Wein und Kartoffeln angebaut. Auch *ñame* wird kultiviert, eine große, bis zu 19 Kilogramm schwere Knollenfrucht mit langem Stiel, die man sonst nur in Ägypten, auf Hawaii und auf den Philippinen findet. Die Wurzel muss gut zehn Stunden gekocht werden, bis sie als Grundlage für einen deftigen Eintopf *(potaje de ñames)* verwendet werden kann.

Im Ort sind erste ländliche Unterkünfte entstanden, es gibt eine Bar und einen kleinen Laden. Der Nationalpark ist von hier nicht mehr weit, über einen ausgebauten Wanderweg ist er gut zu erreichen (⇨Wanderung 16).

Nach dem Regen – volle Stauseen im Barranco de la Villa

Gomera in Öl und Acryl – Magischer Realismus à la Kolitscher

Schwindelerregend steile Klippen, ein schmaler Cañon und dahinter Berge, die sich bis zum Himmel türmen: „Steilküste von Taguluche" heißt das Bild, das einem fantastischen Traum entrissen zu sein scheint. Fast alle Werke von *Guido Kolitscher* sind von Gomera inspiriert und tragen konkrete Bezeichnungen wie „Lorbeerwald", „Barranco de la Villa" und „Guadá" (das Obertal von Valle Gran Rey). Doch unter der Hand des Künstlers verwandelt sich die Natur – er zeichnet keine Landschaften, die man durchwandern möchte. Sie haben nichts Idyllisches, sondern sind wild, undurchdringlich und voller Gefahr. Die Küste erscheint als Steinlabyrinth, der Wald als ein Netz ineinander verknoteter Stämme, in dem man verloren geht. Die Pflanzen Gomeras sind gebändigte „Blumen des Bösen": Der Bougainvillea-Strauch ist ein glühender Feuerball, die Palme mit ihrem langen, schlanken Stamm erinnert an eine Schlange.

Abgründe, Felsendome und Wolkenburgen: das ist die Welt, in der sich *Kolitscher* bewegt. Er entwirft eine Insel aus der Zeit vor der Conquista; Menschen tauchen in ihr selten auf – ihre Spuren sind nur sichtbar in der Geometrie der sorgsam angelegten Terrassenfelder von Valle Gran Rey.

Wie kommt es, dass ausgerechnet ein Österreicher zum originellsten Interpreten Gomeras geworden ist? Der 1950 geborene Wiener, Sohn eines Arztes und einer Frau aus der Künstlerfamilie *Klimsch,* hatte bereits mit 18 Jahren seine erste Vernisage. In der Wiener Galerie 6 stellte er surrealistische Collagen und Ölgemälde aus. Doch anfangs entschied er sich für einen Brotberuf und nahm ein Medizinstudium auf. Als ihn sein Vater 1971 bat, das Ferien-

Unterkunft

● **Hacienda El Salvador** €€, Lomo de la Pila (Barranco de la Villa), Tel. 922141130, www.ruralgomera.es. Drei Landhäuser aus dem 19. Jh. mit dicken Natursteinmauern, Terrakotta-Boden und offenen Dachstühlen aus Holz, wahlweise mit einem oder zwei Schlafzimmern, dazu Wohnküche, Bad, Terrasse und Garten, Alle Häuser sind in rustikalem Stil behaglich eingerichtet und bieten über Palmen hinweg Blick auf die Berge. Mindestens zwei Nächte Aufenthalt.

● **El Rincón del Olivo** €€, Lomo Fragoso, Bco. del Olivo, Tel. 922871082. Casa Rural mit zwei Zimmern am Rande einer ökologisch bewirtschafteten Finca.

haus der Familie auf Teneriffa in Ordnung zu bringen, unternahm *Kolitscher* einen ersten Abstecher nach Gomera. Er war von der Insel so begeistert, dass er beschloss, sich dort dauerhaft niederzulassen. Er kaufte ein Häuschen im verlassenen Weiler San Bartolo im Barranco de la Villa, hängte kurz vor dem Examen sein Studium an den Nagel und öffnete sich dem, was er als sein „schlummerndes, kreatives Feuer" bezeichnete.

Kolitscher heiratete eine Kanarierin, nahm die spanische Staatsbürgerschaft an und begann zu malen. Meist hat er die Schönheit Gomeras in großformatigen Farbradierungen festgehalten, oft aber auch in Öl und Acryl. Schon in über 100 Ausstellungen waren seine Werke zu sehen. Wer sich einen Überblick über sein Oeuvre verschaffen möchte, besuche die **Galería de Arte Luna** in San Sebastián (Calle del Medio 28).

„Steilküste von Taguluche" Aquatinta-Radierung

●**Weitere Fincaangebote:** buchbar auf Wochenbasis über *Agroturismo El Escobonal* (www.ruralgomera.es) und *Ecoolivo Casas Rurales*.

Essen und Trinken

●**La Cabaña** €€, El Langrero, Carretera del Barranco de la Villa, Tel. 922870259, tgl. außer Do 12–17, 20–23 Uhr. Seit über 50 Jahren serviert Familie *Herrera* in einer Hütte an der Straße nach Chejelipes Fleisch vom Grill. Nach einer Speisekarte sucht man vergeblich – was es gibt, ist auf einer Tafel zu lesen.

Playa de Avalos

Fährt man in San Sebastián vom Parador in nördlicher Richtung stadtauswärts, gelangt man wenig später zum Friedhof, wo sich die Straße teilt: Rechts geht es auf dem Camino del Faro in ca. 500 Metern zum **Leuchtturm Faro de Cristóbal,** links auf dem Camino Lomo del Clavo zu einer restaurierten **Windmühle** von 1913 und einem abgesperrten Militärbezirk. Nach Durchquerung eines trockenen Talbetts zweigt rechts eine Asphaltpiste zur Playa de Avalos ab, einer geschützten und über 200 Meter langen, tief eingeschnittenen **Badebucht** im Mündungsdelta des Barranco.

Palmen spenden wohltuenden Schatten, bei ruhiger See schillert das Wasser türkisfarben; im Sommer bildet sich sogar ein **schmaler, dunkler Sandstrand** heraus. Vorspringende Felsarme schützen vor starkem Wellengang, so dass man gut schnorcheln kann. Im Winter versorgt man sich in einem in den Fels getriebenen Stollen mit Süßwasser, im Sommer ist eine Bar geöffnet.

Leider ist das Idyll bedroht: Als *Tony Palmer,* der seit Jahren unbehelligt auf Teneriffa lebende britische Postbankräuber, am Strand eine große Timeshare-Anlage gründen wollte, wurde ihm zuliebe der küstennahe Boden für urbanisierbar erklärt. Zwar hat *Palmer* das Land inzwischen wieder veräußert, doch nun ist es eine multinationale Hotelkette, die am Strand ein riesiges Komforthotel bauen lassen will.

Unterkunft

● **La Gomera Gran Hotel** €€€, Abschluss der Bauarbeiten bis auf Weiteres gestoppt: In die Steilflanken des Barranco de Barranquillo geschlagenes Viersternehotel mit 284 Wohneinheiten, für Gomera-Verhältnisse klotzig, aber mit weitem Blick bis hinüber nach Teneriffa.

Ermita de Nuestra Señora de Guadalupe

Um zu einer der wichtigsten Kirchen der Insel zu kommen, kehrt man von der Playa de Avalos zur Gabelung im Talbett zurück und folgt der sich in die Steilwand „krallenden" Piste nordwärts. Wo sie an einem Wendeplatz endet, geht es das letzte Stück nur zu Fuß weiter. Am Fuße hoher Klippen, auf dem flach ins Meer auslaufenden **Kap Puntallana,** steht eine kleine, weiß getünchte **Kapelle,** die Ermita de Nuestra Señora de Guadalupe. Sie stammt aus dem Jahr 1542 und ist der Schutzheiligen der Fischer gewidmet. Leider ist sie nur unregelmäßig, meist sonntags, geöffnet. Zu sehen sind darin zahlreiche kleine Schiffsmodelle, die der Heiligen aus Dankbarkeit von aus Seenot erretteten Fischern gestiftet wurden.

Alle fünf Jahre, das nächste Mal wieder im Jahr 2013, ist die Ermita Schauplatz eines großen Festes: dann wird die Madonna in einer großen **Schiffsprozession** nach San Sebastián gebracht – ihre Ankunft ist der Auftakt zu einem zweiwöchigen Fest.

Strand Wer den Besuch der Kapelle mit einem Badeausflug verbinden will, hat die Wahl zwischen zwei dunklen Kiesstränden: dem 150 Meter langen „Krebsstrand", **Playa del Cangrejo,** südlich des Kaps Puntallana, und dem 650 Meter langen „Adlerstrand", **Playa del Águila,** nördlich davon.

El Cabrito

„Kleiner Ziegenbock" heißt eine naturgeschützte, von zerklüfteten Felswänden eingerahmte Schlucht südlich von San Sebastián. Keine Straße, nicht einmal eine Piste führt dorthin, nur ein anstrengender, aber gut markierter **zweistündiger Wanderweg.** Für Gäste der dortigen Urlaubs-Finca steht ein kleines Schiff bereit, das nicht zufällig den Namen „San Borondón" trägt. So nennen die kanarischen Fischer eine paradiesische Insel, die angeblich zuweilen am Horizont aufleuchtet und dann wieder untergeht.

El Cabrito ist wie eine Insel auf der Insel: fern von Geräuschberieselung und Animation, Konsum und TV-Welt, fern auch von dienstbeflissenem, Trinkgeld erhoffendem Personal. Die Schiffspassage über aufgepeitschte Atlantikwellen, entlang einer einsamen, nur von Möwen bewohnten Steilküste markiert den Abschied vom Gewohnten. Das Schiff legt an einer weiten, teils mit Sand, teils mit Kieselsteinen bedeckten Bucht an. Dahinter erstreckt sich ein grünes Palmendickicht, aus dem rötliche Ziegeldächer – die Wohnhäuschen der *Finca El Cabrito* – hervorschimmern.

Strand Die **Playa del Cabrito** ist 450 Meter lang, eine Kiessandbucht an der Mündung eines terrassierten Barranco. Wer nicht Gast der An-

El Cabrito

lage ist und bei einer Wandertour hierher verschlagen wurde (⇨Wanderung 20), kann sich an der Rezeption erkundigen, ob es auf dem Schiff freie Plätze für die Überfahrt nach San Sebastián gibt.

Finca El Cabrito

Ein kurzer Weg führt von der Anlegestelle zu dem aus Naturstein erbauten Haupthaus. Darin sind die Rezeption von *El Cabrito* untergebracht, ein Seminar- und ein Kinoraum sowie der Speisesaal, von dem man direkt aufs Meer schaut. Die Einrichtung ist betont einfach und funktional und ausschließlich aus **Naturmaterialien.** Wann immer es möglich ist, wird im Freien gespeist, auf einer großen, überdachten Terrasse hinterm Haus zwischen Mango- und Dattelbäumen. Dreimal täglich bedient man sich am Büfett, das vorwiegend mit biologischen Produkten der Finca bestückt ist: Zum Frühstück gibt es Joghurt und Käse aus Ziegenmilch, Müslivariationen und hausgemachte Marmelade, subtropische Früchte und Mangosaft, auch ein paar (eingeführte) Wurstwaren sind dabei. Mittags und abends wird Salat aufgetischt, dazu Fisch und Fleisch mit leckeren Soßen, alternativ ein vegetarisches Gericht.

Über blumenumrankte Wege gelangt man vom Hauptgebäude zu den terrassenförmig angelegten **Wohnhäusern.** Die untere Reihe ist wiederum aus Naturstein erbaut, die obere weiß getüncht und etwas einfacher. Ein paar Gehminuten taleinwärts befinden sich fünf weitere, wunderbar abgelegene

Häuschen. Jede Wohneinheit hat Ausblick aufs Meer und besteht aus einem großen, hellen Raum mit offenem Dachstuhl, einem weiteren kleinen Zimmer, Bad und Terrasse und ist geeignet für zwei bis drei Personen. Die Einrichtung ist auch hier einfach, aber bequem, die Betten sind gut. Morgens wird man von hundertfachem Vogelgezwitscher geweckt.

Außerdem gibt es noch das „Herrenhaus", wo sich nebst Einzelzimmern die **Bibliothek** befindet. Außer Belletristik und Sachliteratur stehen viele Kunstbücher zur Wahl, die man im Korbsessel sitzend durchblättern kann. Etwas abseits liegt das **Atelier** mit bereitstehenden Staffeleien; auf Wunsch werden die notwendigen Malutensilien besorgt.

Abends trifft man sich in der Bar in dem von Top-Architekt *Alfred Kraschnitz* entworfenen „Fahrtenhaus" oder man geht ins „Kino", wo den Gästen mehr als 300 Filme zur Auswahl stehen: von Hitchcock-Klassikern über neuere Kultfilme bis zu ausgefallenen Werken von *Buñuel* und *Kurosawa*. Und wer nach einigen Tagen Lust verspürt, die Finca zu verlassen, kann mit der „San Borondón" (mehrmals täglich Pendelverkehr) nach San Sebastián fahren, Bootstouren entlang der Küste unternehmen oder zu organisierten Wanderungen aufbrechen.

Für **Kinder** bietet El Cabrito beste Voraussetzungen. Auf dem großen Gelände können sie sich gefahrlos bewegen – und es ist so viel Platz da, dass sie niemanden stören. Auf Wunsch werden sie mehrere Stunden täglich betreut und – was noch wichtiger ist – sie finden auf der Finca viele Gefährten, mit denen sie herumtollen können. Es gibt einen Abenteuerspielplatz, eine Kinderbibliothek und ein Mini-Kino, vier Hunde und eine große Zahl herumstreunender Katzen, außerdem Ziegen, die am frühen Morgen gemolken werden, und nicht zuletzt die Eselin *Roquille*, die „Kofferträgerin" – so genannt, weil sie, wenn das Schiff wegen stürmischer See nicht ablegen kann, schwer beladen nach San Sebastián traben muss.

Anfahrt: Vom Hafengebäude Estación Marítima in San Sebastián, wo die von Teneriffa kommenden Fähren anlegen, folgt man der Av. Fred Olsen ein paar Meter stadteinwärts. Am Schild „Reserva Marina La Restinga" biegt man links ein, an der Mole wartet die „San Borondón" auf die Gäste der Finca.

● **Finca El Cabrito** €€, Tel. 922145005, www.elcabrito.es. Buchungen nur auf Wochenbasis.

Siesta in El Cabrito

Otto Mühl – Künstler und Kommunarde

Die Finca El Cabrito war von 1987 bis 1990 das Herzstück der Otto-Mühl-Kommune, eines umstrittenen sozialen Experiments mit juristischem Ausgang. Der Österreicher *Otto Mühl* (Jahrgang 1925) kam aus einem Land, in dem es, wie er sagt, gelungen war, „ein gezähmtes Volk von Beamten hervorzubringen, die alles, was sie fühlen, verleugnen müssen." Gegen diesen Gefühlsnotstand rebellierte er, und um Leidenschaftlichkeit zu wecken und die erstarrten Gefühle in Wallung zu bringen, war ihm jedes Kunst-Mittel recht. Gemeinsam mit *Brus* und *Nitsch* zählte er in den 1960er Jahren zu den so genannten „Aktionisten", die Zuschauer an ihre persönlichen Grenzen heranführten und vor keinem Tabubruch zurückschreckten. *Mühl* schlachtete Schweine vor den Augen des Theaterpublikums, benutzte Materialien, die normale Staatsbürger als schmutzig bezeichnen. „Warum", fragte *Mühl,* „soll man nicht mit Exkrementen arbeiten? Sie riechen, aber jeder weiß, wenn er einen fahren lässt, dass ihm sein eigener Furz nicht so weh tut wie dem, der neben ihm sitzt."

Als *Mühl* das Gefühl hatte, Aktionskunst tauge nicht mehr zur Provokation, suchte er nach neuen Wegen. Statt Wirklichkeit vorzuzeigen, wollte er diese neu erfinden. „Kommune" hieß ab 1970 die Losung, Abkehr vom „kleinfamiliären Sumpf", von den „Fallen der Ehe und der Zweierbeziehung", aber auch von der „Künstler- und Karrierefalle". Die von ihm initiierte AAO begriff sich als „sexuelle Avantgarde". Sie wuchs in der Wiener Praterstraße, dann im Friedrichshof und noch später auf Gomera heran. Hier wurde eine ganze

Degollada de Peraza

Ein zwischen Felsen platzierter **Mirador** (Aussichtsbalkon) und ein fast senkrecht abfallender Steilhang – bei Km. 16 der Carretera del Sur nach Playa de Santiago lohnt es sich anzuhalten und in den Barranco de la Villa hinabzuschauen. Im Talgrund sieht man die Häuser und Stauseen des Weilers La Laja, zu dem ein vorbildlich angelegter, serpentinenreicher Königsweg führt (⇨Wanderung 16).

Der Name „Passhöhe des Peraza" erinnert an eine Episode aus dem Jahr 1488. In einer nahe gelegenen Höhle traf sich der Inselherrscher *Hernán Peraza d.J.* mit seiner heimlichen Geliebten, der einheimischen Prinzessin *Iballa.* Als die Gomeros davon erfuhren,

Bucht Eigentum der Kommune, die Häuser der ehemaligen Bananenplantage El Cabrito wurden restauriert. *Otto Mühl* war einer der größten Arbeitgeber auf Gomera, nicht selten lud er die Bevölkerung zu vergnüglichen Festen ein.

Doch die Utopie zeigte Risse. Davon zeugte bereits 1988 der „Stern"-Artikel „Sodom und Gomera", bald darauf schockierten abtrünnige Kommunarden die Öffentlichkeit mit Horror-Berichten über *Mühl*. Dieser wurde 1991 verhaftet und wegen Verführung Minderjähriger und Vergewaltigung zu sieben Jahren Haft verurteilt. Nach seiner Freilassung zog er nach Portugal, in El Cabrito möchte man sich seiner nicht mehr erinnern.

Gesellschaft, das musste auch *Mühl* begreifen, lässt sich nicht auf dem Umweg über Sexualität verändern. Rückblickend hat *Mühl* das Scheitern der Kommune begrüßt. Denn hätte sie sich erhalten, meint er, wäre daraus „vielleicht ein Konzern oder so etwas Ähnliches geworden". Und er fährt fort: „Ich denke, es sollte immer experimentell bleiben. Alles, was sich verfestigt, ist schon aus. Es ist wie mit der Liebe. Wenn sie sich zu einer Ehe verfestigt, ist es auch aus. Auch wenn ein Glaube zur Kirche wird, ist Schluss, dann kommen die Beamten."

Wer mehr über *Mühl* lesen will, greife zu dem Buch von *Danièle Roussel*, das im Ritter-Verlag Klagenfurt erschienen ist: „Der Wiener Aktionismus und die Österreicher".

verständigten sie *Hautacuperche,* dem die junge Frau versprochen war. Dieser lauerte dem Pärchen in der Höhle auf und stieß dem verhassten Konquistadoren einen Spieß in die Brust. Die Ermordung des Spaniers entfachte einen Aufstand der Gomeros gegen die Besatzer, der mit einer Niederlage endete und mit der Tötung vieler Ureinwohner bestraft wurde: Alle Männer über 15 Jahren wurden umgebracht, Frauen und Kinder verschleppt.

Picknick Folgt man ab der Degollada der Höhenstraße in Richtung Westen, zweigt nach gut einem Kilometer rechts ein schmales, aber asphaltiertes Sträßchen zur **Ermita Virgen de las Nieves** ab (⇨Wanderung 16). Im Schatten der Kapelle laden Tische und Bänke zu einem Picknick ein, am Wochenende kommen viele Gomeros hierher, um zu grillen.

Essen und Trinken

● **Peraza** €, Carretera del Sur Km. 15.8, Tel. 922870390, tgl. außer Di 9–21 Uhr. Einfaches Lokal mit Tapas und weitem Blick zur Südküste: 200 Meter östlich der Degollada de Peraza in Richtung San Sebastián.

Vegaipala und Jerduñe

An der Straße nach Playa Santiago schmiegen sich einzelne Natursteinhäuser malerisch an den Hang, ringsum ragen schlanke Palmen auf. Trotz der guten Verkehrsanbindung wird der Doppelweiler Vegaipala/Jerduñe kaum von Touristen angesteuert – die im Alpinstil erbaute Herberge am Südausgang des Dorfes musste wegen Gästemangels geschlossen werden.

Abgeschieden: Vegaipala

Vegaipala und Jerduñe

Übersichtskarte S. 108

Osten

Der sonnige Süden

Überblick

Karg und steinig, einsam und weit: So präsentiert sich der Süden Gomeras mit seinen tief eingeschnittenen, von der Sonne ausgeglühten Schluchten. Nur die aufgelassenen Terrassenfelder, die die Hänge bedecken, erinnern daran, dass dies einst die Kornkammer der Insel war. Das touristische Zentrum ist der Küstenort Playa Santiago, dem dank des neuen Flughafens eine große Zukunft prognostiziert wird. Zusätzlich entstehen in höheren Lagen, vor allem im Gebiet um Alajeró und Benchijígua, ländliche Unterkünfte – eine gute Adresse für alle, die die grandiose Landschaft des Südens zu Fuß erkunden wollen.

Playa Santiago

Seit Eröffnung des **Flughafens** an der Südküste Gomeras wittern die Baulöwen Morgenluft: Das Fischerdorf Playa Santiago soll aus seinem Dornröschenschlaf geweckt und in eine glitzernde Touristenstadt verwandelt werden. Doch bis es so weit ist, könnten noch Jahre vergehen. Zum Glück gibt es eine Inselregierung, die diesen „Fortschritt" bremst und in der Debatte um die Zukunft der Insel ökologischen Bedenken breiteren Raum lässt.

Playa Santiago ist ein Ort für Sonnenanbeter. Nirgendwo sonst auf Gomera scheint sie so lange und intensiv wie hier. Das Dorf erstreckt sich über die Mündung zweier Barrancos, die Hänge sind ausgedörrt. Welch ein Gegensatz zum fruchtbaren Valle Gran Rey, dem „Tal des Großen Königs", oder auch zu den üppig grünen Schluchten von Vallehermoso und Hermigua! Hier, in Playa Santiago, ist es schwer, kontrastreiche Bilder zu entdecken: Der neue Golfplatz und die künstlich bewässerten **Bananenplantagen** bilden den einzigen Farbtupfer in einer von Ocker- und Brauntönen geprägten Landschaft.

Vorhergehende Seite: Palme und Agave – Pflanzen des Südens

PLAYA SANTIAGO

Kurzinfo Playa Santiago

- **Touristeninformation:** Oficina de Turismo de Playa de Santiago, Av. Marítima s/n, Ed. Las Vistas, Local 8, Playa, Tel. 922895650, Mo–Fr 9–13 und 16–18 Uhr, Sa 9–13 Uhr
- **Bank:** *Caja Canarias,* Av. Marítima s/n, Playa
- **Post:** Santiago Apóstol s/n, Playa
- **Gesundheitszentrum:** *Centro de Salud,* Playa, Tel. 922 895160
- **Zahnarzt:** *Instituto Dental La Salvia (Eva Maria Schütz),* Calle La Junta, Tel. 922895676
- **Taxi:** Plaza del Carmen, Playa, Tel. 922895022, *Jardín Tecina,* Tel. 922895300
- **Autovermietung:** am Flughafen eine CICAR-Filiale, im Ortszentrum Büros von Garajonay und Piñero
- **Bus:** Linie 3 fährt mehrmals täglich nach San Sebastián bzw. Alajeró, Linie 7 verbindet den Flughafen mit San Sebastián.
- **Fährverbindungen:** Mehrmals täglich fährt das Schnellboot *Benchi Express* nach Valle Gran Rey bzw. San Sebastián und Los Cristianos (Teneriffa). Tickets im Büro am Kai.

Und doch ist in den vergangenen 30 Jahren die Zahl der Touristen stetig gestiegen, auch Wanderer nutzen den Ort immer häufiger als Startpunkt für Touren. Ausflüge führen zum Kalvarienberg von Alajeró und zum Drachenbaum von Agalán sowie durch die grandios verwitterten Cañons von Imada, Benchijígua und Pastrana.

Ortsteile

Playa

Playa Santiago gliedert sich in vier Ortsteile. In Playa, dem Gebiet rund um den **Hafen,** fühlen sich vor allem Individualtouristen wohl. In der Strandzeile findet man preiswerte Pensionen und Apartments, das Leben ist dort am „kanarischsten". Längs der Promenade gibt es eine Fülle von Fischlokalen, in den Terrassencafés

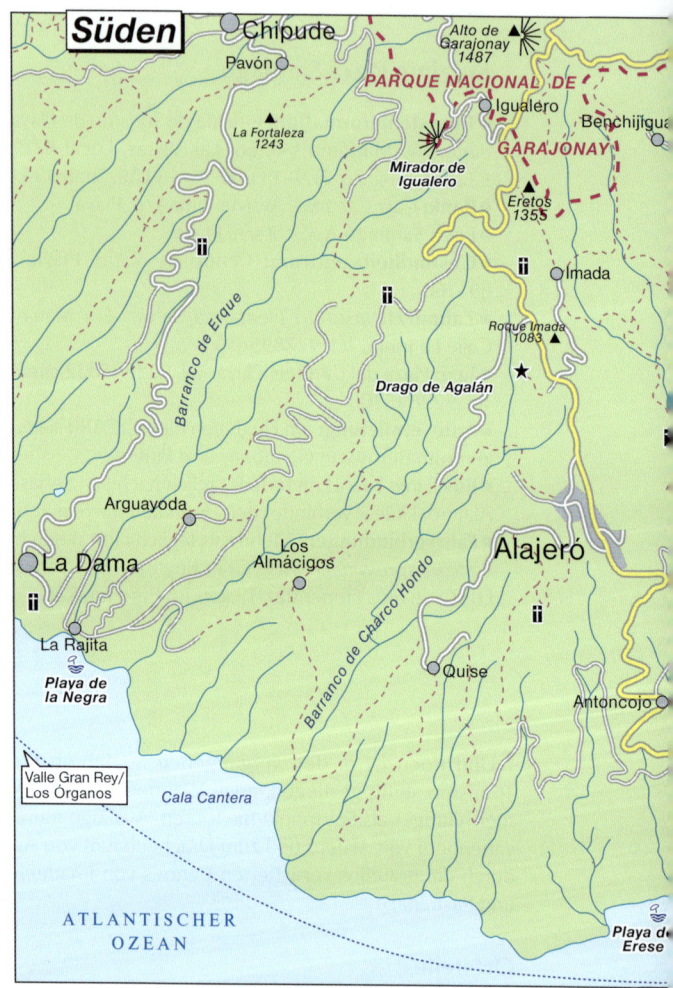

trinkt man seinen Fruchtsaft oder sein abendliches Glas Wein. Derweil treffen sich die Einheimischen am Dorfplatz unterm Lorbeerbaum oder verabreden sich in der Casa de Cultura zum Karten- und Dominospiel.

PLAYA SANTIAGO

Der Ort lockt nicht gerade mit Sehenswürdigkeiten. Vor der Kaimauer sind bunte Boote aufgebockt, auf dem Weg zur Mole huldigen die Fischer ihrer Schutzheiligen, der Señora Carmen. Für sie, die die Fischer so oft aus Seenot errettet hat, wurde eine winzige

Playa Santiago

Kapelle in den Fels geschlagen. Die Wände sind mit alten Netzen überspannt, der Altar ist mit duftenden Blumen geschmückt.

Landeinwärts bietet sich kein so beschauliches Bild. Nach dem Abriss der Fischfabrik hat man versucht, möglichst viele Häuser auf engem Raum zu bauen. Planlos wurden sie in den Talgrund gezwängt – wer hier wohnt, muss auf einen schönen Ausblick verzichten.

Laguna Man kann sich aber auch für den Ortsteil Laguna als Quartier entscheiden. Er erstreckt sich längs der Straße nach San Sebastián und ist knapp einen Kilometer vom Hafen entfernt. Verblichene **Herrenhäuser** erinnern an die „goldenen 1920er Jahre", als der Bananenhandel dank der Initiative des Norwegers *Thomas Olsen* einen rasanten Aufschwung nahm. Die schönsten Unterkünfte finden sich in zwei Seitengassen, der Calle Santa Ana und der Calle Santa Rosa. Einige Zimmer bieten einen weiten Blick über Bananenplantagen aufs Meer und sind schon Monate im Voraus vergeben.

Tecina Im Anschluss windet sich die Straße in vielen Kurven zum Bergrücken von Tecina hinauf, wo unter den Fittichen des Reeders *Fred Olsen* das Hotel *Jardín Tecina* entstand: ein kleines Reich für sich, ideal für alle, die Erholung und Komfort suchen. Die Architektur besticht durch ihren kanarischen Baustil, ein- bis zweistöckige Bungalows gruppieren sich um prächtig bepflanzte Gärten. Die Anlage thront auf einer 50 Meter hohen Klippe überm Meer und bietet einen fantastischen Ausblick bis hinüber zum Teide, dem höchsten Berg der Nachbarinsel Teneriffa. Für Individualurlauber ist der Preis hoch, im Rahmen von Pauschalarrangements aber durchaus erschwinglich (⇨Unterkunft).

Blick auf Laguna

Jardín Tecina: Wohnen im Grünen

Playa Santiago

Las Trincheras Das mit der Eröffnung des Flughafens ausgebrochene Tourismusfieber hat bereits auf die westliche Seite des Barranco übergegriffen. Zahlreiche neue Unterkünfte entstehen auf dem Bergkamm von Las Trincheras. Von den Häusern führt ein steiler Treppenweg in 30 Minuten in den alten Ortskern hinab – nach dem abendlichen Hafenbummel für alle, die zu Fuß zurückkehren wollen, kein Vergnügen!

Strände

Ortsstrand Die grobkieselige **Playa de Santiago** ist knapp einen Kilometer lang. Schon lange gibt es den Plan, einen Teil des Strandes mit Sand künstlich aufzuschütten – doch wie kann man verhindern, dass der Sand früher oder später vom Meer wieder „geschluckt" wird? Mole und Wellenbrecher könnten nicht ausreichen, und überdies gibt es Stimmen, die meinen, als Badestrand sei die Playa ohnehin nicht zu empfehlen, die vor Anker liegenden Fischkutter starrten vor Öl ...

Strände im Osten Bleibt die Frage nach den Alternativen. Gut, aber teuer ist der **Club Laurel,** ein hoteleigener Salzwasser-Pool unterhalb von Tecina. Nicht-Hotelgäste, erkennbar am fehlenden Bademantel, werden zur Kasse gebeten.

Da ziehen viele doch den weiten Weg zu den sich nach Osten an den Golfplatz anschließenden Badebuchten vor. Die erste ist die **Playa de Tapahuga,** 250 Meter lang und mit dunklen Kieseln bedeckt; Nacktbaden ist nicht erwünscht, wird aber geduldet. Gleiches gilt für die **Playa del Medio,** einen etwa ebenso langen, dunklen Kiessteinstrand in einer weit geschwungenen Bucht. Er ist von zerklüfteten Klippen flankiert, im Hintergrund liegen aufgelassene Terrassenfelder. Wem es zu heiß wird, der findet Schatten unter vorspringendem Fels. Bei Ebbe ist es möglich, durch ein Felsöhr bis zum dritten Strand, der steinigen und 570 Meter langen **Playa de Chinguarime,** weiterzugehen. Bei Flut oder stürmischer See dauert's länger, dann muss man einen zwei Kilometer langen Fußmarsch in Kauf nehmen.

Keinen öffentlichen Bootsverkehr gibt es bisher zu zwei einsamen, über Straßen und Wanderwege nicht zugänglichen Steinstränden im Südosten. Private Ausflugsboote fahren zur **Playa del Guincho:** Der 150 Meter lange „Strand des Fischadlers" liegt in einer tief eingeschnittenen Bucht und ist für FKK eine ebenso gute Adresse wie die **Playa de la Roja,** am Fuß karger Klippen gelegen und 350 Meter lang.

Strände im Westen

Auch westlich von Playa Santiago ist per Boot noch ein Strand zu entdecken: Die **Playa de Erese** liegt zwischen steil aufragenden, von Wasser und Wind terrassenförmig geformten Klippen; das Wasser ist nahe der Küste meist ruhig, türkis und transparent.

Praktische Tipps

Unterkunft

Im Zentrum (Ortsteil Playa):

●**Ap. Tapahuga** €€, Av. Marítima 52, Tel. 922895159, www.tapahuga.es. Mit holzgeschnitzten Balkonen attraktiv gestaltetes Drei-Schlüssel-Haus direkt an der Uferpromenade. Schon die Rezeption mit ihren Korbstühlen strahlt Behaglichkeit aus; in den 29 Apartments setzt sich dieser Eindruck fort. Sie sind mit hellen Holzmöbeln komfortabel eingerichtet, haben Sat-TV und ein Marmorbad. Die Preise sind nach der Aussicht gestaffelt: Am meisten zahlt man für Meerblick, etwas weniger für die Aussicht auf die Berge; am billigsten sind die zum Innenhof ausgerichteten Räume. Auf dem Dach steht den Gästen eine Sonnenterrasse mit kleinem Pool zur Verfügung, Sonnenschirme und -liegen sind kostenlos (tgl. außer So).

●**Ap. Orone** €€, Av. Marítima 14, Tel. 922895610, www.oronegomera.com. Oberhalb des gleichnamigen Lokals vermietet *Paco* zehn geräumige, mit viel Holz und Keramik gemütlich eingerichtete Apartments, sechs davon mit Balkon und Meerblick. Am schönsten sind die beiden Dachapartments. WLAN gratis.

●**Ap. Casanova** €€, Av. Marítima 6, Tel. 922895002. Zehn ältere, aber saubere Apartments an der Promenade über der Bar gleichen Namens, sechs mit kleinem Balkon und Meerblick, vier mit wenig erbaulicher Aussicht auf die Tankstelle.

●**La Gaviota** €, Av. Marítima 35, Tel. 922895135, www.pensionlagaviota.com. Pension in guter Lage direkt an der Playa: zehn blitzblanke Zimmer mit eigenem Bad, geführt von *Teresa,* die hervorragend Englisch spricht. Alle Zimmer mit kleinem Balkon, aber nur zwei mit Meerblick.

●**Ap. Playa** €, Av. Marítima 46, Tel. 922895147. Vier einfache Apartments mit Balkon und Meerblick über dem Restaurant gleichen Namens, gebucht werden muss für mindestens eine Woche!

●**Ap. Lourdes** €€, Calle La Banda s/n, Tel. 922895465, www.apartamentos lourdes.com. Vier gepflegte, landeinwärts am Hang gelegene Apartments unter deutscher Leitung. Am freundlichsten eingerichtet sind die Apartments A und C, die Vermieter wohnen darüber.

Hoch oben in Tecina:

●**Jardín Tecina** €€€€, Lomada de Tecina, Tel. 922145850, www.jardin-tecina. com, buchbar über alle großen Reiseveranstalter. Als wohl bestes Hotel der Insel hat es eine ausführliche Beschreibung verdient. *Jardín Tecina* ist eine Oase im kargen Süden, ideal für alle, die Erholung und Komfort suchen. Hier geht es

PLAYA SANTIAGO

angenehm locker zu, niemand wird gezwungen, die Krawatte oder das Abendkleid aus dem Koffer zu holen. Das Hotel ist ein Dorf für sich. Es thront auf einer 50 Meter hohen Klippe überm Meer und bietet einen fantastischen Ausblick hinüber zum Teide, dem höchsten Berg der Nachbarinsel Teneriffa. Die Anlage ist sehr großzügig angelegt: Die zweistöckigen, im kanarischen Stil erbauten Häuser mit Holzbalkon liegen in einem 50.000 Quadratmeter großen, subtropischen Garten mit Zierpflanzen aus aller Welt. In jedem Winkel sprießt und duftet es – vom gelb blühenden Akazienstrauch Tipuana Tipu bis zum afrikanischen Tulpenbaum; aus der bizarren Madagaskar-Palme ertönt hundertfaches Vogelgezwitscher. Einmal in der Woche findet ein *paseo botánico* (botanischer Spaziergang) statt. Dabei hat man die Gelegenheit, alle Exoten genauer kennen zu lernen.

   Zum Garten gehört eine fantasievoll angelegte Pool-Landschaft. Doch damit nicht genug: Mit einem in den Fels gebauten Lift fährt man zum steinigen Naturstrand hinab und kommt zum hoteleigenen, auf Meereshöhe gelegenen

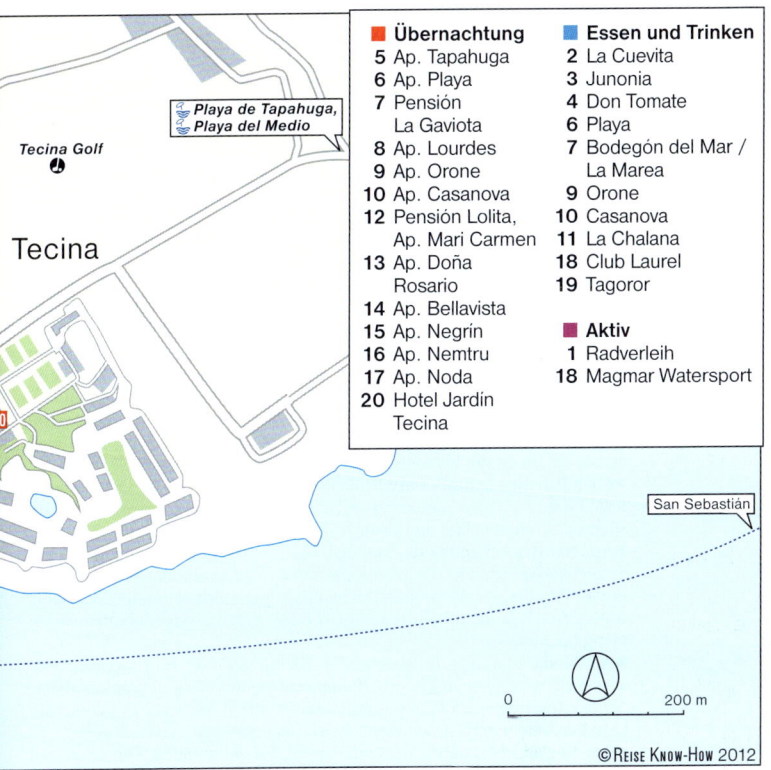

Club *El Laurel*. Dort gibt es einen beheizten Meerwasserpool, eine Minigolf-Anlage sowie eine Tauchschule (einmal wöchentlich wird Schnuppertauchen angeboten). Außerdem stehen Hotelgästen ein wunderbar gelegener 18-Loch-Golfplatz, zwei Squashcourts und fünf Tennisplätze mit Flutlicht zur Verfügung. Für weniger Sportive gibt es ein Schönheits- und Gesundheitszentrum mit Sauna, Massage und Thalasso-Therapie. Kinder von vier bis zwölf Jahren werden im Mini-Club unterhalten, für Erwachsene organisiert man Disco, Musik- und Theatershows. Wer mit Laptop reist, freut sich über Gratis-WLAN in der Halle; außerdem gibt es einen gemütlichen Raum mit Computern (gegen Gebühr).

Sämtliche 434 Zimmer und Suiten sind geräumig und klimatisiert, haben Sat-TV und verfügen über eine Minibar. Dabei lohnt es sich, Halbpension zu buchen, denn das Frühstücks- und Abendbüfett lassen kaum einen Wunsch offen. Insgesamt gibt es vier Restaurants, eines davon wurde von der *Chaîne Rotisseur* preisgekrönt.

PLAYA SANTIAGO

In Laguna, auf halber Strecke zum Strand:

● **Doña Rosario** €€€, Barranco Santiago 17-E, Tel. 922895248, www.donarosario.eu. Ein hundertjähriges Herrenhaus wurde in eine hübsche Unterkunft verwandelt: fünf Wohneinheiten gruppieren sich um einen kleinen Garten, in dem Guayabo-, Papaya- und Zitronenbäume wachsen. Drei von ihnen sind zweigeschossig: die geräumige Wohnküche mit offenem kanarischen Dachstuhl befindet sich oben, über eine steile Wendeltreppe geht es hinab in den Schlafraum, wo ein verschnörkeltes schmiedeeisernes Bett steht. Von allen Räumen bietet sich ein schöner Blick: unten ins Grüne, oben über Bananen hinweg aufs Meer. Preiswerter ist das Studio mit Blick in den Patio.

● **Ap. Bellavista** €€, Calle Santa Ana 84, Laguna, Tel. 922895570. Zwölf große, helle Apartments mit Terrasse und Meerblick, erreichbar über eine blumenumrankte Gasse; einige verfügen über einen separaten Eingang. Sie sind sehr komfortabel, die Britin *Liz Bicheno* sorgt dafür, dass es den Gästen hier an nichts mangelt. Gratis können Internet und Waschmaschine benutzt werden.

● **Ap. Mari Carmen** €, Calle Santa Ana 37, Tel. 922895249. Gleich neben Bellavista: vier Apartments, teilweise mit Sonnenterrasse, mit der Besitzerin kann man sich auch auf Englisch verständigen. Die Apartments werden täglich gereinigt, alle zwei Tage gibt's neue Handtücher und alle vier Tage frische Bettwäsche. Das größte Apartment verfügt über zwei Zimmer, ist ideal für eine Familie bis zu vier Personen.

● **Casa Turística Lolita** €, Calle Santa Rosa 56, Tel. 922895550. Die preiswerteste Option in Playa Santiago: vier Pensionszimmer mit Gemeinschaftsbad, spartanisch eingerichtet und klein.

● **Ap. Nemtru** €, Laguna de Santiago 70, Tel. 922895138. In einer weiten Straßenkurve vermietet die freundliche *Señora Pilar* zwei einfache Apartments und ein Studio. Von der großen Dachterrasse bietet sich ein weiter Blick übers Meer. Wer will, kann bei ihr auch ein Häuschen am gegenüberliegenden Hang buchen.

● **Ap. Noda** €, Laguna de Santiago 73, Tel. 922895087. Fünf saubere, aber schon ein wenig verwohnte Apartments mit kleinem Balkon und Meerblick. *Señora Zoyla de Noda* betreibt das Geschäft schon seit etwa 15 Jahren. Auf dem Dach steht den Gästen eine Gemeinschaftsterrasse zur Verfügung.

● **Ap. Negrín** €/€€, Laguna de Santiago s/n, Tel. 922895282. Die schlichten Apartments von *Negrín I* liegen direkt neben Noda und sind recht laut. Empfehlenswerter: *Negrín II* in der ruhigen Seitengasse Calle Santa Rosa und *Negrín III* in der Calle Santa Ana.

Auf den Klippen von Las Trincheras:

● **Ap. Junonia** €€, Las Trincheras s/n, Tel. 922895450, www.casajunonia.com. Sechs komfortable Apartments mit Meerblick hoch über der Bucht, dem Besitzer gehört das gleichnamige Lokal im Hafen.

● **Ap. Santa Ana** €€, Las Trincheras s/n, Tel. 922895166, www.gomerarural.com. Vier Häuschen, teilweise aus Holz, mit insgesamt 14 Apartments „kle-

Farborgie unter Wasser

ben" am Hang. Sie haben Meerblick und sind freundlich eingerichtet, außerdem steht ein kleiner Pool zur Verfügung. Man kann tgl. frische Brötchen und andere Grundnahrungsmittel kaufen. Ins Dorf läuft man ca. 10 Min, mit dem Auto sind es drei Kilometer!

Essen und Trinken

●**La Cuevita** €€, Av. Marítima 60, Playa, Tel. 922895568, tgl. außer So 12–24 Uhr. Am Ende der Strandpromenade direkt an der Kapelle der heiligen Carmen. *Federico* und *Veronika* haben eine Naturhöhle in ein schmuckes Lokal verwandelt; acht kleine Tische finden darin Platz, tagsüber speist man auch draußen. Es gibt Kaninchen und andere Fleischgerichte, doch der Schwerpunkt liegt auf Fisch. Außer frischen Garnelen und Langusten gibt es des Öfteren Papageienfisch *(vieja)* mit zartem, weißem Fleisch – hervorragend zubereitet!

●**Don Tomate** €/€€, Av. Marítima 56, Tel. 922895545, tgl. außer Mo 12–23 Uhr. Freundliches Lokal mit italienischer Küche und Blick auf den Hafen. Eine Leserin lobte: „Die Pizza mit Spinat, Pinienkernen und Parmesan war die beste, die ich je gegessen habe." Dieses Lob konnte ich beim letzten Besuch nicht mehr teilen. Doch nach wie vor gut waren das hausgemachte Tiramisú, das Pannacotta und die Creme Brulée.

●**Junonia** €€, Av. Marítima 53, Playa, Tel. 922895450, tgl. außer Di 9–23 Uhr. Bestes Ambiente für fangfrischen Fisch in einem zeitgemäß rustikalen Interieur: Wände aus Naturstein und Terrakottaboden, dunkle, schlichte Holzmöbel und eine halboffene Küche, in der man Meisterköchin *Neri* werkeln sieht.

Von der überdachten Terrasse blickt man auf die Promenade und die bunten Boote im Hafen. *Ruperto* und *Umberto* sorgen dafür, dass sich die Gäste wohl fühlen – wer einmal hier war, kommt gern wieder. Besonders zu empfehlen sind die üppigen Salate, brutzelnde Garnelen in Knoblauch, der superzarte gegarte Tintenfisch *(pulpo guisado)* und gegrillter Papageienfisch *(vieja a la plancha)*. Auch die hausgemachten Desserts schmecken!

● **La Marea** €€, Trasera Avenida Marítima, Mobiltel. 620107712, tgl. außer So ab 19 Uhr. Kleines, intimes Lokal an der Rückseite (!) der Meerespromenade, hübsch gestylt mit blauen Keramik- und Glassplittern. Gut schmecken die von *Rafa* zubereiteten Fischgerichte!

● **Tagoror** €€, Tecina 97, Tel. 922895195. Restaurant gegenüber der Einfahrt zum Hotel Jardin Tecina, von der Terrasse hat man einen großartigen Blick auf Playa Santiago. In entspanntem Ambiente genießt man spanische und kanarische Gerichte mit frischen Zutaten, gutes Preis-Leistungs-Verhältnis!

● **Playa** €/€€, Avenida Marítima 46, Tel. 922895147. Alt eingesessenes Lokal an der Promenade: mit belegten Brötchen und Tapas, mittags und abends auch Klassiker wie Thun mit Mandelsoße *(atún con almendras)* und gebeiztes Kaninchen *(conejo al salmorejo)*.

● **Bodegón del Mar** €, Av. Marítima 35, Playa, tgl. ab 8 Uhr. Beliebte Bar mit Promenadenterrasse, auch kleine Gerichte werden serviert.

● **La Chalana** €, Playa, tgl. ab 12 Uhr. Eine Strandbar, die sich fast unverändert über die Zeiten gerettet hat: Bei *Teresa,* auf halbem Weg zwischen Dorfzentrum und Tecina-Klippe, sitzt man direkt am Meer und genießt Musik à la Buenavista. Morgens greift man zu einem der guten Frühstücksgedecke, mittags zu klassischen spanisch-kanarischen Tapas. Den Abend lässt man bei einem kubanischen Cocktail oder einem Glas Wein ausklingen.

● **Club Laurel** €€, Lomada de Tecina, tgl. ab 10 Uhr. Restaurant am Swimmingpool unterhalb des Hotels Jardín Tecina mit Gerichten aus aller Welt.

Einkaufen

● **Souvenirs:** Fündig wird man in Ladengalerie neben der Touristeninformation und in der *Tienda de Artesanía* im Hotel *Jardín Tecina*.

● **Supermarkt:** Supermercado *El Paso* und *Spar*, Av. Marítima. Haben die größte Auswahl an Lebensmitteln und Getränken.

● **Gemischtwaren:** *Mini Market*, Carretera local s/n, Laguna. „Gemischtwaren": So stand er noch vor wenigen Jahren in Schnörkelschrift über dem um 1900 erbauten Laden. Links davon befand sich das Büro, in dem die Arbeiter der Bananenplantagen ihre Lohntüte in Empfang nehmen durften, um das erworbene Papiergeld sogleich im unternehmenseigenen „Gemischtwaren"-Laden einzulösen. Heute verkauft hier *Señora Pilar* alles was man zum Leben so braucht; sie vermittelt auch Apartments oberhalb des Ladens.

Aktivitäten

● **Bootsausflüge:** Einmal wöchentlich kann man um 9 Uhr morgens mit einem romantischen Fischkutter zu einer Fahrt nach Valle Gran Rey aufbrechen; wer will, fährt weiter nordwärts zu den berühmten „Orgelpfeifen" (Los Órganos). Eine preiswerte Ortsverbindung bietet der *Benchi Express* mehrmals tgl. nach Valle Gran Rey (25 Min.) und San Sebastián (18 Min.)!

Der Strand von Playa Santiago mit dem Club Laurel

Stadtplan S. 158, Übersichtskarte S. 152

PLAYA SANTIAGO

Süden

●**Tauchen:** *Magmar Watersport* im *Club Laurel* (Hotel Jardín Tecina), Mobiltel. 6626658901, www.magmar-watersport.com, So geschl. Die von *Steffi* geleitete Tauchbasis in San Sebastián gibt es nun auch in Playa Santiago. Treffpunkt ist täglich um 10 Uhr der Club Laurel unterhalb des Hotels (auch für Nicht-Hotelgäste). Angeboten werden Tauchgänge mit eigener und gemieteter Ausrüstung: Ausbildung vom Schnupperkurs bis zum Divemaster nach PADI und CMAS-Richtlinien. Das Wassersportzentrum wird in den kommenden Jahren weiter ausgebaut.

Wandertipp

Nahe Playa Santiago liegen grandiose **Schluchten,** die durch Wanderwege erschlossen sind. Als Einstieg empfiehlt sich die Tour zum **Drachenbaum von Agalán** (⇨Wanderung 19), danach alle in Imada bzw. an der Höhenstraße startenden Touren (⇨Wanderungen 15–18). Konditionsstarke wandern auf dem roten GR-132 nach San Sebastián (7 Std.).

Fred Olsen –
der reichste Gomero kommt aus Norwegen

Er ist der größte Arbeitgeber der Insel, Besitzer von Wasserrechten und Ländereien. Ihm gehören Bananenplantagen und das Dorf Benchijígua, mehrere Schnellfähren, das größte Inselhotel und Gomeras erster Golfplatz. Der Mann heißt *Fred Olsen* und ist der letzte Spross einer Familie, die ihre Geschäfte zwischen Skandinavien und Spanien abwickelt – und das seit gut 100 Jahren.

Jeder Gomero hat zu ihm eine Meinung, *El Noruego* (Der Norweger) wird geliebt und gehasst wie kein Zweiter. Die einen erinnern daran, dass sein Vorfahr es war, der den regelmäßigen Schiffsverkehr nach Teneriffa eingerichtet hat – zu einer Zeit, als die spanische Regierung sich um die „gottverlassene Insel" keinen Deut kümmerte (⇨ „Urlaubsziel Gomera, Geschichte"). Dank der Fähre kamen Waren nach Gomera, es verbesserten sich der Postdienst und die medizinische Versorgung. *Olsen*, sagen sie, gab ihnen Arbeit und Brot, erst auf den Bananenfeldern, dann im Hotel. „Und sieht es nicht gut aus?", fragen sie. „Hätten alle so schön gebaut wie er, wäre Gomera ein Schmuckstück." Die anderen – meist jüngere Leute – wollen solche Argumente nicht gelten lassen. *Olsen*, behaupten sie, sei ein knallharter Geschäftsmann, der nur seine Interessen verfolge und die Arbeiter im Hotel einstelle und entlasse, wie es ihm gefällt. „Wir sind total abhängig von ihm, und den Flughafen gönnt er uns auch nicht ..."

Doch wie kommt ein Norweger auf eine entfernte Atlantikinsel? Anfang des 20. Jahrhunderts besuchte der Reeder *Thomas Olsen* Gomera, um auszukundschaften, ob der von der britischen Konkurrenz auf Gran Canaria und Te-

- **Tennis:** Nur wenn Hotelgäste nicht selber die (insgesamt fünf) Kunstrasenplätze gebucht haben, hat man die Chance, im *Jardín Tecina* auch spielen zu dürfen, vielleicht sogar abends unter Flutlicht.
- **Golfen:** *Tecina Golf*, Lomada de Tecina, Tel. 902222130, www.tecinagolf.com. Oberhalb des Hotels *Jardín Tecina* befindet sich eine 18-Loch-Anlage (71 Par/6205 m). Durch Palmen und andere subtropische Pflanzen gegliedert, schaut man beim Spielen aufs Meer – bei guter Sicht gibt der Teide auf Teneriffa den Hintergrund ab. Der Putting Green oberhalb der Lagune von Tapahuga ist abends beleuchtet. Angeschlossen sind ein Clubhaus mit Café und Shop sowie eine Golfschule.
- **Radfahren:** *Primera Bicicleta*, Calle Santa Ana 26, Mobiltel. 690-187100, www.primerabicicleta.de. Verleih von Mountainbikes und geführte Touren für Einsteiger und „Profis".

neriffa betriebene Anbau exotischer Früchte nicht auch für sein Unternehmen lukrativ sein könnte. 1923 kaufte er gemeinsam mit seinem spanischen Geschäftspartner *Álvaro Rodríguez López* das als wertlos erachtete Land im Süden Gomeras und erwarb eine Bohrlizenz für Brunnen. Die frisch gebackenen Großgrundbesitzer machten den Gomeros vor, wie man sogar eine trostlose „Wüste" in einen Garten verzaubern kann. Dank der neuen Bewässerungsanlagen erlebte die Landwirtschaft einen raschen Aufschwung. Für die von den umliegenden Dörfern angeheuerten Arbeiter wurden Häuser gebaut, in denen sie für einen Spottpreis wohnen durften.

Die Einwohnerzahl Playa Santiagos stieg auf knapp 1000 an, im Ortskern entstand eine Fischfabrik, in der die Früchte des Meeres für den Export konserviert wurden. 1978 übernahm *Olsen junior* die Firmenanteile des spanischen Partners und verstand es, sich allen neuen Entwicklungen geschickt anzupassen und das Vermögen des Unternehmens zu vergrößern. Der zunehmend unrentable Bananenanbau wurde zurückgedrängt, stattdessen mit lukrativen Exportgütern wie Avocados und Papayas experimentiert. Mit dem Bau des Komfort-Hotels *Jardín Tecina* stieg *Fred Olsen* 1986 ins Tourismusgeschäft ein. Einige Jahre später ließ er sich als Pionier des *Turismo Rural* (Tourismus auf dem Lande) feiern: Die Restaurierung der Häuser im Weiler Benchijígua gilt als beispielhaft. Und nach dem Bau eines luxuriösen, aber klug in die Landschaft eingepassten Golfhotels reifen weitere Pläne heran – die Südostküste Gomeras hat noch viele unerschlossene Ecken ...!

Nightlife

Im Strandbereich werden abends die Bürgersteige hochgeklappt. Anders sieht es im Hotel *Jardín Tecina* aus, wo fast jeden Abend Unterhaltung angesagt ist: Es gibt Theateraufführungen, Flamenco- und Salsa-Shows sowie Live-Konzerte, zu denen Oldie-Stars wie etwa die *Platters* eingeladen werden.

Feste

● **16. Juli:** *Fiesta del Carmen.* Carmen, die Schutzheilige der Fischer, wird aus ihrer Kapelle am Hafen „entführt" und lässt sich aufs Meer hinausfahren. Ein großes, mehrtägiges Fest mit abschließendem Feuerwerk.

● **25. Juli:** *Fiesta del Santiago de Apóstol.* Die Kirmesbuden brauchen nicht abgebaut zu werden: Kaum hat man sich von Carmen verabschiedet, darf man im Namen des Ortspatrons mehrere Tage weiterfeiern.

Rund um Pastrana

Barranco de Santiago

Nur wenige Kilometer landeinwärts erwartet den Besucher ein Landschaftsparadies. Als Ausgangspunkt wähle man die Carretera del Sur östlich des Tunnels von Playa Santiago, wo eine schmale Straße abzweigt und talaufwärts in den Barranco de Santiago führt. Sie gabelt sich nach drei Kilometern im Weiler **Taco,** wo sich zwei Caminos vereinen (⇨Wanderungen 17 und 18). Auch mit dem Auto kommt man noch ein Stück weiter, die Zufahrtspisten zu den Weilern sind asphaltiert, teilweise auch ausgeschildert.

Folgt man der links abzweigenden Straße, geht es schon wenig später links nach **El Rumbazo** hinauf, rechts in das malerisch auf einem Felssporn thronende **El Cabezo.** Nur wenige Menschen wohnen noch in den Weilern, die Häuser werden vorwiegend als Feriendomizil genutzt. Eine beeindruckende Landschaft: den zerklüfteten Felswänden sind Terrassenfelder abgetrotzt, im Talgrund wiegt sich mannshohes, von Quellen gespeistes Rohr. Nach 1,8 Kilometern ist das Ende der Straße erreicht. Unterhalb einer schlichten Kapelle, der **Ermita de Guarimiar,** muss man wenden und zur Gabelung von Taco zurückkehren.

Pastrana

Pastrana ist der wohl schönste Ort des Südens: ein von Gärten und Palmen umgebener Weiler, in dem Avocados, Feigen und Orangen wachsen. Neben der winzigen Dorfkapelle stehen archaische, nicht mehr benutzte Steinöfen – und auch die Wassermühle steht still. Die meisten Bewohner sind fortgezogen, nur am Wochenende kehren einige zurück, um die Früchte zu ernten.

Benchijigua

Nordwärts setzt sich die Straße in den Wanderweg nach Benchijigua fort. Der Weiler mit dem so exotisch klingenden Namen liegt am Steilhang eines grandiosen Erosionskessels in etwa 600 Metern Höhe. Die Firma *Fred Olsen* sorgte für Schlagzeilen, als sie hier sämtliche alten Häuser erwarb und mit Unterstützung der EU auf-

In Pastrana wird Honig gewonnen

Übersichtskarte S. 152

Rund um Pastrana

polierte: ein ideales Refugium für ruhesuchende Wanderer und Naturliebhaber. Autofahrer erreichen Benchijígua über eine drei Kilometer lange, holprige Piste, die bei Las Toscas von der Carretera del Sur abzweigt. Über dem Ort thront der zuckerhutförmige, 1251 Meter hohe **Roque Agando,** zu dem man gleichfalls hinaufwandern kann.

Unterkunft

●**Casas Benchijígua** €€, Tel. 922145910. Fünf weiß getünchte, von Palmen und Mispelbäumen gesäumte Häuser für zwei bis vier Personen. Sie sind jeweils 80 bis 100 Quadratmeter groß, komfortabel eingerichtet und verfügen über ein Wohnzimmer mit offenem Kamin, ein bzw. zwei Schlafzimmer, Bad, Küche und große Terrasse. Wer mobil sein will, sollte auf ein Mietauto für die Dauer des Aufenthalts nicht verzichten.

Alajeró

Gut 300 Einwohner zählt Alajeró, ein Dorf auf halbem Weg zwischen Südküste und Nationalpark. Die Häuser liegen über ein breites Tal verstreut inmitten einer kargen, aber grandiosen Gebirgslandschaft. Südwärts blickt man auf den **Calvario** (807 Meter) mit kleiner Kapelle, nordwärts zur **Montaña Castilla** (911 Meter). Von der Carretera del Sur führen drei Straßen ins Ortszentrum. Schön anzuschauen ist die Plaza mit mächtigem Lorbeerbaum und einer aus dunklem Naturstein erbauten Kirche von 1675. Etwas oberhalb befindet sich das Rathaus.

Die Landflucht scheint gestoppt, neues Leben kehrt ein – so jedenfalls sieht es der Bürgermeister von Alajeró. Der Ort ist Sitz der Gemeindeverwaltung des Südens. Die Räume im neuen Rathaus können sich sehen lassen und auch rund um den Ortskern fallen gepflegte Häuser und restaurierte Gehöfte ins Auge. Der Bodenpreis in Alajeró ist niedriger als im Touristenort Playa Santiago, weshalb viele, die an der Küste ihr Geld verdienen, es vorziehen, im Bergdorf zu leben. Es stört sie nicht, dass man im Winter oft von Wolken eingehüllt ist und es im Sommer vor Hitze kaum aushält.

Von der Landwirtschaft leben nur noch die wenigsten. Viele Felder liegen brach, die *tierras de pan* (Ländereien des Brots) werden nicht mehr bestellt. Stattdessen setzt man verstärkt auf **Turismo Rural,** Urlaub auf dem Lande. Zum Jahr 2000 wurden die Wanderwege nach Imada und zum Drachenbaum von Agalán instandgesetzt und erste Landhäuser zu Unterkünften ausgebaut.

Iglesia de El Salvador Die kleine, aus dunklem Naturstein errichtete **Erlöserkirche** stammt von 1675. Ihr aufwendig gestaltetes Glockenportal weist nach Westen, wo der Dorffriedhof liegt. Gern legt man am Kirchplatz eine Pause ein und genießt den Ausblick auf den südwärts gelegenen, 807 Meter hohen Kalvarienberg.

Das Gemeindestädtchen öffnet sich dem Turismo Rural

El Drago – der Drachenbaum von Agalán

Versteckt in einer kleinen Schlucht steht auf sanft abfallendem Hang der einzige wild wachsende Drachenbaum Gomeras. Er ist das Ziel mehrerer Wanderwege. Wer mit dem Auto kommt, nutzt den Treppenweg ab dem Aussichtsplateau an der von Alajeró zum Nationalpark führenden Straße (⇨Wanderung 19).

Der Drago von Agalán ist ein Relikt aus mythenumwobener Zeit, sein Alter wird auf **600 Jahre** geschätzt. Der Name „Drachenbaum" verdankt sich dem Glauben antiker Autoren, der Baum sei von einem Drachen gezeugt – dieser habe mit seinem Blut den Boden getränkt, dem die wundersame Pflanze entspross.

Den kanarischen Ureinwohnern galt der Drachenbaum als heilig. Sie waren der Meinung, in jedem Ast wohne die Seele eines Verstorbenen. Freilich hatte der Baum für sie auch praktischen Nutzen. Ritzten sie seine Rinde ein, trat ein farbloser, harziger Saft hervor, der sich beim Trocknen dunkelrot färbte. Mit dem so gewonnenen **„Drachenblut"** mumifizierten sie ihre Toten; es vermochte die Körper, wie ein Besuch in den archäologischen Museen lehrt, vor dem Verfall zu bewahren.

Im Gepäck von Konquistadoren, Kaufleuten und Missionaren gelangte das „Drachenblut" nach Europa, wo es in der Medizin rasch Verbreitung fand. Äußerlich setzte man es gegen Narben und Geschwüre ein, innerlich gegen Durchfall und Ruhr, aber auch als Zahnpasta war es beliebt. Daneben wurde es zum Versiegeln von Briefen und zum Imprägnieren von Holz verwendet. Die berühmten Florentiner Geigen sollen sich nur deshalb so gut erhalten haben, weil sie mit dem Harz des Drachenbaums eingerieben waren.

Natürlich verfielen auch Künstler dem Zauber des Baums. Um 1470 schuf der Maler *Martin Schongauer* ein so naturgetreues Abbild, dass man glauben mochte, er sei auf den Kanaren gewesen. „Flucht nach Ägypten" heißt das Bild, ein Drachenbaum spendet der Heiligen Familie Schatten und Schutz.

Der Drachenbaum: Paradiesische Versuchung (Liber Chronicarum 1493)

El Drago – der Drachenbaum von Agalán

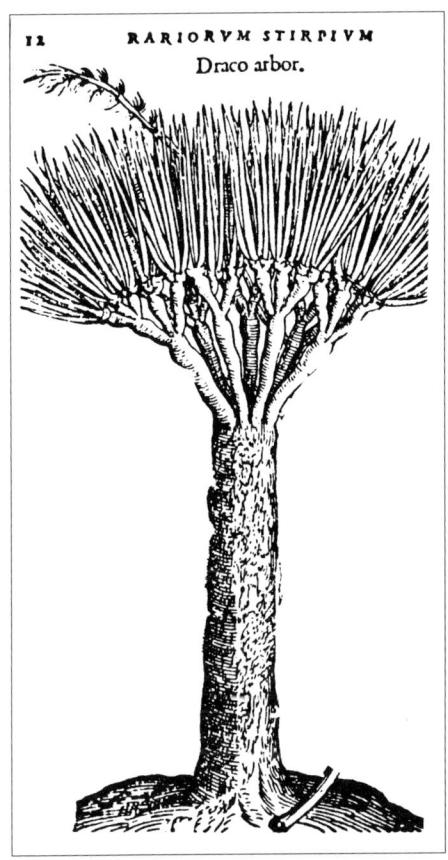

Wenig später hat sich *Hieronymus Bosch* des Baumes angenommen. In seinem Gemälde „Garten der Lüste" präsentiert er den Drago als Symbol für paradiesisches Glück.

Berühren kann man den Baum von Agalán nicht. Das Umweltamt fürchtete, Wanderer könnten den Wunsch verspüren, ihren Namen in der Rinde des „heiligen" Baumes zu verewigen; das Gemeindeamt von Alajeró wurde deshalb aufgefordert, ihn zu umzäunen.

Alajeró

Ermita de San Isidro

Der Kalvarienberg fällt scharf nach Süden ab und wird von einer winzigen **Kapelle,** der Ermita de San Isidro, gekrönt. Hier genießt man einen fantastischen Ausblick über eine von Schluchten durchfurchte Landschaft (⇨Wanderung 19). Auf dem Plateau wurde ein Picknickplatz eingerichtet, auf dem um den 15. Mai Pilger aus der ganzen Region zusammenströmen, um San Isidro, den Schutzheiligen der Bauern, mit Fest und Wallfahrt zu ehren. Schon in prähispanischer Zeit war der Berg ein wichtiger **Kultplatz.** Auf dem gepflasterten *Tagoror* unterhalb des Gipfels huldigten die Altkanarier ihrem Gott; nahe gelegene Wohn- und Begräbnishöhlen verraten Spuren früherer Besiedlung.

Ermita de Nuestra Señora del Buen Paso

An der Carretera del Sur, 3 km nördlich von Alajeró, steht im Schatten einer alten Kiefer ein **Kirchlein,** die Ermita de Nuestra Señora del Buen Paso („Unserer Lieben Frau des Guten Weges"). Es stammt aus der Zeit, als es keine Straßen, sondern nur Königswege gab. Bauern legten hier eine Pause ein, bevor sie weiterzogen. Auch heute kann man hier gut verschnaufen und an den Holztischen mit Grillstellen schön picknicken. Eine steingepflasterte Treppe führt von der Straße zur Kapelle hinauf, die einmal im Jahr, am 15. September, feierlich geöffnet wird. An diesem Tag wird die aus dem 16. Jahrhundert stammende, **flämische Madonnenstatue** in einer Prozession zur Kirche von Alajeró getragen, begleitet von Trommel- und Kastagnettenklängen.

Einer der letzten seiner Zunft

ALAJERÓ 173

Unterkunft

- **El Paso Suite Hotel** €€€, Lomo de los Cardos, zzt. geschl.
- **Casa Don Pedro I & II** €€, Plaza del Pueblo, Mobiltel. 670688494, www.turismoruralgomera.com, buchbar über *Ecotural La Gomera* und *Turismo Rural Gomera* (⇨ „Reisetipps A–Z, Unterkunft"). Die Häuser liegen zentral oberhalb des Dorfplatzes nahe der Kirche, beide mit Zugang zu Patio und Obstgarten. Das gut hundert Jahre alte Haus Pedro I umfasst 60 qm, Pedro II stammt aus dem späten 18. Jh. und ist mit 100 qm fast doppelt so groß. Schön sind die alten kanarischen Fensternischen, in der Küche entdeckt man einen Backofen aus uralter Zeit. Zwei plus vier Personen können hier einen einfachen und angenehmen Urlaub verbringen, für kalte Tage bekommt man ein Elektroheizgerät. Deutsche Reiseveranstalter haben dieses Haus unter anderen Namen (z.B. Casa Eliseo) in ihr Programm aufgenommen.
- **Casa Don Benjamin** €€, Barrio de Tejena, buchbar über *Turismo Rural Gomera*. Einfaches und mit 50 qm recht kleines Haus am südlichen Ortsausgang, zwei Personen können es als Ausgangsbasis für Ausflüge nutzen.
- **Casa Las Uvas** €€, Calle Sur al Casco. Die deutschen Eigentümer wohnen oben, die Gäste unter ihnen. Erreichbar über die südliche, palmengesäumte Zufahrtsstraße zum Ortskern, das Haus befindet sich etwa 400 Meter zur Linken.
- **El Drago** €€, Calle El Drago s/n, Tel. 922034814, www.casaruraleldrago.com. Hundertjähriges, aus Natursteinen erbautes Haus im Weiler El Drago knapp unterhalb von Alajeró – mit Schlafzimmer, Wohnküche und Duschbad. Über die Hänge des Südens schaut man aufs Meer.

IMADA

Essen und Trinken

- **El Mesón de Clemente** €€, Las Cruces 6, Tel. 922895721, www.larutadelbuenyantar.com/clemente.html, tgl. außer Mi 11.30–17 und 19–23 Uhr, Mitte Jan.–Mitte Febr. geschl. Restaurant an der Durchgangsstraße am südlichen Ortsausgang Richtung Playa Santiago: Señor *Clemente* und Sohn (oft gestresst) servieren kanarische Hausmannskost in rustikalem Ambiente – man kann auch draußen sitzen.
- **Las Palmeras** €€, Carretera General Alajeró, Tel. 922895471, www.restaurantelaspalmeras.net, tgl. außer Mo 12–22 Uhr. Restaurant am Ortsausgang Richtung Playa Santiago. Der Wirt, der auch mehrere *Casas Rurales* besitzt, serviert durchweg Kanarisches, am besten schmeckt der Kresseeintopf.
- **La Alegría** €, Calle La Alegría 100, Tel. 922895153, tgl. 6–24 Uhr. Denis' Bar ist eine lokale Anlaufstelle: Man stärkt sich mit Kaffee und frisch gepresstem O-Saft, gefüllten Teigtaschen *(arepas)* und belegten Brötchen *(bocadillos),* spielt dazu Billard und sieht fern.

Feste

15. September: *Fiesta de la Virgen del Buen Paso.* Traditionsreiches Fest mit Prozession und Tanz.

Imada

Den einen gilt es als gottverlassenes Nest, den anderen als das **am schönsten gelegene Dorf der Insel.** Wenige Besucher fanden bislang den Weg hierher, denn es ist von der Kreuzung Cruce de Imada (mit Bushaltestelle) nur über eine schmale, knapp zwei Kilometer lange Stichstraße zu erreichen. Das könnte sich freilich schon bald ändern. Bereits jetzt sieht man im Dorf zahlreiche Wanderer, da sich hier Königswege aus allen Himmelsrichtungen kreuzen (⇨Wanderungen 14, 15, 18).

Seinen Namen verdankt Imada einem 1028 Meter hohen Felsen, der wie ein Ausrufezeichen aus der Bergwand aufragt. Er ist einer von vielen, die das Dorf im Halbrund umschließen, nur ein schmaler Cañon öffnet den Zugang zum Meer. So tief liegt Imada auf dem Grunde der Schlucht, dass es hier schon am frühen Nachmittag dunkel wird. Die Schatten der Felsen legen sich auf die weiß getünchten Häuser, die Palmenhaine und Terrassenfelder. Freilich ist damit der Tag nicht zu Ende: Die Bauern treffen sich in der einzigen Bar des Ortes zu Schwatz und Trank, manchmal ist sogar jemand dabei, der zur Gitarre greift und Lieder anstimmt.

Im Schatten des Roque Imada

Übersichtskarte S. 152

IMADA

Süden

Unterkunft

●**Hotel Rural Imada,** Wanderer finden voraussichtlich ab Sommer 2012 auch in diesem abgelegenen Dorf ein Dach überm Kopf: Die ehemalige Dorfschule wird in ein zweistöckiges Hotel mit 7 DZ verwandelt.

Essen und Trinken

●**Bar Arcilia** €, Imada, Tel. 922895395, Fr geschl. In der Regel ist die Bar den ganzen Tag über geöffnet. Sollte die Tür während der Siesta einmal zugeklappt sein, bitte kräftig klopfen: *Señora Arcilia* wohnt im ersten Stock und kommt sofort herunter. Gern serviert sie frisch gepressten Orangensaft *(zumo natural de naranjas)*, belegte Brötchen *(bocadillos)* und einen ausgezeichneten kleinen Kaffee mit Zimt und Zitrone *(barraquito)*. Nur schade, dass die Preise in den letzten Jahren stark angestiegen sind!

La Dama und La Rajita

Nahe Chipude zweigt von der in Ost-West-Richtung verlaufenden Höhenstraße (Carretera Dorsal) eine schmale Asphaltpiste in Richtung Südküste ab. Das Schild zeigt an: „La Dama/La Rajita 12 km". In weiten Kehren windet sich die Straße durch eine ausgedörrte, windgepeitschte Landschaft, in der sich nur die widerstandsfähige Kandelaberwolfsmilch behauptet. Da ist man erstaunt, dass plötzlich ein Dorf auftaucht, das fast nur aus Plantagen, Gewächshäusern und Wasserspeichern besteht. Dank kluger Bewässerungsmethoden zählen die Ländereien des hiesigen Großgrundbesitzers zu den ertragreichsten der Insel; angepflanzt werden Bananen, vor allem aber Avocados und Ananas. Fürs leibliche und „geistliche" Wohl ist in La Dama gesorgt: Es gibt eine Bar, einen Lebensmittelladen und eine von Platanen beschattete Kapelle (Ermita des las Nieves).

In La Rajita, unterhalb von La Dama an der Mündung des gleichnamigen Barranco gelegen, lassen sich Auf- und Abstieg eines Küstendorfs studieren: Um die an der Südküste vorbeiziehenden Thunfischschwärme vermarkten zu können, war im Jahr 1931 die **Fischfabrik** *Lloret & Linares* gegründet worden – dank einer Mole wurden die Konserven von hier direkt nach Spanien exportiert. Den Bewohnern des Dorfs ging es lange Zeit gut. Die Männer fuhren zur See hinaus, die Frauen säuberten den Fang. Alles, was sie zum Leben brauchten, war vorhanden: eine kleine Kirche, ein Laden, eine Schule und eine Bar. Kaum jemand fuhr über die halsbrecherischen Holperpisten zur Höhenstraße hinauf; brauchte man etwas aus der Hauptstadt, so nahm man das Boot. Als aber

La Rajita – vom Wasser aus

die Fabrik 1984 geschlossen wurde, standen die Bewohner ohne Geldgeber da. Die meisten verließen daraufhin den Ort, zurück blieben leere Häuser und verfallende Lagerhallen.

Doch zu Beginn des 21. Jahrhunderts scheinen die Tage des Geisterdorfs gezählt: An der Küste soll nach dem Willen einiger Inselpolitiker ein Urlaubsdorf mit Pool-Landschaft entstehen. Ob aber dieser Plan in Zeiten der Krise verwirklicht werden kann? Von himmlischer Ruhe profitiert vorerst noch die **Casa Muna** €€€, ein marokkanisch inspiriertes Ferienhaus, das man über Gomera Individual (www.gomera-individual.de) buchen kann. Die Villa thront verwegen an der Abbruchkante zum Barranco und bietet spektakulären Meerblick. Wer hier wohnt, teilt sich den 350 m langen Strand nur mit einigen Anglern. Und mit den wenigen Touristen, die sich hierher verirren, um im Windschatten des Passats eine Badepause einzulegen.

Bus

Ab der Höhenstraße hat man Anschluss an die Busse nach San Sebastián und Valle Gran Rey. Ob die Verbindung La Dama – Vallehermoso von Dauer ist, bleibt abzuwarten.

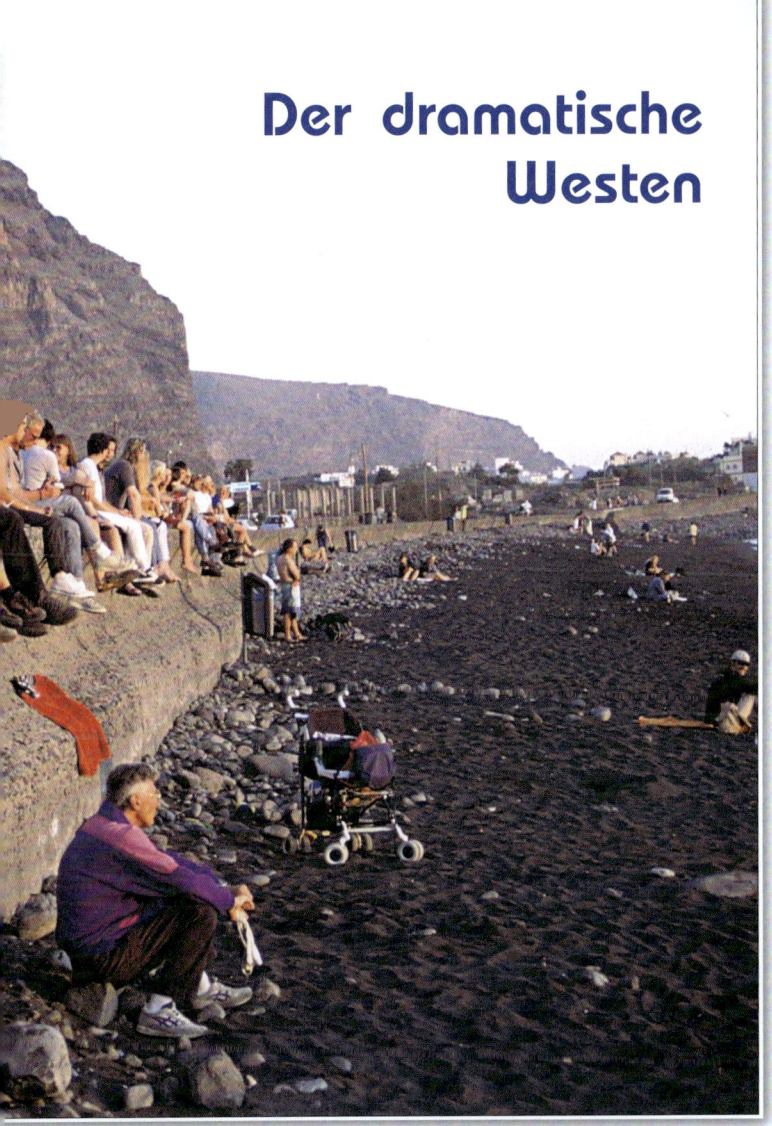

Der dramatische Westen

Überblick

Cañonartige Schluchten und Steilhänge, die in weitem Bogen zur Küste hin abfallen: der Westen Gomeras ist voller Dramatik. In den Tälern ist es meist auch im Winter trocken und warm, vom Klima begünstigt wachsen Tausende kanarischer Palmen. Als Landschaftskunstwerk par excellence gilt das Valle Gran Rey, wo dank zahlreicher Quellen Obst und Gemüse angebaut werden. Das **„Tal des Großen Königs",** wie es übersetzt heißt, ist mit seinen vielen Terrassen und den in üppiges Grün eingebetteten Häusern immer noch das schönste Tal der Insel. Es gibt Unterkünfte für jeden Geschmack, an dunklen Stränden kann man sich erholen und auf verschlungenen Wanderpfaden ins Inselinnere aufbrechen. Wer Einsamkeit liebt, findet auch abseits des „Valle" einfache Zimmer in Bergdörfern wie Chipude und Las Hayas und Apartments im Küstendorf Alojera.

Valle Gran Rey

Alle Wege ins Tal führen über die gut ausgebaute Höhenstraße, durch eine spektakuläre Gebirgslandschaft. Am **Mirador del Palmarejo,** noch in fast 800 Metern Höhe, kann man zum ersten Mal anhalten und in die Tiefe schauen. Welch atemberaubender Anblick! Vom zentralen Hochplateau fällt das Tal auf einer Länge von sieben Kilometern zur Küste ab – mit Schwindel erregenden, fast senkrecht stehenden Felswänden. Vom Talgrund ziehen sich kunstvoll angelegte Felder terrassenförmig den Hang hinauf, dazwischen stehen ein paar weiße, von Palmen umgebene Häuser.

Der Name „Tal des Großen Königs" spielt an auf *Hupalupa,* den letzten hier residierenden prähispanischen Herrscher. Bis zuletzt leistete er den spanischen Eroberern Widerstand. 1487 plante er, deren Führer *Hernán Peraza d.J.* gewaltsam aus dem Weg zu räu-

---

Vorhergehende Seite: Das gemeinsame Betrachten des Sonnenuntergangs – allabendliches Ritual an der Playa von Valle Gran Rey

Westen

Kurzinfo Valle Gran Rey

- **Touristeninformation:** *Oficina Municipal de Turismo,* Calle El Caidero 16 (La Calera), Tel. 922805417, www.vallegranrey.es/turismo, Mo–Fr 8–15 Uhr. Im Gemeindestand (vorerst an der Straße) bekommt man eine Inselkarte, Fahrpläne für Bus und Fähre sowie alle wichtigen Informationen zum Ort. Ein Info-Büro der Inselverwaltung befindet sich in La Playa.
- **Rathaus:** Ayuntamiento La Calera, Tel. 922805000, mit Fundbüro und örtlicher Polizei, Infos nur auf Spanisch
- **Polizei/Guardia Civil:** Lomo del Moral, Tel. 922806081
- **Bank:** *Caja de Canarias,* Plaza de Calera (nahe dem Kreisverkehr); weitere Banken in La Puntilla und Borbalán; viele Geldautomaten
- **Post:** in Borbalán oberhalb der Straße La Calera – Vueltas
- **Gesundheitszentrum:** *Centro de Salud,* Las Orijamas, La Calera, Tel. 922807005
- **Privatarzt:** *Centro Médico,* Residencial El Llano, Borbalán, Tel. 922805629, www.centro-medico.eu
- **Zahnarzt:** *Clínica Dental,* Borbalán, Tel. 922805522
- **Internet:** mehrere Internetpoints in La Playa und Vueltas
- **Sprachkurse:** Sprachschule I.D.E.A., Calle La Cuestita s/n, La Calera, Tel. 922805703, www.spanish-course.com. Ganzjährig ein- bis vierwöchige Kurse
- **Radverleih:** in La Playa, La Puntilla und Vueltas
- **Autovermietung:** Die Firmen *Garajonay* und *Piñero* haben Filialen in La Playa und Vueltas.
- **Taxi:** an der Hauptstraße von La Calera, Tel. 922805058
- **Bus:** mehrere Busse täglich nach San Sebastián (Linie 1) und zum Flughafen (Linie 6).
- **Fähre:** *Benchi Express* mehrmals täglich via Playa Santiago nach San Sebastián und Los Cristianos (Teneriffa).

Buntes Völkchen

Laut jüngsten Angaben des Statistischen Amts leben in Valle Gran Rey 5364 Menschen, davon sind 1882, also 35 % Ausländer: hauptsächlich Deutsche, gefolgt von Venezolanern, Italienern, Kubanern und Engländern.

men. Doch dieser wurde rechtzeitig gewarnt – von niemand anderem als dem Sohn *Hupalupas!* Zur Strafe erstach ihn der Vater. Ein Jahr später gelang es dem Krieger *Hautacuperche* den Konquistadoren zu töten – an der Küste von La Puntilla wurde ihm ein heroisches Denkmal errichtet.

Nach der Conquista warben die neuen spanischen Herren Siedler von der iberischen Halbinsel an, u.a. auch Juden und Mauren. Diese gründeten im Obertal kleine Weiler mit so hübschen Namen wie **Los Descansadores** (die Ruhenden), **El Hornillo** (das Öfchen) und **Los Granados** (die Granatbäume). Gegenüber von **El Guro** wurde 1515 eine kleine Kirche gebaut, die **Ermita de los Reyes** (Kapelle der hl. drei Könige) – heute vor allem Wanderern ein Begriff, denn die Wege nach El Cercado und Teguerenche führen direkt an ihr vorbei (⇨Wanderungen 3 und 4).

Zur Küste hin nimmt die Besiedlung zu, und das Tal wird breiter. Hier, wo es schon bedeutend wärmer ist, wachsen Apfelsinen und Avocados, Mangos und Papayas. Ganz unten schließen sich die **Bananenplantagen** an, bis vor kurzem die wichtigste Einnahmequelle der Bewohner.

Valle Gran Rey besteht aus mehreren, sehr unterschiedlichen **Ortsteilen,** die alle mit einer Fülle von Privatzimmern und Apartments aufwarten. Am schönsten ist La Calera, der ruhige, am Hang gelegene „Hauptort", der seinen Charakter in den vergangenen 30 Jahren nur wenig geändert hat. Wild gewachsen ist Vueltas, das sympathisch-chaotische Hafenviertel, das vor allem abends und nachts zum Leben erwacht. In beiden Ortsteilen und auch im Obertal hat die Tourismusindustrie keinen Einzug gehalten. Größere Ferienanlagen findet man nur entlang der Uferstraße, in Borbalán und La Playa. Immerhin wurde aus den Fehlern anderer Inseln gelernt, und man hat besser, in der Regel nur zweistöckig, gebaut.

VALLE GRAN REY: LA CALERA

La Calera

La Calera zählt zu den reizvollsten Orten des Kanarischen Archipels. Gewundene Treppenwege führen den Steilhang hinauf, an den sich weiße, vorwiegend kleine Häuser schmiegen. Efeu und Bougainvillea umranken die Gemäuer, Palmen ragen empor. Die

Die Entwicklung des „Valle":
Vom Aussteigerparadies zum Pauschalreiseziel

So lange liegt es noch gar nicht zurück, dass das Valle Gran Rey „entdeckt" wurde. Die 68er kamen zuerst: ein buntes Gemisch von Aussteigern und Rebellen. Ihnen folgten die allein erziehenden Väter und Mütter, die Esoteriker und Traumtänzer. Sie alle suchten, was sie in den Bettenburgen Teneriffas und Gran Canarias nicht fanden: eine Alternative zur Welt der Geschäftemacherei, einen Ort der Inspiration und „positiven Energie".

Heute sind die Zeiten des Aufbruchs passé, die Grenzen zwischen TUI und Tao, wild und „Bild" beginnen sich zu verwischen. Das Valle ist auf dem Weg, ein normales Ferienziel zu werden. Fast jeder Reiseveranstalter hat das Tal bereits im Programm, preist seine „Ursprünglichkeit" und sein „romantisches Flair". Was einst als anrüchig galt, wird nun „urig" genannt und zum „Geheimtipp" hochstilisiert.

Mehrzahl der alten Häuser wurde restauriert, Holzbalkone, Tür- und Fensterrahmen wurden neu gestrichen. Dazu bietet sich, je höher man steigt, ein herrlicher Blick: Fast die gesamte Bucht liegt dem Betrachter zu Füßen.

La Calera ist noch voll in der Hand der Einheimischen. In den Gassen spielen Kinder mit Katzen und Hunden, weit und breit ist kein Auto in Sicht. Ein bisschen lebt man hier wie in der Provinz: Einkaufen im Tante-Emma-Laden, ein gemütlicher Plausch von Tür zu Tür. Zwar gibt es Bars und Restaurants, doch die eigentliche „Szene" ist *lejos de aquí* – in La Playa und im Hafen. Der Weg hinunter fällt nicht schwer, doch wer hat nach mehreren Cocktails noch Lust, ihn wieder hinaufzugehen?

Info

● **Info-Büro Viajes Integrados,** Edificio El Contero/La Finca, Tel. 922805866, www.gomera-service.com, Mo–Fr 10–14, Sa 10–13 Uhr. Vermittlung von Apartments, dazu Buchung von Bootstouren, Wanderungen und Ausflügen. Die Mitarbeiter sprechen Deutsch, sind aber nicht besonders hilfreich, wenn man nur Infos haben möchte.

VALLE GRAN REY: LA CALERA

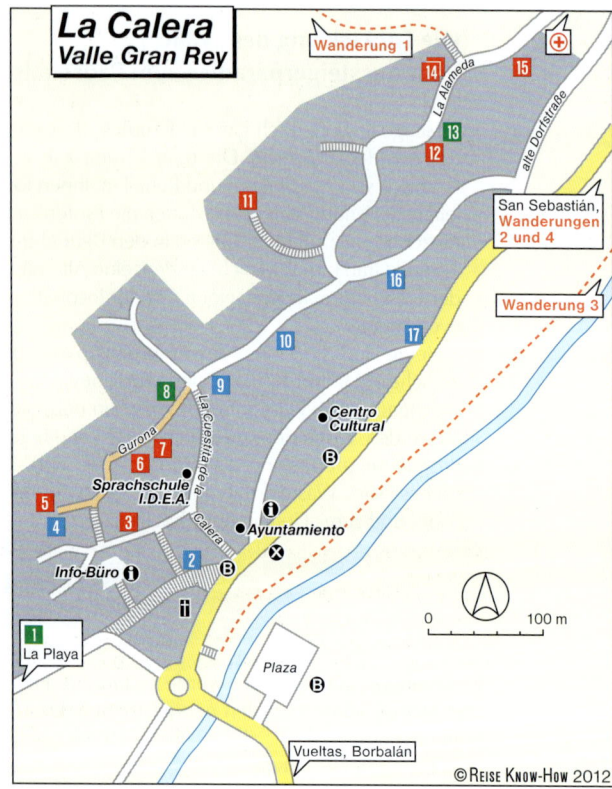

- ■ **Übernachtung**
  - 3 Hotel/Pensión/Ap. Jardin Concha
  - 5 Ap. Domínguez
  - 6 Ap. Jardin de la Calera
  - 7 Ap. Casa Uli
  - 11 Ap. La Galería
  - 12 Ap. El Chorro
  - 14 Ap. Casa Flor de Lis, Ap. Bella Cabellos
  - 15 Ap. Gran Rey

- ■ **Essen und Trinken**
  - 2 Zumeria Carlos
  - 4 Orquidea
  - 9 El Descansillo
  - 10 El Mirador
  - 16 Sebastián
  - 17 La Pista

- ■ **Geschäfte**
  - 1 Taller de Artesanía
  - 8 Tienda Victor
  - 13 Supermarkt

VALLE GRAN REY: LA CALERA

Verkehrsmittel

● **Bus:** Der Busbahnhof von Valle Gran Rey *(estación de guaguas)* wurde unterhalb von La Calera auf der Ostseite des Barrancos angelegt. Es soll freilich schon vorgekommen sein, dass der Fahrer La Playa als Abfahrtsort wählte und danach in La Puntilla, Vueltas und Borbalán so viele Gäste aufsammelte, dass er voll war und in La Calera nicht mehr anhielt. Ein Ersatzbus wurde – wen wundert's – nicht gestellt. Die Taxifahrer freut's ...
● **Taxi:** Der zentrale Taxi-Stand befindet sich in La Calera an der Durchgangsstraße gegenüber dem Rathaus *(ayuntamiento).*

Unterkunft

● **Jardín Concha** €€/€€€, Calle del Contero/Calle Orquídea s/n, Tel. 922806063, nach 20 Uhr Tel. 922805007, www.hotelconcha.net. Das Schmuckstück von La Calera: ein ockerfarbenes Haus mit Holzbalkonen, umgeben von üppigem Grün. Es birgt neun kleine Doppelzimmer mit Bad, die über Palmen und Bananenfelder hinweg einen schönen Blick aufs Meer bieten. Drei der Zimmer befinden sich im Erdgeschoss und teilen sich eine langgestreckte Terrasse, vier im Obergeschoss jeweils mit Balkon; außerdem gibt es auf dem Dach zwei etwas teurere mit eigener Terrasse und Küchenzeile. Auch Pensionszimmer und Apartments werden vermietet. Señora *Maruchi* besteht auf Anzahlung – lassen Sie sich den gebuchten Zimmertypus schriftlich bestätigen *(¿Por favor, pueden ustedes confirmar el tipo de habitación?)*!
● **Ap. Domínguez** €€, Tel. 922805030. Ein schon etwas älteres Haus mit 14 Apartments und drei Zimmern, alle mit schönem Ausblick auf die Bananenfelder und das Meer; sehr beliebt sind die Wohnungen auf dem Dach mit eigener Terrasse. Unterhalb des Hauses befindet sich das Restaurant La Orquídea (s.u.).
● **Ap. Casa Uli** €€, Calle de la Gurona 23, Tel. 922805205, auch buchbar über www.gomera.de. Das romantische Haus gegenüber dem altertümlichen Herrenfriseur birgt zwei Apartments: unten das preiswertere mit Terrasse und kleinem Garten, darüber das etwas schönere mit Dielen, dunklem Dachgestühl und Holzbalkon.
● **Ap. Jardín de la Calera** €€, Calle de la Gurona 29, buchbar über das Touristenbüro La Paloma (s. Vueltas). Moderne Apartments mit herrlichem Küstenblick in einem terrassenförmig an den Hang gebauten Haus. Die Studios sind deutlich billiger, haben aber keine eigene Terrasse! Eine empfehlenswerte Adresse im romantischsten Winkel von La Calera!
● **Ap. La Galería** €€/€€€, Calle La Alameda 68, buchbar über Gomera Lounge (s. La Playa). Ehemaliges Kulturzentrum in ruhiger Hanglage, erreichbar über einen Treppenpfad, mit schönem Ausblick übers Tal. Die Galería verfügt über Studios mit kombiniertem und/oder abgetrenntem Wohn-, Küchen- und Schlafbereich sowie Balkon, außerdem eine über 100 qm große Suite und einen Seminarraum für max. 15 Teilnehmer.
● **Ap. El Chorro** €/€€, Calle La Alameda 58, Tel. 922805291. 50 Meter unterhalb des gleichnamigen Supermarkts: fünf gepflegte Apartments mit Balkon und seitlichem Meerblick, besonders schön ist das Atico mit eigener, möblierter Terrasse.
● **Ap. Casa Flor de Lis** und **Bella Cabellos** €/€€, Calle La Alameda 23 und 36, Tel. 922805182. An der alten, aus dem Ort hinausführenden Dorfstraße: zwei auffallend schöne, einander gegenüberliegende Häuser mit holzgeschnitzten Balkonen und viel Grün drumherum. Insgesamt sechs Apartments, einige davon mit zwei Schlafzimmern.

Westen

VALLE GRAN REY: LA CALERA

- **Ap. Gran Rey** €/€€, Las Orijamas 19, Tel. 922805039. Die freundliche *Señora María* vermietet in ihrem Neubau acht kleine, gepflegte Apartments für zwei bis vier Personen, alle mit Balkon und schönem Blick aufs Tal.
- **Weitere Unterkünfte** finden Liebhaber La Caleras auf der Website des Reisebüros La Paloma: www.gomera.de/calera.htm. Vermittelt werden hier auch die noch recht neuen, von mir bisher nicht getesteten **Casa Puerto Encantado** € (6 Apartments) und **Casa Florida** € (3 Studios).

Essen und Trinken

- **Zumería Carlos** €, Calle El Caidero 18, tgl. außer So ab 9 Uhr. Ein Pionier unter den Saftbars Gomeras, strategisch günstig an der Straßenkreuzung im Talgrund gelegen. Die Säfte schmecken nicht mehr so gut wie früher, interessante Mixturen sind Mangelware. Am schwarzen Brett werden vereinzelt noch Unterkünfte, Mitfahrgelegenheiten nach San Sebastián und preiswerte Rückflüge „gehandelt". Physiotherapeuten preisen ihre Dienste an, und Seminarleiter suchen Interessenten für ihre Rebirthing- und Tantra-Kurse.
- **El Descansillo** €€, Calle La Cuestita s/n, Tel. 922805785, tgl. außer Sa ab 18 Uhr. Man sitzt auf einem erhöhten Balkon, zu den Spezialitäten des Hauses zählen Thunfischsteak und Kaninchen. Einige Gäste sind begeistert, andere nicht.
- **El Mirador** €, Calle de la Gurona 13, Tel. 922805086, www.restaurantesla gomera.com, Do geschl. Auf der begrünten Terrasse mit Blick auf die Felswand schlürft man Papaya- und Mango-Saft, stärkt sich mit belegten Brötchen oder geht über zu Tapas und Tagesgerichten. Fleischfreunde freut die reiche

Auswahl an Filets *(solomillo),* darunter exotische Varianten mit *miel de palma* (Palmhonig) und *almogrote* (pikanter Käseaufstrich). Erlebnis-Gastronomie der besonderen Art ist einmal wöchentlich Cine-Cena: gegen Festpreis gibt es ein kanarisches Menü, danach einen Film und das Taxi zur Unterkunft. Tickets z.B. bei *Timah* und *Agando!*

● **Sebastián** €/€€, Calle La Pista 17, Tel. 922805270, tgl. außer Sa 18–21 Uhr. Legendäres Lokal (1954 gegründet!), das alle Traveller-Generationen verköstigt hat und heute auch von den „Pauschalos" angesteuert wird. Einst stand der Vater in der Küche, nun ist es der Sohn, der den Kochlöffel schwingt. In der Einrichtung wurden ein paar Zugeständnisse an den Zeitgeist gemacht: Das vergilbte Che-Guevara-Porträt musste *James Dean* und seinem „Boulevard of Broken Dreams" weichen, auch gibt es mittlerweile eine Terrasse mit Ausblick. Doch noch immer stehen die Tische in langer Reihe, so dass man leicht mit seinem Nachbarn in Kontakt kommt. Es gibt Thunfischsteak und Kaninchen, Salat und Krabben mit Knoblauch.

● **Orquídea** €/€€, Calle Orquídea 3, Tel. 922805181, tgl. außer Sa 10.30–13 und 17.30–23 Uhr. Hoch gelegenes Terrassenrestaurant mit dem wohl besten Ausblick im ganzen Tal: links und rechts gewaltige Steilwände, tief unten die Bananenplantagen und dahinter das Meer – bei guter Sicht kann man am Horizont die Insel El Hierro erkennen. Besonders schön ist Orquídea zum Sonnenuntergang, für noch mehr Romantik sorgen die Kerzen im Glas. *Pepe* und *Sabine* legen gute Musik auf, sie haben sage und schreibe 5000 CDs (Wünsche dürfen geäußert werden)! Beim letzten Besuch schmeckte das Kaninchen in deftiger Soße saftig und zart, auch das marinierte Thun-Steak war nicht so trocken wie in einigen anderen Lokalen. Der Nachbar lobte die kleinen Tintenfische *(chocos).* Dazu bestellt man *papas arrugadas con mojo,* einen Salat und eine Karaffe Hauswein!

● **La Pista** €, Carretera General, Tel. 922805589, tgl. außer Mo 12–24 Uhr. Am Fuß von La Calera bietet *Lorenzo* Lasagne und hausgemachte Pasta, die mit unterschiedlichen Soßen geordert wird (im Winter z.B. mit Waldpilzen). Auch gibt es ein preiswertes Menü.

Einkaufen

Kleine Supermärkte haben auch in La Calera Einzug gehalten, doch daneben gibt es immer noch die beliebten Tante-Emma-Läden aus uralter Zeit (z.B. *Tienda Víctor).* Eine Adresse sei besonders empfohlen:

● **Taller de Artesanía,** Carretera La Calera – La Playa. Kleine, traditionsreiche Lederwerkstatt rechts der Straße nach La Playa. Hier werden handgemachte Gürtel und Hüte, Taschen und Rucksäcke, Schuhe und Sandalen verkauft; auf Wunsch auch Maßanfertigung.

Aktivitäten

● **Wandern, Rad fahren, Bootstouren, Tauchen:** siehe Kapitel „Valle Gran Rey: Aktivitäten".

Malerisch am Hang gebaut – La Calera

La Playa

„Bevor die Fremden einfielen, aßen bei Maria die Arbeiter, auch die Alten oder die, die allein waren und nicht kochen wollten, es kostete fast nichts, und wer kein Geld hatte, aß umsonst. Gomeros, die in den Bergen wohnten und einmal ein schönes Stück Meer sehen wollten, kamen dann und wann zu Fuß herunter, um eine kleine Fiesta bei Mutter Maria zu feiern. Dann verprassten sie ihr Geld; das war nicht viel, aber oft alles, was sie besaßen."

(Janosch, Gastmahl in Gomera)

Am Strand vor der **Terrassenbar von María** begann der touristische Aufschwung von Valle Gran Rey. Dort trifft man sich allabendlich zum spektakulären Sonnenuntergang – ein Ritual, das bis heute nichts von seiner Faszination eingebüßt hat. Noch immer bestellt man an warmen Abenden *Cuba libre,* ist's kühler, greift man zu warmer *Tía María* mit Milch.

Der Ortsteil La Playa erstreckt sich längs der gleichnamigen, von einer **Promenade** umfassten Bucht. Hier blüht das touristische Geschäft mit Apartments und Cafés, Läden und Lokalen. Bis zum Nachmittag ist es am Paseo sonnig – dann sind alle Sitzplätze belegt, „sehen und gesehen werden" lautet die Devise. Mag der Küstenstreifen noch ganz idyllisch wirken, so kann man dies von den dahinter liegenden Straßenzügen nicht behaupten. Hier wirkt alles sehr funktional, man hätte gewiss schöner bauen können ... Im Ortsteil La Playa findet man die Touristeninformation, einen Waschsalon, Internetläden und eine Tauchbasis. Zum Meer hin entstanden Pauschalanlagen, an der landeinwärts gelegenen Piste (via Lola) stehen einige sehr schöne Häuser – Apartments für Genießer.

Blick auf La Playa, rechts im Bild La Puntilla mit Hotel Gran Rey, dahinter La Calera

VALLE GRAN REY: LA PLAYA

Der schönste Flecken weit und breit ist die nördlich gelegene **Playa del Inglés:** eine romantische Badebucht zu Füßen einer 600 m hohen Felswand. Man kann an diesem Strand nackt baden, muss es aber nicht. Wie schon der Valle-Bote in seiner 70. Ausgabe schrieb: „Hier darf der Bär brummen. Wer ihn aber lieber schamhaft verbergen möchte, der kann sich da problemlos eine Hose drüber ziehen." Doch alle, die es an diesen Strand zieht, seien gewarnt: Das Baden ist aufgrund der Strömungen nicht ungefährlich!

Info

- **Oficina de Turismo,** Calle Lepanto s/n, Tel. 922805458, www.gomera-island.com, Mo-Sa 9-13.30 und 16-18.30 Uhr, So 10-13 Uhr. Hier erhält man Ausflugstipps und die aktuellen Busfahrpläne, auf Wunsch auch eine Liste aller „legalisierten" Apartments. Wo noch Zimmer frei sind, ist nicht zu erfahren.
- **Agando Info Shop,** Paseo de las Palmeras s/n, Tel. 922807084, www.agandoshop.com, Mo-Fr 11-13, 17-19, Sa 11-13 Uhr. Vermittlung von Boots-, Wander-, Tauch- und Bustouren, Taxi-Service und Fährtickets, dazu eine deutschsprachige Leihbücherei; Foto- und Kopier-Service.

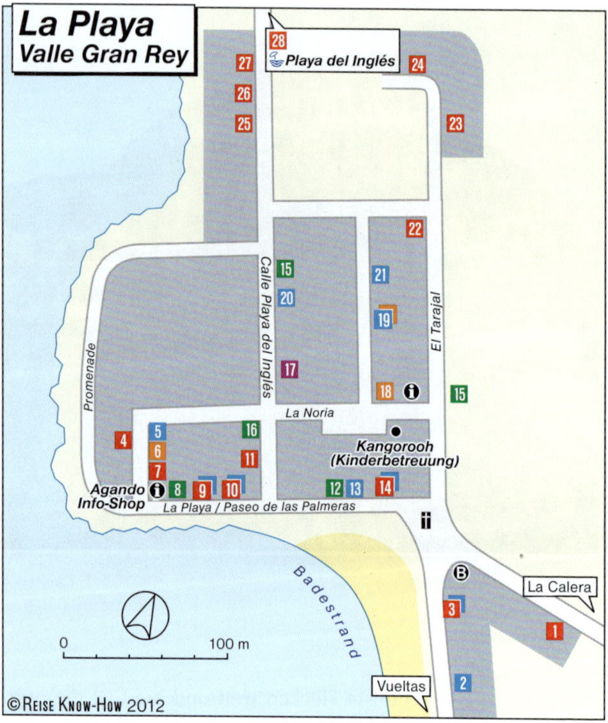

VALLE GRAN REY: LA PLAYA

La Playa
Valle Gran Rey

■ Übernachtung
1 Ap. Casa Domingo
3 Pensión Las Jornadas/ Casa María
4 Aparthotel Playa Calera
7 Ap. Gomera Lounge
9 Ap. Bello
10 Ap. Playa Mar
11 Ap. Vistamar
14 Ap. Balcón Canario
22 Ap. Lola
23 Bungalows Oasis
24 Ap. Jardín Tropical
25 Ap. Tres Palmeras
26 Ap. Los Tarajales
27 Ap. El Guirre
28 Ap. Casa Amarilla

■ Essen und Trinken
2 Las Olas
3 Casa María/ Las Jornadas
5 Colorado
9 Yaya
10 La Ñamera
13 Zumería Gran Rey
14 Mango
19 Bar Internet
20 La Islita
21 El Baifo

■ Geschäfte
8 Oro
12 El Fotógrafo
15 Supermärkte
16 Pan de Vueltas

■ Aktiv
17 Gomera Bikes

■ Nachtleben
6 Piano-Bar
18 Jazz Bar
19 Bar Internet

VALLE GRAN REY: LA PLAYA

Gomera Lounge

Das Besondere an der Gomera Lounge ist die Inneneinrichtung. Jedes der 12 attraktiven Apartments entführt in ein anderes Land; so wird man in „Afrika" von Löwenfresken empfangen, in „Marokko" erinnert alles an 1001 Nacht, auf den „Kapverden" ist ein Holzboot Teil des Mobiliars. Einige Räume bieten auch direkten Meerblick. Auf der Dachterrasse befindet sich ein Wellnessbereich (buchbar gegen Aufpreis), im Erdgeschoss die beliebte Piano Bar.

●**Ap. Gomera Lounge** €€, La Playa 9, Tel. 922805195, www.gomeralounge.de.

Unterkunft

●**Casa María/Las Jornadas** €/€€, Av. de la Playa, Tel. 922805047. Einfache Zimmer für zwei bis drei Personen über dem gleichnamigen, legendären Strandlokal. Seit hier die „Freaks" in den 1970er Jahren residierten, hat sich nicht viel geändert: Noch immer teilt man sich die Dachterrasse und ein - nicht immer sauberes - Etagenbad; einige Räume haben einen eigenen kleinen Balkon mit Meerblick. Wer Wert auf eine eigene Küche legt, kann sich in einem der sechs etwas teureren Apartments am Westrand der Bucht, neben der *Gomera Lounge*, einmieten; zwei davon haben Meerblick. *Marías* Familie gehören auch die komfortablen *Apartamentos Conchita* oberhalb des Strandes (max. vier Personen). Nach Absprache kann man im Lokal Frühstück oder Vollpension buchen.
●**Ap. Casa Domingo** €€, Tel. 922806229. Etwas klotziges, viergeschossiges Haus in einem Bananenfeld an der Straße nach La Calera, wenige Gehminuten vom Strand entfernt. Acht helle Apartments mit Balkon und Meerblick für zwei bis drei Personen.
●**Ap. Balcón Canario** €€, Av. de las Palmeras, Tel. 922805175, www.pepasplaya.com. Dreistöckiges, an der Promenade gelegenes Haus; alle sechs Apartments sind geräumig und haben einen Balkon sowie ruhige, nach hinten gelegene Schlafzimmer. Im Erdgeschoss gibt es eine Saft- und Eisbar. Infos und Buchung: Boutique *Pepa's Playa* im gleichen Gebäude.
●**Ap. Vistamar** €€, Tel. 922805525. Der Name ist trügerisch: Nur zwei der insgesamt acht einfachen, aber geräumigen Apartments haben Meerblick.
●**Ap. Playa Mar** €/€€, Av. de las Palmeras, Tel. 922806009, Mobiltel. 690 216660. In erster Strandreihe über dem Café *La Ñamera*: ein großes Apartment mit Blick aufs Meer, vier Studios und sieben zum Innenhof gelegene Zimmer. Auf Wunsch (und gegen einen Aufpreis) werden auch Fernseher ins Zimmer gestellt oder Autos und Fährtickets besorgt.
●**Ap. Bello** €€, Av. de las Palmeras, Tel. 922805699. Oberhalb des Lokals *Yaya* werden 13 Apartments vermietet. Sie sind klein, dafür in erster Strandreihe und obendrein günstig. Infos in der Bar.

VALLE GRAN REY: LA PLAYA

Leben in der Oase

Die ruhigen Bungalows liegen am Fuß des Steilhangs und gruppieren sich um einen Garten mit alten Zedern- und Drachenbäumen. Alle Bungalows sind geräumig, freundlich und hell und haben ihren eigenen, unverwechselbaren Charakter: Das „Spatzennest" verfügt über eine Terrasse mit gemauerten Bänken, der „Taubenschlag" hat eine Terrasse mit Meerblick, der „Kaninchenbau" ist originell eingerichtet, dafür aber recht klein. Besonders schön wohnt man ein paar Schritte entfernt mit morgendlichem Vogel-Wecker: Während der Bungalow „Miraflor" einen subtropischen Garten mit zwei Terrassen hat, verfügen „Miramar" sowie die „Villa" über einen fantastisch weiten Blick von den Bergen bis zum Meer. *Elfriede* und *Alfred Pieper,* die schon seit über 30 Jahren im Valle leben, geben das Zepter schrittweise an ihre Tochter *Sabine* ab. **Bungalows Oasis** €€€, Tel. 922805017, www.oasis-galeria.com.

- **Ap. Lola** €, Tel. 922805148. 13 einfache Apartments, 300 Meter vom Strand entfernt, neben dem gleichnamigen Restaurant.
- **Aparthotel Playa Calera** €€€, Calle Punta Calera 2, Tel. 922805779, www.hotelplayacalera.com. Modernes, etwas steriles Viersternehaus an der Promenade: 63 Studios mit kombiniertem Wohn-Schlafraum, Kitchenette und Balkon. Alle haben Sat-TV und gebührenpflichtigen Internet-Zugang, aber nur teilweise Meerblick. Clou des Hauses ist der von Teakholz eingefasste, aussichtsreiche Dach-Pool.
- **Ap. Jardín Tropical** €€, Kontakt: La Playa 15, Tel. 922805660, www.info-gomera.de. In der Nähe von Oasis: mehrere großzügige, mit Naturmaterialien geschmackvoll eingerichtete Komfortapartments mit eigenem Garten, geführt von *Christine Müller-Connert,* der Besitzerin des Schmuckladens *Oro*.
- **Ap. Tres Palmeras** €€, Callao Las Mozas, Tel. 922806068 und 922805793, www.trespalmeras.com. 56 attraktiv eingerichtete Apartments, teilweise mit Blick aufs Meer. Zur zweistöckigen Anlage gehört ein großer Pool. Der Steinstrand von La Playa und der Felssandstrand von Playa del Inglés liegen beide knapp zehn Gehminuten entfernt.
- **Ap. Los Tarajales** €€€, Callao Las Mozas, Tel. 922805325, www.tarajales.net. Apartmentanlage direkt am Meer an der Straße zur Playa del Inglés. Die drei Häuser verfügen sämtlich über modern ausgestattete, allerdings nicht sehr große Räume. Es gibt eine Sonnenterrasse mit Liegen, dazu einen Meerwasserpool mit separatem Kinderbecken. Von den meisten der 28 Apartments schaut man aufs Meer.

Valle Gran Rey: La Playa

- **Ap. El Guirre** €€, Callao Las Mozas, Tel. 922805401. 16 Apartments mit Terrassen in einem stufenförmig gebauten Haus, von jedem genießt man einen herrlichen Blick aufs Meer. Die Rezeption ist Mo-Sa 9-13 Uhr geöffnet, nachmittags nur unregelmäßig.
- **Ap. Casa Amarilla** €€, Callao Las Mozas, Tel. 922805052, www.ivallegran rey.com. Das von Pflanzen umwucherte „gelbe Haus" liegt am Nordausgang von Valle, nur 400 m vom Strand Playa del Inglés entfernt. 50 qm große Apartments mit Terrasse und Meerblick, Ruhe ist garantiert.
- **Weitere Unterkünfte** finden Freunde La Playas auf der Website www.go mera.de/playa.htm.

Heilung durch Hängen - eine der vielen Alternativtherapien im Valle

VALLE GRAN REY: LA PLAYA

[Foto der Bar Las Jornadas mit Gästen auf Bänken davor]

Essen und Trinken

- **Casa María/Las Jornadas** €, Av. de la Playa, Tel. 922805047, tgl. außer Di ab 7 Uhr. Legendäres Lokal direkt an der Strandpromenade. Mit der Verköstigung von Rucksacktouristen ist *María* ein *workaholic* geworden – so vielbeschäftigt, dass man sie nur selten zu Gesicht bekommt. Doch ihr „Platz an der Sonne" ist noch immer ein Renner: Man sitzt auf Klappstühlen vor dem Haus und hat den Ort fest im Blick, registriert, wer kommt und geht. Dabei schlürft man kühle Drinks, mittags und abends wird deftige Hausmannskost serviert. Marías Paella und *filete de atún* (Thunfischsteak) gelten als unübertroffen. Als Absacker empfiehlt sich *sol y sombra* (Sonne und Schatten), eine Mischung aus Brandy und Anislikör.
- **Colorado** €€, La Noria / Punta de la Playa, Tel. 922806217, tgl. ab 12 Uhr. Erfrischend ist das Ambiente dieses Lokals in zweiter Strandzeile, stimmungsvoll ist die mit Kerzen erleuchtete Abendterrasse. Zu *Joachim* und *Sabine* kommt, wer Kressesuppe und Runzelkartoffeln satt hat. Denn hier gibt es Gyros mit Tsatsiki, Silberbarsch mit Senfsoße und Lendenfilet in Madeira, Pizza und Pasta sowie Tapas.
- **La Islita** €€, Edificio Normara, Tel. 922805500, tgl. außer Mo ab 18 Uhr. Dank der seit Jahren guten Qualität ist die Trattoria sehr beliebt. Familie

Beliebt wie eh und je: Bar Las Jornadas alias „bei Maria"

Micchelini bietet draußen und drinnen sorgfältig zubereitete Pasta und Pizza sowie hausgemachte Desserts. Auch die Liste italienischer Weine kann sich sehen lassen!

● **Mango** €€, Paseo de las Palmeras 2, Tel. 922805362. Mit fantasievoll abgewandelter kanarischer Küche hebt sich das Lokal von der Fastfood-Konkurrenz ab. Man sitzt an schmiedeeisernen Keramiktischen bei Schummerlicht und beobachtet *Gustavo* in der halboffenen Küche bei der Arbeit. Er bereitet leckere Salate zu, z.B. *ensalada con higos* – saftige Trockenfeigen und Honigdressing bilden das süße Gegengewicht zum pikanten Cabrales-Käse! Die Kressesuppe *(potaje de berros)* kommt mit weißem Ziegenkäse daher, der traditionelle Eintopf *(puchero)* mit Rippchen, Koriander und Gofio-Kugeln. Beim letzten Besuch schmeckte besonders gut das Ziegenfleisch-Ragout *(carne de cabra)*. Chillout- und Jazz-Musik sorgen für Entspannung; auch auf der Terrasse kann gespeist werden.

● **Yaya** €, Av. de las Palmeras, Tel. 922805008, Mo geschl. Die Bar ist inzwischen zur Pizzeria mutiert und bietet nun Fastfood zum Sattwerden.

● **La Ñamera** €, Paseo de las Palmeras, Tel. 922805884, tgl. ab 9 Uhr. Beliebtes Café mit Konditorei in erster Strandreihe. *Christa, Beate* und *Isabel* bieten Backwaren von süß bis salzig, verschiedene Torten, großzügig belegte Brötchen und Croissants, Pizzastücke und abends Cocktails. Dazu starker italienischer Kaffee, Kräutertees und frisch gepresste Obstsäfte.

● **Zumería Gran Rey** €, Av. de la las Palmeras 6, Tel. 922805175. Frühstück, beste Fruchtsäfte, Milkshakes und eine große Auswahl an Eis.

● **El Baifo** €€, Ed. Normara, Tel. 922805775, tgl. außer Fr ab 19 Uhr. Kleines, elegantes Restaurant in einer Seitenstraße von La Playa. Abends füllt es sich so rasch, dass eine Reservierung zu empfehlen ist. *Andy* aus Malaysia tischt Exotisches aus seiner Heimat auf. Lecker schmecken z.B. *sopa Koh-Fi Fi* mit Krabben, Zitronengras und Kokosmilch, dann ein zartes *filete de pescado al vino*, Fisch in Weißwein. Und zum Abschluss einen *licor de Malaisia*, den traditionellen Gewürz- und Kräuterlikör des Landes. Wer „Kaiserente" mag, muss zwei Tage vorher Bescheid sagen, auch für die Reistafel *singareja* ist eine vorherige Absprache nötig. Sie besteht aus Ziegenfleisch und Rindfleischcurry, Hühnchen und Krabben sowie Gemüse in Erdnusssauce.

● **Las Olas** €, La Playa s/n, beim letzten Besuch geschlossen. Terrassenlokal mit Dachgarten, beliebt zum Sonnenuntergang.

● **Bar Internet** €, Ed. Normara, Tel. 922805122, www.barinternet.de, Mo–Sa ab 10.30, So ab 17 Uhr. An der Bar serviert *Doris* gut gelaunt Tequila Sunrise, Cognac und Kaffee und philosophiert dabei über „Gott und Gomera". En passant kann man an einem der PCs surfen, Urlaubsfotos verschicken oder sie auf CD brennen lassen.

Einkaufen

● **Pan de Vueltas,** Calle La Noria s/n, www.pandevueltas.com, tgl. 8–20 Uhr. Im Edificio Plaza Mayor bekommt man gutes Brot und leckere Teilchen – frisch und handgemacht.

● **El Fotógrafo,** Paseo de las Palmeras, Tel. 922805477, www.elfotografo.de, So geschl. Deutschsprachige Zeitungen und Zeitschriften, Literatur, Reise- und Wanderbücher, Gomera-DVDs und eine unschlagbar große, mehr als 1000 Motive umfassende Postkartensammlung.

● **Oro,** Paseo de las Palmeras, La Playa. Seit 1988 stellt *Christine Müller-Connert* Schmuck aus Lava und Edelsteinen, Perlen und Korallen, Silber und Gold aus.

Kinderbetreuung Kangorooh

Eltern, die etwas unternehmen wollen, dürfen sich freuen: Stunden- und auch tageweise können sie ihre 3–11-jährigen Kinder von *Claudia Huckenbeck* betreuen lassen. Da gibt es Workshops, es wird gelesen und gespielt, gemalt, gebastelt und experimentiert ... **Kangorooh,** Calle La Noria 5, La Playa, Mobiltel. 659681469, www.kangorooh.com.

Aktivitäten • **Wandern, Radfahren, Bootstouren, Tauchen:** siehe Kapitel „Valle Gran Rey: Aktivitäten".

Nightlife Zum Sonnenuntergang versammelt man sich vor *Marías* Bar und hört den Trommel-Rhythmen zu, vielleicht ist auch ein Feuertänzer dabei. Danach trinkt man etwas in einem der Terrassenlokale, bevor man die **Piano Bar** (in der Gomera Lounge), in die **Bar Internet** oder die chillige **Jazz-Bar** überwechselt.

La Puntilla

Das Wohnviertel verbindet die Ortsteile La Playa und Vueltas. Seine zentrale Palmenpromenade ist von hübschen Apartmentanlagen, Läden und Restaurants gesäumt.

La Puntilla verdankt seinen Namen („kleines Kap") einer ins Meer vorspringenden, tamariskenbewachsenen Landzunge. Diese trennt zwei Lagunen, früher Badestellen der gomerischen Grafenfamilie: den **Charco del Conde** (Teich des Grafen) und den **Charco de la Condesa** (Teich der Gräfin). Auch die Baja del Secreto führt in graue Vorzeiten zurück – hier soll der Mord an *Hernán Peraza* geplant worden sein.

Gomeras erstes Biosphären-Hotel

Solarstrom, und konsequente Mülltrennung, Wasser- und Energiesparmaßnahmen, dazu Verwendung einheimischer Produkte: Das Hotel Gran Rey wurde für sein Öko-Management ausgezeichnet. All dies bleibt dem Auge des Gastes freilich verborgen. Was er erlebt, ist die Lage unmittelbar am Meer, das freundliche Ambiente und die attraktive Dachterrasse mit grandiosem Rundumblick. Hier wird das Frühstücksbüfett serviert, im Lauf des Tages Salate und Sandwiches, Kaffee & Kuchen. Auf der Dachterrasse befindet sich auch der lange Pool (mit Kinderbecken). Gleichfalls tollen Blick, entweder aufs Meer oder auf das weite, von Steilflanken umschlossene Tal, bieten die 100 Zimmer. Alle haben Sat-TV und Gratis-WLAN; mitten im Grünen befindet sich der Tennisplatz.

●**Hotel Gran Rey** €€ Av. Marítima s/n, La Puntilla, Tel. 922805859, www.hotel-granrey.com.

Unterkunft ●**Ap. Punta Marina** €€, Av. Marítima s/n, La Puntilla, Tel. 922806003. Attraktive Anlage in zweiter Reihe mit viel Naturstein, dekorativem Mini-Leuchtturm und einer Palmenallee. 19, mit dunklen Holzmöbeln behaglich eingerichtete Apartments mit Terrasse oder Balkon, dazu ein kleiner Poolgarten.

Cocktails mit Blick auf das Tal

VALLE GRAN REY: LA PUNTILLA

●**Ap. Paraíso del Conde** €€€, Av. Marítima 20, La Puntilla, Tel. 922805921, www.paraiso-del-conde.com. Hübsches, im Villenstil erbautes Haus in erster Strandreihe zwischen einer Grünfläche und der Straße. Die zwölf Apartments sind ausnahmslos freundlich eingerichtet. Die Zimmer im Erdgeschoss verfügen über Terrasse und direkten Zugang zum Pool, die im Obergeschoss über Balkon und Meerblick. Lärmempfindliche Gäste sollten die Apartments mit Schlafzimmer zur Straßenseite (Nr. 2, 3, 8) meiden.

●**Ap. Charco del Conde** €€, Av. Marítima s/n, La Puntilla, Tel. 922805597, www.charcodelconde.com. Langgestreckter, zweigeschossiger Bau am Baby-Beach; der Seriencharakter ist durch etwas Grün aufgelockert. Die 100 Apartments sind fast immer von Reiseveranstaltern belegt. Zum Innenhof blickt man auf den etwas sterilen Poolbereich.

●**Ap. Baja del Secreto** €€/€€€€, Av. Marítima s/n, La Puntilla, Tel. 922805709, www.bajadelsecreto.com. Terrassenförmig, mit pagodenähnlichen Dächern originell erbautes Haus am Baby-Beach, fast immer ausgebucht. Die 29 Apartments sind geräumig und komfortabel, verfügen über Terrasse bzw. Balkon und teilen sich einen Pool im fünften Stock. Gutes Preis-Leistungs-Verhältnis.

●**Ap. Residencial El Conde** €€, Av. Marítima s/n, La Puntilla, Tel. 922805233. Neues, mit kanarischen Architekturelementen im Villenstil attraktiv gestaltetes Apartmenthaus. Durch einen großen, mit umlaufenden Galerien geschmückten Innenhof mit Brunnen, Pflanzen und weit ausladender Freitreppe gelangt man in die Apartments – 28 an der Zahl, teils mit einem, teils mit zwei Schlafzimmern ausgestattet. Zur Meerseite verfügen sie über einen Balkon, zur Bergseite über große Terrassen. Auf dem zweigeschossigen Dach gibt es ein Solarium mit Duschen und Liegestühlen sowie einen hübschen Pool.

●**Ap. Jardín del Conde** €€, Av. Marítima s/n, La Puntilla, Tel. 922806008, www.jardindelconde.com. Zweigeschossige, hufeisenförmig um einen Poolgarten gruppierte Anlage mit viel Grün und Naturstein, gegenüber der Sandbucht Charco del Conde. Die 74 Apartments sind von der Straße abgewandt und ruhig, alle sauber und gut ausgestattet (Sat-TV, Toaster, Kaffeemaschine etc.). Im Erdgeschoss verfügen sie über eine Terrasse mit direktem Zugang zum Pool, im Obergeschoss über einen großen Balkon.

●**Ap. La Condesa** €€, Av. Marítima s/n, Tel. 922807049. Kleine Apartmentanlage am „Teich der Gräfin". Alle 26 Apartments verfügen über eine Wohnküche mit amerikanischer Bar, von der Terrasse blickt man direkt aufs Meer, das hier nur wenige Meter entfernt in die Felsbucht gespült wird. Trotzdem schläft man wunderbar ruhig, denn die Schlafzimmer sind nach hinten gerichtet. Besitzerin *Maite*, die viele Jahre in Venezuela gelebt hat, sorgt für ein freundlich-entspanntes Ambiente.

Essen und Trinken

●**El Bajío** €€, Av. Marítima s/n, Tel. 922805207, Mo geschl. Kleines Lokal von *Zia* und *Juan José*, etwas versteckt neben dem Hotel Gran Rey (mit Gratis-WLAN). Das Ambiente mit weinroten Wänden und Holztischen ist rustikal, die Küche klassisch-spanisch: Ausgefallen schmeckt das Rinderfilet in Honig-Rosinen-Soße sowie der im Ofen geschmorte Klippfisch (*bacalao*). Viele Gäste kommen aber auch wegen der erstklassigen *carne a la piedra*: Filet, das man

Poolgarten des Hotels Gran Rey

VALLE GRAN REY: LA PUNTILLA 201

Westen

VALLE GRAN REY: LA PUNTILLA

sich „auf dem heißen Stein" am Tisch selbst zubereitet. Fast alle Beilagen kommen frisch aus Großvaters Garten. Am Wochenende (meist Fr), wenn eine lokale Folklore-Band einheizt, kommen viele Gomeros.

●**Heladería La Crema** €, Av. Marítima s/n, Edificio Jardín del Conde, Tel. 922806115, tgl. ab 10 Uhr. Hier gibt es hausgemachtes Eis, Joghurtvariationen und frisch gepressten Saft, serviert von *Gerald-Luigi*. Einfach gigantisch: *Copa Gomera* mit Früchten und *Copa del Conde* mit Nüssen.

●**Telemaco** €€, Av. Marítima s/n, Edificio La Condesa, Tel. 922806319, meist Fr geschl. Großes Lokal an der Strandpromenade nahe dem Baby-Beach - bei klarer Sicht zum Sonnenuntergang schaut man bis El Hierro. Beliebt ist die Terrasse mit Blick aufs Meer, abends ist kanarische und internationale Kost angesagt.

●**Charco del Conde** €€, Av. Marítima s/n, Tel. 922805403, tgl. außer So ab 10 Uhr. Lokal mit Terrasse und Blick auf den Baby-Beach. Ruhige Unterhaltungsmusik und dazu passable kanarische Hausmannskost.

●**Abraxas** €€, Av. Marítima s/n, Mobiltel. 609277936, tgl. außer Mi ab 18 Uhr. *Wolfram* leitet das Mahl mit hausgemachtem Likör ein und beschließt es mit Früchten, die er in Hochprozentigem eingelegt hat. Dazwischen bietet er „vegetarische Schlemmereien" und „raffinierte Fleisch- und Fischgerichte", inspiriert von asiatischen und kanarischen Rezepten.

●**Café Olé** €, El Mantillo s/n, Mo-Fr 9.30-19.30, Sa-So ab 10 Uhr. *Martina*, seit 1991 im Valle, weiß, was die Szene braucht: Gratis-WLAN und Internet-Computer, Bücher und Zeitschriften, dazu eine Spielecke für die Kids vom nahen Baby-Beach. Serviert werden Frühstücksgedecke, hausgemachter Kuchen und Obstsaft, auch kleine Tagesgerichte. Die wohngemeinschaftliche Stimmung ist gut - da macht es nichts, dass man von der Terrasse nur auf die gegenüberliegende Hauswand schaut.

Aktivitäten

●**Timah,** Av. Marítima 14, Tel. 922807037, www.timah.net, Mo-Sa 10-13 und 17-20, So 18-20 Uhr. Seit vielen Jahren organisieren *Joseph* und *Anni* Wandertouren und Gomera-Gruppenreisen, neuerdings haben sie auch eine Kombination von Wandern und Yoga im Programm. Auf Wunsch vermitteln sie auch individuelle Unterkünfte oder komplette Pauschalpakete. In ihrem Laden verkaufen sie alles, was des Wanderers Herz begehrt: Wanderschuhe und -stöcke, Wollsocken, Pullis und Sonnenhüte, selbst ein Erste-Hilfe-Kasten ist dabei. Außerdem im Angebot: eine große Auswahl an CDs von gomerischen Gruppen, die man vor Ort anhören kann.

●**Bike-Stationen:** ⇨ S. 224

Kultur

●**Hotel Gran Rey,** Av. Marítima s/n. In der Bar auf der Dachterrasse finden Veranstaltungen statt: mal ein Gomera-Video, mal ein Info-Abend zu Wandermöglichkeiten oder eine Dia-Show zur Faszination von Walen und Delfinen.

Nightlife

●**Bodeguita del Medio,** Av. Marítima s/n. *Alf* und *Sabine* haben die Cocktailbar gegenüber vom Baby-Beach zu einem der beliebtesten Abendadressen gemacht. Gern lässt man hier den Tag bei einem Mojito ausklingen, versuchen Sie's mal mit dem Hemingway, einem Edel-Mojito mit Braunzucker und Sekt! Hin und wieder finden in der Bar Kunstausstellungen statt, einmal in der Woche, meist So, erklingt Live-Musik.

Vueltas

Am neu ausgebauten **Hafenviertel** scheiden sich die Geister. „Dort würde ich nie wohnen", sagen die einen, „mir ist das zu flippig". Die anderen dagegen preisen Vueltas als „das wahre Valle Gran Rey", genießen die Nächte mit Open End. So mancher fühlt sich erinnert an die Träume von einst, an ewige Jugend, wenn er nach langer Zeit nach Vueltas zurückkehrt.

Da ist es nicht wichtig, dass der Ortsteil alles andere als ein ästhetisches Schmuckstück ist. Zwischen Fischerkaten und Lagerhallen wurden Neubauten gezwängt, oft nicht viel mehr als „kostengünstige Patentlösungen". Im Hafenbecken tummeln sich Boote und Segeljachten, jeden Morgen brechen **Ausflugsschiffe** nach Los Órganos auf (⇨Bootsfahrten). Hin und wieder legt ein Kreuzfahrtschiff an der verlängerten Mole an; aus Schnellfähren werden Tagesbesucher aus Teneriffa „entladen".

Vueltas ist reich an **preiswerten Unterkünften.** Fast jeder Gomero vermietet Apartments, das Angebot reicht vom gepflegten Meerblickstudio bis zur Holzhütte am Hang. Doch nicht nur fürs Schlafen ist im Hafenviertel gesorgt. Attraktive Boutiquen, ein Info-Shop, Bio- und Einkaufsläden reihen sich in der Calle Abisinia aneinander, in der Parallelstraße entdeckt man gemütliche Cafés und Lokale. Dazwischen schiebt sich *die* Adresse für Nachtschwärmer, die legendäre **Bar Cacatúa.**

Info

●**Info La Paloma,** Calle Abisinia s/n, Apartado 14-E, Tel. 922806043, www.gomera.de, So geschl. *Conny, Barbara* und *Kerstin* sind über alles, was sich im Tal tut, bestens informiert, bei ihnen gibt es preiswerte Flugtickets nach Mitteleuropa und auf die Nachbarinseln, Tickets für Wander- und Bootsausflüge, Reiseführer, Post- und Inselkarten. Und auch wenn es so scheint, als seien alle Zimmer in Vueltas belegt – für die nächste Nacht findet man bestimmt eine Lösung!

Unterkunft

●**Ap. Tambara-Olivier** €€, Tel. 922805832. Fünf große Apartments mit herrlichem Ausblick, nur durch die Uferstraße vom Meer entfernt. Unten im Haus befindet sich eine beliebte Café-Bar. Infos zur Vermietung bekommt man im Supermarkt *Olivier* an der Hauptstraße; der Besitzer verfügt über viele weitere, über Vueltas verstreute Apartments (Tel. 922805351).

●**Ap. Avenida** €€, Rondo, Tel. 922805461. Zwölf ältere, etwas vernachlässigte Apartments mit Meerblick in einem viergeschossigen Bau oberhalb des Verkehrskreisels. Die Besitzer wohnen im ersten Stock und verfügen auch über zwei etwas bessere Wohnungen neben dem Restaurant *Telemaco* (La Puntilla).

●**Ap. Humberto** €€, Tel. 922805451. Ein blumengeschmückter Weg führt vom Ortszentrum 50 m hinauf zu einem liebevoll restaurierten Haus, dessen Besit-

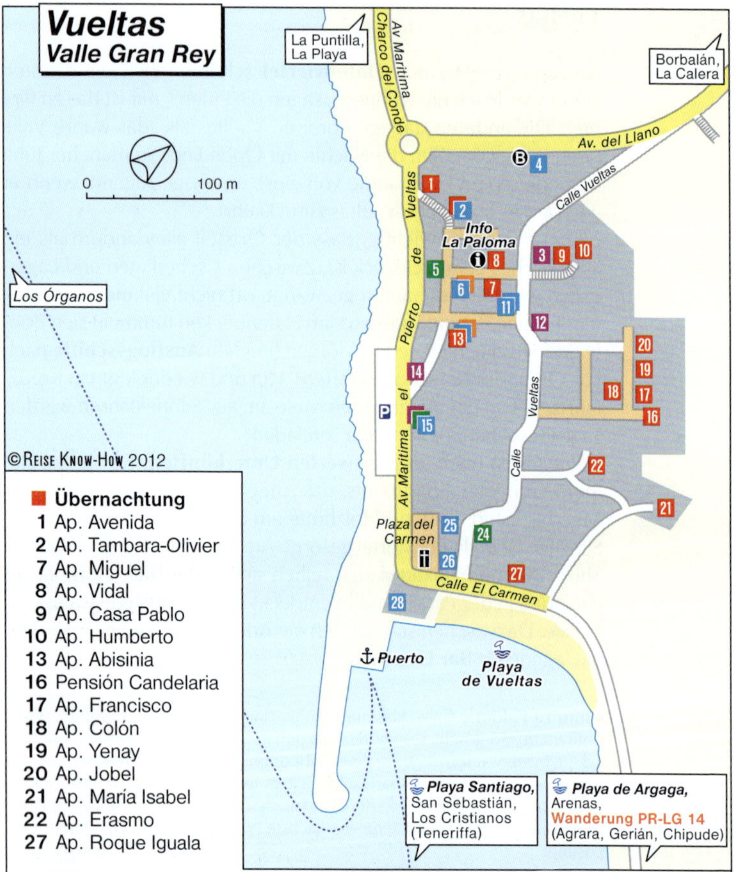

VALLE GRAN REY: VUELTAS

■ Übernachtung
- 1 Ap. Avenida
- 2 Ap. Tambara-Olivier
- 7 Ap. Miguel
- 8 Ap. Vidal
- 9 Ap. Casa Pablo
- 10 Ap. Humberto
- 13 Ap. Abisinia
- 16 Pensión Candelaria
- 17 Ap. Francisco
- 18 Ap. Colón
- 19 Ap. Yenay
- 20 Ap. Jobel
- 21 Ap. María Isabel
- 22 Ap. Erasmo
- 27 Ap. Roque Iguala

■ Essen und Trinken
- 2 Café Tambara
- 4 La Dolce Vita
- 6 Cacatúa Terrassencafé
- 11 Bistro/Chiquitín
- 13 Abisinia/El Pescador
- 15 La Salsa
- 25 TuYo
- 26 Puerto/Trasmallo
- 28 Cofradía de Pescadores

■ Nachtleben
- 6 Cacatúa
- 13 La Tasca

■ Geschäfte
- 5 Ansiria / Chez Marie
- 15 Charcutería
- 24 Vino Tinto

■ Aktiv
- 3 ÖkoTours
- 12 Biker's Inn
- 14 Oceano
- 15 La Fortaleza

VALLE GRAN REY: VUELTAS

zer, Señora *Conchita* und ihr Mann *Tito,* dafür sorgen, dass es den Gästen an nichts fehlt. Das Haus steht in ruhiger Hanglage und verfügt über acht freundliche Studios und Apartments. Die zur Südostseite gelegenen sind den ganzen Tag über sonnig, der Blick reicht über die Dächer von Vueltas zum Hafen. Wer es schattiger liebt, wählt die Wohnungen mit Blick über Borbalán zum Meer. Optimal ist *ático 2,* das Dachstudio mit Balkons nach beiden Seiten. Eine Terrasse zum ummauerten Garten mit Wasserspiel bieten Nr. 5 und 6, die Dachterrasse ist für alle zugänglich.

● **Ap. Casa Pablo** €€, Tel. 922805179, apartamentoscasapablo.com. Zur gleichen Familie gehörig: *Pablo,* der Fischer *(El pescador),* vermietet in seinem Haus 50 Meter unterhalb von *Humberto* neun einfache Apartments.

● **Ap. Miguel** €€, Tel. 922805307. Verteilt auf mehrere Häuser im Ortszentrum: schräg gegenüber vom Reisebüro *La Paloma* fünf einfach eingerichtete Apartments, am größten ist die Dachwohnung mit zwei Terrassen und Ausblick über Vueltas. Neuer und komfortabler sind die sechs Wohnungen im Nebenhaus, am ruhigsten die Apartments am Hang zwischen Jobel und Yenay.

● **Ap. Vidal** €/€€, Tel. 922805275. Großer Neubau im Ortszentrum nahe der Kneipe *Cacatúa:* zwölf Apartments unterschiedlicher Größe und Qualität; Blick aufs Meer leider verstellt.

● **Ap. Abisinia** €, Calle Abisinia s/n, Tel. 922805893, www.abisinia.net. Drei helle und saubere, zudem sehr preiswerte Wohnungen neben dem Restaurant gleichen Namens, alle mit Balkon und direktem oder seitlichem Meerblick.

● **Pensión Candelaria** €/€€, Tel. 922805402, www.pensioncandelaria.de. Gepflegtes Haus in einer ruhigen Seitengasse am Hang mit zehn Apartments und Zimmern, alle geräumig und mit hellen Kiefernholzmöbeln eingerichtet. Einige haben einen großen, überdachten Balkon, von dem man direkt in die Küche gelangt. Die Studios auf dem Dach teilen sich jeweils eine Terrasse; mit einer eigenen Terrasse wartet das begehrte teurere Dachapartment (max. vier Pers.) auf.

● **Ap. Francisco** €, Tel. 922805649. Gleich neben der Pension Candelaria reiht sich in einer ruhigen Gasse ein Apartmenthaus ans nächste: *Francisco Rodríguez Álvarez* macht den Anfang; er vermietet drei helle, neuere Apartments.

● **Ap. Yenay** €, Tel. 922805471. Gleich daneben: acht einfache, ruhige Apartments, vier davon mit je zwei Schlafzimmern, Wohnküche und Balkon, die anderen mit nur einem Schlafzimmer und Blick zum Hang. Je höher, desto besser!

● **Ap. Colón** €, Tel. 922806013. Der passionierte Angler *Eberhard Schotte* vermietet sechs Apartments in einem dreistöckigen Haus am Hang, direkt gegenüber vom *Yenay.* Vier Wohnungen verfügen über einen Balkon, die Dachterrasse steht allen Gästen offen. Auf Wunsch gibt es Sat-TV und Frühstück.

● **Ap. Jobel** €€, Tel. 922805425. Am Ende der ruhigen, bei der Pension *Candelaria* abzweigenden Gasse: ein Haus mit vier Apartments, drei davon mit Blick aufs Meer. Am schönsten ist das auf der Dachterrasse.

● **Ap. Erasmo** €, Tel. 922805180. Dreistöckiges Haus mit elf von leuchtendvioletter Bougainvillea umrankten Apartments (alle mit Balkon) in einer stillen Seitengasse. Am Club de Mar die Straße hinauf und nach 50 Metern links!

● **Ap. Roque Iguala** €€, Mobiltel. 670654346 und 61671 4121. Das halbrunde Gebäude vor dem Hafenstrand ist ein architektonischer Lichtblick. Die sieben Apartments sind mit Naturmaterialien minimalistisch eingerichtet. Am besten sind die im dritten Stock, da sie über eine größere, von der Straße nicht einsehbare Terrasse verfügen. Die übrigen haben nur einen kleinen Balkon, auf dem man sich ein wenig „wie auf dem Präsentierteller" fühlt. Schön ist für alle das morgendliche Erwachen: man blickt über den Hafen und sieht die Sonne aufgehen! Benannt ist das Haus nach einem Fels, der von der Inselsteilwand abgesprengt einsam in den Fluten liegt und von hier zu sehen ist. Señor *Carlos,* der Besitzer, hat sein Geld mit der Saftbar in La Calera verdient.

●**Ap. María Isabel** €/€€, Tel. 922805483. Fünf Apartments im Haus der geschäftstüchtigen Besitzerin an der vom Vueltas-Strand steil aufwärts führenden Straße. Zusätzlich ließ *María Isabel* auf dem Grundstück fünf Holzhütten bauen; Küche und Bad muss man sich teilen; bei Sonneneinstrahlung wird es extrem heiß. Seitlich vier weitere einfache Zimmer mit Gemeinschaftsbad und Küche. Vermietung moderner, teurerer Apartments in Wohnblocks im Hafen.

Essen und Trinken

●**Tambara** €, Mi geschl. Orientalisches Café mit einem Balkon hoch überm Meer – einer der schönsten Orte zum Sonnenuntergang-Schauen, aber auch für die Zeit um Mitternacht. Bunte Mosaiken und Möbelornamente scheinen von „Tausendundeiner Nacht" inspiriert, die Musik ist international, meist afrikanisch-arabisch. Es gibt reich belegte Brötchen und Sandwiches, Kuchen, Falafel und arabische Tapas, frisch gepresste Säfte von Avocado bis Waldfrucht und exotische Cocktails.

●**Bistro** €, Calle Vueltas s/n, tgl. 9–24 Uhr, Donnerstagvormittag geschlossen. Gemütliches Eckcafé für jede Tageszeit, geleitet von *Bernd* und *Sabrina.* Es gibt über zehn Kaffeevariationen von *carajillo* (Kaffee mit Brandy) bis *café ron* (Kaffee mit Rum), frisch gepresste Obstsäfte, Joghurtgetränke und Eisvariationen. Nirgends ist die Frühstückskarte so vielfältig wie hier: Die Palette reicht vom „Kleinen Schwarzen" mit Espresso und Gauloise über „Fast Food", das genau das Gegenteil von dem ist, was es verspricht, vom „Sano" mit Vollkornbrot, Erdnussmousse, Müsli, Orangensaft und Getreidekaffee (!) bis zum „Broken Dreams", dessen Opulenz über enttäuschte Hoffnungen hinwegtrösten soll. Außerdem: belegte Brötchen, Croissants, Crêpes süß und salzig, abends werden ausgefallene Cocktails und Longdrinks angeboten. Reiche Auswahl an deutschen Zeitungen und Zeitschriften, Spielen und Karten.

●**La Dolce Vita** €, Carretera General s/n, Tel. 922805733, tgl. außer Di ab 9 Uhr. Traditionsreiches Szenelokal. *Anita* serviert Frühstück und Tapas, später ein Potpourri aus Pasta, Veggie-Gerichten und internationalen Klassikern. Ein guter Ort, um auf der Terrasse auf den Bus zu warten.

●**Chiquitín** €, Tel. 922806162, tgl. außer Mi ab 18 Uhr. Chiquitín heißt „winzig klein": Nur ein paar Bistro-Tische finden Platz, der am Eingang zur Gasse ist am schnellsten belegt. Signore *Mimo* aus Neapel steht in der offenen Küche und backt knusprig-dünne Pizza in bekannten und weniger bekannten Varianten, z.B. mit Garnelen und Lachs oder vegetarisch mit Rucola!

●**El Pescador** €, Tel. 922805003, tgl. ab 18 Uhr. Kleines Lokal mit maritimem Flair. Die Fischgerichte sind preiswert, sehr begehrt sind die Take-away-Hühnchen vom Grill. Dazu wird gomerischer Wein vom Fass ausgeschänkt.

Kapelle in Vueltas

VALLE GRAN REY: VUELTAS

- **Abisinia** €€, Tel. 922805893, www.abisinia.net, tgl. außer So ab 18 Uhr. Nicht minder klein, von einer kanarischen Familie geführt. Die Mutter steht in der Küche und bereitet schmackhafte kanarische Hausmannskost zu: frischen Fisch und importierte Seezunge, Fischkroketten und Tintenfisch, *papas arrugadas* und Mojo-Soße. Auch das Kaninchen in pikanter Soße *(conejo en salsa)* ist lecker!
- **Cacatúa Terrassencafé** €, tgl., außer So, ab 10 Uhr. Neben der legendären Bar hat sich ein Terrassencafé etabliert, in dem unter schattigen Bäumen Frühstücksgedecke von „klein" bis „groß", reich belegte Sandwiches und Tapas angeboten werden; dazu servieren *Pedro* und *Alfredo* Säfte und Milchshakes.
- **La Salsa** €€, Tel. 922805518, ab 19 Uhr, wechselnder Ruhetag, lange Sommerpause. „Wir sind scharf auf junges Gemüse" – so wirbt *Monadeva*, mit bürgerlichem Namen *Robert Bauer*, für sein vegetarisches, „mikrowellenfreies" Restaurant. Geboten wird Exotisches aus Thailand und Indien, Mexiko und Arabien, darunter Tofu-Spießchen vom Grill und Nachos mit Avocadocreme, auf indische Art zubereiteter Spinat und gebratene Austernpilze. Man kann sich auch für eine der zahlreichen Salatvariationen entscheiden – als Beilage oder als Hauptgericht. Und zum Abschluss sei ein marokkanischer Minztee empfohlen – auf einem Kissenpodest, echt orientalisch!
- **TuYo** €€, Calle del Puerto s/n, Tel. 922805299, www.tuyo-lagomera.com, tgl. ab 18.30 Uhr (Mai–Sept. geschl.). *Tuyet* und *Jorgos*, aus deren Anfangsbuchstaben sich der Restaurantname zusammensetzt, bieten in arabisch-asiatischem Ambiente Gerichte aus aller Welt. Wo immer möglich, verwenden sie

Bio-Zutaten, die sie mit frischen Kräutern würzen. Leser lobten die leichte Zubereitung und das gute Preis-Leistungsverhältnis („außergewöhnliches kulinarisches Erlebnis"). Beim letzten Besuch schmeckten sehr gut „Thun auf kreolisch", süß-pikant abgeschmeckt mit Mango, Ananas und Chili sowie die Rinderfiletstreifen mit Ingwer nach einem Rezept von *Tuyets* vietnamischen Vater.

●**Trasmallo** €, Av. Marítima s/n, Tel. 922805092, wechselnder Ruhetag, 13.30–15.30 und 18–22.30 Uhr. *Julián* und *Rosa* bereiten gute Fischgerichte zu, dazu Risotti, Meeresfrüchte und Paella sowie ein preiswertes Menü.

●**Puerto** €/€€, Calle Vueltas s/n, Tel. 922805224, tgl. ab 12 Uhr. Vorn an der Bar gibt es Fisch-Tapas, für die Gäste im Saal bereitet *Benjamín* Thunfischsteaks in allen denkbaren Varianten zu: gegrillt, paniert oder mariniert in Essig, Knoblauch und Oregano. Wer die Vielfalt der Fischgerichte kennen lernen möchte, bestellt eine große *parrillada de pescado*.

●**Cofradía de Pescadores Nuestra Señora del Carmen** €, Puerto, Tel. 922 806119, tgl. ab 6 Uhr. Das Lokal der Fischergenossenschaft bietet Tapas, die man sich in der Vitrine aussuchen kann. Lärmig-gemütliches Ambiente mit vielen Einheimischen an der Bar, leiser ist es auf der Terrasse, wo man die einlaufenden Boote im Blick hat.

Einkaufen

●**Obst und Gemüse:** In Vueltas gibt es ein gutes Angebot an Frischwaren, kleine, allerdings nicht gerade billige Supermärkte sind quer über den Ortsteil verstreut.

●**Bioladen:** *Ansiria*, Calle Abisinia 8, www.bioshop-gomera.com. Bei der Schweizerin *Switi* alias *Silvia Maria* gibt es Vollkornbrot und Reformhauspasteten, Honig und Marmeladen, köstliche Nirwana-Schokolade und allerlei Kräutertees, dazu ein großes Angebot an Naturkosmetik und Kleidern aus recycelten Materialien.

●**Metzgerei:** *Charcutería-Carnicería*, Casa Amarilla, Tel. 922806193, So und Mo geschl. In der ersten deutschen Metzgerei auf gomerischem Boden verkauft *Christopher* frische Wurstwaren.

●**Käse & Wein:** *Vino Tinto*, Carretera General s/n. Gute Tropfen von Gomera und Teneriffa, dazu Gofio und Mojo-Soßen sowie ausgesuchte Molkereiprodukte, Ziegen- und Almogrote-Käse. Vor dem Kauf darf probiert werden!

●**Mode und Kunsthandwerk:** Klamotten- und Kunsthandwerksläden findet man vor allem. in der verkehrsberuhigten Gasse Abisinia: *Chez Marie* ist eine gute Adresse für ausgefallene Designer-Stücke, Indie- und Hippie-Mode, immer vital und bunt-expressiv.

Kultur

●**Oceano,** Calle Quema 7, Edificio Amaya, Tel. 922805717, www.oceanogomera.com, meist 9.30–13 und 17–19 Uhr. Im Büro vom Oceano (Nachfolger des Club de Mar) wird die dreisprachige Dauerausstellung „Delfine und Wale vor La Gomera – Artenvielfalt im Wandel" gezeigt. Dazu gibt es einen Raum, in dem Originaltöne der Buckel- und Blauwale, der Zügeldelfine und

Picknick on the rock

Stadtplan S. 204, Übersichtskarte S. 184   **VALLE GRAN REY: VUELTAS**

Westen

VALLE GRAN REY: BORBALÁN

Großen Tümmler zu hören sind. Im Oceano werden Vorträge gehalten, außerdem zeigen Filme und Diashows die Gefahren auf, denen die Meeresbewohner ausgesetzt sind.

Aktivitäten
- **Wandern:** *ÖkoTours,* Calle Vueltas (unterhalb Casa Pablo), Tel. 922805234, Mobiltel. 690809160, www.oekotours.com. Für botanische Touren mit dem Diplombiologen *Dieter Scriba* kann man sich im Wanderladen anmelden. Dort bekommt man auch Rucksäcke, Teleskop-Wanderstöcke und Sportkleidung sowie Postkarten, Wander- und Reiseführer.
- **Offenes Singen:** Anmeldung bei *Öko-Tours* (s.o.). Einmal wöchentlich (meist Mi gegen 13 Uhr) kann man sich bei der Profi-Sängerin *Monadelisa* gegen geringe Gebühr in den mehrstündigen Touristen-Chor einklinken. Auch individueller Unterricht ist möglich.
- **Gesundheitszentrum:** *La Fortaleza,* Res. El Llano, Tel. 922805961, www.fortalezafitness.com. Fitness-Studio mit Sauna, Wellness und Massage, außerdem Tanz- und Yogakurse.
- **Bootsfahrten, Whalewatching, Angeln** und weitere Aktivitäten ⇨ S. 218 f.

Meditation
- **Finca Argayall,** ⇨ S. 219

Nightlife

„Die Nacht ist nicht allein zum Schlafen da" – vor allem in Vueltas beherzigt man diesen Spruch und trifft sich am frühen Abend in der Bar **Tambara** und im **Bistro** (⇨ „Vueltas, Essen und Trinken"), später wechselt man über ins **Cacatúa**, ein seit Jahren beliebtes Szenelokal. Weiterer Anlaufpunkt im nächtlichen Vueltas ist die gemütliche Pinte **La Tasca**, erreichbar über einen Treppenweg neben dem Restaurant *El Pescador*. Bei schummrigem Licht trifft sich hier ein bunt gemischtes, kanarisch-deutsches Publikum und genießt Musik von Salsa bis Son und Flamenco. *Miguel Ángel* mixt köstliche Cocktails, Mimosin, Mojitos und Daiquiris. Am beliebtesten ist *Caipirinha especial* mit Maracuja oder auch Caipirinha normal, bei dem nicht an frischen Limetten gespart wird. Und wenn das Lokal um 2 Uhr morgens schließt, geht es weiter zur Disco – die Nacht ist noch lang ...

Fruchtgarten
- **Finca Tropical,** Tel. 922697004, meist Di und Fr 10–17 Uhr. Wer sich dafür interessiert, wie tropische Früchte, z.B. Mangos, Papayas und Chirimoyas, wachsen, folgt ab Vueltas dem gelb markierten Weg PR-LG 14 Richtung Argaga und geht vor der Finca Argayall links hinauf. Bei der Führung durch Familie *Schrader* erfährt man Interessantes über die Aufzucht der Pflanzen. Im recht deftigen Eintrittspreis ist die Kostprobe von ca. 10 Obstsorten eingeschlossen.

Borbalán

Einst ein Palmenweiler, heute im Übergangsstadium zur Feriensiedlung – der Ortsteil Borbalán liegt an der breiten, vom Hafen nach La Calera führenden Straße und verlockt nur wenige zum Halt. Viele Neubauten wirken gesichtslos, Bananenfelder sind ein-

Das touristische Geschäft –
von Siegern und Verlierern

Die Gomeros aus Valle Gran Rey verstehen etwas vom Geschäft. Schon früh erkannten sie, dass sich an den Müßiggängern, die das Tal besuchten, recht gut verdienen ließ. *Basilio,* der Dorfpolizist, drehte bereits in den 1970er Jahren seine abendliche Runde, achtete darauf, dass niemand die Zeche prellte und im Freien nächtigte. Im Laufe der Jahre stieg die Zahl der Gäste permanent an, immer mehr Unterkünfte wurden gebraucht. Jeder Gomero, der es sich leisten konnte, erweiterte sein Haus sowohl nach oben als auch zur Seite – nicht selten wurden auch die Garagen als Schlafraum genutzt. Viele Fischer hörten auf, zur See hinauszufahren – das Geschäft mit den *Guiris,* den vor allem aus Deutschland „einfallenden" Touristen, war lukrativer. So erweiterten sich die schummrigen Dorfbars zu Restaurants, es entstanden Discos und Saftbars.

Es gab Gomeros, die gut an den Fremden verdienten und dennoch unzufrieden waren. Waren die Rucksacktouristen wirklich die Kunden, die man wollte? Hatten sie nicht ständig Unruhe auf die Insel gebracht, Haschisch geraucht und Unzucht getrieben? Und waren sie nicht viel zu unberechenbar: kamen, ohne zu wissen wie lange, verließen das Zimmer, sobald sie etwas Besseres gefunden hatten!? Drüben auf Teneriffa kamen Touristen doch auch nicht nur für wenige Tage, sondern oft gar für zwei oder drei Wochen. Ließ sich an ihnen das Geld nicht viel besser verdienen?

Inzwischen sind die Pauschaltouristen da, nun haben die Gomeros ihre „Bescherung" und sind noch immer nicht glücklich. Denn nicht bei ihnen wohnen die Gäste, sondern bei TUI und *Neckermann,* im Hotel *Gran Rey* oder in einem der hochgezogenen Apartmenthäuser. Einzig die Großgrundbesitzer lachen sich ins Fäustchen. Sie haben die von der EU ohnehin nicht mehr geförderten Bananenplantagen gegen Bares getauscht – und da stört es sie nicht, dass das grüne *mar de plátanos,* dem das Tal seinen Zauber verdankt, in den Planspielen des Bürgermeisters schon jetzt nicht mehr vorkommt.

Valle Gran Rey: Borbalán

zelnen Apartmenthäusern gewichen. Beschaulich geht es nur noch im alten Teil von Borbalán am Fuße der südlichen Talwand zu. Längs des Fußwegs hinter dem Restaurant *El Palmar* spürt man noch etwas vom früheren Zauber: Palmen und wuchernde Bananenstauden, dazwischen eingesprengt schon etwas verblichene Herrenhäuser wie die Villa Aurora.

Info

- **Immobiliaria Carlos Alonso,** Carretera General s/n, Tel. 922806015, www.carlosalonso.com, Mo–Fr 9–13 und 16–20 Uhr, Sa 9–13 Uhr. *Señor Carlos,* der 30 Jahre in Bremen gelebt hat, verkauft und vermietet Apartments aller Preisklassen, einige auch in Vueltas und La Playa (dort z.B. El Cieno II). Außerdem Rechtsberatung und Abschluss von Versicherungen. Effizienter, professioneller Service.

Unterkunft

- **Ap. Laurisilva** €€, Borbalán, Tel. 902500669, buchbar über Reiseveranstalter. Große Apartmentanlage mit Pool, sauber, praktisch und funktional, immerhin keine Animation! Einige Apartments haben Blick über Bananenplantagen aufs Meer.
- **Finca La Roseta** €€, Borbalán, Tel. 922805515, www.viajes-gran-rey.com. Im kanarischen Villenstil attraktiv gestaltete Anlage, an Bananenfelder und einen Palmenhain angrenzend, 150 Meter oberhalb der Straße von La Calera nach Vueltas und in unmittelbarer Nachbarschaft des Restaurants *El Palmar*. In den komfortablen, 40 bis 80 Quadratmeter großen Apartments mit Balkon wurde an edlen Materialien nicht gespart: Der Boden ist ebenso aus Marmor wie das gesamte Bad, die Einrichtung durchweg elegant. Besonders großzügig ist Apartment Nr. 11 mit Eckterrasse und gemauerter Bank sowie Nr. 12 auf dem Dach mit besonders ausgedehnter Terrasse. Die Finca teilt sich mit der benachbarten Anlage *Borbalán* einen subtropischen Garten mit Pool.
- **Ap. Borbalán** €€, Borbalán, Tel. 922805021. Idyllisch gelegene, absolut ruhige Anlage mit sieben um eine Rasenfläche und einen Pool gruppierten Apartments. Teilweise verfügen sie über eine Terrasse, teilweise über einen holzgeschnitzten kanarischen Balkon.
- **Villa Aurora** €/€€, Calle Borbalán s/n, Tel. 922805053, www.apartamentosvillaaurora.com, Rezeption Mo–Sa 11–15 Uhr. Besonderen Reiz übt für viele das alte Haupthaus mit seinen einfachen Zimmern aus. Daneben entstand eine kleine moderne Ferienanlage mit Apartments für 2–5 Personen, jeweils mit Terrasse oder Balkon, sowie Sonnenterrasse mit Pool.
- **Residencial El Llano** €€, Calle El Puescuecito 1, Tel. 922805489, www.residencialelllano.com. 48 Komfortapartments gruppieren sich um einen attraktiven Palmen-Pool-Garten. Die meiste Sonne bieten die Wohnungen A21-22 sowie B21-22. Günstigere Preise bei Pauschalbuchung.
- **Weitere Unterkünfte in Borbalán:** günstig buchbar beim Info-Büro La Paloma in Vueltas (siehe dort).

Essen und Trinken

- **El Palmar** €€, Borbalán, Tel. 922805332, tgl. außer So. ab 18 Uhr. Mittelklasselokal inmitten eines Palmenhains mit leckerer *potaje de berros* (Kressesuppe). Das *solomillo de cerdo al coñac* (Schweinefilet) fällt leider etwas klein aus, und die *calamares a la romana* könnten knackiger sein. Nichts falsch machen kann man mit gebratenem Ziegenkäse.

VALLE GRAN REY: BORBALÁN

Rings um einen Pool gebaut – Residencial El Llano

Sonntags im Valle

Vormittags pilgert man zum **Mercadillo** am Busbahnhof, wo im Schatten von Lorbeerbäumen Originelles verkauft wird: Schmuck, geschnitzt aus Avocado-Kernen, aus Messing und Sägespänen(!). Es gibt viel Recyceltes, dazu Aloe-Vera-Produkte, Palmen- und Bienenhonig und ätherische Öle. An Tischen wird Schach gespielt, zwei Bars haben Hochkonjunktur. Ab 18.30 Uhr bekommt man im **Hotel Gran Rey** Gomera-Spezialitäten am Büfett, ab 21 Uhr erklingt in der **Bodeguita del Medio** Live-Musik.

Einkaufen   In Borbalán leben viele Residenten, darum gibt es hier auch einen großen Supermarkt sowie Läden und Boutiquen – allesamt an der Durchgangsstraße.
●**Finca Ecológica Lomo del Riego,** Mo–Fr 9–13, 16.30–19.30, Sa 9–13 Uhr. Auf dem Weg nach Calera), kurz vor dem Busbahnhof, führt ein pflanzenumranktes Zauntor in einen Gemüsegarten: Dort verkauft *José Manuel Chinea* in einer urigen Hütte Gemüse, Obst und frische Kräuter aus eigenem Öko-Anbau; im angeschlossenen Bio-Laden findet man alles, was man zum Leben braucht: von Rapunzel-Schokolade über Vollwert-Pasta bis Wein und Bio-Butter.
●**Pan de Vueltas** €, Los Llanos s/n, www.pandevueltas.com, tgl. 8–20 Uhr. Der Ableger der gleichnamigen Bäckerei in La Playa bietet das klassische deutsche Sortiment – auf der Straßenterrasse trinkt man gern einen Kaffee.

Obertal

Fernab vom Tourismus, damit aber auch fern von Nightlife und Strand, lebt man im Obertal des Valle Gran Rey. Sehr beliebt ist der Weiler **El Guro,** wo sich in der Vergangenheit Bildhauer und Maler niederließen: ein Ort in ländlicher Idylle, in dem man noch vom krähenden Hahn geweckt wird und Lust aufs Wandern bekommt – direkt vor der Haustür starten gut ausgebaute Wege.

Unterkunft   ●**Casa Nelly** €€, Cañada La Rosa s/n, El Guro, Tel. 922805084. Kleine, attraktive Anlage, drei Kilometer vom Strand und 1,2 Kilometer von La Calera entfernt: eines der beiden frei stehenden Häuser liegt zur Straße, das andere zum Poolgarten mit Grillplatz und Blick auf die Berge. Insgesamt acht Apartments, alle freundlich eingerichtet und von Besitzerin *Nelly* gut gepflegt.

Strände

Man hat im Valle Gran Rey die Wahl zwischen mehreren naturbelassenen Stränden. Sie sind allesamt klein, doch einer von ihnen, die Playa del Inglés, befindet sich in herrlicher Lage am Fuß steiler Klippen. **Campen** ist am Strand **nicht erlaubt** – laut mehrsprachiger Anordnung „weder im Auto noch im Campingwagen, Zelt oder Schlafsack".

Playa de Valle Gran Rey

Der Dorfstrand erstreckt sich auf einer Länge von fast einem Kilometer und ist teilweise von großen Kieselsteinen bedeckt. Nur an seinem Nordrand, im Ortsteil **La Playa,** wird oft Sand angeschwemmt, weshalb man dort am leichtesten ins Wasser steigen kann. Dank der vorspringenden Landzunge ist das Baden in der Regel ungefährlich. Abends trifft man sich auf der Mauer der **Promenade** zur „Anbetung" des Sonnenuntergangs.

Charco del Conde

Die von Tamarisken gesäumte „Lagune" im Ortsteil **La Puntilla** wird im Szene-Jargon **„Baby-Beach"** genannt. Für die Allerkleinsten ist dies vor allem bei Ebbe ein idealer Planschtümpel; dann ist das Gewässer absolut still, und man genießt sogar ein paar Meter Sandstrand. Während die Kids nach Herzenslust Förmchen füllen, können die Eltern auf der Terrasse des gegenüberliegenden Restaurants einen Drink zu sich nehmen – natürlich in Sichtweite der Sprösslinge.

Playa del Inglés

Von **La Playa** führt eine knapp einen Kilometer lange Straße nordwärts zur Playa del Inglés, dem „Strand des Engländers". Der Name bezog sich ursprünglich auf die im 16. Jh. hier gelandeten Korsaren der englischen Krone, später wurde er auf alle hier „herumgeisternden" Fremden übertragen. Schlecht angesehen waren vor allem die Nackedeis, die sich jahrelang über das aufgestellte FKK-Verbotsschild hinwegsetzten. Heute ist das Nacktbaden laut dem offiziellen, vom spanischen Küstenministerium herausgegebenen Strandführer erlaubt und wird in großem Stil praktiziert.

Die Playa del Inglés, der wohl **schönste Strand der Insel,** liegt am Fuße einer über 600 Meter hohen, rötlich schimmernden Steilwand und ist links und rechts von zerklüfteten Felsen umrahmt. Der feine, pechschwarze Sand kontrastiert mit der Gischt der Wellen, herumliegende Felsblöcke dienen als Schutz vor dem umherwirbelnden Flugsand. So verführerisch das Wasser auch wirken mag: zum **Schwimmen** ist es – zumindest in den Wintermonaten – **nicht geeignet.** Die Brandung ist stark, und die spitzen, unter der Wasseroberfläche „lauernden" Felssteine verursachen Schürfwunden. Hinzu kommt eine **gefährliche Unterströmung,** die schon manch einen Urlauber aufs offene Meer hinausgetrieben hat – jedes Jahr sind Todesopfer zu beklagen. Nur ein kleines Schild weist auf die Gefahren hin.

Playa de Vueltas
Von Kieselsteinen durchsetzt ist der dunkle, 150 Meter lange Sandstrand im Ortsteil Vueltas. Er ist durch eine lange Mole vor der Brandung geschützt und deshalb zum Baden, insbesondere für **Familien mit Kindern,** bestens geeignet. Links schaut man auf eine

Gomera-Gecko gegen den Giganten Lacoste

Was für Fuerteventura die Ziege, ist für Gomera der Gecko. Nachts läuft er, aller Schwerkraft spottend, an Decken und Wänden entlang, immer auf der Jagd nach Mücken und Fliegen. Mit seinen dunklen Kulleraugen und der fast transparenten Haut ist das bis zu zehn Zentimeter große Tierchen eine ungewöhnliche Erscheinung. Seine scheinbare Schwerelosigkeit verdankt es Hunderttausenden Haftlamellen, die an jeder seiner fünf Zehen wachsen. Schon früh hat man des Geckos Schönheit entdeckt – mit seinen Patsch-Pfötchen prangt er auf zahllosen Postern und Postkarten, erscheint als flauschiges Stofftier und geschnitzter Briefbeschwerer. Da lag es nahe, ihn zu Gomeras grafischem Wahrzeichen zu machen ...

Zwei Deutsche, *Andrea Witt* und *Antje Leveringhaus,* haben den Gecko gezeichnet und ihn mit dem Schriftzug „Gomera" versehen. Um zu verhindern, dass andere mit dieser (eigentlich gar nicht so originellen) Idee gleichfalls Geld verdienen, haben sie sich die Zeichnung für gut 2000 € in Madrid patentieren lassen. Doch sie staunten nicht schlecht, als die Firma Lacoste, die millionenschwere Gewinne mit der Darstellung eines Mini-Krokodils macht, den Frauen kurzerhand untersagte, das Logo zu verwenden. Das Argument des Konzerns: Es ähnele allzu sehr dem von Lacoste dargestellten Reptil. Nun könnte man vermuten, dass in dieser Gesellschaft immer der „Recht" behält, der über Geld und Macht verfügt – doch das Patentamt stellte sich zur Überraschung aller auf die Seite des gesunden Menschenverstandes und erklärte, der Gecko habe keinerlei Ähnlichkeit mit dem Lacoste-Krokodil. So dürfen

Steilwand und rechts auf die im **Hafen** dümpelnden Fischerboote. Die Wasserqualität ist im Allgemeinen gut, doch ist es schon vorgekommen, dass die vor Anker liegenden Kutter einen schwachen Ölfilm aussonderten.

Playa de las Arenas Von Vueltas gelangt man, vorbei an der Finca Argayall, zur „**Schweinebucht**". Der schwarze Kiessandstrand liegt malerisch am Fuße steiler, von **Höhlen** durchlöcherter Klippen. Auf ihrer nächtlichen Suche nach Gästen, die sich das Geld für Apartments sparen wollen, stößt die Polizei zu diesem Strand nicht vor – auf den letzten Metern läuft es sich nicht leicht, auch kommt man nicht umhin, ein Stück durchs Wasser zu waten.

nun *Andrea* und *Antje* unbesorgt ihren Gomera-Gecko als Logo verwenden, tausendfach prangt er auf T-Shirts, Sweatern und Windjacken. Verkauft werden die Souvenirs in **Algo Diferente,** einem kleinen Laden in Borbalán (www.algo-diferente.com).

VALLE GRAN REY: AKTIVITÄTEN

Aktivitäten (zu Wasser)

**Boots-
fahrten**

Nirgendwo auf der Insel werden mehr Schiffstouren angeboten als im **Hafen von Vueltas.** Ein beliebter Ausflug führt zu den **„Orgelpfeifen",** einem Wunderwerk der Natur im zerklüfteten Nordwesten. Aus gischtsprühenden Fluten steigen mehrere Tausend **Magmasäulen** empor, die an ein gigantisches Orgelwerk erinnern. Entstanden sind sie bei Vulkaneruptionen vor Millionen von Jahren, als Magma an die Erdoberfläche geschleudert wurde und bei seiner Erkaltung zu vertikalen, aneinandergereihten Säulen zusammenschrumpfte. Keine Straße führt nach **Los Órganos,** das Spektakel bleibt Schiffsreisenden vorbehalten. Ist die See ruhig, wird die Fahrt zur Inselumrundung erweitert; ist dies nicht möglich, wird in einer windgeschützten Bucht eine Badepause eingelegt. Ein großes Fischessen mit Sangría ist im Preis enthalten.

Auf dem Weg zur „Schweinebucht" (Playa de Argaga)

„Ort des Lichts" – die Bucht von Argaga

Unterhalb senkrecht aufragender Felswände führt eine Piste vom Hafen in zehn Gehminuten zur Finca Argayall, einem paradiesischen Flecken am Meer. Ende 1986, im Jahr nach Tschernobyl, wurde die Idee geboren: In der Mündungsbucht des Barranco erwarb eine Baghwan-Gruppe ein großes Grundstück und machte Argayall, das „Haus des Lichts", zum Mittelpunkt ihres Lebens. Inzwischen hat sich die Finca zu einem alternativen Ferienclub entwickelt, ist ein Ort für alle, die Wert auf Meditation und Therapieangebote legen.

„Wir verstehen uns als eine offene, spirituelle Gemeinschaft, in der jeder auf seine Weise auf dem Weg ist, manche mit, manche ohne einen Meister, den Blick nach innen richten, Meditation als Hilfe dabei schätzen und in den Alltag einbeziehen." Laut Selbstdarstellung darf man sich die Gemeinschaft als „Kreis aus drei größer werdenden Kreisen" vorstellen. Die zwölf Personen starke „Kerngemeinschaft" ist für den Gäste- und Seminarbetrieb verantwortlich und teilt miteinander den Prozess des „spirituellen Wachstums". Mit ca. acht zeitweise auf der Finca arbeitenden Volontären erweitert sich die Kern- zur „Lebensgemeinschaft".

Dazu kommen max. 34 zahlende Gäste, für die Doppelzimmer und Holzhäuschen bereitstehen – am meisten Intimität bieten drei Studios. Zentrum der Anlage ist ein Garten mit Pool und einem gigantischen, Schatten spendenden Gummibaum. Hier werden auch die Büfett-Mahlzeiten eingenommen: morgens subtropische Früchte, Müsli und Joghurt, hausgemachtes Brot, Marmeladen und Chutney, mittags und abends fantasievoll variierte Salate, Aufläufe und Quiches – alles vegetarisch. Viele Früchte kommen aus eigenem Bio-Perma-Anbau: Im Garten hinter dem Haus entdeckt man Bananenstauden und hoch aufschießende Papaya-, Mango- und Avocado-Bäume. Dank ausgewählter, sich gegenseitig befruchtender Arten und einer ausgeklügelten Kompostiermethode sind die in Rotundenform angelegten Pflanzen größer als normal und bringen höhere Erträge. Energietechnisch ist die Finca autark: Solarzellen und ein Fotovoltaik-Generator sorgen für Warmwasser und Strom bis 22 Uhr – danach ist Kerzenlicht angesagt.

● **Finca Argayall,** Playa de Argaga, Tel. 922697008, www.argayall.com, tgl. außer Di 10–13 Uhr.

VALLE GRAN REY: AKTIVITÄTEN

Bei Ausflugsfahrten zu den Orgelklippen empfiehlt es sich, die Tickets (40 €, Kinder die Hälfte) nicht im Voraus zu kaufen, sondern sich am Tag der Tour zu vergewissern, dass das Meer wirklich ruhig ist. Die „Tina" ist ein seit Jahren bewährtes, stabiles Schiff (Tel. 922805885, www.excursiones-tina.com). Eine vorherige Reservierung ist nicht nötig, Plätze an Bord sind stets frei.

Whale-watching   Delfine, die scheinbar schwerelos über die Wellen springen – das Schauspiel der tanzenden Tiere fasziniert Betrachter immer wieder aufs Neue. Auf die **Beobachtung von Walen und Delfinen**

Siesta an der Playa del Inglés

Bootsausflüge starten im Hafen von Vueltas

hat sich auf Gomera der Veranstalter *Oceano* spezialisiert. Mit kleinen Booten, auf denen maximal acht Personen Platz finden, fährt man aufs offene Meer hinaus und begibt sich auf die Suche nach den majestätischen Tieren – die größte Wahrscheinlichkeit, sie auch wirklich zu Gesicht zu bekommen, besteht in den Monaten März bis Mai.

- **Oceano,** Calle Quema 7, Edificio Amaya, Tel. 922805717, www.oceano-gomera.com, Bürozeiten 9.30–13/17–19 Uhr.
- **La Mar,** Tel. in Deutschland 040-78807848, www.lamar-reisen.de.

Aktivitäten (zu Lande)

Wandern

Direkt im Valle starten die in diesem Buch vorgestellten Wanderungen 1 bis 4. Mit Hilfe des über die Höhenstraße fahrenden Busses (Linie 1) sind weitere Touren leicht organisierbar: Wanderungen beginnen z.B. in Arure (⇨Wanderung 5), Las Hayas (⇨Wanderung 6), Chipude (⇨Wanderung 7), Alto de Contadero (⇨Wanderung 9), an der Casita Olsen (⇨Wanderung 14) und der Degollada de Peraza (⇨Wanderung 16).

Wer sich ortskundigen Leitern anvertrauen will, hat die Qual der Wahl. In Vueltas wendet man sich an *Dieter Sriba* im Wanderladen von **ÖkoTours**

Der musizierende Wal – König der Meere

„Moby Dick", der berühmte Film von *John Huston* mit *Gregory Peck* in der Hauptrolle, wurde in kanarischen Gewässern gedreht. Der Film handelt von der besessenen Jagd eines Kapitäns nach einem riesigen Weißen Wal. Das Harpunieren, das Hochhieven an Deck und das Zerlegen des Tieres werden in allen grausamen Einzelheiten geschildert. Zum Glück gehen heute die Walfänger auf den Kanaren nicht mehr auf Jagd, so dass die Tiere vergleichsweise ungestört leben können – einmal abgesehen von der Gefahr, die von der Armada moderner Schnellfähren ausgeht. Der stark gestiegene Verkehr zwischen Teneriffa und Gomera hat dazu geführt, dass in den letzten Jahren Dutzende von „Strandungen" – so heißen euphemistisch die mit riesigen Schnittwunden verendeten Wale – registriert wurden.

Insgesamt, so schätzt man, tummeln sich zwischen Gomera und Teneriffa zeitweise mehrere Hundert Wale und Delfine, 26 verschiedene Arten wurden schon gesichtet. Die kanarischen Gewässer sind für sie ein idealer Lebensraum, denn das Meer ist tief, relativ strömungsarm und nahrungsreich.

Delfine und Wale sind Meeressäuger und gehören zur Gruppe der *Cetaceen*. Ihre Spanne reicht vom einen Meter langen Kleinen Tümmler bis zum Blauwal, dem mit 30 Metern Länge und 200 Tonnen Gewicht größten Lebewesen der Welt. Es gab eine Zeit, da waren Wale und Delfine reine Landtiere und suchten am Meeresufer nach Beute. Weshalb sie sich schließlich von der *Terra firma* lossagten und immer mehr Zeit im nassen Element verbrachten, ist unter Wissenschaftlern umstritten. Allgemein geht man davon aus, dass es dort für sie bessere Ernährungsmöglichkeiten gab. Dem neuen Lebensraum passten sie sich in idealer Weise an. Ihr Körper wurde stromlinienförmig, und die vorderen Extremitäten verwandelten sich in Flossen. Die hinteren verkümmerten ganz, stattdessen bildete sich eine Schwanzflosse aus, die einen starken Antrieb ermöglicht – im Fachjargon „Fluke" genannt.

Die Wale gehören zum „Volk der Nomaden". Im Sommer halten sie sich in den fischreichen Gewässern der Arktis auf, wo sie sich ein beachtliches Fettpolster zulegen. So verputzt ein großer Bartwal täglich etwa 2–3 % seines Körpergewichts, was etwa zwei Tonnen Fisch entspricht. Sobald es im Frühherbst kühl wird, machen sich die Wale auf die Tausende Kilometer lange Reise gen Süden. Dabei passieren sie im Oktober und November regelmäßig die Kanaren, wo man sie sehr gut beobachten kann. Danach geht es weiter in die südliche Hemisphäre. In den warmen, aber fischarmen tropischen Gewässern zehren die Wale von ihrem „arktischen" Fettpolster; wochen- oder gar monatelang können sie ohne Nahrung auskommen.

Ihre ganze Kraft und Konzentration gilt jetzt der Paarung. Dabei haben die Männchen diverser Arten eine höchst originelle Strategie entwickelt, um das begehrte Weibchen anzulocken. Sie stoßen Laute aus, die nach einem bestimmten Muster wiederholt werden und sehr melodisch klingen. Der Meeresbiologe *Phil Clapham,* seit über 20 Jahren mit Buckelwalen beschäftigt, schreibt voller Bewunderung: „Das Lied eines Buckelwalmännchens ist einzigartig und der komplexeste Gesang, den es in der Natur gibt. Er gehört zu den wohlklingendsten und oft auch zu den schönsten Lautäußerungen in der Tierwelt." Da natürlich kein Konkurrent besser sein darf, benutzen alle Männchen einer Gruppe das gleiche Lied. Werden tonliche Verbesserungen eingeführt, versucht jeder Wal, sein Repertoire auf den aktuellen Stand zu bringen. Wenn freilich der Gesang beim begehrten Weibchen nicht verfängt, muss der Wal auf die „traditionelle" Balzart zurückgreifen und den Konkurrenten mittels Kampf aus dem Feld schlagen.

Wenn es dann wieder Frühling wird, ziehen die Wale nordwärts – im April und Mai treffen sie in den Gewässern der Kanaren ein. Manchmal finden sie hier so viel Beute, dass sie sich den langen Weg in die Arktis ersparen.

Filmplakat „Moby Dick"

VALLE GRAN REY: FESTE

(www.oekotours.com), in La Puntilla an *Josef Knoflach* im Laden von **Timah**. Weitere Infos zu geplanten Touren bekommt man in La Playa bei **Agando** (www.agandoshop.com) sowie bei den touristischen Informationsbüros. Zur Einstimmung auf die geplante Tour finden im Hotel Gran Rey kostenfreie, meist einstündige Diavorträge über die Pflanzenwelt La Gomeras und die Ökologie der Kanarischen Inseln statt.

Joggen
- Während die meisten Valle-Urlauber noch schlafen, sind die Jogger zwischen der Playa de Argaga und der Playa del Inglés schon unterwegs: Sie nutzen die Zeit, da es noch kühl ist und die Strecke längs der Küste größtenteils im Schatten liegt.

Radfahren

- **Bike Station,** La Puntilla 7, Tel. 922805082, www.bike-station-gomera.com. Verleih von Beach Cruisers und hochwertigen Mountainbikes, Möglichkeit zur Teilnahme an abwechslungsreichen, nach Schwierigkeitsgrad gestaffelten Touren; Shuttlebus-Service von der Bike Station zum Rastplatz Laguna Grande im Inselzentrum. Außerdem Biker-Beratung und Reparatur-Service.
- **Biker's Inn,** San Miguel 1 (Vueltas), Mobiltel. 639739416, www.bikers-inn.eu, So geschl. Auch der geprüfte Mountainbike-Lehrer *Axel* hat sich in Valle Gran Rey mit seinem Bikeshop fest etabliert. Dieser befindet sich an der Telefonzelle, 30 m vor dem Bistro, dem „Café der anderen Art". Maximal acht Teilnehmer pro Gruppe!
- **Gomera Bikes,** Calle Playa del Inglés 4 (La Playa), Mobiltel. 659714850, www.gomera-bikes.com. Bike- und Motorroller-Verleih, geführte Touren und Shuttle-Service.

Feste

- **5. Januar:** Mit der Ankunft der **Heiligen Drei Könige** vor der Kapelle in La Playa beginnt die *Fiesta de los Reyes,* für Kinder das wichtigste Fest des Jahres. Nachdem ihre deutschen Freunde schon zwei Wochen zuvor jubilieren durften, bekommen auch sie am Morgen des 6. Januar die lang ersehnten Weihnachtsgeschenke. Nachmittags ziehen die Bewohner in einer großen, vom Klang der Trommeln und Kastagnetten untermalten Prozession von La Calera auf die rechte Talseite hinauf, wo vor der Ermita de los Reyes im Anschluss an die Messe ein großes Tanz- und Salsafest zelebriert wird.

Organisierte Wandertour – problemlos vor Ort buchbar

- **Februar:** *Festival Valle Luna.* Musiker und Maler, Clowns und Tänzer kommen zum einwöchigen Festival ins Valle, in Strandnähe werden Bühnen aufgebaut.
- **24. Juni:** *Fiesta de San Juan.* Der hl. Johannes ist der Schutzheilige des Valle Gran Rey. Beim Fest, das ihm zu Ehren gefeiert wird, darf bis zum nächsten Morgen geschwoft werden. Am Vorabend werden am Strand von La Playa Johannisfeuer entzündet.
- **29. Juni:** *Fiesta de San Pedro.* Kaum hat man sich erholt von der Fiesta de San Juan, hat man abermals Grund zu feiern: San Pedro ist der Ortsheilige von La Playa.
- **16. Juli:** *Fiesta del Carmen.* Carmen ist die Schutzpatronin der Fischer, und darum wird diesmal im Hafen von Vueltas gefeiert: mit einer großen Schiffsprozession, Sportwettkämpfen, Folklore und Tanz.
- **31. Dezember:** *Baile de Fin de Año.* In der Silvesternacht wird auf der Plaza San Pedro (La Playa) bis 5 Uhr morgens getanzt.

Mirador del Palmarejo

Er ist so perfekt in die Landschaft eingepasst, dass man ihn leicht übersieht: Der vom kanarischen Allround-Künstler *César Manrique* entworfene **Aussichtspunkt** sieben Kilometer oberhalb von Valle Gran Rey ist aus Granit erbaut und imitiert die runden Formen der Natur. Inspirieren ließ sich Manrique von dem ausgestorbenen Kanarenvogel Palmarejo, der der Felskuppe ihren Namen verleiht. Wie ein Nest klammert sich der Mirador an den Rand der Steilwand und eröffnet aus der Vogelperspektive einen atemberaubenden Blick tief hinab ins Valle Gran Rey. Man sieht die kunstvoll angelegten Ackerbauterrassen, Häuser wie weiße Spielzeugklötzchen und unzählige Palmen.

Was von außen wie ein kleiner Rundbau aussieht, entpuppt sich im Innern als großer, eleganter Saal mit Panoramafenster. Hier kann man mit spektakulärem Schluchtenblick kanarisch speisen; wer weniger Geld ausgeben will, bestellt einen Kaffee.

● **Mirador César Manrique** €€€, Ctra. General de Arure s/n, Tel. 922807045, Mo geschlossen.

Arure

Das Bergdorf Arure liegt 825 Meter hoch – drei volle Stunden braucht man, um von Valle Gran Rey hier hinaufzuwandern (⇨Wanderung 1). Mit dem Auto geht es bedeutend schneller; die Straßen wurden mit EU-Geldern verbreitert, man gleitet mühelos dahin und genießt herrliche Ausblicke.

Die Einheimischen verstehen sich als direkte **Abkömmlinge der Altkanarier,** die in Arure, der „Residenz des Königs", den Konquistadoren erbitterten Widerstand leisteten. Vor allem abseits der Durchgangsstraße spürt man noch etwas von der archaischen, von traditioneller Landwirtschaft geprägten Mentalität. Die Ziegenhirten sind in einen Poncho gehüllt; vor dem Haus sitzen schweigsame, schwarz gekleidete Frauen, ihre Augen bleiben verborgen im Schatten des breitrandigen Strohhuts.

<u>Aussichtspunkt</u>   Die Attraktion des Ortes ist der **Mirador Ermita del Santo** (Aussichtspunkt der Heiligenkapelle). Von der Durchgangsstraße

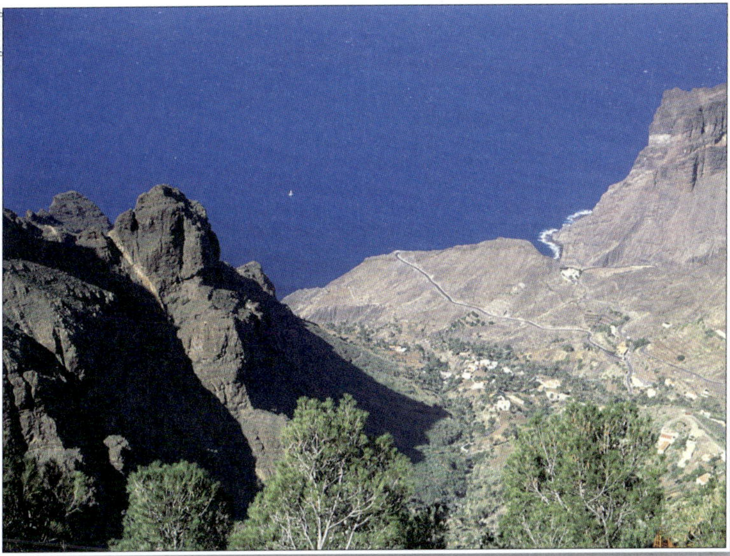

038go Foto: gs

schwenkt man in eine ausgeschilderte Piste ein und verlässt sie nach 100 Metern auf einem rechts abzweigenden, steingepflasterten Weg, der unter einem Rundbogen hindurchführt. Eine aus Naturstein errichtete Kapelle duckt sich im Schatten eines Felsens, vom Vorplatz schaut man zum über 500 Meter tiefer gelegenen Dorf **Taguluche** hinab. Die weißen Häuser liegen im Palmendickicht, dahinter leuchtet das Meer – ein „Bild für die Götter"!

Spektakulär: der Blick vom Mirador Ermita del Santo auf Taguluche

ARURE

Unterkunft
- **La Vega** €€, Arure, Tel. 922620867, www.ecoturismocanarias.com/gomera/vega. Haus im Ortskern mit drei Unterkünften, alle um die 40 qm. Vermietung auf Wochenbasis.

Essen und Trinken
- **El Jape** €€, Carretera General s/n, Tel. 922804228, tgl. 7–22 Uhr. Der große Parkplatz vor dem Lokal deutet es an: Hier werden Busgruppen verköstigt; entsprechend steril ist der große Innenraum, in dem durchschnittliche kanarische Küche serviert wird.
- **La Tienda Vino Tinto** €, Carretera General 64, tgl. außer Fr 11–19 Uhr. In der urig-rustikalen Bodega bietet Señora *María Milagros Santos* alle Tropfen der Insel an, darunter auch Weine ihrer eigenen Kellerei, die unter dem Markennamen „Tambor" schon oft ausgezeichnet wurde. Als Gratisprobe gibt es gomerischen Landwein vom Fass, entweder Moscatel, Blanco (Weiße) oder Tinto (Roter). Kulinarische Souvenirs: *almogrote* (pikanter Käseaufstrich), *miel de palma* (Palmenhonig) und *gofio* (geröstetes Getreidemehl).
- **Conchita** €€, Carretera General s/n, Tel. 922804110, www.casaconchita.com, tgl. 10–22 Uhr. Es mag vorkommen, dass zur Mittagszeit Tagesausflügler aus Teneriffa „abgeladen" werden – doch in der Regel ist *Conchita* noch ein gemütliches Lokal, in dem der preisgekrönte kanarische Koch *Fabián Mora* gomerische Spezialitäten zubereitet. Nach einer Wanderung rund um Arure ist ein wärmender *potaje de berros* (Kresseeintopf) genau das Richtige, dazu ein Gläschen Inselwein und als Nachtisch die hervorragende, mit Palmenhonig zubereitete *torta de cuajada* (Törtchen aus Frischkäse und Eiern). Eigens für Wanderer gibt es ein preiswertes, sättigendes Essen, das *menú para caminantes*.

Feste
- **14. Juli:** *Fiesta de la Virgen de la Salud*
- **16. August:** *Fiesta de San Salvador*

Wandertipp

Von Arure führt ein gemütlicher Weg über **Las Hayas** nach **El Cercado** (⇨Wanderung 5). Dabei geht es an einem Stausee und grünen Feldern vorbei, dann durch Buschwald und kleine Schluchten. Mit Buslinie 1 (vorher bitte prüfen, ob sie fährt!) kommt man bequem nach Arure zurück.

Nahe dem **Mirador Ermita del Santo** startet der Abstieg nach **Valle Gran Rey** (GR-132, Wanderung 1 in umgekehrter Richtung).

Las Hayas

Zwei Straßen führen von Arure hinauf nach Las Hayas. Die längere Strecke (10 km) führt im Halbkreis über Apartacaminos, die kürzere (5 km) verläuft ostwärts direkt auf den Nachbarort zu. Der Name des Bergdorfs leitet sich von *las fayas* ab, den knorrigen „Gagelbäumen". Wo sie wachsen, sind die Passatwolken nicht fern. Und tatsächlich ist der 1000 Meter hoch gelegene Ort oft in ihre weißen Schleier gehüllt. Auf terrassierten Hängen werden Kartoffeln und Mais angebaut, dazwischen wachsen zahlreiche Palmen. Oberhalb der Straße steht ein schmuckes Kirchlein, von dessen Vorplatz sich ein Ausblick aufs Gebirgsland bietet. Die bekannteste Person des Ortes ist *Doña Efigenia*, die Wanderern schon seit vielen Jahren eine urige Einkehrmöglichkeit bietet.

Unterkunft

- **Amparo** €, Carretera Dorsal s/n, Tel. 922804201 oder Tel. 922804301. *Amparo*, die Besitzerin des gleichnamigen Lokals, vermietet sechs Zimmer mit Bad und Blick aufs Tal in einem kleinen Hotel (dort spricht man mit Tochter *María Nieve)*, außerdem vier kleine Landhäuser *(Casas Rurales)* unterhalb der Ermita.
- **Jardin Las Hayas** €€, Carretera Las Hayas s/n, Tel. 922804077, www.gomera natural.com. Señora Efigenia vermietet 200 m vom Restaurant entfernt sechs kleine kanarische Häuschen (ab 40 qm): alle mit eigener Terrasse, Klimaanlage und Gratis-WLAN. Das Frühstück kann dazugebucht werden.

Essen und Trinken

- **Amparo** €, Carretera Dorsal s/n, Tel. 922804201, tgl. außer So ab 12 Uhr. Zu *Efigenia* kommen vorwiegend deutsche Wanderer, die Einheimischen gehen zu *Amparo*. Das Ausflugslokal liegt schräg gegenüber der Kirche, durch Panoramafenster schaut man hinaus auf die grüne Landschaft. Zu empfehlen sind die Gemüseeintöpfe; samstags sollte man *carne de cabra* (Ziegenfleisch) probieren – es stammt aus eigener Schlachtung und ist garantiert frisch.

Bus

- Mindestens viermal täglich verkehren Busse der Linie 1 zwischen San Sebastián und Valle Gran Rey. Die Haltestelle Las Hayas befindet sich an der Höhenstraße, von dort erreicht man den Ortskern um die *Casa Efigenia* in knapp zehn Minuten.

El Cercado

Das Bergdorf El Cercado ist für seine **Töpferinnen** bekannt, die nach alter Tradition Keramik herstellen – ohne Zugeständnis an zeitgenössischen Geschmack. Die kleinen, dunklen Werkstätten von *María del Mar, Rufina* und *María* liegen längs der Straße neben

Seit über 30 Jahren – zu Gast bei Doña Efigenia

Wie kommt's, dass jeden Tag die Besucher vor dem Lokal Schlange stehen – und dies, obwohl der kühle Raum nicht beheizt ist, stets das Gleiche auf den Tisch kommt und man aufs Essen oft länger als eine Stunde warten muss? Vielleicht liegt es daran, dass sich *Señora Efigenia* weigert, „mit der Zeit" zu gehen. Seit sie vor über drei Jahrzehnten ihr Gasthaus eröffnete, hat sich hier so gut wie gar nichts verändert. Schon damals gab es die langgestreckten, mit Plastiktuch bedeckten Tische, an denen man mit dem Nachbarn leicht ins Gespräch kommt, die Glühbirne als Lampenersatz und ein schlichtes Bergbild als Wandschmuck. Und auch das Menü ist mehr oder weniger gleich geblieben, die Zutaten – allesamt vegetarisch – kommen aus *Efigenias* Garten.

Vorweg gibt es einen gemischten Salat mit Avocados und Bananen, dann folgt ein deftiger, mit Bohnen und Kichererbsen angereicherter *gofio* mit scharf gewürzter Mojo-Soße. Als Hauptspeise wird ein schwerer Gemüseeintopf serviert, der aus Kürbis und Kohl, Karotten und Kartoffeln besteht – dekorativ schwimmt darin noch ein Stück Maiskolben. Der das Mahl begleitende, leicht säuerliche Wein ist gewöhnungsbedürftig, doch er gewinnt mit jedem Gang an Farbe und Geschmack. Als Nachtisch kommt dann *Efigenia natural*, ein köstlicher, mit Palmenhonig abgeschmeckter Mandelrahmkuchen, und zu guter Letzt der hausgemachte Orangenlikör, der sogar einen *Cointreau* in den Schatten stellt. Die einzige Variante im Ablauf des Menüs hängt ab von den Ziegen: Geben sie viel Milch, wird zusätzlich eine Platte mit zartem Weißkäse eingeschoben.

Obwohl *Señora Efigenia* ihre Gäste tagein, tagaus bewirtet, ist ihr keine Spur von herablassender Routine anzumerken – einen jeden fragt sie, ob es schmeckt, und die Antwort scheint ihr noch heute so wichtig wie am allerersten Tag.

●**Casa Efigenia/La Montaña** €€, Las Hayas, Tel. 922804077, tgl. außer Mo 12–20 Uhr, nicht gerade billig, aber Speisen können auch einzeln bestellt werden.

039go Foto: gs

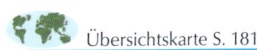

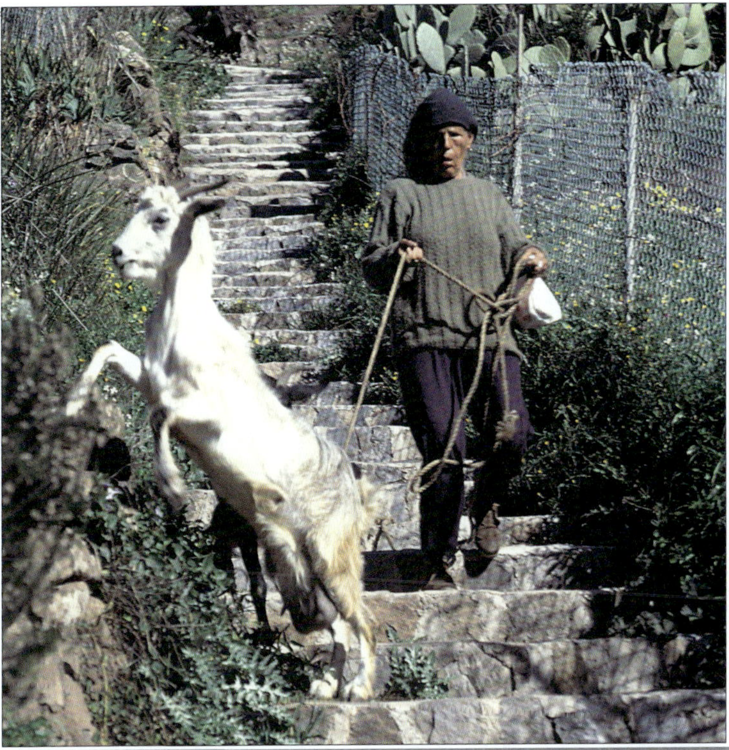

„Machen Sie bitte den Weg frei!“

schindelgedeckten Gehöften und würfelähnlichen Neubauten. Meist arbeiten die Frauen auf der Terrasse: Nur mit der Hand, ohne Töpferscheibe, formen sie aus rötlichem Ton schöne Gefäße, glätten sie mit Sand und stellen sie zum Trocknen in die Sonne, bevor sie dann in einem holzbefeuerten Ofen gebrannt werden. Die Frauen stellen all das her, was in der traditionellen kanarischen Küche gebraucht wird: perforierte Schalen zum Rösten von Kasta-

El Cercado

nien, Schüsseln zum Auffangen der gemolkenen Milch, Molkesiebe, Wasserkrüge und Becher – oder auch Behälter für glühende Kohle, eine Art Heizungsersatz in der stets feuchten Bergluft. Auf dem Dorfplatz (Ortsausgang Richtung Chipude) wurde den Frauen mit dem musealen Töpferzentrum ein Denkmal gesetzt.

● **Centro de Interpretación Las Loceras,** Plaza de El Cercado, Mi–So 10.30–17.30 Uhr.

Unterkunft

● **Cerámica Rufina** €€, Carretera Dorsal s/n, Tel. 922804039. Die bekannte Töpferin vermietet ein Landhaus mit drei DZ und zwei Bädern.

Essen und Trinken

● **Victoria** €€, Carretera Dorsal s/n, Tel. 922894146, www.isladelagomera.net, tgl. außer Mi 12–22 Uhr. Gemütliches, holzgetäfeltes Gasthaus neben *Rufinas* Werkstatt. Der Wirt tischt *conejo en adobo* (mariniertes Kaninchen) oder *carne de cabra* (Ziegenfleisch) auf, als Dessert leckere *leche asada* („gebackene Milch"). Als besondere Delikatesse gilt der in Gläser abgefüllte Berghonig von El Cercado.

● **María** €, Carretera Dorsal s/n, Tel. 922894167, tgl. 12–21 Uhr. Bei *Señora María* gibt es in einem etwas klammen Raum kanarische Hausmannskost. Der stets laufende Fernseher beeinträchtigt ein wenig den Genuss – Geduld muss man mitbringen, wenn *María* sich an einer Soap-Opera begeistert und darüber vergisst, das Essen zu servieren.

Das Landschaftsbild im westlichen Bergland ist geprägt von Schwindel erregenden Steilhängen mit Palmen und Terrassenfeldern

Chipude

„Um einen staubigen Platz gruppieren sich verkommen wirkende Häuser, reparaturbedürftige Schuppen und Lagerhäuser. Die Ruine der Kirche Nuestra Señora de Candelaria verstärkt den Eindruck eines Ortes ohne Zukunft" – so hieß es noch in einem Reiseführer von 1982. Heute ist die *plaza* blitzblank und die Kirche restauriert. Auch die Häuser wirken gepflegt, einzig der riesige Schrottplatz an der Straße nach El Cercado will zum positiven Gesamtbild nicht passen. Der langgestreckte Ort, einer der ältesten der Insel, liegt in 1050 Metern Höhe und wurde früher Tecomada genannt. Trotz der im Winter oft feuchtkalten Witterung ist Chipude bei Wanderern sehr beliebt. Sie nutzen das Hotel im Ort als Startpunkt für Touren zum Tafelberg Fortaleza und in den Nationalpark Garajonay. Inzwischen gruppieren sich um den zentralen Platz Bars und Supermärkte, das Geschäft mit den Touristen ist bescheiden, aber es floriert.

Kirche

Die strahlend weiße **Iglesia de la Virgen de la Candelaria** (Kirche der Mariä Lichtmess), 1540 erbaut und im 17. Jahrhundert erweitert, zieht jeden Sonntagmittag viele Gomeros aus den umliegenden Dörfern an. Für alle, die auch werktags einen Blick in die Kirche werfen wollen, hält der freundliche Wirt der Bar *Candelaria* den Schlüssel bereit.

Unterkunft

- **Sonia** €€, La Plaza, Tel. 922804158. Pension mit 19 freundlich eingerichteten Zimmern, allesamt mit Bad und Balkon; in den Wintermonaten wird auf Wunsch ein kleiner Elektroofen bereitgestellt. Am schnellsten füllen sich die Räume mit Blick auf die Fortaleza, besonders begehrt sind Nr. 14 und 15 mit eigener Terrasse.

Essen und Trinken

- Beste Adresse vor Ort ist das ans gleichnamige Hotel angeschlossene **Sonia** (s.o.), wo kanarische Hausmannskost aufgetischt wird. Besonders das Ziegenfleisch ist zu empfehlen: alles nicht mehr ganz preiswert, aber doch gut! Gegenüber in der Bar **Candelaria** bekommt man in der Regel nur *bocadillos* (belegte Brötchen).

Feste

- **15. August**: *Fiesta de la Candelaria*. Das größte aller Inselfeste wird auf dem Platz von Chipude gefeiert. Im Mittelpunkt steht die Skulptur der Madonna mit einem goldbestickten Purpurmantel. Es wird getrommelt und getanzt, auf Folklore folgen Salsa und Pop.

La Fortaleza

Nur zu Fuß kann man La Fortaleza erreichen (⇨Wanderung 7), einen 1243 Meter hohen **Tafelberg,** der wie eine Festung aus der Landschaft aufragt. Von seinem flachen, strauchüberwucherten Gipfelplateau bietet sich ein atemberaubendes Panorama: Gen Norden blickt man über die ringsum liegenden, terrassierten Täler, gen Süden schaut man über eine abrupt abbrechende, 500 Meter tiefe Steilwand in einen verwitterten Vulkankessel hinab, dem der tief eingekerbte Barranco del Erque entspringt. Archäologische Funde belegen, dass der Berg den Altkanariern als Kultplatz diente – ein spektakulärer Ort zwischen Himmel, Erde und Meer.

Gomeras Ziegen ernähren sich gesund

Der grüne Norden

Überblick

„Alle Schönheit dieser Insel ist dem feuchten und frischen Nordwind zugekehrt", schrieb ein Chronist bereits 1599. Daran hat sich bis heute nichts geändert. Die Landschaft im Norden ist grün wie nirgends sonst auf Gomera: Auf dem Grund weiter Täler wogt ein Bananenmeer, das sich auf kunstvoll angelegten Feldterrassen den Steilhang emporzieht, noch weiter oben gedeiht Wein. Wer im Norden seinen Urlaub verbringen möchte, findet die meisten Unterkünfte in Hermigua, kleine Hotels und Apartmenthäuser gibt es aber auch in Alojera, Vallehermoso und Agulo.

Chorros de Epina

Von Valle Gran Rey kommend, fällt auf der Höhenstraße an der Kreuzung Apartacaminos die Entscheidung: Will man hinein in den Nationalpark oder in den feuchten Norden hinauf? Wer sich für den Norden entscheidet, wird gern einen Halt auf der ersten Passhöhe in Chorros de Epina einlegen. Das **Ausflugslokal** ist nach den nahe gelegenen **Quellen** benannt, zu denen man über einen ausgeschilderten, an der **Wallfahrtskapelle San Isidro** vorbeiführenden Waldweg gelangt. Das Wasser tritt in vier Strahlen aus einer Felswand und soll bei Krankheiten und Liebesleid wahre Wunder bewirken – viele Gomeros füllen es deshalb fleißig in Flaschen ab. Am Wochenende feiern die Bewohner der Insel am lauschigen Picknickplatz große Familienfeste.

Vorhergehende Seite: Jeder noch so steile Hang wird landwirtschaftlich genutzt

TAGULUCHE

> ### Wandertipp
>
> In Chorros de Epina startet eine Tour, die sich unterhalb des einsamen Teselinde-Massivs und an Wallfahrtskapellen vorbei zur **Küste** hinabwindet (⇨Wanderung 13). Gleichzeitig kann man sich in eine Tour einklinken, die am Rande des Nationalparks verläuft und, vorbei an einem malerischen Stausee, **Vallehermoso** anpeilt (⇨Wanderung 12).

Essen und Trinken

● **Los Chorros de Epina** €€, Carretera General del Norte Km. 50, Tel. 922800030, tgl. 8–20 Uhr. Das auf Ausflugsbusse eingestellte Gasthaus bietet kanarische Hausmannskost und verkauft Souvenirs. Durch große Fenster blickt man auf die oft wolkenverhangenen Berghänge des Nordwestens.

Bus

● Die Linie 4 verkehrt einmal täglich zwischen Vallehermoso und Alojera.

Taguluche

Viele lernen Taguluche nur aus der Vogelperspektive kennen: Vom Mirador in Arure blickt man auf das Dorf hinab, das sich in einem von hohen Felswänden umrahmten, zum Meer hin aber offenen Tal ausbreitet. Die würfelfömigen, weißen Häuser inmitten von Palmen wirken fern und geheimnisvoll, doch „EU-Asphalt" sorgt nun dafür, dass man dem Zauber auf die Spur kommt. Gab es früher nur den steilen Königsweg, der sich von Arure in zahlreichen Kehren die Steilwand hinabschraubt, so führt heute eine schmale, aber akzeptable Straße von Chorros de Epina abwärts. Sie endet in Taguluche an einem Wendeplatz, von dem ein Treppenweg zur ehemaligen Bootsanlegestelle führt. Eingebettet zwischen den dramatischen **Klippen von La Mérica und Galión** ist sie ein ideales Plätzchen zum Picknicken, nicht aber zum Baden – die Unterströmung ist **lebensgefährlich!**

Alojera

Alojera ist das schönste Ausflugsziel im Nordwes- ten. In endlosen Windungen schraubt sich die Asphaltstraße von der Passhöhe Chorros de Epina hinab – vorbei an nicht mehr bestellten Terrassenfeldern, einem einsamen Friedhof und vielen majestätisch aufragenden Palmen. Nach knapp neun Kilometern ist Alojera erreicht, ein Dorf mit stufenförmig auf einem Bergrücken liegenden Häusern. Hinter einem kleinen, aus Naturstein erbauten Verkehrs-

ALOJERA

kreisel geht es links in 250 Metern zum Ortskern hinauf. Das hübsche Kirchlein ist dem heiligen Bartolomäus geweiht, daneben gibt es ein paar Tante-Emma-Läden und eine Bar sowie eine Reihe von Apartments. In den Seitentälern entstehen neue Häuser, zumeist Residenzen von Rückkehrern aus Teneriffa und Venezuela.

Strände Etwa drei Kilometer geht es vom Kreisverkehr zur halbrunden Bucht hinab. Weiße Häuser ducken sich im Schatten der Steilküste, etwas chaotisch gebaut, aber reizvoll. Direkt an der 250 Meter

langen **Playa de Alojera** kann man sich in Apartments einmieten; einen Laden gibt es nicht, doch dafür einfache Fischlokale. Seit ein Sturm die beiden Wellenbrecher zerstörte, hat sich die Brandung den schwarzen Sand einverleibt – an ein Bad ist aufgrund der gefährlichen Strömung nun nicht mehr zu denken. Vielleicht nutzt man die Chance zur einer neuen, attraktiven Küstengestaltung ...

In der Nähe, am Puerto del Trigo, gibt es einen weiteren Strand: schmal, aber über 200 Meter lang. Man läuft von der Alojera-Bucht etwa zehn Minuten die Straße hinauf und biegt dann links ab. Nach 1,5 Kilometern erreicht man den einsamen Sandkiesstrand am Fuß zerklüfteter Klippen.

Unterkunft

●**Ap. Playa** €/€€, La Playa, Tel. 922800217, auch buchbar über *Nicolás Ossorio*, www.alojera.net, Mietzeit mindestens eine Woche. Nichts für schwache Nerven: Die Wellen branden fast an die Wohnungstür, das Geräusch der aufeinanderschlagenden Steine hat schon manchen Alptraum produziert. Dafür hat man einen tollen Blick auf Meer und Steilküste, nirgends auf der Insel lebt man näher am Atlantik. Die Zimmer sind freundlich eingerichtet; im Erdgeschoss teilt man sich die langgestreckte Terrasse mit anderen Gästen, im Obergeschoss hat man einen Balkon für sich allein. Es gibt auch Apartments in zweiter Reihe: diese sind ruhiger und billiger, dafür aber weniger romantisch. Ab einer Woche Aufenthalt wird Rabatt gewährt; um frische Handtücher bzw. Bettwäsche zu bekommen, muss man extra nachfragen, Toilettenpapier gibt es nur für die ersten Tage.

●**Ap. Mesa** €/€€, La Playa, Tel. 922800165. Neben den Apartamentos La Playa, gleichfalls in erster Linie, vermietet der freundliche Besitzer der Bar Mesa vier Apartments mit Balkon direkt am Meer, etwas preiswerter als bei der Konkurrenz.

●**Ap. Ossorio** €/€€, Los Palmeros, Tel. 922801166, www.alojera.net. Bei *Señora Elpidia*, der Besitzerin der Bar *Ossorio*, bekommt man ein preiswertes Studio für 30 €. Theoretisch hat sie sogar vier Studios dieser Art, doch sind zzt. drei auf Dauer vermietet. *Señor Nicolás Ossorio*, ein weiteres Familienmitglied, ist für die Unterkünfte im oberen Tal zuständig: Von der **Casa Sola** hat man eine schöne Aussicht auf Obstbäume und das Meer, und auch von der **Casa Tía Rita** (im Ortsteil Los Pedacillos) hat man von der Terrasse einen schönen Ausblick. Die Komplettpreise für die Häuser betragen für zwei Personen 315 € pro Woche (Mindestmietdauer).

●**Ap. Bernal**, Tel. 922801237, buchbar über *Nicolás Ossorio* (s.o.). In einer wenig befahrenen Seitenstraße verfügt Familie *Bernal* über ein einfaches, traditionell eingerichtetes Haus mit zwei Apartments sowie über ein neues komfortables Haus mit sechs Apartments. Man hat die Wahl zwischen Wohneinheiten mit ein oder zwei Schlafzimmern, von den Terrassen bietet sich ein schöner Blick aufs Meer und die Berge.

●**Finca Medina** €€, Tel. 922800529, buchbar über www.travel-gomera.com. Zwei Apartments mit je zwei Schlafzimmern, 20 Minuten von der Playa entfernt. Das obere hat einen Balkon, das untere eine Sitzgelegenheit vor dem Eingang. Hinter der Finca wachsen Orangen, von der gemeinsam genutzten Dachterrasse hat man Blick auf das Meer.

Übersichtskarte S. 240

ALOJERA 243

●**Casa Rosario** €, San Borondón s/n, Tel. 922801153, buchbar über www.spanien-urlaub-spezial.de. *Señora Rosario* vermietet im Tal vier saubere, gepflegte Apartments mit Meerblick. Halbtags arbeitet sie im Ausflugslokal *Chorros de Epina*, wo man die Straße nach Vallehermoso verlässt und nach Alojera hinabfährt.

Essen und Trinken

●**Prisma** €€, Playa de Alojera, Tel. 922800703, tgl. 13–22 Uhr. Eine Leserin lobte: „Hier kann man ausgezeichnet und sehr reichlich Fisch essen, die Salatteller und Beilagen waren frisch und üppig."
●**Brisas del Mar** €/€€, Playa de Alojera, Tel. 922800473. Hoffentlich findet die „Meeresbrise" bald einen neuen Pächter, denn herrlich ist der Blick von der Terrasse aufs Meer!
●**Ossorio** €, La Plaza, Tel. 922800334, tgl. 9–14 und 16–22 Uhr. Mitten im Ort: Laden und Bar in einem; den ganzen Tag über werden belegte Brötchen angeboten. Wer „richtig" essen will, muss das Gewünschte vorbestellen.

Hier ruhen die Toten Alojeras

Feste

● **24. August:** *Fiesta de San Bartolomé*

Bus

● Mit Linie 5 kommt man – vorerst zweimal pro Tag – nach Chorros de Epina und Vallehermoso hinauf.

Nicht nur für Naschmäuler – gomerischer Palmenhonig

Aida Valeriano ist die einzige *guarapera* der Insel, außer ihr verrichten nur Männer das schwere Geschäft. Behände erklettert die Frau sogar die höchste Palme und hackt mit dem Beil die Kronblätter ab. Dann köpft sie das kegelförmige Stammende und schabt eine Mulde hinein. „Der Baum blutet" – so nennt sie es, wenn die Palme ihren Saft in großen Mengen auszuscheiden beginnt. Die milchige, meist nachts austretende Flüssigkeit, mit einem Quechua-Wort *guarapo* genannt, tröpfelt durch einen Kanal in einen unter der Krone befestigten Eimer. Noch vor Sonnenaufgang muss dieser heruntergeholt werden – nicht nur, weil der süße Saft den Ratten schmeckt, sondern auch, weil er im Sonnenlicht schnell vergärt.

Mit wenigen Handgriffen entfacht *Aida* im Hof ein Feuer, auf dem der *guarapo* in einer Aluminiumschüssel eingekocht wird. Der sich dabei bildende Schaum wird abgeschöpft und das Gebräu so lange gerührt, bis es eine zähflüssige Konsistenz hat – meist braucht *Aida* dafür zwei Stunden. Aus acht Litern *guarapo* – dies ist der durchschnittliche Ertrag einer Nacht – entsteht ein Liter *miel de palma* (Palmenhonig).

Doch damit ist die Arbeit noch nicht zu Ende. Am Nachmittag muss *Aida* noch einmal auf den Baum – „para curar la palma", um die Palme zu „behandeln", wie sie es nennt. Mit einem feinen Spachtel legt sie die mittlerweile vernarbte Oberfläche frei, damit der Baum von neuem bluten kann. Bis zu zwölf Wochen dauert die Prozedur, dann muss sich der Baum regenerieren. „Wenn man nicht aufpasst, geht er ein", sagt *Aida* und zeigt mit einer Hand auf ein

Zweimal am Tag auf die Palme

Tazo und Arguamul

Verlassene Natursteinhäuser, Palmenhaine und vereinzeltes Ziegengemecker: Die Weiler im Nordwesten der Insel sind ideal für alle, die Einsamkeit und Ursprünglichkeit suchen. Die Anfahrt er-

paar kahle Stämme. Vier Jahre muss er sich erholen, dann erst kann man ihn wieder anzapfen.

Obgleich auf der Insel mehr als 100.000 Palmen wachsen, wird *miel de palma* nur in Alojera und Epina, Tazo und Vallehermoso hergestellt. Er schmeckt köstlich als Brotaufstrich und zu Süßspeisen; zusammen mit *gofio* und Käse, geraspelter Zitronenschale und Butter wird er zu Aperitif-Kugeln verknetet. Zur Verdauung gibt's dann *gomerón*: Palmenhonig und Rum in hochprozentiger Mischung.

folgt ab Chorros de Epina und ist ausgeschildert, mit der geplanten Asphaltierung wird sie bequemer (⇨Wanderung 13). Die Piste schlängelt sich durch eine windgepeitschte Landschaft unterhalb des wolkenverhangenen Heidebuschwalds Teselinde.

Tazo liegt westlich inmitten eines Palmenwäldchens. Die Häuser sind weiß verputzt, die **Ermita de Santa Lucía** wurde vor wenigen Jahren restauriert. Die wenigen Bewohner leben, wie die in den Stamm gekerbten Klettersteige belegen, vorwiegend von der Gewinnung von Palmensaft.

Wilder wirkt Arguamul, das weiter nördlich gelegene Dorf. Seine Häuser krallen sich verwegen in eine Steilflanke oberhalb der brandungsumtosten Küste. Auch hier ist die Landflucht nicht zu übersehen, doch immerhin öffnet unregelmäßig ein Tante-Emma-Laden, der zugleich als Dorftreffpunkt dient.

Strand

Von Arguamul führt eine gut einen Kilometer lange Piste zu ein paar verlassenen Häusern, an denen man das Auto abstellt, um die letzten 1,5 Kilometer zu Fuß zur **Playa del Remo** zurückzulegen. Von dem sehr schmalen, aber 500 Meter langen, dunklen Kiessandstrand blickt man auf wellengepeitschte, aus dem Meer ragende Felsen. In einiger Entfernung kann man die Südspitze der Klippen **Los Órganos** erkennen.

Unterkunft

● **Casa de Arguamul** €€, Mobiltel. 690673989 *(Mariano)*, www.ecoturismogomera.com/arguamut. Häuschen in Hanglage mit zwei Betten, Küche, Bad und Waschmaschine.

Feste

● **3. Oktober:** *Fiesta de Santa Clara*

Vallehermoso

Die Gemeindehauptstadt Vallehermoso („Schönes Tal") liegt in einem üppig grünen, zum Meer hin geöffneten Kessel. Mehrere **Schluchten** treffen hier zusammen und bahnen sich als Barranco del Valle den Weg in Richtung Küste. Noch etwa 600 Menschen leben im Ort – vor 40 Jahren waren es noch doppelt so viele. Fast alle arbeiten in der Landwirtschaft und beackern mit Esel oder Traktor die schmalen, den Bergen abgerungenen Terrassen. Sie pflanzen Aprikosen an und Pflaumen, die für ihren guten Geschmack bekannten Bananen und neuerdings wieder Wein. Zwi-

Kurzinfo Vallehermoso

- **Rathaus:** Ayuntamiento, Plaza de la Constitución 1, Tel. 922800000, mit Fundbüro, örtlicher Polizei und dem Büro für *Turismo Rural*
- **Ecotural La Gomera:** Av. Pedro García Cabrera 7, Tel. 922144101, www.ecoturismocanarias.com/gomera
- **Banken:** Plaza de la Constitución
- **Post:** Calle Triana 6
- **Gesundheitszentrum:** *Centro de Salud,* Plaza de la Constitución, Tel. 922801505
- **Taxi:** an der zentralen Plaza, Tel. 922800279
- **Bus:** Von Vallehermoso fahren täglich zwei bis vier Busse via Agulo und Hermigua nach San Sebastián (Fahrtdauer 1:15 Std.), zwei Busse fahren nach Alojera via Chorros de Epina (Fahrtdauer 45 Min.).

schen den Feldern ragen schlanke Palmen empor, in den Gärten wachsen glühend rote Bougainvilleen und Anemonen.

Über dem verschlafenen Ort thront der mächtige, legendenumwobene **Roque Cano** („Weißhaariger Fels"). Den Name verdankt er den grauen Wolken, die fast jeden Morgen sein Haupt einhüllen und sich im Laufe des Tages weit ins Tal absenken. Wegen der im Winter vorherrschenden Kühle sind es nur wenige Urlauber, die sich zu dieser Jahreszeit für Vallehermoso entscheiden, zumeist Wanderer, die zu Touren in den Nationalpark oder in die „Geisterdörfer" des Nordwestens aufbrechen. Sie schätzen die preiswerten Unterkünfte und die typisch kanarischen Lokale. Hier wird keine „internationale Küche", sondern einfach-deftige Hausmannskost aufgetischt. Dabei lohnt es sich, *almogrote* zu probieren, in Pepperoni-Knoblauch-Tunke pikant eingelegten Ziegenkäse, oder „gebackene Milch" mit Palmenhonig *(leche asada).* Dazu trinkt man den in der modernen Bodega gekelterten Weißwein *Garajonay* oder den herben, im Weiler Macayo heranreifenden Rotwein *Roque Cano.* Wer Hochprozentiges schätzt, bestellt den mit Palmenhonig abgeschmeckten Tresterbranntwein *gomerón* oder den mit Kräutern gewürzten Orangenlikör *mistela.*

Rund um die Plaza

Mittelpunkt des Städtchens ist die **Plaza de la Constitución,** die ringsum von pastellfarbenen Häusern gesäumt ist. Hier befinden sich das Rathaus und die winzige Markthalle, Banken und Souvenirläden. Zentrale Anlaufstelle ist die schon frühmorgens geöffnete Casa Amaya mit einer großen Terrasse; gern treffen sich hier die Frauen des Ortes zum Plausch, bevor sie die Pflicht an den heimischen Herd zurückruft.

Von der Plaza gehen sternförmig vier Straßen ab. Die ostwärts abzweigende Carretera General del Norte führt zur modernen Bodega Insular. Ihr schräg gegenüber liegt ein **Spielplatz** mit riesigen, **skurril geformten Figuren;** sie könnten „Gullivers Reisen" entsprungen sein und bilden eine Open-Air-Galerie für Kinder und Erwachsene. Nördlich der Plaza geht es auf der Calle Mayor zu der Anfang des 20. Jahrhunderts erbauten **Johanniskirche** (*Iglesia de San Juan Bautista*) und einem gelben Haus, das mit EU-Geld als **Kunsthandwerkszentrum** (*Centro de Artesanía*) errichtet, aber bisher nicht eröffnet wurde. Zwischen beiden Straßen verläuft die Avenida Guillermo Ascanio Moreno, auf der man nach gut drei Kilometern die Küste erreicht. Lebensader des Städtchens ist die von der Plaza südlich abzweigende Calle Triana mit Post und Pensionen, einem hübschen Hotel sowie einer lauschigen Terrassenbar, in der man in Ruhe Kaffee trinken kann.

Der Weg zum Strand

<u>Botanischer Garten</u>

Auf halber Strecke zur Küste fällt rechts ein kubistisch anmutender, ganz aus Naturstein errichteter Bau ins Auge. Es handelt sich um den Eingang zum **„Garten der Entdeckungen"** (*Jardín del Descubrimiento*) im Talgrund. Er veranschaulicht die Wandlung der kanarischen Flora nach der Conquista. Im „biologischen Koffer" der spanischen Siedler befanden sich Nutzpflanzen wie Rübe, Kürbis und Mais, später kamen Strelitzien, Orchideen und Bougainvilleen dazu. Sie verdrängten weitgehend den heute unter Naturschutz stehenden Drachenbaum, die Kanarische Palme und das Wolfsmilchgewächs (momentan ist der Garten etwas vernachlässigt).

●**Jardín Botánico,** Carretera a la Playa (1 km ab Plaza), Mo–Sa 10–18 Uhr, 3 €.

VALLEHERMOSO

■ Übernachtung
- 3 Hotel Tamahuche
- 4 Hotel Triana II
- 10 Pensión Casa Amaya
- 11 Pensión Casa Bernardo
- 15 Hotel Triana I
- 16 Hotel Añaterve
- 17 Ap. Paco el Taxista
- 18 Ap. Casa Barranco I+II
- 19 Ap. Casa La Encantadora
- 20 Ap. Casa Los Bellos

■ Essen und Trinken
- 5 Iballa
- 6 Agana
- 7 Central
- 10 Casa Amaya
- 14 Kiosco Garajonay

■ Geschäfte
- 1 Molino de Gofio Tasriche (zzt. geschl.)
- 2 Centro de Artesanía (zzt. geschl.)
- 7 Tienda de Señor Rafael Cordero
- 8 Mercadillo (Markt)
- 12 Bodega Insular
- 13 Supermärkte

Strand

Vom Botanischen Garten sind es noch gut 1,5 Kilometer zur **Playa de Vallehermoso.** Zwischen hoch aufragenden Felswänden erstreckt sich ein 200 Meter langer Steinstrand, der meist so stark von Wellen umtost ist, dass an Baden nicht zu denken ist. Damit man auf Erfrischung nicht zu verzichten braucht, wurde vor einigen Jahren ein großer Pool geschaffen: Dutzende von Betonquadern wurden vor die Küste gesetzt, um die **Meerwasser-Badeanlage** vor den anrollenden Brechern zu schützen. Vom Schwimmbecken (nur im Sommer in Betrieb) schaut man nach links hinüber zur „Meeresburg" (s. Exkurs nachfolgende Doppelseite), der ehemaligen Verladestation von Vallehermoso.

Die Plaza – Dreh- und Angelpunkt von Vallehermoso

VALLEHERMOSO

Im Obertal

Stauseen

Als schmales Asphaltband schlängelt sich die Calle Triana in eine malerische Schlucht mit grünen, terrassierten Steilhängen. Zur Linken erhebt sich ein über 400 Meter hoher Felsmonolith, in dessen Schatten sich die Bauernhäuser von **Los Chapines** ducken. Nach gut zwei Kilometern, an einer unauffälligen Gabelung, führt links eine Piste zum Stausee **La Encantadora** hinab. Nicht zufällig heißt er „der Bezaubernde": ein grün schimmernder, von Palmen gesäumter Flecken inmitten wild zerklüfteter Berglandschaft. Hier lohnt es sich, schon mal das Auto stehen zu lassen, auf der Staumauer zur Ostseite des Sees überzuwechseln und dann am Ufer entlangzuspazieren.

Praktische Tipps

Unterkunft

●**Tamahuche** €€€, La Hoya 20, Tel. 922801176, www.hoteltamahuche.com. Ein schmuckes Landhotel fünf Gehminuten vom Zentrum. Im hundertjährigen Haus stehen zehn Zimmer zur Wahl, die mit dunklen Holzmöbeln und hellen Stoffen freundlich eingerichtet sind: Nr. 1 bis 4 befinden sich im alten Gebäude und verfügen über hölzerne Dachstühle, Nr. 5 ist kleiner, hat aber eine eigene große Terrasse mit Pfirsichbaum. Die übrigen Zimmer verteilen sich über den oberhalb gelegenen Anbau. Nr. 6 bis 8 haben eine gemeinsame Terrasse mit kubanischen Schaukelstühlen und dem wohl schönsten Blick aufs Tal. Nr. 9 und 10 liegen ganz oben und haben je einen kleinen Balkon. Das Büfett-Frühstück wird in der rustikalen Cafetería eingenommen, Vergünstigungen für Studenten werden unter Leitung der neuen Besitzerin nicht mehr gewährt.

●**Triana I** €€, Calle Triana 13, Tel. 922800528, www.trianahotel.com. Ein ehemaliges Herrenhaus wurde in ein schmuckes Dreisternehotel verwandelt. Es liegt in einer ruhigen Seitenstraße im Ortszentrum mit Blick auf den Roque Cano. Traditioneller kanarischer Baustil mit viel Bruchstein und Holz wurde mit modernen Architekturelementen verknüpft. Die 11 Zimmer (acht Doppel- und drei Einzelzimmer) verteilen sich um einen begrünten Patio, sind einfach, aber freundlich. Manko einiger Räume: Das einzige Fenster, d.h. die Glastür, weist zum Innenhof. Begehrt sind vor allem die größeren Räume im Maisonette-Stil, die sich über zwei durch eine Wendeltreppe verbundene Ebenen erstrecken. Dazu gibt es im Erdgeschoss ein behagliches, aber kleines Restaurant, im zweiten Stock ein Solarium mit Duschen und Liegen. Parkmöglichkeiten in unmittelbarer Umgebung sind rar, laden Sie am besten das Gepäck aus und stellen den Wagen auf dem Parkplatz im 100 m entfernten Ortszentrum ab!

●**Triana II** €€, Av. Guillermo Ascanio 17, Tel. 922800717. Das auch vom Wanderveranstalter *Wikinger* benutzte Aparthotel bietet 18 geräumige und mit dunklen Holzmöbeln gepflegt eingerichtete Studios. Sie verfügen über Sat-TV und Internet-Anschluss, Telefon und Musikkanal sowie eine gut ausgestattete Kitchenette. Am ruhigsten schläft man in den Studios zum begrünten Innen-

Castillo del Mar – die „Meeresburg"

Sie erscheint wie ein großes Krustentier, das sich in den brandungsumtosten Fels krallt: Ihr Gestein ist in Gischt getaucht, das Fundament von Algen umwuchert. Das „Krustentier" war einst Vallehermosos Nabelschnur zur Welt, war die Verpackungs- und Verladestation für alle im Tal geernteten Früchte. „Hätte es das castillo nicht gegeben", so *Jaime Vega,* ein Bürger der Stadt, „wären wir vor Hunger gestorben". Die Früchte wurden im Innern der Burg gewaschen, gewogen und sortiert, anschließend aufs flache Burgdach gehievt. Von hier führte ein langer Kranarm *(el pescante)* aufs Meer, wo ein großes Boot wartete. „Mit ihren acht Rudern", erinnert sich Señora *Argelia,* „mussten die Seeleute die Wellen ausbalancieren, um die Dampfschiffe nach und nach zu beladen." Diese warteten wegen der starken Dünung weit draußen auf dem Meer. Es war ein mühsames Unterfangen, doch da es auf der Insel keine Straßen, nur Maultierpfade gab, existierte zum Seeweg keine Alternative.

Nicht nur Bananen und Tomaten, auch die „Fracht Mensch" wurde umgeschlagen: Alle, die nicht damit zufrieden waren, sich als Tagelöhner auf grundherrlichen Plantagen zu verdingen, schifften sich in Richtung Amerika ein. So hat das Castillo viele Trennungen gesehen – und manche waren für immer ...

1957 geschah, was viele schon lange befürchtet hatten: Eine Riesenwelle zerdrückte den Kran und ein Teil der Burg versank in den Fluten. Die kostspielige Reparatur schien nicht mehr zeitgemäß – das Geld, das zur Verfügung stand, wurde in den Straßenbau investiert.

Als *Thomas Müller,* der spätere „Fotograf von Gomera", 1980 auf die Insel kam, war er von der Ruine fasziniert: „Ich hab' nur gedacht: Was für ein Platz. Da sind mir alle Piratengeschichten in den Sinn gekommen, die ich als Kind verschlungen habe." Er erwarb die Ruine, musste dann aber 20 Jahre warten, bevor er mit ihr etwas anfangen durfte. Erst als die Inselregierung die verschüttete Küstenpiste zum Castillo freigeschaufelt hatte, war der Weg für das geplante Bauprojekt frei. Eine „Bühne im Atlantik" sollte es werden – in einer Burg aus Stahlbeton, die mit Naturstein verkleidet war und der Gewalt des Atlantiks trotzte. Der Fotograf gerät ins Schwärmen: „Allein das Szenario vor dem Teide. Wenn ein klarer Tag ist und man sieht da drüben Teneriffa und diesen Berg, dann ist das wie ein Traum. Um uns herum das Wasser, die Wellen, die weiße Gischt, die Geräusche, das Amphitheater – die Akustik ist so fantastisch."

CASTILLO DEL MAR – DIE „MEERESBURG"

2003 öffnete die Burg als Party-Location. Hier fanden Open-Air-Konzerte und alle vier Wochen die legendären Vollmondpartys statt, es kamen Feuerschlucker und Jongleure, tagsüber auch immer mehr Touristen, die das spektakuläre Ambiente auf der Terrasse genossen. Doch *Thomas Müller* hatte die Macht des Küstenministeriums unterschätzt: *Costas* war nicht bereit, die Genehmigung für das Projekt zu erteilen und verweigerte den Anschluss ans Netz. Die teuren Generatoren wurden vom Salzwasser zerfressen, und 2008 reichte das Geld nicht aus, um weiterzumachen. Doch 2012 darf man wieder hoffen: ein Gericht stellte „die baldige Wiedereröffnung" in Aussicht.

VALLEHERMOSO

hof (Nr. 1–4, 9–11, 15–18), die zur Straße ausgerichteten Räume könnten etwas laut sein. Das gesamte Haus ist behindertenfreundlich eingerichtet: Von der Garage über den Aufzug und die Flure kommt man mit dem Rollstuhl in alle Räume (allerdings gibt es keine unterfahrbare Dusche). Das Frühstück wird in der hinter der Rezeption befindlichen Cafeteria eingenommen.

● **Añaterve** €€, Calle La Rodadera s/n, Tel. 922800330, www.anaterve.com. Das von Holländern eröffnete, hoch über der Stadt thronende Hotel verfügt über fünf helle, freundlich eingerichtete Zimmer sowie ein Apartment (max. 4 Pers). Gute Betten (Latex-Matratzen, warme Plumeaus), Blick vom Fenster auf die umliegenden Berge bzw. ein Zipfelchen vom fernen Meer. *Amala* und *Herman* servieren das Frühstück in der ehemaligen Bodega, in der sich eine Weinpresse von anno dazumal befindet. Auf Wunsch kochen sie für die Gäste vegetarisch; is's kühl, zünden sie den Kamin an. Lesestoff holt man sich in der Mini-Bibliothek, Mispeln im Garten unter dem Haus. Für die Gomeros hat das Haus historische Bedeutung: In der ehemaligen Festung der *Guardia Civil* leisteten 1936 die Republikaner den franquistischen Putschisten mehrere Tage erbitterten Widerstand, bevor sie überwältigt und hingerichtet wurden.

● **Casa Amaya** €/€€, Plaza de la Constitución 5, Tel. 922800073. Oberhalb der Bar werden mehrere einfache und preiswerte Zimmer vermietet: mit gemeinsamem Bad auf dem Flur.

● **Casa Bernardo** €€, Calle Triana 4, Tel. 922800849. Familienpension im Ortszentrum gleich neben der Post. Die Zimmer im ersten Stock teilen sich ein Gemeinschaftsbad; schön ist das Apartment Nr. 5 im Obergeschoss mit Terrasse und eigenem Bad. *Bernardo* spricht etwas Englisch. Ab einem Aufenthalt von drei Tagen wird's billiger.

● **Ap. Paco el Taxista** €, Carretera a la Presa s/n, Tel. 922800211 und 922 801069. Zwei ruhige Apartments an der Straße zum Encantadora-Stausee mit Blick aufs Tal von Vallehermoso. Sofern der Besitzer nicht gerade mit dem Taxi unterwegs ist, findet man ihn im *Kiosco Garajonay* am Ende der Calle Triana.

Landhäuser:

● **Casa Barranco I & II** €€, Los Chapines/El Barranco, Tel. 922800787. Restaurierte Bauernhäuser, malerisch im stillen Talgrund gelegen. *Barranco I* ist komfortabel und hübsch eingerichtet; einfach-rustikal ist das benachbarte *Barranco II*. Geeignet für zwei bis drei bzw. vier Personen.

● **Casa La Encantadora** €€, Rosa de las Piedras, Tel. 922800421. Ein Haus knapp oberhalb des Stausees, direkt an der wenig befahrenen Straße, mit zwei Doppelzimmern und einem Einzelzimmer, Wohnraum, Terrasse, Küche, Bad und Waschmaschine; gut geeignet für Angelfreunde.

● **Casa Los Bellos** €€, Los Bellos, Tel. 922800374. Mit schönem Ausblick auf den Palmenhain von Macayo: ein Haus mit zwei getrennten Wohneinheiten für jeweils zwei Personen, ausgestattet mit Waschmaschine und Kühlschrank. Zwei Kilometer südwestlich von Vallehermoso, die letzten 100 Meter müssen zu Fuß bewältigt werden.

● **Weitere Fincas:** buchbar unter www.ecoturismocanarias.com/gomera und www.elpalmar10.com.

Essen und Trinken

● **Casa Amaya** €, Plaza de la Constitución 5, Tel. 922800073. Zentraler Treffpunkt ab 7.30 Uhr, meist ist die Theke „belagert" und das Personal oft überarbeitet. Es gibt leckere Tapas, die man sich in der Vitrine aussucht, belegte Brötchen und frisch gepressten Orangensaft. Zur Mittagszeit werden Reise-

Stadtplan S. 249, Übersichtskarte S. 240   **VALLEHERMOSO** 255

gruppen abgeladen, die rasch in den hinteren Teil des Raumes verwiesen werden; dort öffnet ein großes Lokal, in dem preiswerte Hausmannskost aufgetischt wird.

●**Agana** €, Av. Guillermo Ascanio 5, Tel. 922800843, tgl. außer Di 9.30–24 Uhr. Das zeitgemäß rustikale Lokal liegt wenige Schritte vom Hauptplatz. Zum Vallehermoso-Landwein vom Fass werden iberischer Schinken, *almogrote* (pikanter Käseaufstrich) und *potaje de berros* (Kresseeintopf) serviert. Ist die See ruhig, gibt es frischen Fisch, *chocos* und *pulpo* (Tintenfischarten).

●**Central** €, Plaza de la Constitución 7, Tel. 922800023, So geschl. Bar für Frühaufsteher, ab 5.30 Uhr geöffnet. Einige wenige gute Tapas, z.B. *delicias de Alaska*, Krebsfleisch in knusprigem Teigmantel.

●**Kiosco Garajonay** €, Calle Triana 9, Tel. 922805722. Die beliebte Sonnenterrasse am Ende der Calle Triana lädt zu einer kleinen Stärkung vor der Wanderung ins Obertal ein. Viele kommen nur her, um Saft zu trinken oder den leckeren *gomerón* zu kosten, aber es gibt auch belegte Brötchen und kleine Gerichte.

●**Iballa** €, Av. Guillermo Ascanio Moreno 8, Tel. 922800314, So geschlossen. Restaurant an der Straße zum Strand, das als Spezialität im Ganzen gebratenen Tintenfisch mit pikanter Mojo-Soße anbietet; gut schmecken auch venezolanische *arepas* und die mit Thunfisch oder Fleisch gefüllten Teigtaschen.

Einkaufen

Wer länger in Vallehermoso bleibt, versorgt sich mit Essbarem in einem der Supermärkte in der Calle Triana.

●**Tienda de Señor Rafael Cordero,** Plaza de la Constitución 8. Ein kleiner Laden von anno dazumal: Von der Decke baumeln Pepperoni- und Knoblauch-Girlanden, an den Wänden hängen Kastagnetten und mit Ziegenfell bespannte Trommeln. Es gibt Holzschalen für die Kressesuppe sowie Lederbeutel, in denen *gofio* geknetet wird. Verkauft wird nur, was aus Vallehermoso kommt: z.B. Marmelade, getrocknete Feigen und Käse *(almogrote)*, Nüsse, geröstete Mandeln und gedörrter Fisch, Palm- und Bienenhonig, Liköre und Wein der Marke *Roque Cano,* hergestellt im Weiler Macayo.

●**Bodega Insular,** Carretera General s/n, unregelmäßig geöffnet, meist Mo–Fr ab 10 Uhr. Am Ortsausgang Richtung Agulo wird in einer modernen Kellerei Rot- und Weißwein gekeltert. Immer mehr Bauern liefern hier ihre Trauben ab, sodass Gomeras Weinmenge und -vielfalt kontinuierlich wächst. Staatliche Kontrolle, ohne die die begehrte „Herkunftsgarantie" *(denominación de origen)* nicht zu haben ist, bürgt für eine einwandfreie Verarbeitung. „Exotisch" ist die einheimische Traube *Forastera Gomera Blanca,* aus der ein herber Weißer entsteht. Ist der Besuchereingang verschlossen, kann man sein Glück am östlichen Nebeneingang versuchen.

zurzeit geschlossen

●**Centro de Artesanía,** Carretera a Valle Gran Rey s/n. Das mit EU-Geld erbaute Kunsthandwerkszentrum (s. Karte) ist seit vielen Jahren fertig – geöffnet war es bisher nie ...

●**Molino de Gofio Tasirche,** Carretera a Valle Gran Rey s/n, zurzeit geschl. *Tasirche* hieß in der Sprache der Ureinwohner „Mühle". Zwar wird heute nicht mehr mit dem Handstein, sondern mit der Maschine gemahlen, doch noch immer duftet es nach geröstetem Weizen und Mais. Die nährstoffreiche, in Plastiktüten abgepackte Zutat zu vielen gomerischen Gerichten kann man hoffentlich bald wieder im Laden erwerben. Anfahrt: ab Hotel Tamahuche 800 Meter in Richtung Valle Gran Rey.

TAMARGADA

Wandertipp

Vallehermoso ist ein guter Startpunkt für Touren im Nordwesten der Insel. Eine abwechslungsreiche Runde führt über die **Quellen Chorros de Epina** und den „bezaubernden" Stausee (⇨Wanderung 12). An verlassenen Weilern und windgepeitschten Wacholderbäumen vorbei gelangt man zur **Playa de Vallehermoso** (⇨Wanderung 13). Wer mehr Wanderungen unternehmen möchte, besorgt sich im Rathaus das Gratis-Faltblatt „Senderos para conocer" (Wege zum Kennenlernen), bisher allerdings nur auf Spanisch erhältlich!

Feste

● Während der Weihnachtsferien wird zweimal gefeiert: am **24. Dezember** steigt die große Mitternachtsparty, am **6. Januar** gedenkt man der Heiligen Drei Könige. Im **Juli** werden die *Fiestas Lustrales gefeiert;* es finden religiöse Umzüge statt, aber auch Pop- und Folklore-Konzerte, Kunsthandwerksmessen, Sport- und Tanzveranstaltungen. Ortspatron ist San Andrés, dem man am **30. November** mit einer Prozession huldigt.

Tamargada

Schon das Durchfahren des Dorfes ist ein Genuss für die Augen. In die steilen, terrassierten Hänge schmiegen sich romantische Häuser aus Naturstein, ringsum wachsen Palmen mit weit ausladenden Kronen. Die Häuser sind durchweg einstöckig und mit Ziegeln bedeckt. Entstanden sind sie nach dem Kettenprinzip: Brauchten die Kinder eine eigene Wohnung, so wurde eben ein Hausteil angebaut – nicht in freiem Wildwuchs, sondern in geschickter Anbindung an die Bergterrasse.

„Produkte aus Vallehermoso" heißt die Devise von Señor Cordero

Strand — Kommt man von Vallehermoso, so biegt 500 Meter vor Tamargada eine Piste in Richtung Küste ab. Nach vier Kilometern endet sie, die restlichen 800 Meter muss man zu Fuß zurücklegen. Die **Playa de los Dejes** präsentiert sich als 150 Meter langer Steinstrand in einer wilden, tief eingeschnittenen Bucht. Von dort erreicht man in zehn Minuten einen weiteren Strand, die 300 Meter lange und gleichfalls steinige **Playa de la Sepultura.**

Las Rosas

Die meisten Reisenden kennen nur das gleichnamige, von Touristenbussen umlagerte Restaurant. Der eigentliche Ort liegt versteckt oberhalb der Carretera del Norte und ist nur über eine schmale, steil ansteigende Straße erreichbar. Auf der Plaza, die wie ein Balkon über dem Abgrund schwebt, steht die **Ermita de Santa Rosa de Lima** mit Blick auf terrassierte Hänge. Am 23. August huldigt man der Schutzpatronin mit einem großen Fest.

Unterkunft

- **Landhäuser,** buchbar unter www.ecoturismocanarias.com/gomera.

Essen und Trinken

- **Las Rosas** €€, Carretera General del Norte Km. 30.8, Tel. 922800916, tgl. 12–15.30 Uhr. Vor allem bei Busgruppen beliebt: ein „typisches", schön gelegenes Restaurant mit Panoramablick auf Teneriffa und Vorführungen der Silbo-Pfeifsprache während des Essens.
- **Luis** €, Carretera General del Norte Km. 29.9, Tel. 922800779, tgl. außer So 10–22 Uhr. Der gemütliche *Señor Luis* tischt in seinem Lokal *tortilla de berros* (Kresse-Omelett) und *potaje de berros* (Kresse-Eintopf) auf, am Wochenende auch Paella und *carne de cabra* (Ziegenfleisch), für Liebhaber venezolanischer Küche gibt es *pabellón criollo*, ein Gericht mit Reis und dunklen Bohnen, Hackfleisch, Ei und Banane. Vor der Bestellung bitte nach den Preisen fragen!

Roque Blanco — Ein herrlicher Abstecher führt von Las Rosas 3,6 Kilometer den Barranco hinauf. Die Schlucht ist schmal und bewaldet, bricht an einem hoch aufragenden Monolithen, dem „Weißen Felsen", jäh zum Tal von Vallehermoso ab. Genau an dieser Stelle findet man ein hervorragendes **Restaurant,** das sich am Wochenende bei Gomeros großer Beliebtheit erfreut.

- **Roque Blanco** €, Tel. 922800483, tgl. außer Mo 9– 21 Uhr. *Carmen* und *Gil* bieten gegrilltes Fleisch, deftig gewürzt und kross gebraten, dazu Ziegenkäse, hausgemachtes Brot und einen tollen Blick durchs Panoramafenster.

Juego de Bolas

Das **Besucherzentrum** Juego de Bolas liegt an einer direkt in den Nationalpark führenden Straße und bietet eine vorzügliche Einführung in Klima und Vulkanismus, Flora und Fauna der Insel. Anhand von Schaubildern erfährt man, welche Kräfte die Insel formten, warum der Lorbeerwald ausgerechnet auf den Kanaren entstand und welche Gefahren ihm drohen. Nebenbei lernt man auch Interessantes über die Silbo-Pfeifsprache und den gomerischen Trommeltanz. Zwar erfolgen die Erläuterungen in Spanisch, doch kann man sich für die Ausstellung eine deutschsprachige Broschüre und für den 20-minütigen Film Kopfhörer mit Simultanübersetzung aushändigen lassen.

Lohnenswert ist auch ein Blick in den schattigen Innenhof des Besucherzentrums, wo verschiedene Farne und Dickblattgewächse wachsen. In dem rings um das Haus angelegten **Botanischen Garten** kann man die übrigen Pflanzen des Archipels betrachten – das Spektrum reicht vom majestätischen Drachenbaum bis zum verkrüppelten Dornlattich, der sogar in der Halbwüste gedeiht.

In den seitlich angrenzenden Gebäuden wird **traditionelles Handwerk** vorgestellt. In Werkstätten kann man Töpfern und Schnitzern, Webern und Flechtern bei der Arbeit zuschauen und ihre Erzeugnisse im angeschlossenen Laden erwerben. Ein kleines ethnografisches Museum zeigt eine originalgetreu eingerichtete **Bauernkate:** Festgestampfter Lehmboden, von der offenen Feuerstelle schwarz gerußte Wände und einfache Holzmöbel veranschaulichen die ärmlichen Wohnverhältnisse gomerischer Bauern bis zum Ende des 20. Jahrhunderts.

● **Centro de Visitantes Juego de Bolas,** Carretera Las Rosas-La Palmita, tgl. außer Mo 9.30–16.30 Uhr, Eintritt frei. Film in der Regel stündlich (auch in deutscher Sprache) bis 15.30 Uhr; Anmeldung zu kostenlos geführten Wanderungen unter Tel. 922800993.

Unterkunft

● **La Palmita** €€, El Rodezno, La Palmita, Tel. 922144101, www.ecoturismocanarias.com/gomera, minimale Mietdauer fünf Tage. Das Landhaus mit Garten ist umgeben von Wald, eine gute Adresse für Naturliebhaber und Wanderer. Es verfügt über zwei Schlaf- und ein großes Wohnzimmer, das mit Sofa und Kamin gemütlich ausgestattet ist. Das Besucherzentrum liegt 1 km, das nächste Geschäft 4 km entfernt, ein Mietwagen ist daher sehr zu empfehlen.
● **El Jardín** €€, Los Aceviños, Tel. 922801196 (abends). Der Name *jardín* (Garten) zeigt an, dass *Bodo Venohr,* der Besitzer dieser gemütlichen Casa Rural im Weiler Los Aceviños, ein passionierter Gärtner ist. Er wohnt gleich neben-

an, die Casa bietet 2–4 Personen Platz. Der Preis von ca. 25 € ist für Gomera-Verhältnisse sehr günstig. Anfahrt: Vom Restaurant Juego de Bolas in Richtung La Palmita, nach ca. 5 Min. (rechts eine Blechgarage) links nach Los Aceviños abbiegen. Das Haus befindet sich am tiefsten Punkt der Straße.

Essen und Trinken

- **Centro de Visitantes** €€, Juego de Bolas. In den seitlich ans Besucherzentrum angrenzenden Gebäuden kann man sich in einer Dulcería mit hausgemachtem Gebäck stärken, besonders lecker schmecken die Mandelmakronen.
- **Juego de Bolas** €€, Juego de Bolas, Tel. 922800978, tgl. 10–22 Uhr. 400 m vom Besucherzentrum an der Straße ins Inselzentrum wird gute Hausmannskost serviert: Fleisch vom Grill, deftiger Eintopf und Rippchen mit Mais (costillas con piña).

Agulo

Läge dieser Ort im warmen Süden, so hätten ihn die Touristen schon vor längerer Zeit erobert. Einer Trutzburg gleich thront er über der Küste – ein architektonisches Kleinod mit engen Gassen und weißen, dicht aneinander gedrängten Häusern, Balkonen und Balustraden. Zur Landseite hin wird Agulo von einer gewaltigen Felswand flankiert, zum Meer hin reicht der Blick bis hinüber zum Teide auf der Nachbarinsel Teneriffa, der oft schneebedeckt ist und zum Greifen nah erscheint. Überall wuchert es grün aus kleinen Gärten, zwischen Avocado- und Mangobäumen sorgen mannshohe Weihnachtssterne für explosives Rot.

La Montañera

Schon La Montañera, der direkt an der Hauptstraße gelegene Ortsteil, lohnt einen Stopp. Im Umkreis der zentralen Bushaltestelle kann man den Wagen gut parken, jenseits des Zebrastreifens beginnt das Gassengewirr. Herrschaftliche Häuser mit ziegelgedeckten Dächern, Kopfsteinpflaster und schmiedeeiserne Laternen – dies alles wirkt gepflegt, doch schon etwas verblichen. Es zeugt von der glanzvollen Vergangenheit, als dank des Bananenanbaus die Landeigentümer zu Wohlstand gelangten. Eines der schönsten alten Häuser befindet sich in der Calle de Piedra Grande: die **Casa de los Pérez** wurde mit EU-Geldern restauriert und zum Hotel umfunktioniert.

Las Casas

Über die Calle del Pintor José Aguiar, benannt nach dem in Agulo aufgewachsenen naturalistischen Maler (1895–1975), gelangt man, vorbei am Apartmenthaus Escuela, in den Ortsteil Las Casas.

Kurzinfo Agulo

- **Rathaus:** Ayuntamiento, Plaza de Leoncio Bento 2, Tel. 922146000, www.agulo.org, mit Fundbüro und örtlicher Polizei, Infos nur auf Spanisch
- **Bank:** Caja Canarias, Calle del Pintor José Aguiar 5
- **Post:** unterhalb der Calle del Calvario nahe der Kirche
- **Gesundheitszentrum:** *Centro de Salud*, Calle Nueva s/n (am Fußballplatz), Tel. 922146014
- **Taxi:** neben der zentralen Bushaltestelle an der Carretera General del Norte (Km. 25.1), Tel. 922146181
- **Bus:** Die zentrale Haltestelle für die Buslinie San Sebastián – Vallehermoso befindet sich an der Carretera General del Norte (Km. 25.1). Sonntags fahren zwei, sonst vier Busse täglich nach Vallehermoso (Fahrtzeit 30 Min.), Hermigua (10–20 Min.) und San Sebastián (50 Min.).

Auch hier wurden in den vergangenen Jahren einige Bürgerhäuser renoviert. Besonders schön ist die **Plaza de Leoncio Bento,** der koloniale Kirch- und Rathausplatz. Im Schatten eines hundertjährigen Indischen Lorbeerbaums steht die **Iglesia de San Marcos,** die 1925 von reich gewordenen „Bananenbaronen" gestiftet wurde. Mit ihren vier weißen Kuppeln und einem minarettartigen Glockenturm erinnert sie an eine Moschee, weshalb man sie auch *La Mezquita* nennt. Reliefs an den Seitenwänden beschreiben den Leidensweg Christi, sehenswert sind auch die Heiligenskulpturen an den Seitenaltären.

Mirador de Agulo Hoch über den Dächern von Agulo wurde ein gigantischer Aussichtspunkt angelegt – der Skywalk des amerikanischen Grand Canyon lässt grüßen! Warum eine so spektakuläre Steilwand durch menschlichen Eingriff „verschönt" werden muss, bleibt freilich unverständlich. Sollen Teneriffa-Tagesausflügler bei ihrer Inselrundfahrt die Chance bekommen, ein „Highlight" zu bestaunen?

Strände

Wer einen Tag an der wilden Nordküste verbringen will, folgt der Calle del Pintor José Aguiar. Hinter der Apartmentanlage *La Escuela* gabelt sich die Straße. Geradeaus geht es, an Rathaus und Kirche vorbei, zur 150 Meter langen, dunkelsandigen **Playa San Marcos** (man ist etwa 30 bis 40 Minuten unterwegs), rechts zur **Playa de Agulo** mit Überresten der Bootsanlegestelle El Pescante und der einstigen Verladestation (ca. 20 Minuten Fußweg). Baden ist in der Regel nicht möglich, bestenfalls an ruhigen Sommertagen.

Unterkunft

● **Villa de Agulo** €€, Calle El Charco 2, Tel. 922146112, bei Google bitte eingeben: www.villa-de-agulo.com. Kleine Komfortanlage mit elf Apartments (für 2-4 Pers.), die rings um einen exotisch bepflanzten Poolgarten mit Jacuzzi und Liegen angeordnet ist. Die Gäste teilen sich einen Salon, in dem ein Computer mit Gratis-WLAN steht; auch die Früchte, die *Simone Schmid* hier auslegt, sind „zur freien Benutzung". Einige Apartments bieten Balkon mit herrlichem Teide-Blick, leiser schläft man aber zur Gartenseite.

● **Ap. Escuela** €/€€, Calle del Pintor José Aguiar 10, Tel. 922146194. Neun große Apartments in einer ruhigen Straße mitten im Ort. Sie sind mit hellen Holzmöbeln behaglich ausgestattet, verfügen über eine Wohnküche und ein separates Schlafzimmer. Vom Balkon blickt man über Bananenfelder weit aufs Meer. Über ein elegantes Treppenhaus gelangt man aufs Dach, wo den Gästen eine große Sonnenterrasse mit Liegen zur Verfügung steht. Gleich nebenan befindet sich ein Supermarkt.

● **Casa de los Helechos** €€, Calle de la Seda 2, Tel. 922146968, www.casarural-loshelechos-gomera.com. Restauriertes Herrenhaus im Ortskern nahe der Kirche. Vier Studios mit Einbauküche gruppieren sich um einen mit Farn (*helecho*) begrünten Patio, begehrt ist vor allem das „Turmzimmer" mit Blick auf das Meer. Auf der Dachterrasse sind Liegestühle aufgestellt.

Essen und Trinken

● **El Molino** €, Carretera General del Norte. Im kleinen Lokal am Ortsende Richtung Vallehermoso gibt es große Portionen kanarischer Hausmannskost zu fairem Preis (z.B. Kressesuppe mit Ziegenkäse und Kichererbsen mit Paprikawurst). Gut schmecken auch der pikant marinierte Thunfisch und die Nachspeisen, allen voran der Papaya-Cocktail!

● **Café Lila** €, Carretera General del Norte (Km. 25), Tel. 922146259, tgl. 7-13 und 17-22 Uhr. Historisches Haus an der Durchgangsstraße. An der blitzblanken Bar und im kleinen Nebenraum serviert *Margot* (trotz des Namens eine waschechte Kanarierin) leckere *tortilla*, *ensaladilla rusa* und *pollo en salsa*.

● **La Vieja Escuela** €€, Poeta Trujillo Armas 2, Tel. 922146044, tgl. außer So 10-22 Uhr. Das Lokal nahe der Kirche ist einer traditionellen Tasca nachempfunden: mit Holztischen, hell getünchten Natursteinwänden, Tapas und Wein

---

Gomera-Salat – mit Avocado, Ziegenkäse und Banane

AGULO

vom Fass. Außerdem findet man auf der Karte alle Klassiker der gomerischen Küche von *almogrote* (pikanter Käseaufstrich) über *churros de pescado* (in Teig ausgebackene Fischstücke) bis *carne de cabra* (Ziegenfleisch). Mittags serviert meist *Francisco*, abends seine Frau *Miguelina*.

● **Bar Alameda** €, Calle Alameda 4, Tel. 922146189, tgl. außer So 8–22 Uhr. Lokal mit Laden und großer Außenterrasse. Morgens wird ein mittelprächtiges Frühstück serviert, mittags und abends bringt der nicht immer gut gelaunte Wirt Fleisch- und Fischgerichte auf den Tisch – meist lieblos präsentiert und nicht gerade preiswert.

● **Bar Mantillo „Los Chochos"** €, Calle El Mantillo s/n, ab 6 Uhr, doch während der Siesta zwischen 14 und 17 Uhr häufig geschl. Gemütliche Bar mit viel Holz und Naturstein, deftigen Tapas, Brathähnchen auf Vorbestellung und Gomera-Wein vom Fass.

Einkaufen

● Wer ein Zimmer mit eigener Küche hat, kann gut im **Supermarkt** neben dem Apartmenthaus *Escuela* einkaufen.

● Schwerer zu finden ist die **Dulcería Marina,** in der all die schönen Mandelmakronen *(almendrados)* und Quarkkuchen *(torta de quajada)* hergestellt werden, für die Agulo berühmt ist. Der Duft nach gerösteten Mandeln und Anis weist den Weg: an der Bar *Bertermann* einbiegen, dann rechts, nach gut 100 Metern etwas versteckt auf der linken Seite (ohne Schild) in der Calle La Puntilla 9. Einfach klopfen, *Señora Marina* arbeitet auch sonntags.

Wandertipp

In Agulo startet eine der spektakulärsten Rundtouren Gomeras: Über die **„Rote Wand"** geht es steil hinauf zum Besucherzentrum **Juego de Bolas** und über den Barranco de las Rosas wieder hinab (⇨Wanderung 11).

Feste

- **25. April:** *Fiesta de San Marcos.* Das eigentliche Fest beginnt nach der Messe, wenn die Statue des heiligen Marcos aus der Kirche getragen und auf den Platz gestellt wird. Unter den Augen des Schutzpatrons wird duftender Wacholder entzündet, junge Männer stehen zur Mutprobe bereit. Sie springen über die hoch aufschießenden Flammen, angeheizt von den Rufen der Zuschauer und dem hypnotischen Klang der Kastagnetten. Nach dem feurigen Spektakel darf getanzt und getrunken werden – die meisten bleiben bis zum frühen Morgen ...
- **2. Junihälfte:** *Fiesta de los Piques.* Musikalisch-poetischer Wettstreit zwischen den beiden Ortsteilen Agulos. Es siegen die Nachwuchskünstler mit der besten Stimme, auch Meister der Pfeifsprache werden prämiert.
- **24. Juni:** *Fiesta de San Pedro*
- **24. September:** *Fiesta de la Merced.* Ein Fest zu Ehren der Schutzheiligen mit Prozession und Tanz.
- **30. November:** *Fiesta de San Andrés.* Am Tag des heiligen Andreas wird der junge Wein der Umgebung gekostet.

Fiesta de San Marcos: Mutprobe zu Ehren des heiligen Markus

Lepe

Es gibt nicht mehr viele Menschen, die in Lepe wohnen – 20 sagen die einen, etwa 30 die anderen. Doch wer Lust hat, sich in einem malerischen Küstenflecken fernab vom Tourismus einzuquartieren, dem bietet sich hier die Möglichkeit: mehrere Häuser wurden bereits restauriert.

Unterkunft

- **Casas Delfines I & II/Casita** €€, Lepe s/n, Tel. 922880781, www.apartamentosgomera.com, mind. 4 Tage. Hübsche Häuschen nahe am Meer für zwei bis vier Personen, jeweils ausgestattet mit Küche, Bad und Terrasse. Besonders schön und intim, aber auch abgelegen: die Casita!
- **Casa Buenavista** €€, Lepe s/n, Tel. 922880781, www.apartamentosgomera.com. Zweihundert Jahre altes, herrschaftliches Haus an einer schmalen Gasse mitten im Ort. Über Papaya-Bäume blickt man aufs Meer; den Teide auf der Nachbarinsel Teneriffa hat man direkt vor Augen. Einfach eingerichtet für maximal drei Personen, mit schönem Holzbalkon und Terrasse.

G-O-MER-A – Pepe Carvalhos Buchstabenwitz

„Warum heißt Gomera *Gomera*?" *Pepe Carvalho*, Spaniens berühmter Detektiv, weiß die Antwort. „Das war so: Vor langer Zeit hieß die Insel nur G. Eines Tages aber kam ein Fischer mit seinem Boot übers Meer und war von der Schönheit der Insel so beeindruckt, dass er laut „O" rufen musste. Das G und das O fanden einander sympathisch und kamen zusammen. Sie schauten hinunter zum Meer. „Meeeer" sagte das O, „Aaah" sagte das G. *Gomera*, fasste ein Kanarienvogel zusammen, der gerade vorbeigeflogen kam."

Edmar Podlech war es, der dem Detektiv diese poetischen Worte in den Mund legte. Nachzulesen oder besser nachzuhören im Kriminalhörspiel „Im Tal des großen Königs", aufgezeichnet vom Südwestdeutschen Rundfunk.

Hermigua

Das 2000 Einwohner zählende Hermigua liegt in einem grünen, sechs Kilometer langen Tal, das sich vom zentralen Gebirgsmassiv bis zur Küste erstreckt. Da der Ort den kürzesten Zugang zum Nationalpark Garajonay erlaubt, ist er bei Wanderern sehr beliebt. Zahlreiche Unterkünfte stehen bereit – man hat die Wahl zwischen strandnahen Apartments, traditionellen Landhäusern und einer Reihe kleinerer Hotels, unter denen das Hotel Ibo Alfaro hervorsticht: ein wunderbar restauriertes und liebevoll eingerichtetes

Kurzinfo Hemigua

●**Oficina de Turismo,** Carretera General del Norte (gegenüber Parque del Curato), Tel. 922880990, www.hermigua.org, Mo-Sa 9-13 und 16-20 Uhr. Mit Kunsthandwerksladen und Café.
●**Turismo Rural:** *Isla Rural,* Tel. 922880160, Mobiltel. 686 950171, www.islarural.com.
Vermittlung einiger weniger Landhäuser im Norden der Insel. Die wichtigere Zentrale für Turismo Rural *(Ecotural La Gomera)* befindet sich jetzt in Vallehermoso.
●**Rathaus:** Ayuntamiento, Carretera General del Norte 109, Tel. 922144040
●**Banken:** mehrfach vertreten an der Carretera General del Norte
●**Gesundheitszentrum:** Centro de Salud, Carretera General del Norte 120, Tel. 922881929
●**Rotes Kreuz:** Cruz Roja, Tel. 922144040
●**Taxi:** Pfarrkirche Nuestra Señora de la Encarnación, Tel. 922880047
●**Bus:** Die Haltestellen für die Busse der Nordroute sind auf dem Stadtplan eingetragen. Sonntags fahren zwei, sonst vier Busse täglich nach Vallehermoso (Fahrtzeit 40-50 Min.), Agulo (10-20 Min.) und San Sebastián (30-40 Min.).
●**Internet:** *Casa de la Cultura,* Plaza de la Encarnación, Mo-Fr 9-13, 16-20, Sa 9-13 Uhr. Hier kommt man kostenlos ins Internet!

Herrenhaus oberhalb der Straße, am linken Talhang mit bester Aussicht.

Im Tal von Hermigua befindet sich das **größte Bananenanbaugebiet** Gomeras – bis an die Küste reicht das Meer grüner Stauden heran. Im Obertal wachsen Avocados, Papayas und Mais, auch Weinreben werden gepflanzt. Seine Fruchtbarkeit verdankt der Ort dem ganzjährig fließenden **El Cedro,** einem Bach, der sich über eine Steilstufe 100 Meter in die Tiefe ergießt, zwei Stauseen füllt und dann als Rinnsal durchs Tal plätschert. Doch dass es in Hermigua so grün ist, liegt natürlich auch an den Passatwolken, die sich zwischen den hohen Bergflanken stauen und deren Feuchtigkeit von den Pflanzen „gekämmt" wird.

Vom **Valle Alto** (Obertal) bis zum **Valle Bajo** (Untertal) liegen nicht weniger als 18 Ortsteile. Die meisten sind längs der Durchgangsstraße aufgereiht, die von einem kilometerlangen Promenadenweg gesäumt ist. Andere *barrios* kleben wie Vogelnester an den Bergflanken. Über steile Treppen und lange, parallel zum Hang verlaufende Straßen sind sie miteinander verbunden.

Obertal

Mittelpunkt des Obertals (Valle Alto) ist die **Iglesia de Santo Domingo.** Die ehemalige Klosterkirche liegt direkt unterhalb der Durchgangsstraße. 1515 als schlichte Kapelle erbaut, wurde sie im 17. Jahrhundert erweitert, als ins benachbarte, heute nicht mehr existierende Kloster Dominikanermönche einzogen. Wird die Kirche zur Sonntagsmesse geöffnet, erblickt man einen dunklen, mit Heiligenfiguren reich geschmückten Holzaltar aus dem 16. Jahrhundert sowie weitere Skulpturen in den Seitenkapellen.

Gegenüber dem Kirchplatz startet die beliebte, aber anstrengende Tour nach El Cedro (⇨Wanderung 10). Die touristische Hauptattraktion befindet sich etwas weiter unten im Tal in einem schmuck restaurierten Herrenhaus: Das **Museo Etnográfico** informiert im ersten Stock über traditionelle Fischerei, Försterei und Landwirtschaft; im zweiten Stock wird man in Gomeras Kunsthandwerk eingeweiht, u.a. in Korbflechterei, Keramik, Leder- und Textilarbeit. Gegenüber dem Museum kann man mit einem gelb markierten Wanderweg (PR LG 3) ins Tal hinabsteigen.

●**Museo Etnográfico,** Ctra. General 95, Tel. 922140146, Di–Fr 10–18, Sa–So 10–14 Uhr, Eintritt frei.

Untertal — Der eigentliche Ortskern Hermiguas befindet sich im Untertal (Valle Bajo) rund um die schattige **Plaza de la Encarnación.** Vor der Pfarrkirche, der **Iglesia de Valle Bajo,** warten Taxifahrer auf Kundschaft, im benachbarten Kulturzentrum hat die lokale Radiostation ihren Sitz. Nahebei befindet sich alles, was wichtig ist: das Rathaus und die Touristeninfo mit einem kleinen Kunsthand-

werksladen, Gesundheitszentrum und Apotheke, Post und Supermarkt. Spaß macht der **Parque del Curato,** ein schattiger Park mit schreienden Pfauen und meckernden Papageien.

Folgt man der Hauptstraße in Richtung Küste, kommt man bei Km. 22.2 zu einer Gabelung: Links geht es zum Nachbarort Agulo, von einem **Mirador,** 700 Meter weiter, genießt man einen herrlichen Ausblick. Hält man sich an der Gabelung rechts, geht es über den Ortsteil **Santa Catalina** zur Küste hinab. Es gibt preiswerte Apartments sowie eine Reihe gemütlicher Bars und Lokale – über Bananenfelder hinweg blickt man aufs wogende Meer.

Strände

Der steinige Ortsstrand, die **Playa de Hermigua,** ist 500 Meter lang und von hohen Felswänden eingerahmt. Wegen gefährlicher Strömungen ist das Baden nicht zu empfehlen, aber es gibt Alternativen: Folgt man der Ortsstraße zur nördlichen Talseite, kommt man zu einer Gabelung mit eingemauertem Holzschild. Links geht es in wenigen Minuten zur *Piscina,* einem **Meeresschwimmbecken** zwischen den Pfeilern der ehemaligen Verladestelle, wo man sich bei ruhiger See herrlich erfrischen kann.

Rechts führt eine nur anfangs asphaltierte Piste via Los Pedacitos zur **Playa de la Caleta,** dem schönsten Badestrand des Nordens. Wanderer können die Strecke abkürzen: Noch an der Straßengabelung wählen sie den ausgeschilderten Treppenweg aufwärts (PR LG 2 La Caleta – El Palmar). Nach etwa 20 Minuten mündet der steile Pfad in eine Piste, nach weiteren 40 Minuten ist die Playa erreicht: ein dunkler, 180 Meter langer Sandstrand mit Picknickplatz, Umkleidekabinen und Toiletten. Stärken kann man sich im Imbisslokal **Macondo,** einem schönen Natursteinbau mit rustikaler Terrasse. Seit dem letzten Besitzerwechsel hat die Qualität der Speisen leider nachgelassen (www.macondo-la-gomera.com, tgl. ab 11 Uhr).

Unterkunft

Im Folgenden werden die strandnahen Unterkünfte zuerst genannt, die im Obertal gelegenen zuletzt.

● **Ap. Casa La Leona** €€, Los Pedacitos 43, Tel. 922880049, auch buchbar über *Ecotural La Gomera* (⇨ „Reisetipps A–Z, Unterkunft"). Von der Gabelung am Nordende der Playa Santa Catalina folgt man der Straße 200 Meter bergauf, das Wohnhaus der deutschen Besitzerin befindet sich zur Rechten. Über eine schmale Treppe geht es zum Gästehaus hinab. Mit zwei Schlafzimmern für maximal vier Personen (sehr gute Betten!), Wohnküche, Bad und blumenumrankter Terrasse. Außerdem vermietet *Gisela* ein „Atelier" auf dem Dach ihres Hauses, bei Bedarf auch das kleine „Turmzimmer". Mindestaufenthalt eine Woche.

Wohnen wie im Adlerhorst

Restauriertes Herrenhaus oberhalb des Dorfzentrums, über 150 Jahre alt und von *Ina Stomberg* und ihrem Sohn *Alexander* liebevoll geführt. Behaglich ist der Speisesaal mit seinen unverputzten Natursteinwänden und dunklen Holzmöbeln; moderne Bilder des Wahlgomeros *Reinhard Metz* verleihen ihm Frische. Alle 17 Zimmer sind freundlich und hell, verfügen über Holzbalkendecken, oft auch über die traditionellen, rund geschwungenen Fenstersitzbänke, *enamorados* (die Verliebten) genannt. Der Blick gleitet über das bananenbestandene Tal bis hinunter zum Meer. Morgens wird ein großes, abwechslungsreiches Frühstück serviert, mehrmals wöchentlich kann man auch zu Abend essen. Die Rezeption ist bis 18 Uhr besetzt, dort befindet sich auch der einzige Fernseher des Hauses. Anfahrt: Von San Sebastián kommend geht es am Rathaus und an der Sportanlage vorbei; vor der Sparkasse *(Caja Canarias)* links in eine Seitenstraße einbiegen, von der nach 500 Metern rechts ein Sträßlein direkt zum Hotel abgeht.

●**Ibo Alfaro** €€/€€€, Carretera General del Norte (Km. 20.8), Tel. 922880168, www.hotel-gomera.com/de.

●**Ap. Casas Ondina** €€, Los Pedacitos 24, Tel. 922553754, buchbar über *Ecotural La Gomera* (⇨ „Reisetipps A–Z, Unterkunft"). Das Haus befindet sich schräg gegenüber von *Casa Gisela* und ist über eine steil ansteigende Treppe erreichbar. Drei Wohneinheiten für jeweils zwei Personen mit Wohnküche und Bad, von der Terrasse teilweise schöner Ausblick aufs Meer.
●**Ap. Playa** €/€€, Playa Santa Catalina 21, Tel. 922144064. Drei Zimmer und sechs Apartments, klein und einfach, allerdings mit direktem Blick auf das Meer, dazu eine gemeinschaftlich genutzte Dachterrasse.
●**Ap. El Casino** €, Playa Santa Catalina 20, Tel. 922880163. Aus dem ehemaligen Altherrenklub wurden sechs recht komfortable, gut eingerichtete Apartments gezaubert; alle verfügen über einen schönen Meerblick. *Carmita* wohnt nebenan und steht den Gästen mit Rat und Tat zur Seite. Ihre Apartments sind mit 22–25 € (für zwei Personen) die preiswerteste Option weit und breit. Der Zugang zum „Casino" erfolgt über einen steingepflasterten Treppenweg ab Restaurant Faro.
●**Ap. Casa Sta. Catalina** €€, Playa Santa Catalina 12, Tel. 922880700. Neben dem Schrein der heiligen Catalina: ein Haus mit drei gepflegten Studios, alle

mit Meerblick. Vermieter ist der Taxifahrer *Ramón*, der im oberen Stockwerk wohnt, seine Frau *Chelo* spricht ein wenig Deutsch. Für die Gäste steht eine Gemeinschaftsterrasse zur Verfügung. Oberhalb des Hauses werden eine Casita mit zwei Doppelzimmern und drei schmucke, 80 Quadratmeter große *Casas Rurales* vermietet. Letztere (eines davon behindertengerecht) verfügen über drei Schlafzimmer, Bad, Wohnküche und Balkon. Mindestaufenthalt eine Woche. Auf Wunsch werden die Gäste vom Fähr- oder Flughafen im Taxi zu einem günstigen Tarif abgeholt.

●**Ap. Los Veroles** €€/€€€, Carretera a la Playa s/n, Tel. 922880013, www.jansen-gomera.de. Unterhalb der zum Strand führenden Straße vermieten *Elke* und *Michael* drei komfortable Apartments: Sie sind geschmackvoll-rustikal eingerichtet, haben im Schlafzimmer ein Himmelbett und große Terrassen, die über Bananenplantagen hinweg Blick aufs Meer bieten. *Margarita* und *Girasoles* sind ein-, *Bougainvillea* zweigeschossig. Die Besitzer wohnen nebenan; eine gute Adresse!

●**Ap. Casas El Silbo** €€, Carretera General del Norte 249 (Km. 22.5), La Punta – La Castellana, Tel. 922880078, auch buchbar über *Ecotural La Gomera* (⇨ „Reisetipps A–Z, Unterkunft"). Kurz hinter der Abzweigung an der Straße nach Agulo gelegen: drei Häuschen des gleichnamigen Restaurantbesitzers inmitten eines ehemaligen Bananenanbaugebiets.

●**Ap. Jardín La Punta** €€, La Punta s/n, Carretera General del Norte, Tel. 922880999. In sonniger Lage an der Südklippe oberhalb der Bucht von Hermigua „hängen" 15 moderne, terrassenförmig gebaute Häuschen mit Blick aufs Meer und auf Teneriffa. Sie sind geräumig und mit leicht rustikalem Touch eingerichtet, verfügen über Sat-TV, Balkon bzw. Terrasse. Die Gäste teilen sich einen Pool, der im Winter beheizt wird; ab drei Tagen Aufenthalt gibt es Rabatt. Anfahrt: Richtung Agulo bis zum letzten Haus von Hermigua, Eingang oben am Ortsausgang.

●**Ap. Casa Creativa** €€, Carretera General del Norte 56 (Km. 21.7), buchbar über www.gomeralive.de. Die historische, aus der Zeit um 1850 stammende Casa Creativa hat in den letzten Jahren mehrfach den Besitzer gewechselt, zuletzt 2009, als das Haus umfassend renoviert wurde. Angeboten werden zurzeit (im Nebengebäude) die Ferienwohnung Flamboyant, das Apartment Ilona sowie die beiden Studios Mango und Aloe Vera, alle mit Terrasse und Ausblick aufs Tal und Bananenfelder.

●**Hotel Casa de los Herrera** €€, Carretera General del Norte 175 (Km. 21.4), buchbar über Internetagenturen. Gegenüber der Kirche, an der Plaza Nuestra Señora de la Encarnación, wurde ein Herrenhaus aus dem 19. Jh. wunderbar renoviert. 2011 öffnete hier ein Hotel mit acht, um einen Innenhof angeordneten Doppelzimmern, vier davon haben eine eigene Terrasse. Kleine Warnung: Ab 8 Uhr morgens erklingen die Glocken, ein letztes Mal um 22 Uhr!

●**Hotel Villa de Hermigua** €€€, Carretera General del Norte 117 (Km. 20.6), Tel. 922880777, www.gomeraturismo.com. *Señor Álvaro*, von Beruf Musiker, hat an der Hauptstraße ein hundert Jahre altes Haus restauriert und darin neun Zimmer eingerichtet. Es gibt einen Fernsehraum, eine große Gemeinschaftsterrasse mit Grill und eine Küche, in der sich Gäste selbst Kleinigkeiten zubereiten können. Das Frühstück wird im angeschlossenen Restaurant eingenommen.

●**Ap. Casa Pajarito** €€, Las Cabezadas (Valle Alto), Tel. 922288892, auch buchbar über *Ecotural La Gomera* (⇨ „Reisetipps A–Z, Unterkunft"). Das vom oberen Ortskern drei Kilometer entfernte Haus klebt wie ein Vogelnest in

400 Metern Höhe am Steilhang (*pajarito* = Vogel). Mit heller Wohnküche, zwei Schlafzimmern und Heizofen ist es für drei Personen geeignet. Durch die Panoramafenster bietet sich ein herrlicher Rundblick. Das Haus ist über eine kleine Asphaltstraße erreichbar, die von der Carretera General del Norte bei Km. 18.7 abzweigt. 100 Meter entfernt vermieten die Besitzer noch eine weitere, ähnlich gestaltete, doch kleinere Casa. Wer hier wohnt, benötigt einen Mietwagen.

●**Ap. Finca Piñero** €€, Carretera General del Norte (Km. 19.6), Tel. 922 870055, www.grupopinero.com. Reihenhausanlage mit acht Wohneinheiten für jeweils zwei Personen unterhalb der Hauptstraße bei der gleichnamigen Autovermietung. Hübsch eingerichtet, mit kleinem Garten.

●**Ap. Los Telares** €/€€, Carretera General del Norte (Km. 19.2), Tel. 922 880781, www.apartamentosgomera.com. Bei Wandergruppen beliebte Anlage: von außen schön anzuschauen, mit Holzbalkonen im kanarischen Stil und viel Grün. Nach der Renovierung präsentieren sich auch die 22 Apartments sehr attraktiv mit Terrakotta-Boden und Holzschiebetüren, ländlich-nostalgischem Mobiliar und Panorama-Blick übers Tal (Gratis-WLAN). Der Aufenthaltsraum verfügt über einen Kamin; beim Frühstück, das im 200 m entfernten Restaurant Molino de Gofio eingenommen wird, sind Brot und Marmeladen hausgemacht. Gegenüber Los Telares, in einem herrschaftlichen Haus, werden *María Dolores*, Tochter *Luisa* und Enkelin *Ana* bald schon ein weiteres kleines Hotel mit nur fünf Zimmern eröffnen.

●**Ap. Casa Fraile** €€, La Alameda, El Convento (Valle Alto),Tel. 922288892, auch buchbar über *Ecotural La Gomera* (⇨ „Reisetipps A–Z, Unterkunft"). Die Mönche *(frailes)* des nahe gelegenen Dominikanerklosters wohnten einst in diesem zweistöckigen Haus. Die Räume sind mit offenem Dachstuhl gemütlich eingerichtet, aus den Fenstern schaut man aufs grüne Tal. Casa Fraile befindet sich oberhalb des Museums Los Telares und ist über 30 Treppenstufen erreichbar. Unten können zwei, oben max. vier Personen wohnen, die Eingänge sind separat.

Essen und Trinken

●**El Silbo** €€, Carretera General del Norte s/n (Km. 23), Tel. 922880304, tgl. 11.30–23 Uhr. Verkehrsgünstig gelegen an der Ausfahrtstraße nach Agulo mit überdachter Terrasse und ruhiger Hintergrundmusik. Das Lokal ist seit einiger Zeit wieder recht beliebt, Leser lobten vor allem die hier servierte Paella.

●**El Faro** €€, Playa Santa Catalina 15. Unter der deutschen Inhaberin *Petra* knüpft das strandnahe Lokal (mit Dachterrasse!) an die guten alten Zeiten an, als man im Faro gegrillten Fisch von bester Qualität bekam. Je nach Fang gibt es Thun, Wolfsbarsch oder verschiedene Brasse-Arten, dazu Runzelkartöffelchen mit Mojo-Soße. Immer mit von der Partie sind marinierte Sardellen *(boquerones)* und überbackenes Gemüse.

Los Telares im Obertal von Hermigua

HERMIGUA

●**Café Bar Pedro** €, Carretera General del Norte 56 (Km. 21.6), Tel. 922 881023. Terrassencafé an der Straße mit schönem Blick übers Tal, Snacks und kleinen Getränken.
●**Tasca Telémaco** €, Plaza de la Encarnación 2, Tel. 922880812, www.tascatelemaco.com. Das chillig-gemütliche Lokal neben der Kirche bietet gute Tapas – fragen Sie auch nach dem *plato del día* – und am Wochenende live Latino-Musik.
●**Iratxe Taberna** €€, Carretera General del Norte 162 (Km. 21.2) / Callejón Ordaíz 1, Tel. 922880740. *Gotxio*, Hermiguas Baske, bietet im ersten Stock „Erlebnisgastronomie der besonderen Art": Wild mit dem Messer fuchtelnd, saust er durch die Küche und es kann durchaus passieren, dass seine Kinder im Schlafanzug durch den Speiseraum spazieren. Wen das nicht stört, kann hier gute baskische Küche genießen. Hat *Gotxio* keine Lust zum Kochen, kehrt man im Erdgeschoss bei seiner Frau *Ninoska* ein, die mit viel Elan eine rustikale Bar betreibt.
●**Molino de Gofio** €€, Carretera General del Norte (Km. 19.5), Tel. 922 880781, ab 19.30 Uhr (vorerst nur nach Reservierung). Gomerische Hausmannskost in einem rostroten, im kanarischen Stil erbauten Gebäude an der Hauptstraße.
●**Las Chácaras** €€, Lomo de San Pedro, Tel. 922881039. Restaurant im Obertal mit kleiner Terrasse. Serviert wird kanarische Hausmannskost, besonders beliebt sind pikanter Käseaufstrich *(almogrote)*, Kressesuppe *(potaje de berros)* und die Fleischgerichte *(carne de cabra, carne de conejo)*. Erreichbar über die Abzweigung an der Carretera General del Norte (Km 18,7).

Einkaufen

●**Supermärkte:** mehrere im Obertal, doch zur Küste hin leider Mangelware!

Feste

●**29. Juni:** *Fiesta de San Pedro*
●**8. Juli:** *Fiesta de San Benito*
●**8. August:** *Fiesta de Santo Domingo*
●**8. September:** *Fiesta de la Encarnación*
●**Anfang Oktober:** *Fiesta de la Virgen Nuestra Señora del Rosario* (Obertal) und *Fiesta de Santa Catalina* (Untertal)

Wandertipp

Der Weg zur Playa de la Caleta ist etwas für Badefreaks, die echten Naturliebhaber zieht es ins Gebirge. Ein Muss für Gomera-Fans ist der Steilaufstieg über den größten Wasserfall Gomeras nach **El Cedro** (⇨Wanderung 10).

Stadtplan S. 270, Übersichtskarte S. 240

Wie in Watte getaucht – Hermiguas Bergspitzen

Nationalpark Garajonay

Der Nationalpark Garajonay

Überblick

„Bruma y bosque", Nebel und Wald: Mit diesen Worten umschreiben die Gomeros das Bergland im Innern der Insel. Kaum ein Lichtstrahl dringt in den dschungelartigen Wald, Bartflechten hängen wie schütteres Greisenhaar von den Zweigen herab. Fast täglich trägt der Passat Wolken heran, die von den Bäumen „gekämmt" werden. An den lederartigen Blättern kondensieren die Nebelschwaden zu Tropfen, die auf den Boden perlen und dort einen Wildwuchs an Farn, Moos und Efeu nähren.

Lorbeerwald

Gomeras Lorbeerwald ist der größte der Kanaren, mit knapp 4000 Hektar nimmt er ein Zehntel der Inselfläche ein. Er stellt ein in der

---

Auf dem höchsten Gipfel vereint – die Legende von Gara und Jonay

Seinen Namen verdankt der Nationalpark der Geschichte zweier Liebender. Die altkanarische Prinzessin *Gara* war leidenschaftlich verliebt in *Jonay*, den Sohn eines Fürsten von Teneriffa. Doch die Eltern widersetzten sich der Verbindung, die, wie sie meinten, nur Unglück bringen könnte. Denn *Gara* kam aus dem feuchten Norden Gomeras, *Jonay* von der lavaspeienden Nachbarinsel – Feuer und Wasser aber passen nicht zusammen! Also wurde verfügt, dass die Verliebten zu trennen seien und sich auch nie wieder sehen dürften.

Jonay mochte sich freilich mit diesem Urteil nicht bescheiden. Mit Hilfe aufgeblasener Ziegenhäute, die er sich um die Hüften spannte, schwamm er hinüber nach Gomera und traf sich heimlich mit *Gara* im Wald. Gemeinsam erklommen die Liebenden den höchsten Berg der Insel und warteten auf den nächsten Morgen. Mit den ersten Sonnenstrahlen bohrten sie sich gegenseitig einen hölzernen Speer in die Brust und starben in inniger Umarmung. Seit jenem Tag sind *Gara* und *Jonay* miteinander vereint: Ihr Name verschmolz zu *Garajonay* und bezeichnet nicht nur den höchsten Berg der Insel, sondern auch den schönsten Lorbeerwald der Welt.

ÜBERBLICK

Welt **einzigartiges Ökosystem** dar. Vor Millionen von Jahren gab es Lorbeerwald rund ums Mittelmeer; doch während er dort infolge der Eiszeit ausstarb, vermochte er auf den Atlantikinseln dank warmer Meeresströmungen zu überleben. Nach der Conquista wurden Teile des Waldes gerodet, um Anbauflächen für das profitable Exportgut Zucker zu schaffen und den Brennholzbedarf der Raffinerien zu decken. Auf den großen Nachbarinseln war die Zerstörung so groß, dass ein königliches Dekret erlassen werden musste, in dem jede weitere Abholzung unter Strafe gestellt wurde. Das kleine Gomera hatte Glück: Nur der Norden fiel der Rodung zum Opfer, das Zentrum der Insel wurde geschont, damit der Graf seiner Jagdlust nachgehen konnte. Der weitgehend intakte Wald wurde 1978 zum Nationalpark, acht Jahre später von der UNESCO zum **„Welterbe"** erklärt.

Mythen lassen sich gut vermarkten

ÜBERBLICK

Bild Seite 278/279: Der Spielplatz auf dem Rastplatz Laguna Grande

ÜBERBLICK 283

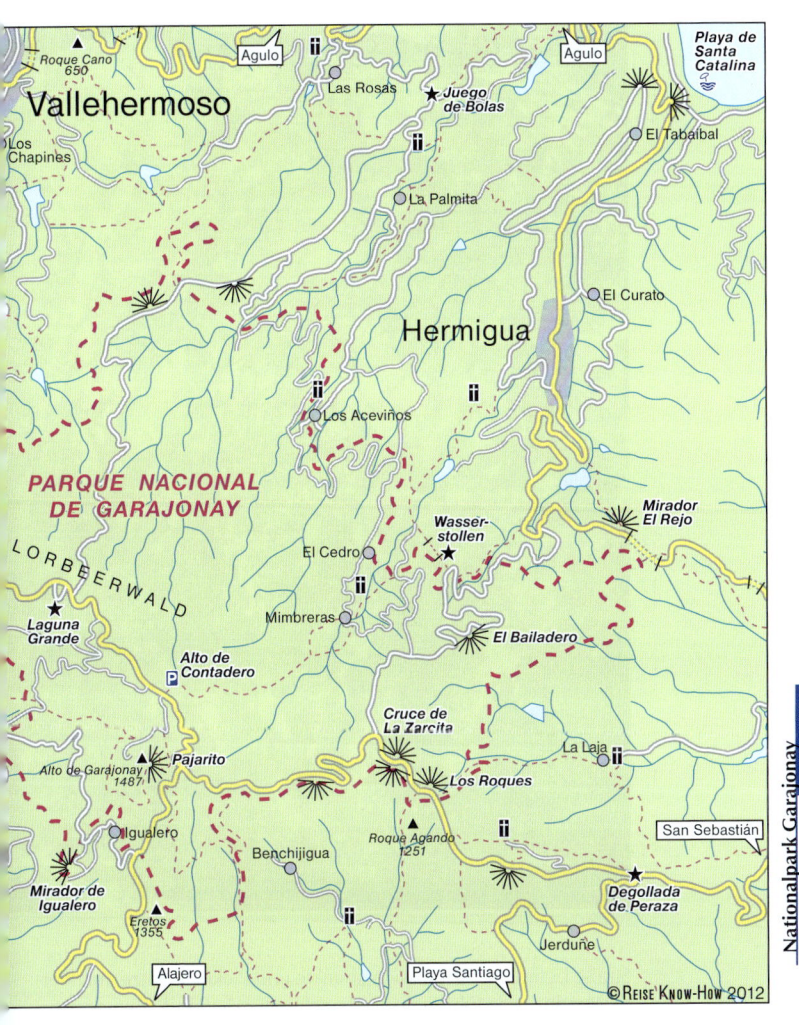

Orientierung	Der Nationalpark Garajonay ist bestens erschlossen. Eine **Höhenstraße** durchquert ihn von Ost nach West, Nebenstraßen führen nordwärts in Richtung Hermigua (ab Cruce de la Zarcita) und zum Besucherzentrum Juego de Bolas (ab Laguna Grande). Längs der

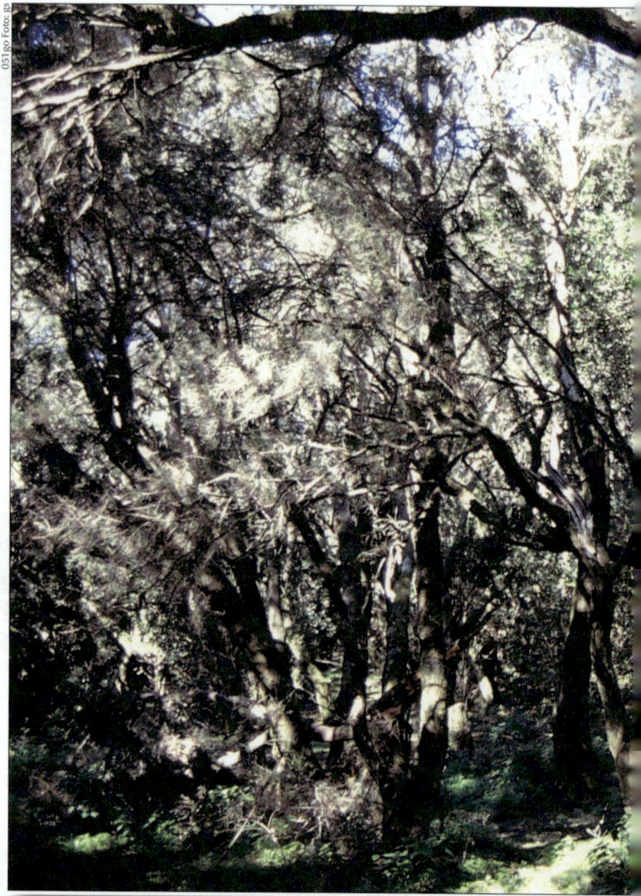

051go Foto: gs

Straße befinden sich Aussichtspunkte und Picknickplätze, markierte Wanderwege führen durch die schönsten Landschaften des Lorbeerwalds.

Unterkunft

Unterkünfte gibt es nur am Rande des Nationalparks, so im Weiler **El Cedro,** wo man wählen kann zwischen Herberge, Campingplatz und mehreren Landhäusern. Für Freunde des Lorbeerwalds

Übersichtskarte S. 282

ÜBERBLICK 285

Nationalpark Garajonay

sind diese ideal, denn wer hier wohnt, kann sich lange Anfahrtswege ersparen. Allerdings kann es an Wintertagen empfindlich kühl werden; die kleinen Heizkörper in den Häusern reichen nicht aus, um wohlige Zimmerwärme entstehen zu lassen.

Selten ist der Lorbeerwald lichtdurchflutet

Laguna Grande

Nur der Name erinnert daran, dass es einst mitten im Wald einen großen Kratersee gab (*laguna* = Teich). Heute präsentiert er sich als kreisrunde, saftiggrüne Waldlichtung und ist ein beliebter Rastplatz. Laguna Grande liegt knapp unterhalb der Carretera Dorsal (Höhenstraße) in 1240 Metern Höhe und ist über zwei kurze, ausgeschilderte Pisten erreichbar. Vor allem am Wochenende herrscht Hochbetrieb: Gomerische Familien lagern rund um die Grillöfen, Touristen bevorzugen meist den urigen Gasthof am Rande der Lichtung.

Essen und Trinken

●**Laguna Grande** €€, Tel. 922697070, www.laguna-grande.es, tgl. außer Di ab 9 Uhr. Im rustikalen Gasthof wird v.a. Grillfleisch aufgetischt, auch mariniertes Kaninchen ist meist auf Lager. Nach einer Wanderung wärmt aber auch ein Kresse- oder Kichererbseneintopf. Die angrenzende Bar sollte man meiden, wenn Busgruppen anwesend sind – auf einen Kaffee wartet man dann bis zu einer halben Stunde!

In den Tiefen des Nebelwalds – Hexenzauber um Mitternacht

Mit seinen huschenden Wolkenschleiern und dem steten Spiel von Licht und Schatten hat der Lorbeerwald schon immer die Fantasie der Gomeros beflügelt. Laguna Grande, so munkelt man, sei ein besonders verwunschener Platz: Wer sich dort nach Einbruch der Dunkelheit blicken lasse, dürfe sich nicht wundern, wenn er von Hexen mit Steinen beworfen werde. Und um Mitternacht würden diese gar wilde Tänze vollführen, um sich mit übernatürlichen Kräften aufzuladen. „Seid brav", droht man den Kindern, die nicht gefügig sind, „sonst stecken wir euch in einen Sack und bringen euch nach Laguna Grande."

In einigen Bergdörfern des Zentrums und des Nordens von Gomera ersetzten Hexen noch in den 1990er Jahren den Arzt. In Hermigua gab es eine regelrechte Dynastie „weiser Frauen". Von einer Generation zur nächsten gaben sie dort das Wissen um die Wirkung von Heilkräutern weiter: Asthma wurde mit gekochtem Borretsch behandelt, Kopfschmerz mit Salbei-Umschlägen. Größten Ruhm erwarb sich *Doña Clotilde* aus Chipude, die den Körper von Kranken nach „leuchtenden Äuglein" absuchte und sie anschließend mit feinen Nadelstichen traktierte. 1995 ist *Clotilde* gestorben – hätte sie eine Tochter, so setzte diese gewiss das Werk der Señora fort ...

Wandertipp

Von Laguna Grande aus starten ausgeschilderte Wanderwege auf den **Gipfel des Garajonay** (6,2 km, ⇨Wanderung 8) und nach **El Cercado** (3,8 km). Ein kleines Info-Zentrum neben dem Restaurant hält eine Schautafel über alle Wanderwege bereit (Di geschl.). Doch man kann auch mit einem kleinen Abstecher in den **Lorbeerwald** vorlieb nehmen: Vom ummauerten Backofen hinter dem Spielplatz führt ein vorbildlich angelegter Lehrpfad ins grüne Dickicht. Hält man sich an den zwei aufeinander folgenden Gabelungen jeweils links, gelangt man zum Ausgangspunkt zurück (Gesamtzeit 15–20 Minuten).

Zeichnung: Izabella Gawin

Alto de Contadero

„Anhöhe des Zählers" heißt der Parkplatz an der Höhenstraße (Carretera Dorsal), 1,2 Kilometer nordwestlich der Kreuzung Pajarito. Der seltsame Name erinnert an jene Zeit, als die Bergbewohner hier Käse und Fleisch feilboten und das dafür erhaltene Geld sorgfältig nachzählten. Heute wird auf dem 1350 Meter hoch gelegenen Platz nichts mehr verkauft oder getauscht, stattdessen schnüren Wanderer ihre Schuhe und bereiten sich auf die Touren in den Nationalpark vor.

Wandertipp

In Alto de Contadero starten drei (ausgeschilderte) Wanderungen: Auf der südwärts abzweigenden Piste gelangt man geradewegs auf den **Garajonay,** den mit 1487 Metern höchsten Berg Gomeras (1,4 km). Geht man von Alto de Contadero auf der Höhenstraße 400 Meter nordwestwärts, kommt man nach Laguna Grande, wo ebenfalls ein Weg zum Garajonay beginnt (3,7 km, ⇨Wanderung 8). Der allerschönste Weg aber führt nordwärts hinein in dichten Lorbeerwald. Vorbei an einem ganzjährig fließenden Bach, erreicht man das idyllische Bergdörfchen **El Cedro** (4,8 km, ⇨Wanderung 9), wo zwei Gasthöfe die Möglichkeit der Stärkung bieten.

Los Roques

Los Roques nennt man die zuckerhutförmigen **Felsriesen** am Rande des Lorbeerwalds. Mit ihrer grauen, verwitterten Oberfläche wirken sie wie Greise, die in der Landschaft einsam Stellung halten. Es handelt sich um den „harten Kern" von Vulkanen, besonders widerstandsfähiges, im Schlot erstarrtes Magma. Während der äußere, weiche Gesteinsmantel längst abgetragen wurde, trotzen die Kerne immer noch Wind und Wetter. Die Felsen – drei an der Zahl – liegen an der Höhenstraße zwischen Km. 19 und 20. Sie werden auch als **Familia de los Roques** bezeichnet.

Am imposantesten ist der 1251 Meter hohe **Roque Agando,** an dem sich zwei Wanderwege berühren (⇨Wanderungen 16 und 17). Ein abstraktes, schon etwas angerostetes **Denkmal** erinnert an den verheerenden Brand von 1984, dem 10 Prozent des gomerischen Waldes zum Opfer fielen. 20 Menschen fanden dabei den Tod, nahe dem Roque Agando wurden sie von einer Feuerwalze erfasst.

Einsiedelei im Lorbeerwald: Ermita Nuestra Señora de Lourdes

Los Roques

400 Meter westlich des Roque Agando erhebt sich der **Mirador de los Roques,** von dem man einen herrlichen Blick nach Süden auf den Kessel von Benchijígua genießt. Schaut man in Richtung Norden, sieht man den dichten Lorbeerwald El Cedro – im Vordergrund sichtbar sind der **Roque de la Zarcita** (1234 Meter) und der **Roque de Ojila** (1148 Meter).

El Cedro

Mitten im Lorbeerwald findet sich eine blühende Lichtung mit Häusern aus Naturstein und urigen Bars. Noch vor wenigen Jahren war der Weiler El Cedro am Nordrand des Nationalparks von aller Welt vergessen und verlassen, Natur- und Wandertourismus haben ihm jedoch neues Leben eingehaucht. Kaum ein Urlauber lässt es sich entgehen, beim Streifzug durch den Lorbeerwald hier eine Pause einzulegen – weit und breit bildet er die einzige Einkehrmöglichkeit.

Die meisten Besucher kommen auf dem klassischen Weg vom Parkplatz Alto de Contadero (⇨Wanderung 9), einige auch vom Obertal in Hermigua (⇨Wanderung 10). Autofahrer erreichen El Cedro über eine 2,5 Kilometer lange, steingepflasterte Straße, die von der Verbindungsstraße Cruce de la Zarcita – Cruce del Rejo abzweigt. Wer sich in El Cedro einquartiert, hat eine Vielzahl von Wanderwegen quasi vor der Haustür. Auch Ausritte sollen demnächst möglich sein – ein Pferdegehöft wurde bereits eingerichtet.

Roque Agando – der höchste der „Felsenfamilie"

El Cedro

Unterkunft

- **Camping La Vista** €, Caserío del Cedro, Tel. 922880949. Kleiner, privater Campingplatz unterhalb des gleichnamigen Restaurants. Er ist sehr einfach ausgestattet, aber romantisch gelegen und stellt die preiswerteste Unterkunft auf der gesamten Insel dar (2 € pro Person). Man kann sein Zelt auf einem der Terrassenfelder aufstellen; es gibt Grillöfen und Duschen mit Warmwasser.
- **Casita La Vista & El Refugio** €, Caserío de El Cedro, Tel. 922880949. Unterhalb ihres Restaurants vermietet *Juana*, die rührige Besitzerin, ein rustikales Studio zu einem sehr günstigen Preis. Es verfügt über eine gut ausgestattete Kitchenette mit Waschmaschine, Trockner und TV sowie eine Glasveranda mit Blick ins Grüne. Für Wärme in dem im Winter recht kalten Weiler sorgt ein Kamin; im Korb daneben ist immer ausreichend Brennholz vorhanden. Ist das Studio belegt, kann *Juana* ihre Gäste auch in einem Nachbarhaus bzw. im El Refugio unterbringen. Dort gibt es fünf Zimmer (17 Betten), ein Gemeinschaftsbad sowie einen TV-Raum. Der Preis pro Person beträgt in allen Unterkünften ca. 12 €.
- **Casas El Laurel, La Era & Los Castaños** €€, Caserío del Cedro, Tel. 922880781, www.apartamentosgomera.com. Drei nahe beieinander gelegene Häuser in der Randzone des Nationalparks, in 850 Metern Höhe und unmittelbar am Wanderweg von El Cedro nach Mimbreras. El Laurel, früher ein Lagerhaus für Ernteerzeugnisse, ist das größere und verfügt über zwei, La Era, von wo aus die Ernte überwacht wurde, ebenso wie Los Castaños über ein Schlafzimmer.

Essen und Trinken

- **La Vista** €/€€, Caserío del Cedro. Gasthof mit Terrasse und weitem Blick übers Tal. Hungrige Wanderer stärken sich mit üppigem Salat oder traditioneller gomerischer Kost. Nirgends schmeckt die Kressesuppe besser, denn die wichtigste Zutat kommt frisch aus dem Wald. *Potaje de berros* wird in einer Holzschüssel serviert; damit er noch sättigender ist, gibt's ein Schälchen *gofio* dazu. Wer immer noch Hunger hat, bestellt anschließend gegrilltes Schweinefleisch mit *mojo*; auch das deftige Ziegenfleisch (*carne de cabra*) schmeckt. Als Nachtisch könnte man *leche asada* wählen, „gebackene Milch" aus Eiern und Mandeln, abgeschmeckt mit Palmenhonig.

Umgebung von El Cedro

An der Gabelung Cruce de la Zarcita zweigt von der Höhenstraße (Carretera Dorsal) die wenig befahrene Verbindungsstraße zur Carretera del Norte und nach Hermigua ab. Folgt man ihr, passiert man nach 1,5 Kilometern die gepflasterte Zufahrtspiste zum Weiler El Cedro. 600 Meter weiter weist ein Schild auf den **Mirador El Bailadero** hin, von dem man über einen grünen Lorbeerteppich hinweg auf die Felsgruppe Familia de los Roques schaut. 900 Meter weiter folgt dann der **Mirador El Rejo,** zur Abwechslung mit Blick in Richtung Norden.

Wasserstollen

Nach weiteren 1,5 Kilometern zweigt in einer mit Steinmauer befestigten Haarnadelkurve links ein Weg ab, der nach ca. 100 Metern an einer Felswand endet. Hier stößt man auf die Öffnung eines Stollens, der über 500 Meter quer durch den Berg La Montañeta zum Bergweiler El Cedro führt. Er ist gekrümmt und daher stockfinster. Abenteuerlustige können ihn bei niedrigem Wasserstand und ausgerüstet mit einer Taschenlampe begehen. Nachdem man die Hälfte des Weges bewältigt hat, erscheint ein Licht am Ende des Tunnels – wenig später findet man sich in El Cedro nahe der ehemaligen Bar Casa Prudencio wieder.

Wo es feucht ist, gedeiht rosettenförmiger Dachwurz

Wandern auf Gomera

Praktische Tipps

Es ist ein Genuss, Gomera zu durchwandern: wilde Berglandschaften und subtropische Täler, Palmenhaine und malerisch gelegene Dörfer – und als Höhepunkt der Nationalpark Garajonay mit seinem dschungelhaften Lorbeerwald, seinen sprudelnden Bächen und Quellen. Doch ohne Mühe kein Preis: Auf vielen Touren sind beträchtliche Höhenunterschiede zu bewältigen; gute Kondition ist gefragt, um das jeweilige Ziel zu erreichen.

Wegenetz Wanderer können sich freuen: Große Teile des Wegenetzes, das die Insel umspannt, wurden instand gesetzt. Viele dieser Pfade stammen noch von den Ureinwohnern, nach der Conquista wurden sie gepflastert und mit Seitenmauern abgestützt. Da aus der königlichen Kasse finanziert, erhielten sie die Bezeichnung *Caminos Reales* (Königliche Wege). Viele Wege (= 330 km) wurden nach EU-Richtlinien markiert, allerdings vermisst man an mancher Gabelung Hinweistafeln. Lange Wege (rot) tragen die Bezeichnung GR (*Gran Recorrido* = langer Verlauf), die kürzeren, gelben Wege sind mit einem vorangestellten PR versehen (*Pequeño Recorrido* = kurzer Verlauf). Grün markiert und mit dem Kürzel SL (*Sendero local*) versehen sind die bis zu 10 km langen Wege.

Trekking-Tipp

Der rot markierte Weg GR-131 führt quer über die Insel (San Sebastián – Vallehermoso, 41 km, 3 Tage); der gleichfalls rote GR-132 umrundet Gomera in Küstennähe (110 km, 6–9 Tage). Von der Rundtour starten an fünf Punkten Stichwege zum höchsten Gipfel, dem Garajonay. Guter Erfahrungsbericht zum Thema: www.mitrucksack.de (*Folko* aus Solingen).

Übersichtskarte: Umschlag vorn

PRAKTISCHE TIPPS

Auf den gepflasterten alten „Königswegen" lassen sich große Teile der Insel erwandern

Beste Wanderzeit

Auf Gomera kann man das ganze Jahr über wandern. Doch die beste Zeit ist das **Frühjahr,** wenn die Pflanzen in voller Blüte stehen und das Wetter meist stabil ist. Die Tage sind länger als im Winter, so dass man sich nicht sputen muss, um rechtzeitig vor Anbruch der Dunkelheit „zu Hause" zu sein. Wer im Sommer wandert, sollte in den heißen Mittagsstunden unter schattigen Bäumen pausieren und den Rückweg auf die kühleren Nachmittagsstunden verschieben.

Im Winter ist das Wetter am launischsten. Da gibt es schon mal stürmische und verregnete Tage, auf dem Garajonay kann es gar schneien. Ein Blick ins Internet (z.B. www.wetteronline.de ⇨Gomera ⇨Trend) verrät, welche Region man sich für den folgenden Tag vornehmen sollte. Als Faustregel gilt: Weht der Wind von Nordosten, wandert man im Westen und Süden, wechselt er auf Süd oder West, erkundet man die – dann von Passatwolken freie – Nordseite.

Markierte Lehrpfade

Im Besucherzentrum Juego de Bolas (⇨S. 259) bekommt man eine auch auf Deutsch erschienene, kostenlose Broschüre, die es erlaubt, drei Lehrpfade des Nationalparks bequem und ohne Führer kennen zu lernen. Für die mittelschwere Tour 1 (**Alto de Contadero – El Cedro,** ähnlich der in diesem Buch beschriebenen Wanderung Nr. 9) braucht man drei Stunden, für die leichtere Tour 2 (Rundwanderung **Jardín de las Creces,** ähnlich der hier beschriebenen Nr. 3) gut halb so lang und für die ebenfalls leichte Tour 3 (Rundwanderung **Los Barranquillos,** in diesem Buch nicht berücksichtigt) 30 Minuten.

PRAKTISCHE TIPPS

Ausgangspunkte — Einige Touren starten direkt in den Urlaubsorten: so die Wanderungen 1 bis 4 in Valle Gran Rey, Wanderung 10 in Hermigua, Wanderung 11 in Agulo und Wanderung 20 in San Sebastián. Oft sind allerdings längere Anfahrtswege nötig, um zum Startpunkt einer Tour zu kommen. Die meisten der hier vorgestellten Wanderungen lassen sich mit dem Linienbus gut organisieren – der Busanschluss ist bei der jeweiligen Tour vermerkt. Viele Wanderungen sind als Rundtouren angelegt, so dass man bequem zum Ausgangspunkt zurückkehren kann. Nur bei wenigen Touren (z.B. Wanderung 13, 15 und 18) ist man auf ein Mietauto bzw. Taxi angewiesen.

Gehzeiten — Die bei der Tourenbeschreibung angegebenen Zeiten verstehen sich als reine **Gehzeiten** – ohne Rast und Fotopause und mit nur wenig Gepäck! Bedenken Sie bitte, dass jeder Wanderer sein eigenes persönliches Lauftempo entwickelt, die Zeit im Buch dient deshalb nur zur Orientierung!

Ausrüstung Wichtig sind feste, gut eingelaufene Schuhe mit griffiger Sohle und über den Knöchel gehenden Schaft, außerdem eine strapazierfähige Hose, im Winter auch ein warmer Pullover und Regenschutz. In den Rucksack gehören, sofern es unterwegs keine Einkehrmöglichkeit gibt, Wasser und Proviant, ferner eine Sonnencreme mit hohem Lichtschutzfaktor, Pflaster und, wenn möglich, eine elastische Binde zum Schutz bei Verstauchungen.

Schwierigkeitsgrad Die Wanderungen in diesem Buch sind nach Schwierigkeitsgraden unterschieden:

*: Touren für **Anfänger und weniger Geübte:** zumeist auf breiten und gemütlichen Wegen, wo auch bei schlechtem Wetter keine Gefahr zu befürchten ist. Kinder können an diesen Wanderungen teilnehmen.
: Touren für Wanderer mit **Trittsicherheit und gewissem **Orientierungssinn:** sind Wege ausgesetzt, dann nur auf kurzen, überschaubaren Passagen; keine gefährlichen Gipfelanstiege.
***: Touren für trittsichere und konditionsstarke, **erfahrene Wanderer:** die Wege sind anstrengend, oft steil angelegte Kletterpartien; streckenweise ausgesetzt, bei schlechtem Wetter gefährlich.

Gefahren

Tiere

Wie auf den übrigen Inseln des kanarischen Archipels gibt es auch auf Gomera keine gefährlichen Tiere, **weder Schlangen noch Skorpione.** Aufpassen muss man lediglich auf den (seltenen) **giftigen Tausendfüßler** *(ciempies)*, der sich unter Steinen versteckt hält und sich wohl fühlt, wo es trocken ist.

Jagd

Das Schild „Caza controlada" weist darauf hin, dass in dem betreffenden Gebiet im September und Oktober jeden Sonntag „kontrolliert" gejagt werden darf. Wanderer sollten an diesen Tagen eine gewisse Vorsicht walten lassen und sich auf den Nationalpark beschränken, wo das Jagen nicht erlaubt ist.

Verhaltenstipps

Ein paar Verhaltenstipps, damit Sie nicht Opfer eines Unfalls werden:

Bleiben Sie stets auf den beschriebenen bzw. ausgeschilderten Pfaden! Die steilwandigen Schluchten erweisen sich abseits der Wege als tückisch, unter einer vertrauenerweckenden Pflanzendecke kann sich beispielsweise **bröckeliges Terrain** verbergen.

Ein plötzlicher **Wetterumschwung** ist in den Bergen nicht selten. Nach starkem Regen bilden sich in den Barrancos reißende Ströme. Planen Sie die Wanderung immer so, dass Sie noch vor **Einbruch der Dunkelheit** zum Auto (oder zur Bushaltestelle) zurückkehren. Es ist ratsam, Bekannte vor dem Beginn einer Wanderung über die vorgesehene Route und die voraussichtliche Dauer zu informieren.

Im Notfall

In einer Notsituation ist die **Zentrale für alle Notfälle** unter **Tel. 112** zu erreichen (auch auf Deutsch). Man kann auch die **Guardia Civil** verständigen:
- San Sebastián: Tel. 922870255
- Valle Gran Rey: Tel. 922806001
- Alajeró/Playa Santiago: Tel. 922895004
- Vallehermoso: Tel. 922800027
- Hermigua: Tel. 922880179

Organisierte Touren

Buchung per Katalog

Die großen Reiseveranstalter wie TUI und *Thomas Cook* haben auf die wachsende Nachfrage nach Wandertouren reagiert und ihr Programm entsprechend erweitert. Daneben gibt es ein paar kleinere, aufs Wandern spezialisierte Unternehmen. Die meisten von ihnen haben 14-tägige Touren im Programm. Da sie mit ihren Broschüren nur selten in Reisebüros vertreten sind, werden sie hier mit Anschrift und Rufnummer aufgeführt.

- **Activida Tours,** Am Beerholz 4, 65510 Idstein, Tel. 06126-581818, www.activida.de
- **Baumeler,** Engelbergerstr. 21, 79106 Freiburg, Tel. 0761-380570, www.baumeler.de; Zinggentorstr. 1, CH-6002 Luzern, Tel. 0041-41-4186565, www.baumeler.ch
- **Hauser Exkursionen GmbH,** Marienstr. 17, 80331 München, Tel. 089-2350060, www.hauser-exkursionen.de
- **Intakt Reisen,** Bartningallee 27, 10557 Berlin, Tel. 030-206164880, www.intakt-reisen.de
- **Wikinger Reisen,** Kölner Str. 20, 58135 Hagen, Tel. 02331-904742, www.wikinger-reisen.de

Buchung vor Ort

Für Liebhaber Gomeras bietet das **Besucherzentrum Juego de Bolas** kostenlose Touren unter Führung eines Nationalpark-Mitarbeiters an. Man trifft sich an der Waldlichtung Laguna Grande – einmal pro Woche im Winter, zweimal im Sommer. Da die Wanderungen sehr beliebt sind, empfiehlt sich eine rechtzeitige Voranmeldung: persönlich im Besucherzentrum oder telefonisch (Di–So 9.30–16.30 Uhr, Tel. 922800993). Alle übrigen Angebote sind nur gegen Bares zu haben: In Valle Gran Rey (⇨S. 221) hat man das ganze Jahr die Möglichkeit, an organisierten Wanderungen teilzunehmen.

Die 20 schönsten Wanderungen

Wanderung 1**:
Aufstieg aus dem Tal des Großen Königs

Von La Calera nach Arure

- **Charakter:** Eine Panoramatour im Valle Gran Rey. Aufgrund des großen Höhenunterschieds nur konditionsstarken Wanderern zu empfehlen. Die Tour startet quasi vor der Haustür und führt auf einem steilen, aber gut ausgebauten Weg zu einer Ebene hoch überm Tal. Unterwegs begegnet man Hirten mit ihren Ziegen und genießt von einer Kapelle aus einen Blick ins tief liegende Palmental von Taguluche. Vom Bergdorf Arure fährt man dann entweder per Bus ins Valle zurück oder wählt die vom Hinweg bekannte Route.
- **Markierung:** GR-132 rot
- **Ausgangspunkt:** La Calera, Valle Gran Rey
- **Endpunkt:** Arure
- **Länge:** 6,5 km (nur Hinweg)
- **Dauer:** 3:15 Std.
- **Höhenunterschied:** 800 m im Anstieg
- **Einkehr:** Bars und Restaurants in Arure
- **Anfahrt:** Startpunkt ist die Bar *Parada* am Fuß von La Calera; parken kann man gegenüber der Bar, auch der Bus hält hier (Bus 1 und 6).
- **Hinweis:** Es empfiehlt sich die Tour vor 10 Uhr morgens zu beginnen, damit man beim Aufstieg vom Schatten profitieren kann. Bitte genügend Wasser mitnehmen!

Zwischen der **Bar Parada** und dem Ayuntamiento (Rathaus, s. Karte S. 186) folgt man dem Treppenweg (La Cuestita de la Calera) aufwärts. Nach zwei Dutzend Stufen hält man sich rechts und biegt am Laden *Víctor* wiederum rechts in eine parallel zum Hang verlaufende Gasse (Calle Gurona) ein. Sie mündet in eine Straße, der wir links hinauf folgen, rechter Hand passiert man den Supermarkt *El Chorro*. 200 Meter weiter, hinter den balkongeschmückten Häusern Bella Cabellos und Flor de Lis, verlässt man die Straße

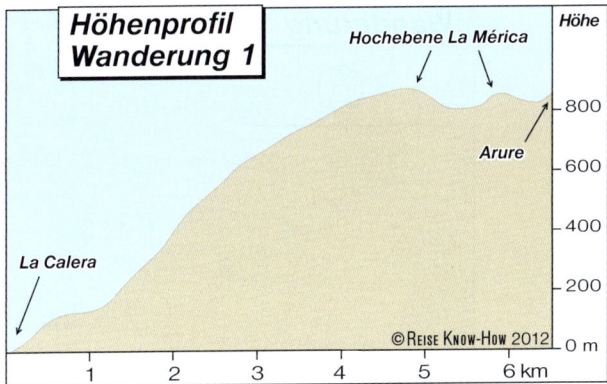

und biegt links in den rot ausgeschilderten Abzweig GR-132 „Arure, por el camino de la Mérica" ein (30 Min.).

Rasch verwandelt sich der Treppenweg in einen klassischen *Camino Real*. In vielen Kehren schraubt er sich den Steilhang empor. Je höher man steigt, desto prächtiger ist der Ausblick aufs Tal mit terrassierten Bergflanken, Palmenhainen und weißen Häusern.

Auf der Hochfläche **La Mérica** (1:40 Std.) kann man verschnaufen, fortan steigt der Weg nur noch mäßig an. Aufgelassene Terrassenfelder künden davon, dass hier einst intensiv Landwirtschaft betrieben wurde; ein verfallenes Gehöft nahe einem kreisrunden Dreschplatz eignet sich für eine schattige Rast. Anschließend führt der Weg am Rande des Hochplateaus in Richtung Norden weiter. Wir passieren einen ausgetrockneten Brunnen und erblicken ein zweites, etwas größeres Gehöft, die **Casa de los Casanova** (2:30 Std.). Der Weg verläuft rechts am 857 Meter hohen Gipfel Mérica vorbei; wer Kraft hat, kann ihn (nach links) in zehn Minuten besteigen.

Danach wird's noch einmal spektakulär: Dicht geht es an der Abbruchkante entlang, immer mit Blick ins Tal und aufs zentrale Gebirgsplateau. Wir passieren eine als Ziegenstall genutzte **Höhle**, früher angeblich eine Behausung der Ureinwohner. Durch einen Felseinschnitt gelangt man kurze Zeit später auf die Westseite des Kamms, dann – an einem Ziegengehege vorbei – zu einer Piste, auf der man rechts weitergeht. Kurz vor Erreichen der Straße lohnt sich ein Abstecher zum **Mirador Ermita del Santo** (3 Std.), wo sich eine winzige, aus Vulkanstein erbaute Kapelle in den Steil-

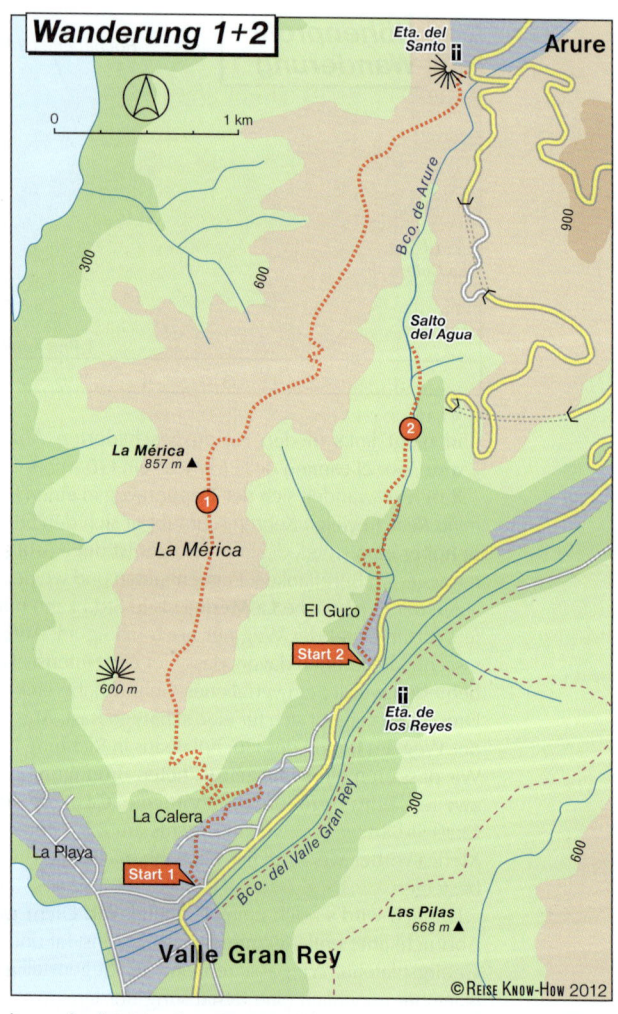

hang „krallt". Von ihrer Terrasse blickt man auf die weit unten über ein Trogtal verstreuten Häuser von Taguluche.

Wieder auf einer Piste, erreicht man nach 100 Metern die Dorfstraße in **Arure** (3:15 Std.). Links geht es in 5 Minuten zum Lokal *La Conchita,* vor dem auch der aus San Sebastián kommende Bus hält.

Wanderung 2**:
Klettertour zu einem Wasserfall

Von El Guro zum Salto del Agua

- **Charakter:** Durch eine grüne Seitenschlucht des Valle Gran Rey läuft man zu einem kleinen Wasserfall hinauf. Ideal für Leute, die das Kraxeln lieben: eine kurze, aber teilweise weglose und deshalb nicht immer einfache Tour; zuweilen geht es über Buschwerk, Stock und Stein, bitte auf Steinmännchen und Markierungszeichen achten! Nach Starkregen ist der Weg unpassierbar.
- **Ausgangs- und Endpunkt:** El Guro, Valle Gran Rey
- **Länge:** 3 km hin und zurück
- **Dauer:** 2:30 Std.
- **Höhenunterschied:** 150 m im An- und Abstieg
- **Anfahrt:** Startpunkt ist der Weiler El Guro an der Hauptstraße (Parkplatz und Bushaltestelle, Bus 1 und 6). Er liegt 1,5 km oberhalb von La Calera (Tankstelle) und ist auch zu Fuß erreichbar: Wanderung 3 führt von der Tankstelle in 35 Minuten bis zur Ermita, dort links halten und den Barranco-Grund durchqueren.

Die Wanderung beginnt im Ortskern von **El Guro.** Man orientiere sich an dem breiten, von der Ermita heraufkommenden Treppenweg. 50 Meter straßenaufwärts führt an einem Haus zur Linken (Nr. 254, gegenüber dem Parkplatz) ein steingepflasterter, geländergesicherter Treppenweg aufwärts. An einem kleinen, turmartigen Bau mit Dreiecksfenstern (beim letzten Besuch fast zugewachsen) verzweigt er sich: Wir halten uns scharf rechts, treten aus dem Ort heraus und laufen taleinwärts, folgen dabei den Steinmännchen und der blau-gelben Markierung.

Entlang eines **Wasserkanals** am Fuße einer Felswand kommt man zu zwei zusammenhängenden Wasserspeichern. An diesen geht es rechts vorbei, dann stetig aufwärts im trockenen Bachbett. Es folgen kleine Kletterpartien: erst rechts, dann links – immer wieder ist es nötig, große Steine oder dichtes Buschwerk zu umgehen.

Der Pfad endet vor einem ersten, **kleineren Wasserfall** (1 Std.). Um die vor uns liegende Steilstufe links zu umgehen, läuft man am besten 25 bis 30 Meter zurück und folgt dem mit Steinmännchen markierten Weg. Er geleitet in den Barranco-Grund zurück. Nach wiederholten kleinen Ausweichmanövern ist das Ziel des Ausflugs erreicht: ein **Wasserfall mit kleiner „Badewanne",** in der man die müden Füße kühlen kann (1:20 Std.).

Der Rückweg zum Ortskern von **El Guro** ist mit dem Hinweg identisch (2:30 Std.).

Kein Durchkommen!

WANDERUNG 3

Wanderung 3**:
Bergterrassen, Almen und ein Töpferdorf

Von La Calera nach El Cercado

- **Charakter:** Aufgrund des enormen Höhenunterschieds sollte man für diese Tour eine gute Kondition mitbringen! Der uralte Verbindungsweg von der Küste ins Inselinnere ist ein Klassiker unter den Wandertouren Gomeras. Er führt durch ein immergrünes Tal, dann entlang einer mächtigen Steilflanke nach El Cercado hinauf, von wo aus man nach verdienter Rast mit dem nächsten Bus ins Tal zurückfahren kann.
- **Ausgangspunkt:** La Calera, Valle Gran Rey
- **Endpunkt:** El Cercado
- **Länge:** 6,5 km (nur Hinweg)
- **Dauer:** 3:15 Std.
- **Höhenunterschied:** 1000 m im Anstieg
- **Einkehr:** Restaurants in El Cercado
- **Anfahrt:** Startpunkt ist die Tankstelle in La Calera. Parken kann man gegenüber der Bar *Parada,* hier hält auch der Bus (Bus 1 und 6).
- **Hinweis:** Wer die Tour abkürzen will, startet im Weiler El Guro (auch dort Parkplatz und Bushaltestelle), von der Tankstelle in La Calera 1,5 km talaufwärts. Die Ermita liegt auf der gegenüberliegenden Barranco-Seite und ist von der Straße über einen Treppenweg in fünf Minuten erreichbar.

Gegenüber der Tankstelle von **La Calera** steigt man über eine Treppe ins Barranco-Bett hinab und folgt einer Piste ins Tal hinauf. Diese führt zur **Ermita de los Reyes** (35 Min.), einer schmucken, von Palmen und Indischem Lorbeer beschatteten Kapelle – ein schönes Plätzchen für eine erste Rast!

Hinter dem Kirchlein stößt man auf einen von Seitenmauern gesäumten, steingepflasterten Weg (PR-LG 12.2). Er führt hinein ins herrliche Obertal, passiert Palmenhaine und blühende Terrassenfelder. Den nach knapp zehn Minuten rechts abzweigenden „Kirchenpfad" (Camino de las Ermitas, rot markiert GR-132) lassen wir unbeachtet. Im Weiler **Casa de Chelé** (50 Min.) mündet unser Weg in eine Asphaltstraße, die sich bald darauf gabelt. Links geht es zur Hauptstraße, wir gehen rechts weiter talaufwärts. In einer scharfen Rechtskurve besteht die Möglichkeit einer Abkürzung auf einem gepflasterten Weg.

Nachdem der Weg erneut in die Straße eingemündet ist, folgen wir dieser zu einem kleinen dreieckigen Parkplatz mit Telefonzelle (dort befindet sich auch ein dezent postierter Wegweiser). Hier verlassen wir die Straße und folgen einem Treppenweg rechts aufwärts, der schon bald die Steinpflasterung eines *Camino Real* (PR-LG 12) erkennen lässt. Dies ist der Weg, den die Gomeros noch vor gar nicht langer Zeit regelmäßig benutzten, um nach El Cercado zu gehen. Rote Kreise helfen bei der Orientierung, an einem Wasserhaus (1:50 Std.) setzt sich der Weg links fort.

Nach weiteren 15 Minuten ignorieren wir den halbrechts zur Alm La Matanza abzweigenden Steilpfad (PR LG 13.1) und bleiben auf dem Hauptweg, der bald darauf wieder ansteigt, jede Felsnase ausläuft und dabei immer wieder schöne Tiefblicke ins Valle eröffnet. Am Kamm angekommen, geht es auf einem asphaltierten Fahrweg über grüne Fluren zur Dorfstraße von **El Cercado** hinauf (3:15 Std.). Genau gegenüber befindet sich das Lokal *María*, ein paar Meter weiter rechts entdeckt man das Restaurant *Victoria* und die beiden Töpferwerkstätten.

Das Ziel ist nah – Terrassenfelder bei El Cercado

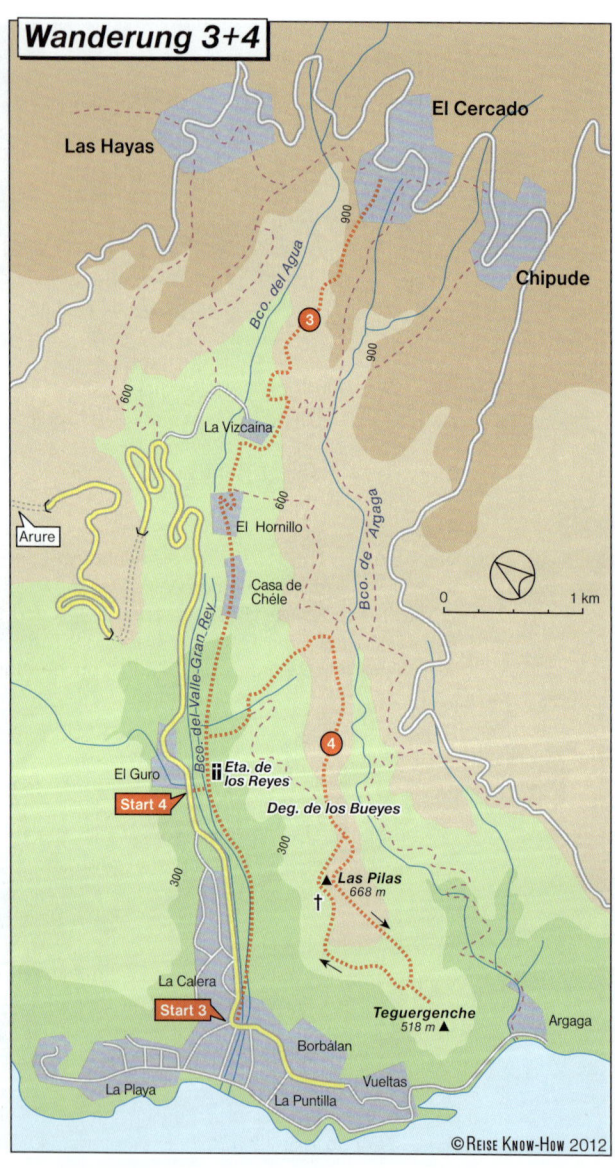

Wanderung 4***:
Aussichtsrunde auf einem Hochplateau

Von El Guro zum Teguergenche

- **Charakter:** Vom Tal des Großen Königs geht es auf einem steilen, aber gut ausgebauten Königspfad zu einer Hochebene hinauf, von der sich prächtige Ausblicke auf Tal und Küste bieten. Verwilderte Terrassenfelder künden von ehemaliger Landwirtschaft – heute lebt dort oben keine Menschenseele mehr. Die Umrundung des Hochplateaus erfolgt teilweise weglos, doch fällt die Orientierung nicht schwer. Aufgrund der Länge und des zu bewältigenden Höhenunterschieds ist die Tour anstrengend; wer schwindelanfällig ist, sollte auf sie verzichten.
- **Ausgangs- und Endpunkt:** El Guro, Valle Gran Rey
- **Länge:** 11 km hin und zurück
- **Dauer:** 5:45 Std.
- **Höhenunterschied:** 850 m im An- und Abstieg
- **Anfahrt:** Startpunkt ist der Weiler El Guro an der Hauptstraße (Parkplatz und Bushaltestelle, Bus 1 und 6). Er liegt 1,5 km oberhalb von La Calera (Tankstelle) und ist auch zu Fuß erreichbar: Wanderung 3 führt von der Tankstelle in 35 Minuten zur Ermita de los Reyes.

Im Zentrum von **El Guro** zweigt ein breiter, geländergesicherter Treppenweg in den Grund des Barranco ab, durchquert ihn und steigt zur **Ermita de los Reyes** empor. Hinter dem Kirchlein stößt man auf einen von Seitenmauern gesäumten, bald darauf steingepflasterten Weg. Nach knapp zehn Minuten biegen wir rechts in den „Kirchenpfad" ein (Camino de las Ermitas, rot markiert GR-132; 15 Min.). Steil führt der Weg aufwärts, vorbei an Opuntienfeldern und Ziegengehegen, bevor er den gut 700 Meter hohen **Bergkamm** erreicht, der das Valle Gran Rey vom Barranco de Argaga trennt (1:20 Std.).

Nach Durchschreiten der Scharte auf dem Kamm hält man sich rechts auf einem schmalen Pfad. Er verläuft knapp unterhalb des

Bergrückens und schlängelt sich links um einen Felsen herum, zuletzt absteigend zu einer rötlichen Einsattelung mit Tiefblick auf La Calera. Steinmännchen bringen uns längs der linken Kammseite in 5 Min. zur **Degollada de los Bueyes** (Passhöhe der Rinder, 2:15 Std.), leicht erkennbar an zwei großen Steinmännchen, die den Einstieg zum (gefährlichen) Leche-Weg anzeigen. Wir ignorieren diesen Abzweig und steigen zur Hochfläche empor, wo wir auf eine **erste Hausruine** stoßen. Links der Ruine führt der Weg weiter, an einer Mauer aus Trockensteinen entlang. Etwas später ist der Weg streckenweise kaum erkennbar, doch die Orientierung fällt leicht, denn kontinuierlich halten wir auf **Las Pilas,** den runden, 668 Meter hohen Felsgipfel zu (2:30 Std.). Von oben reicht der Blick über die Playa de Argaga und die Plantagen von La Dama bis hinüber zum Festungsberg La Fortaleza.

Nun geht es ohne einen Weg südwärts zu einer weithin sichtbaren, zweiten Hausruine hinab, die wir rechts umgehen. Wir laufen an der linken Kante der Hochfläche entlang, durchschreiten eine Mulde und ersteigen den 518 Meter hohen **Teguergenche,** der einen weiteren atemberaubenden Blick hinunter in die Bucht von Argaga erlaubt (3:15 Std.).

Vom Gipfel steigen wir zur Mulde zurück und folgen dort einer Trittspur zur westlichen Abbruchkante der Hochfläche. Dicht am Abgrund entlang laufen wir nun auf unscheinbaren Pfaden, genießen die Aussicht aufs Valle Gran Rey und passieren zwei Gipfelkreuze, das erste verwittert, das zweite noch intakt. Wir umgehen den Gipfel Las Pilas im Uhrzeigersinn und stoßen auf den breiten, schon vom Aufstieg her bekannten Weg. Auf ihm geht es über die Degollada de los Bueyes zurück nach **El Guro** (5:45 Std.).

Karte S. 316, Übersichtskarte: Umschlag vorn **WANDERUNG 5** 313

Wanderung 5*:
Von Bergdorf zu Bergdorf

Von Arure über Las Hayas nach El Cercado

- **Charakter:** Leichte Tour auf gut ausgebauten Wegen ohne großen Höhenunterschied. Man wandert an saftigen Weiden und Palmenhainen vorbei und bewegt sich dabei stets an der Grenze des Nationalparks. Höhepunkt ist der Besuch im legendären Lokal Casa Efigenia/La Montaña in Las Hayas, für den man mindestens zwei Stunden einplanen sollte. Anschließend geht es durch die liebliche „Wasserschlucht" nach El Cercado, wo man Töpferinnen bei der Arbeit zuschauen kann, und ggf. weiter nach Chipude, wo es ein kleines Hotel gibt.
- **Markierung:** PR-LG 11 (gelb).
- **Ausgangspunkt:** Arure
- **Endpunkt:** El Cercado (evtl. weiter bis Chipude)
- **Länge:** 6 km bis El Cercado
- **Dauer:** 2 Std.
- **Höhenunterschied:** ca. 300 m im An- und 100 m im Abstieg
- **Einkehr:** Lokale in Las Hayas und El Cercado
- **Anfahrt:** Startpunkt ist das Restaurant *Conchita* in Arure (mit Parkplätzen und Bushaltestelle, Bus 1, 4 und 6).
- **Hinweis:** Sowohl in Las Hayas als auch in El Cercado und Chipude hat man Busanschluss ins Valle Gran Rey und nach San Sebastián.

Zum Wanderweg PR-LG 11 gibt es mehrere markierte Einstiege: am Ortsanfang nahe dem Lokal **El Jape,** weiter oben an der Dorfstraße und noch einmal oberhalb des Restaurants **Conchita**. Wir wählen die dritte Variante, die den Vorteil hat, dass sie am kleinen Stausee von Arure entlang führt: So folgt man vom Restaurant Conchita in Arure der Straße bergauf und biegt nach 800 Metern rechts in eine asphaltierte Piste ein (Camino La Quintana, Schild des Nationalparks). 200 Meter weiter passiert man die Staumauer der kleinen **Presa de Arure** und geht links am Ufer entlang. Vor uns liegen grüne Weiden, dazu ertönt freundliches Entengeschnatter – ein idyllischer Flecken. An der zweiten Gabelung folgen wir der Ausschilderung „Sendero forestal a Las Hayas" nach rechts (nach Auskunft eines Lesers wurde das Schild ersetzt durch eines mit der Aufschrift „Garajonay, Las Creces"), alle nun folgenden Linksabzweigungen werden ignoriert.

Der asphaltierte Weg durchquert einen Barranco und führt durch Fayal-Brezal-Buschwald zu einem Bergkamm hinauf, wo er auf eine asphaltierte Forstpiste trifft. Auf dieser geht es parallel zu Leitungsmasten weiter, bis sie schließlich auf die nach Las Hayas führende Landstraße stößt, der wir links bergan folgen bis zu *Doña Efigenias* Gasthof **La Montaña** (1:15 Std.). Machen Sie sich auf längere Wartezeiten gefasst – *Efigenia* serviert erst, wenn der Eintopf gar und der Raum gefüllt ist.

Nach dem Schmaus geht es weiter: Unterhalb des von einer Eukalyptusreihe gesäumten Parkplatzes folgt man einem asphaltierten Sträßlein (rot markiert GR-132) südwärts und gelangt in ein malerisches Seitental. Nachdem der Talgrund durchquert wurde, läuft man zu einem Bergrücken hinauf und kreuzt eine Straße. In der Folge ignoriert man einen rechts ins Valle Gran Rey abzweigenden Weg. Geradeaus, vorbei an Palmen und Weinmatten, erreicht man eine Anhöhe mit schönem Blick auf die Häuser von El Cercado, freilich noch durch den **Barranco del Agua** (Wasserschlucht) getrennt. Die nächste Etappe ist die wohl imposanteste der gesamten Tour. Steil geht's am Hang entlang abwärts, nach Querung zweier Bachläufe im Talgrund hält man sich rechts und steigt am Hang zur Hauptstraße von **El Cercado** wieder hinauf (2 Std.). Direkt gegenüber liegt die Bar *María*. Folgt man der Straße nach rechts, kommt man zum Restaurant *Victoria* und zu den beiden Töpferwerkstätten.

Anschlusswanderung nach Chipude (45 Min.): In El Cercado wählt man den alten Dorfverbindungsweg. Gegenüber dem Restaurant Victoria steigt man über Treppen hinab und schwenkt links in einen Betonweg ein, der nach 200 Metern in eine Straße mündet. Ihr folgt man nach rechts, an ihrem Ende geht es noch 50 Meter weiter auf Asphalt. Im Anschluss führt ein Treppenweg zur Hauptstraße empor, überquert sie und steigt zu einer Anhöhe auf. Von dort bietet sich ein schöner Blick über die Terrassenlandschaft von El Cercado und Chipude. Der Weg setzt sich in südlicher Richtung fort und kreuzt die Hauptstraße ein weiteres Mal. Er führt zum Talgrund hinab und steigt auf der gegenüberliegenden Seite abermals zur Straße auf. Wir folgen einem Wegweiser nach rechts, der uns über einen Treppenweg in wenigen Minuten zum Zentrum von Chipude mit Kirche, Pension und Bars bringt.

Presa de Arure – die kleinen „Stauseen" Gomeras verdienen kaum den Namen

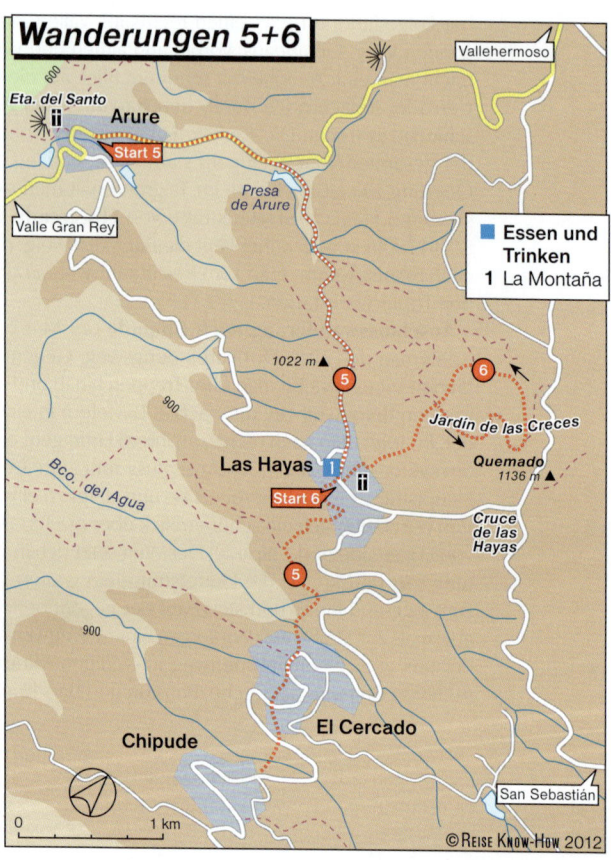

Wanderung 6*:
Paradiesischer Garten

Spazierrunde durch den Jardín de las Creces

- **Charakter:** Kurze und leichte Tour durch ein Stück Lorbeerwald, das die Gomeros wegen seiner üppigen Flora *Jardín de las Creces* (Garten der Fülle) nennen. Mitten im Wald stößt man auf einen lauschigen Platz, der mit seinen Holztischen und -bänken zum Picknick einlädt. Die Tour verläuft auf einem gut markierten Weg (teilweise auch identisch mit der markierten Ruta 5) ohne nennenswerten Höhenunterschied.
- **Ausgangs- und Endpunkt:** Las Hayas
- **Länge:** ca. 5 km (Rundwanderung)
- **Dauer:** 1:30 Std.
- **Höhenunterschied:** 80 m im An- und Abstieg
- **Einkehr:** Restaurants in Las Hayas
- **Anfahrt:** Startpunkt ist das Lokal La Montaña in Las Hayas (mit Parkplatz); die Bushaltestelle der Linie Valle Gran Rey – San Sebastián befindet sich 800 m entfernt an der Straße El Cercado – Cruce de las Hayas.

Vom eukalyptusbestandenen Parkplatz des Lokals **Casa Efigenia/ La Montaña** folgt man der Straße knapp 100 Meter aufwärts und verlässt sie auf einem links abzweigenden, mit „Las Creces 2,6 km/ Carretera Dorsal 3,3 km" ausgeschilderten Weg (rot GR-131). Er führt an einem umzäunten Haus vorbei, rechter Hand liegt etwas versteckt die Dorfkirche. Oberhalb der Kirche folgt man einem links abzweigenden Weg am Rand von Terrassenfeldern in den Buschwald. Dieser geht etwas später in Lorbeerwald über, der von den über das Inselzentrum „herüberschwappenden" Passatwolken befeuchtet wird. An der nach 700 m ab Startpunkt erreichten Gabelung folgt man dem rechten Weg (ausgeschildert „Carretera Dorsal 1,9 km"). Leicht ansteigend geleitet uns der Weg zu einem Picknickplatz, dem 1090 Meter hoch gelegenen **Jardín de las Creces** (45 Min.).

Von dort führt ein breiter Weg (GR-131) geradeaus zur 700 Meter entfernten Höhenstraße, wir aber halten uns scharf links und folgen einem schmalen steinigen Pfad *(Las Creces)*, der oberhalb einer kleinen Schlucht verläuft. Am Wegesrand gedeihen Azoren-Lorbeer und hoher Farn, mit etwas Glück sieht man den violett blühenden Kanaren-Storchschnabel. Gut 15 Minuten später (ab Picknickplatz) kommen wir zu einer Gabelung: Rechts geht es nach Arure; wir halten uns links und stoßen auf den vom Hinweg bekannten Pfad, dem wir bergab nach **Las Hayas** (1:30 Std.) folgen.

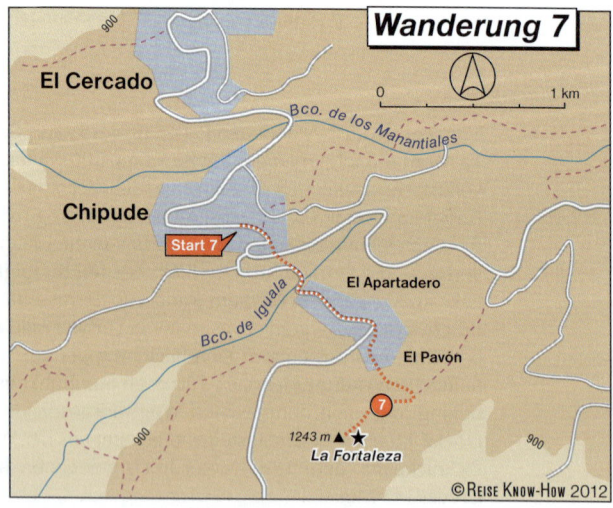

Wanderung 7***:
Zwischen Himmel und Erde

Von Chipude auf den Festungsberg La Fortaleza

● **Charakter:** Die Tour führt aufs Gipfelplateau des Tafelbergs La Fortaleza, der wie ein Gigant aus der zentralen Hochebene aufragt. Die Wanderung ist kurz, aber kühn und schließt eine kleine Kletterpartie ein – bei Regen gefährlich; Trittsicherheit und Schwindelfreiheit sind erforderlich! Dafür wird man oben mit einem prachtvollen Ausblick belohnt und lernt einen altkanarischen Kultplatz kennen.
● **Markierung:** streckenweise identisch mit GR-132 (rot)
● **Ausgangs- und Endpunkt:** Chipude
● **Länge:** ca. 5 km hin und zurück
● **Dauer:** 2 Std.
● **Höhenunterschied:** ca. 200 m im An- und Abstieg
● **Einkehr:** Bars in Chipude und El Apartadero
● **Anfahrt:** Startpunkt ist der Kirchplatz von Chipude mit Parkplatz und Bushaltestelle (Linie San Sebastián – Valle Gran Rey). Wer mit dem Auto unterwegs ist und die Tour abkürzen will, biegt in die Straße nach La Dama ein und stellt das Auto nach 1,3 km am Trafoturm im Weiler El Pavón ab.

Von der **Plaza in Chipude** folgt man der Hauptstraße in Richtung San Sebastián. Knapp 150 Meter hinter der Bar Tito biegt man links (ausgeschildert GR-131) an einem großen Haus in einen alten Camino ein. Dieser quert wenig später an einem Bushäuschen die Carretera General und führt abwärts zu einer weiteren, nach La Dama führenden Straße. Man folgt ihr nach links, um nach nur 50 Metern wiederum links in einen Weg einzuschwenken. An einem attraktiven Landhaus vorbei geht es zur Straße im Weiler **El Apartadero.** Wir biegen links in die Dorfstraße ein und erreichen nach 500 Metern **El Pavón,** wo an einem Trafo-Turm links der Straße der eigentliche Aufstieg beginnt (20 Min.).

30 Meter hinter dem Trafo-Turm biegen wir links in einen breiten, steingepflasterten Weg ein. Vor uns ragt die Fortaleza auf, die aus dieser Perspektive nicht besonders bedrohlich wirkt. Wenig

später verengt sich der Weg und führt an Ruinen vorbei zu einer Gabelung am **Fortaleza-Sattel** (30 Min.).

Der GR-131 weist nach links, wir aber halten uns rechts, um den Pfad sogleich nach rechts mit dem GR-131.1 zu verlassen. Steil führt unser Weg bergan. Hin und wieder ist es nötig, die Hände zu Hilfe zu nehmen – mehr kletternd als gehend erreicht man den Grat. Dort hält man sich rechts und läuft, immer noch unter Zuhilfenahme der Hände, weiter hinauf zum grasüberwachsenen **Felsplateau.**

Der archäologisch ambitionierte Wanderer kann in unscheinbar aufgerichteten Steinen wabenartige Kammern entdecken, die aus prähispanischer Zeit stammen und wahrscheinlich als Pferch für Opfertiere dienten: Das verzweifelte Blöken der von der Mutter getrennten Jungtiere sollte in Zeiten der Dürre die Aufmerksamkeit Gottes erregen und auf die Not von Mensch und Tier hinweisen. Wer sich auf der Hochebene aufmerksam umsieht, kann noch mehr entdecken: Steine, in doppelter Reihe kreisförmig aufgestellt, dienten als **Tagoror,** als Versammlungsplatz zwischen Himmel und Erde.

Vom 1241 Meter hohen **Gipfelkreuz** (1 Std.) bietet sich ein spektakulärer Rundblick. Bei gutem Wetter sieht man die Nachbarinseln La Palma und El Hierro. Auf dem bekannten Weg geht es zum Ausgangspunkt in **Chipude** zurück (2 Std.).

Wanderung 8*:
Vom Hexenplatz zum höchsten Gipfel

Runde ab Laguna Grande über den Garajonay

- **Charakter:** Gemütliche Rundtour durch die Wälder des Nationalparks, teils auf Forstpiste, teils auf ausgeschilderten Wegen. Auf halber Strecke besteigt man den Garajonay, mit 1487 m höchster Berg der Insel. Zwar wirkt er weniger imposant als andere Gipfel Gomeras, doch bietet er bei klarer Sicht einen fantastisch weiten Blick bis hinüber zu den Nachbarinseln Teneriffa, La Palma, El Hierro oder gar Gran Canaria.
- **Markierung:** grün markiert als Ruta 14 und PR-LG 3 (gelb)
- **Ausgangs- und Endpunkt:** Laguna Grande
- **Zwischenziel:** Gipfel des Garajonay
- **Länge:** 11 km (Rundwanderung)
- **Dauer:** 4 Std.
- **Höhenunterschied:** 275 m im An- und Abstieg
- **Einkehr:** Waldgasthof in Laguna Grande (Di geschl.)
- **Anfahrt:** Startpunkt ist die kreisrunde Waldlichtung Laguna Grande mit Park- und Picknickplatz sowie einem Gasthof. Sie befindet sich an der Höhenstraße etwas westlich der Abzweigung zum „Centro de Visitantes/ Las Rosas" (kein direkter Busanschluss).
- **Hinweis:** Die nächste Bushaltestelle befindet sich 3,9 km östlich von Laguna Grande an der Straßenkreuzung von Pajarito (Linie 1). Wer von dort zum höchsten Inselberg wandern will, folgt der Ausschilderung „Alto de Garajonay 3,6 km".

Am **Picknickplatz Laguna Grande** versammeln sich allabendlich nach Abzug der Touristen die Hexen Gomeras – dies jedenfalls behaupten ältere Inselbewohner. Tagsüber ist die Luft rein, also kann man sich unbesorgt dem „verzauberten Wald" anvertrauen.

Heiliger Ort der Ureinwohner: Felsfestung La Fortaleza

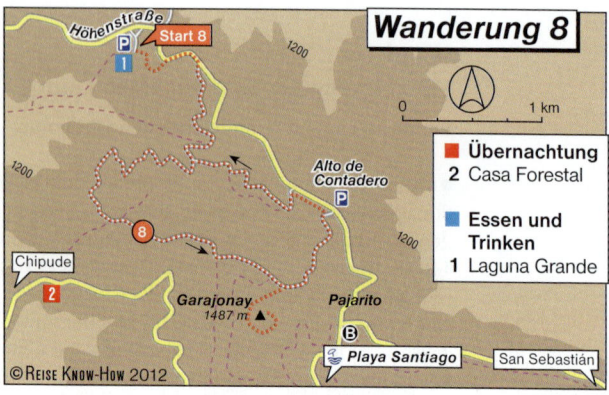

Zu Beginn überquert man das Picknickgelände und steuert auf einen Kinderspielplatz zu, hinter dem ein großer, gemauerter Backofen steht. Dort startet ein geländergesicherter Mini-Rundweg in den Lorbeerwald, den man aber sogleich auf einem links abzweigenden, parallel zu einer Rohrleitung verlaufenden Pfad verlässt (von der Nationalparkbehörde grün markiert als „Ruta 14 Laguna Grande – Alto de Garajonay"). Er führt nach wenigen Minuten in die Nähe der Höhenstraße, die man zwar hört, aber nie berührt.

Der Weg führt nun stetig hangaufwärts. An einer markanten Gabelung folgen wir der Ausschilderung nach links zum „Alto de Garajonay". Nur 50 Meter weiter bleibt ein links abzweigender Weg unbeachtet. Wir wandern rechts am Kiefernwald bergauf, die Sendemasten auf dem Gipfel des Garajonay sind bereits sichtbar. Ein Rechtsabzweig wird ignoriert, hohlwegartig steigt unser Camino zu einer Gabelung an: An dieser halten wir uns links, den nächsten Abzweig nach rechts lassen wir unbeachtet. Kurze Zeit später folgt man der Beschilderung auf den Gipfel nach rechts, in weitem Bogen führt der Weg auf den **Gipfel des Garajonay** (2 Std., 1487 Meter) – mit seinem gemauerten Rondell ist er ideal für eine längere Rast mit herrlichem Ausblick.

Auf dem Rückweg geht man zu der vom Hinweg bekannten ersten Gabelung zurück. Hält man sich dort rechts (vgl. hierzu die unten aufgeführte Alternative), geht es auf dem PR-LG 3 in 1,4 km geradewegs zum Parkplatz **Alto de Contadero** an der Höhenstraße hinab (⇨Wanderung 9). Hier folgt man der Straße nach links und biegt nach 400 Metern – abermals links – in den mit „Laguna Grande 3,7 km/El Cercado 5,3 km" ausgeschilderten Pfad ein. Steil führt er durch dichten Wald hinab, wobei zwei Linksabzweigungen unbeachtet bleiben. Er mündet in die vom Hinweg bereits bekannte Piste, wodurch sich unsere Runde schließt. Wir folgen dem Richtungsschild „Pista forestal a Llanos de Crispín/Laguna Grande" nach rechts, stoßen auf die Höhenstraße und gelangen von dort nach **Laguna Grande,** dem Ausgangspunkt der Tour (3:30 Std.).

Alternative: Kurz nach der Einmündung in die Piste führt eine breite, mit „Laguna Grande" ausgeschilderte Strecke nach links: Zunächst geht es ca. 1 km auf einem breiten Weg bergab, dann folgt man bei einer Hinweistafel einem rechts abzweigenden Camino, der auf dem letzten Kilometer unserer Tour leicht bergan und durch Lorbeerwald direkt zum Restaurant *Laguna Grande* führt.

Auf dem Gipfel des Garajonay

502go Foto: gs

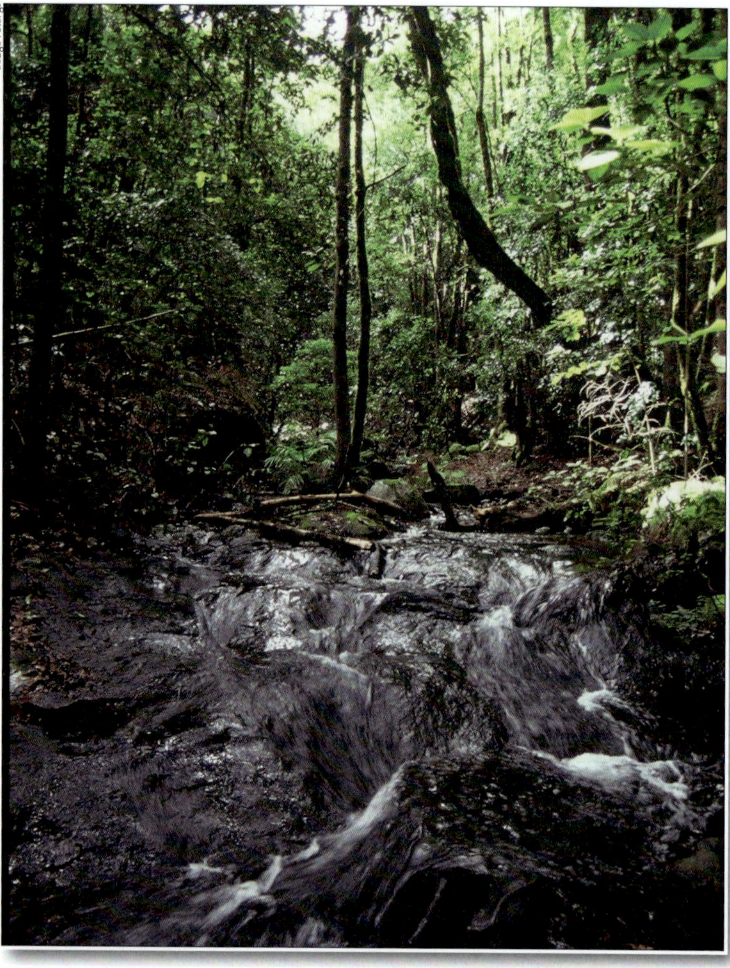

Nach einem regenreichen Winter …

Karte S. 326, Übersichtskarte: Umschlag vorn

WANDERUNG 9

Wanderung 9**:
Klassische Runde durch den Lorbeerwald

**Von Alto de Contadero nach El Cedro
und zurück über die Ermita de Lourdes**

- **Charakter:** Die wohl meistbegangene Route des Nationalparks. Auf gut ausgebauten Wegen wandert man durch dunklen Lorbeerwald zum idyllischen Bergweiler El Cedro. Von dort geht es über die „Einsiedelei der Jungfrau von Lourdes" zum Ausgangspunkt zurück. Eine leichte Tour, doch aufgrund des Höhenunterschieds etwas anstrengend.
- **Markierung:** PR-LG 3 (gelb)
- **Ausgangs- und Endpunkt:** Alto de Contadero an der Höhenstraße
- **Zwischenziele:** El Cedro, Ermita de Lourdes
- **Länge:** ca. 10 km (Rundwanderung)
- **Dauer:** 4 Std.
- **Höhenunterschied:** 600 m in An- und Abstieg
- **Einkehr:** Gasthof in El Cedro
- **Anfahrt:** Startpunkt ist der ausgeschilderte Parkplatz Alto de Contadero an der Höhenstraße, 1,2 km nördlich der Kreuzung von Pajarito (dort Bushaltestelle, Bus 1).
- **Variante:** Wenn der Fluss nach längerer Trockenheit kaum noch Wasser führt, startet man in El Cedro, ausgerüstet mit Taschenlampe, zur beliebten „Tunneltour". Der 500 m lange Wasserstollen nimmt nahe der Casa Prudencio seinen Ausgang und führt in zehn Minuten zur Verbindungsstraße Cruce de la Zarcita – Cruce del Rejo. An dieser hält man sich rechts und biegt nach 3,2 km rechts in eine stark abschüssige, steingepflasterte Piste zum *Caserío de El Cedro* ein. Nach 1,7 km zweigt links ein sehr schöner Weg zur Kapelle ab, beschildert mit „Ermita Nuestra Señora de Lourdes 0.9 km"; dort hat man wieder Anschluss an Wanderung 9.

Der seltsame Name **Alto de Contadero** (Anhöhe des Zählers) erinnert an eine Zeit, als die Bergbewohner hier noch Holz, Ziegenkäse und Fleisch verkauften und das dafür erhaltene Geld sorg-

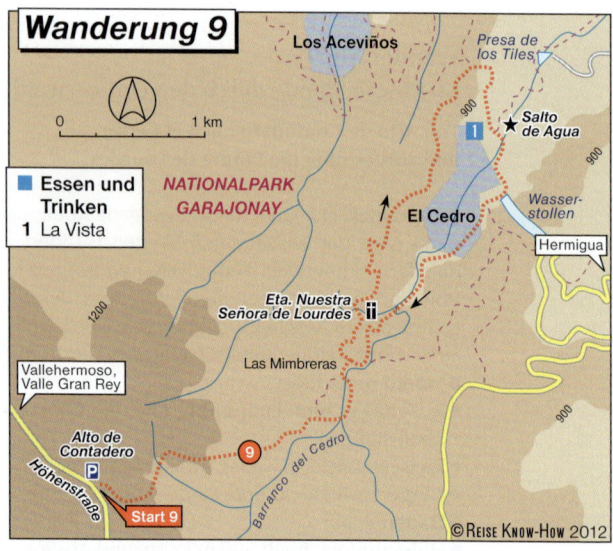

fältig nachzählten. Vom Parkplatz führt ein ausgeschilderter Weg nordwärts in den Lorbeerwald hinein („Arroyo de El Cedro 2,8 por LG 3/Caserío de El Cedro 4,8"). Über Trittstufen steigt man bergab, Farne säumen den Weg und die Baumkronen bilden ein dunkles, fast undurchdringliches Blätterdach. Zwischendurch hört man schon mal das Plätschern des El-Cedro-Bachs.

Nach 30 Min. wird ein Aussichtspunkt erreicht, von dem der Blick zum Roque Gando und zum Teide reicht – Bänke laden zu einer Rast ein. 15 Min. später wird der Bach auf Trittsteinen ein erstes Mal gequert, etwas später – diesmal auf einer Brücke – ein zweites Mal. 5 Min. später kommen wir zum Platz **Las Mimbreras.** Nichts erinnert mehr daran, dass dies einmal eine Campingfläche war (1 Std.).

Wir lassen den Waldplatz Las Mimbreras rechts liegen und gehen auf breiter Forstpiste geradeaus weiter. Nach 35 Min. verlassen wir sie in einer Linkskurve auf dem PR-LG 3.1 („Caserío de El Cedro 1,3"), halten uns kurz darauf an der Verzweigung rechts und laufen 3 Min. bergab. Achtung: 10 m vor Erreichen einer Piste biegen wir scharf rechts ein, auch dieser Weg ist stark abschüssig! Er mündet nach 15 Min. in einen Fahrweg (1:55 Std.); wir gehen

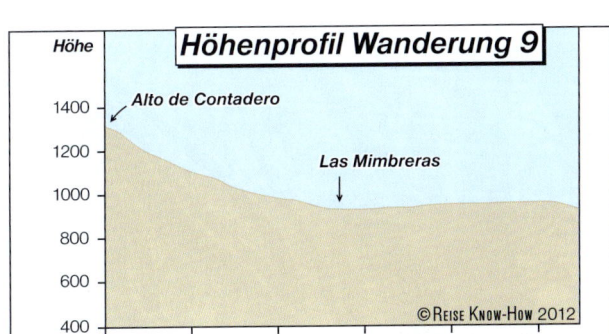

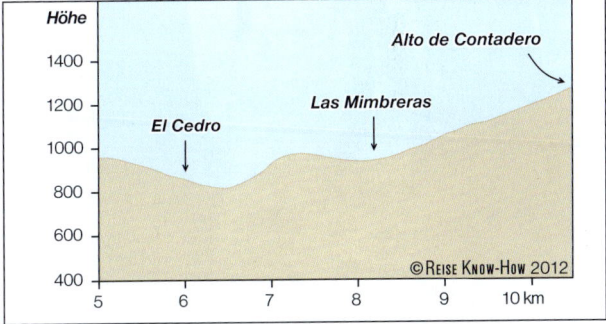

links hinab, passieren mehrere Casas und erreichen auf der Piste das beliebte Terrassenlokal *La Vista* im Zentrum des Weilers **El Cedro** (2 Std.).

Vom Parkplatz des Lokals folgen wir der Piste zum Talgrund hinab, queren ihn und halten uns an der nächsten Gabelung rechts (PR-LG 3 Las Mimbreras – Garajonay). Wir verlassen die Piste nach etwa drei Minuten auf einer links abzweigenden Steintreppe, die uns an einigen *Casas Rurales* vorbei talaufwärts führt. Am Schild „Parque Nacional" betreten wir wieder den vertrauten Lorbeerwald, einen rechts abzweigenden Weg ignorieren wir.

Nach weiteren knapp zehn Minuten stehen wir unvermittelt vor der schlichten Waldkapelle **Ermita Nuestra Señora de Lourdes** (2:30 Std., daneben Picknickplatz). Sie wurde 1935 von *Florence Stephen Parry* gestiftet, einer englischen Gouvernante im Dienst ei-

nes Fischfabrikanten. Der Weg führt nun am Ufer entlang aufwärts, mehrfach wird der Cedro-Bach auf kleinen Holzbrücken gekreuzt. Unser Weg stößt schließlich auf einen breiten Fahrweg, in den wir nach rechts zum Waldplatz **Las Mimbreras** (2:45 Std.) einbiegen. Wir queren die Brücke und folgen der Ausschilderung „4,2 Alto de Garajonay PR LG 3". Auf der ab hier vom Hinweg bekannten Strecke kehren wir zum Ausgangspunkt der Tour zurück (4 Std.).

Im Lorbeerwald

Karte S. 330, Übersichtskarte: Umschlag vorn   **WANDERUNG 10**

Wanderung 10***:
Steilaufstieg zum Nationalpark

Runde ab Hermigua zum Wasserfall

●**Charakter:** Durchs Obertal von Hermigua führt der Weg, an Gomeras längstem Wasserfall vorbei, steil hinauf ins Bergdorf El Cedro. Danach folgt eine eher geruhsame Etappe durch Lorbeerwald – Zwischenstation ist der Weiler Los Aceviños. Zum Abschluss geht es wieder hinab nach Hermigua: Wie eine ausgebreitete Riesenlandkarte liegt uns das Bananental zu Füßen. Wegen der steilen Auf- und Abstiege ist diese Wandertour nur konditionsstarken Wanderern zu empfehlen. Besonders anstrengend ist die Anfangsetappe: auf nur 2,5 km müssen 600 Höhenmeter bewältigt werden.
●**Markierung:** erst PR-LG 3 (gelb), dann PR-LG 3.1 (Camino de San Juan, gelb)
●**Ausgangs- und Endpunkt:** Hermigua
●**Zwischenziel:** El Cedro
●**Länge:** ca. 11 km (Rundwanderung)
●**Dauer:** 5:15 Std.
●**Höhenunterschied:** ca. 800 m im An- und Abstieg
●**Einkehr:** Gasthof, Campingplatz und Herberge in El Cedro, Restaurants in Hermigua
●**Anfahrt:** Startpunkt ist die große Plaza del Convento im Obertal von Hermigua. An der Straße befinden sich Parkplätze, Busse der Linie 2 (San Sebastián – Vallehermoso) halten hier.

Gegenüber der **Plaza del Convento** (s. Karte Kap. Hermigua) steigen wir über einen knapp 200 Stufen langen Treppenweg zu einer Straße hinauf und folgen ihr nach rechts, unterhalb der mächtigen Doppelfelsen **Los Gemelos** (die Zwillinge). Nach knapp 500 m gelangen wir ein erstes Mal zum Bachbett und folgen dem Schild „El Cedro – Garajonay PR-LG 3" über eine Brücke nach links. Unmittelbar danach geht es rechts weiter am Bächlein entlang. Nach 70 m (ab Brücke) ignorieren wir den links abzweigenden Treppenweg und gehen geradeaus gut 50 m weiter, wo wir

Wanderung 10

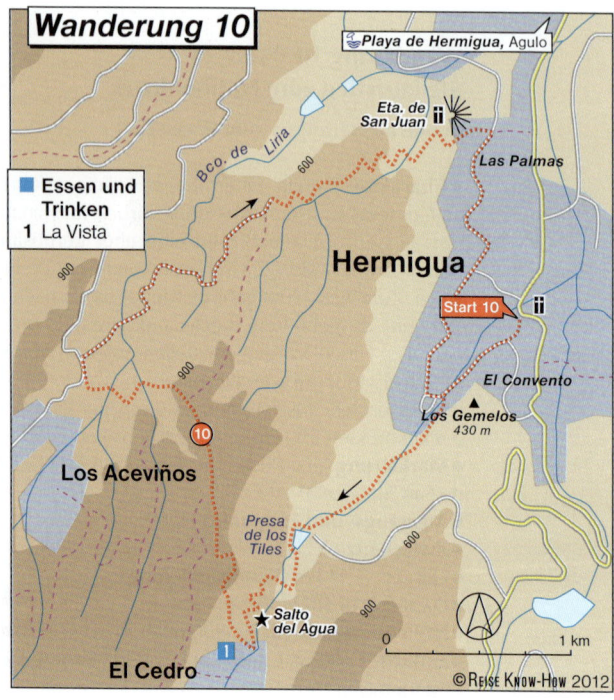

den Bach auf einem steinernen Brücklein nach rechts queren. Ein dezent aufgemalter gelb-weißer Balken gibt die Fortsetzung der Tour an.

Bald wird der Barranco enger, der Pfad steigt kräftig an. Wir gehen rechts an einem Wasserspeicher vorbei, um sogleich auf die (vom Wanderer aus gesehen) linke Talseite überzuwechseln. In der Folge kreuzt der Weg noch zweimal das Bachbett, dann ist die Mauer des Stausees **Presa de los Tiles** erreicht (1:15 Std.). Wir umgehen sie rechts auf einem steingepflasterten Weg. 100 Meter weiter knickt er rechts ein, steuert auf den Hang zu und führt steil hinauf zu einigen Kaskaden. Über eine Brücke kommen wir zu einer zweiten, größeren Staumauer. An ihrer rechten Seite steigen wir nach oben zum See, an dessen rechtem Ufer sich der Weg fortsetzt. Vor uns öffnet sich eine Felsarena – mittendrin Gomeras

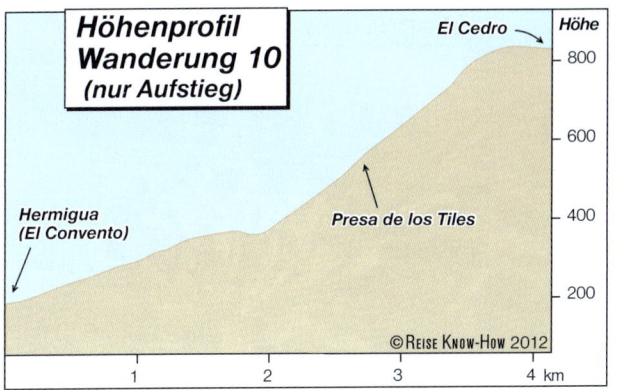

größter Wasserfall, der **Salto del Agua** (1:30 Std.). Einst rauschte er als mächtige Kaskade hinab, heute ist es meist nur ein Rinnsal, das sich 100 Meter in die Tiefe ergießt.

Am Ende des Sees angekommen, wechseln wir auf einen Treppenweg, der uns zu einem Aussichtspunkt bringt. Von hier aus können wir das Wasser-Schauspiel noch einmal sehen, bevor uns der Weg wieder aufnimmt. Über steile Kehren schraubt er sich hinauf – dankbar ist man für den Schatten, den der Lorbeerwald spendet! Erschöpft stehen wir schließlich am oberen Rand der Steilstufe, von wo man bereits den Weiler **El Cedro** sieht. Wir passieren den Campingplatz und folgen dem Schild „La Vista" zum Lokal, wo wir uns stärken und die herrliche Aussicht übers Tal genießen (2 Std.).

Oberhalb des Gasthofs folgen wir der Asphaltpiste nach rechts. Wo sie sich nach 5 Min. verzweigt, nehmen wir die mittlere, gelb markierte Piste, verlassen sie aber bereits nach 50 m auf einem durch Steinmännchen angezeigten Weg. In engen Serpentinen windet er sich steil in den Lorbeerwald hinauf – nach gut 30 Min. mündet er in eine breite **Erdpiste,** der wir nach rechts folgen. Die Vegetation lichtet sich: Statt Lorbeer dominieren nun Baumheide und mannshohes Erika. Wir passieren mehrere Häuser und ignorieren einen Pistenabzweig zur Linken. 15 Min. später senkt sich unsere bisher gerade verlaufende Piste in Kehren hinab. Bei der dritten, scharf rechts einknickenden Kurve verlassen wir die Piste auf einem links abzweigenden, gelb markierten Weg. Dieser

bringt uns in 10 Min. zu einer Forstpiste, die uns nach links durch den Wald zu einem Aussichtspunkt führt: Hier ist unser nächstes Etappenziel bereits sichtbar – die **Ermita de San Juan** erreichen wir über einen kurzen steinigen Abstieg (4:30 Std.).

Über die Zufahrtstraße zur Kapelle geht es abwärts zum Weiler **Las Palmas** (4:45 Std.), wo wir rechts in die Dorfstraße einbiegen. Nach 300 m wechseln wir links auf eine Treppe, die uns zu einem steingepflasterten Weg führt. Auf ihm passieren wir ein paar Häuser, queren eine kleine Brücke und stoßen am Fuß der **Zwillingsfelsen** auf die uns vom Hinweg bekannte Straße. Über sie – und zuletzt über Treppen – gelangen wir zur **Plaza del Convento** zurück (5:15 Std.).

Wanderung 11***:
Die rote Steilwand über Agulo

Aufstieg zum Besucherzentrum Juego de Bolas

● **Charakter:** Steht man vor der 500 m senkrecht aufragenden Wand, glaubt man nicht, dass sie bezwingbar ist. Doch es gibt einen engen, an einigen Stellen auch leicht zugewucherten Weg, der sich in vielen Kehren in den Fels gräbt und auf die Hochebene von La Palmita führt. Von dort geht's gemütlich zum Besucherzentrum Juego de Bolas weiter, wo man eine interessante Einführung in Flora und Fauna Gomeras erhält. Der Rückweg erfolgt wieder auf einem steil angelegten Weg.
● **Markierung:** Erst PR-LG 5 (gelb), ab Juego de Bolas GR-132 PR-LG 5 (rot)
● **Ausgangs- und Endpunkt:** Agulo
● **Zwischenziel:** Besucherzentrum Juego de Bolas
● **Länge:** 8 km (Rundwanderung)
● **Dauer:** 4 Std.
● **Höhenunterschied:** 600 m im An- und Abstieg
● **Einkehr:** am Besucherzentrum Juego de Bolas
● **Anfahrt:** Startpunkt ist die Bushaltestelle (Linie 2) im Ortszentrum von Agulo; an der Straße kann man das Auto gut parken.

Vom **Ortszentrum in Agulo** *(Bar Lila)* geht man auf der Straße zwei Minuten in Richtung Vallehermoso und biegt neben dem Krämerladen *Casa Aixa* (Carretera General del Norte Km. 25.2, hinter der Apotheke) in den geländergesicherten, aufwärts führenden Treppenweg ein (ausgeschildert „PR-LG 5 Juego de Bolas por el camino de Los Pasos"). Wenig später gabelt sich der Weg, wir halten uns rechts und kommen auf eine steingepflasterte Straße.

An der „Roten Wand" wachsen botanische Raritäten wie die Purpur-Wolfsmilch

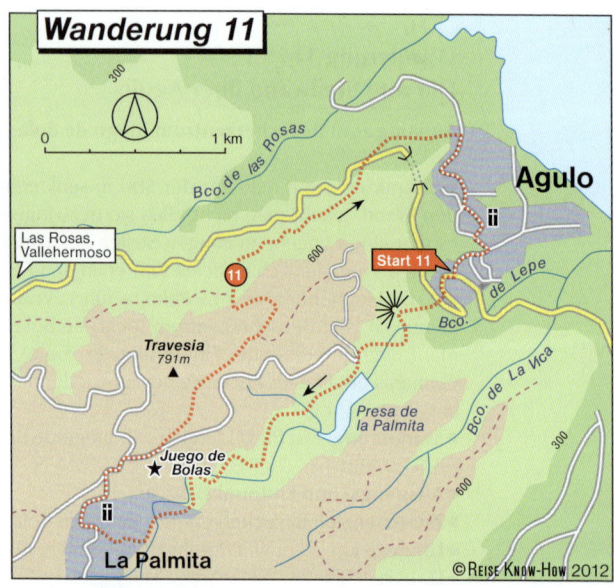

Hier halten wir uns wiederum rechts, um nach wenigen Schritten links in einen schmalen Weg einzubiegen. Kurz darauf gelangen wir zur Landstraße – wo ein Schild den weiteren Verlauf anzeigt (zusätzliches Schild „La Palmita"). Der Weg führt vorbei an Terrassenfeldern zum **Fuß der Steilwand,** wo der eigentliche Aufstieg beginnt. Teils in Fels geschlagen, teils mit Mauern abgestützt, schraubt sich der Königsweg empor zum **Mirador de Agulo** (45 Min.), einem Aussichtsbalkon mit schönem Blick aufs Dorf.

Danach geht man taleinwärts neben einem Wasserkanal entlang, quert ihn am Ende einer Mauer und schwenkt rechts ein. Über einen roten Hang steigt man in 1 Min. zu einem steingepflasterten Weg empor. Er verläuft oberhalb des **Stausees La Palmita** und mündet in eine Piste. Der Ausschilderung rechts nach „La Palmita" folgend gehen wir nach einer Minute links auf einer breiten Piste bergan – vorbei an Terrassenfeldern. Nach 2,5 Kilometern auf der Piste (alle Zufahrten links und rechts ignorieren) kommt man zu einer scharfen Linkskurve, 50 Meter weiter führt uns ein Weg rechts aufwärts zur Kapelle von **La Palmita** (1:45 Std.). Von

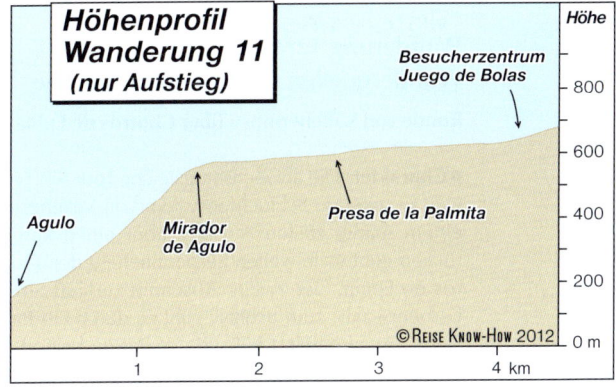

hier gelangt man rechts hinauf zum Besucherzentrum **Juego de Bolas** (2 Std.).

Nach der Besichtigung folgen wir der zwischen Besucherzentrum und Restaurant (zzt. geschl.) verlaufenden Straße, verlassen sie aber sogleich auf einer halblinks abzweigenden („GR 132 PR-LG 5 Agulo"), nur anfangs ansteigenden Erdpiste. Nach gut einem Kilometer passieren wir ein Kiefernwäldchen, dann gabelt sich die Piste. Wir biegen halblinks in einen aufwärts weisenden Weg und wandern über einen erodierten Hang zum Kamm hinauf, halten uns leicht links und folgen dem Wegweiser GR-132. Am Ende einer abwärts führenden Rinne stößt man auf einen steingepflasterten Königspfad, der sich kehrenreich zum **Barranco de las Rosas** hinabschraubt. Oberhalb eines von Kiefern gesäumten Gehöfts kommen wir zu einer Gabelung (3 Std.): Wir halten uns rechts (links geht's nach Las Rosas). Mit schöner Aussicht und in mehreren Kurven führt der Weg zur **Küstenstraße** (3:30 Std.) hinab.

Wir folgen ihr 50 Meter nach rechts, um vor dem Tunnel links in einen steingepflasterten Camino einzubiegen (rot „GR-132 Agulo"), der uns, vorbei an einem vorspringenden Felsen, zum Friedhof von Agulo mit gepflasterter Straße bringt. Von dort geht es weiter zur kuppelgekrönten **Kirche.** Über die Calle del Pintor José Aguiar kommt man in den östlichen Ortsteil, passiert einen Supermarkt und das Apartmenthaus Escuela und kehrt wenige Minuten später zum Ausgangspunkt der Tour zurück (4 Std.).

Wanderung 12**:
Wunderquellen und romantischer See

Runde von Vallehermoso über Chorros de Epina

- **Charakter:** Die abwechslungsreiche Tour führt rund um das weit verzweigte Schluchtensystem von Vallehermoso. Nach einem mäßig steilen Aufstieg über einen kargen Höhenrücken geht es in weiten Serpentinen zu den Quellen Chorros de Epina. Der zweite Abschnitt verläuft am Rande des Lorbeerwalds, zum Schluss geht es durch ein Palmental abwärts – man passiert hübsche Weiler und einen „zauberhaften" Stausee. Aufgrund der Länge und des Höhenunterschieds eine anstrengende Tour.
- **Markierung:** streckenweise identisch mit PR-LG 10 (gelb) und PR-LG 8 (gelb) und GR-132 (rot)
- **Ausgangs- und Endpunkt:** Vallehermoso
- **Zwischenziel:** Chorros de Epina
- **Länge:** 14,5 km (Rundwanderung)
- **Dauer:** 5:30 Std.
- **Höhenunterschied:** 700 Meter im An- und Abstieg
- **Einkehr:** Ausflugslokal in Chorros de Epina, Bars und Restaurants in Vallehermoso
- **Anfahrt:** Startpunkt ist das Ortszentrum von Vallehermoso (Bar Amaya) mit guten Parkmöglichkeiten; an der Plaza de la Constitución halten die Busse der Linie 2 (Vallehermoso – Hermigua – San Sebastián) und der Linie 5 (Vallehermoso – Alojera).

Vom Restaurant Amaya am Hauptplatz von **Vallehermoso** folgen wir der Straße in Richtung Valle Gran Rey (rot markiert GR-132; Karte S. 249). Nach knapp 100 Metern, hinter dem Haus Nr. 21, nutzt man einen Treppenweg zur Linken, um eine weite Straßenkehre abzukürzen. Der Weg quert die Straße und führt weiter bergauf (PR-LG 10 Chorros de Epina), an der ersten Gabelung hält man sich links. Auf einem betonierten Fahrweg geht es zu einem einzeln stehenden Haus hinauf, wo die Piste in einen Camino übergeht. Steil führt dieser auf einen Bergrücken (in der Ferne ein Sen-

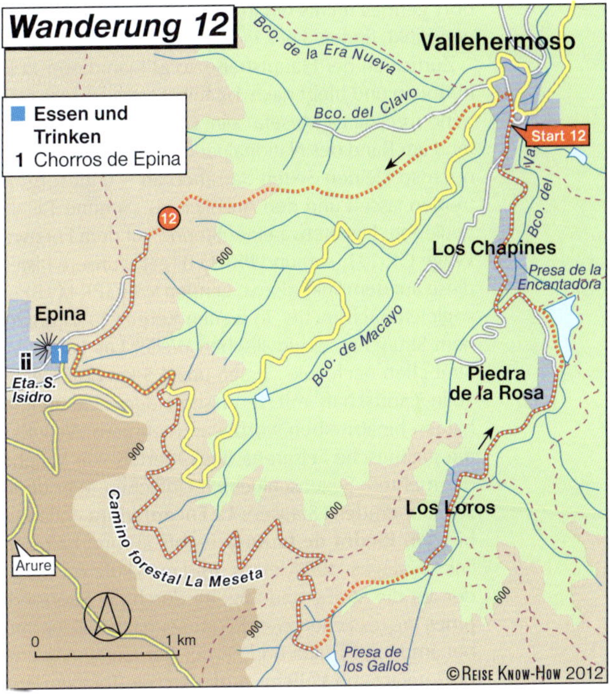

WANDERUNG 12

demast) und wechselt dabei mehrmals die Kammseite: Mal blickt man auf die palmenbestandenen Barrancos del Clavo und Era Nueva hinab, mal auf das Tal von Vallehermoso mit dem Roque Cano und der sich tief unten dahinziehenden Landstraße. Vorbei an knorrigen Wacholderbäumen erreicht man nach etwa einer Stunde einen markanten Felsen, an dem sich gut Rast machen lässt.

In der Folge windet sich der Weg am bewaldeten Teselinde-Massiv entlang. Er mündet in einen quer verlaufenden Fahrweg, dem man nach links zu einem asphaltierten Sträßchen folgt. Auf diesem geht es links zur Straße Epina – Alojera, in die man wiederum links einschwenkt. Nach 700 Metern erreicht man die Gabelung an der Carretera General: 100 Meter zur Rechten befindet sich das Ausflugslokal **Chorros de Epina** (2:15 Std.). Oberhalb des Restaurants führt ein Weg zum Picknickplatz an der **Ermita San Isidro;** von dort geht es rechts hinab zu den **„Wunderquellen":** Wer von ihnen trinkt, findet Glück in der Liebe!

Zurück an der Hauptstraße, folgt man dieser in Richtung Vallehermoso und biegt nach 1,2 Kilometern rechter Hand in den „Camino forestal La Meseta" ein. Der Forstweg verläuft fast höhehaltend am Rand des Nationalparks entlang und schmiegt sich jedem noch so kleinen Seiten-Barranco an – unbesorgt kann man sich treiben lassen und den Ausblick ins „Schöne Tal" *(valle hermoso)* genießen. Nach etwa einer Stunde auf dem Forstweg kreuzen die Wege GR-131 (rot) und PR-LG 8 (gelb) unsere Piste. Wir verlassen diese auf dem links abzweigenden Weg (PR-LG 8) und schwenken sogleich nach rechts. In weiten Kehren führt uns der Weg zu einem Sträßchen am idyllischen Weiler **Los Loros.** Wir folgen dem Sträßchen nach links, lassen uns 4,5 km durch eine überaus reizvolle Landschaft mit Terrassenfeldern, Palmen- und Orangenhainen hinabtreiben, vorbei an mehreren Weilern. Ringsum ragt die gigantische Felsarena des Obertals von Vallehermoso auf, in das mehrere Seitenschluchten einfließen. Wer direkt am Ufer des „bezaubernden" Stausees **La Encantadora** entlanggehen möchte, biegt in **Piedra de la Rosa** rechts ab und hält sich kurz danach links. Nach ca. 300 Metern stößt man kurz vor der Staumauer wieder auf die Straße und folgt ihr durch die Streusiedlung **Los Chapines** die restlichen zwei Kilometer nach Vallehermoso hinab. Vorbei am Hotel Triana und an der Bar Garajonay erreicht man den Hauptplatz von **Vallehermoso,** wo die Tour startete (5:30 Std.).

Wanderung 13**:
Vom Winde verweht –
Kapellen und Geisterdörfer

Von Chorros de Epina zur Playa de Vallehermoso

- **Charakter:** Lange, aber bequeme Tour über einen sonnigen Höhenrücken. Vorbei an einsamen Kapellen kommt man zu einem Aussichtspunkt inmitten einer bizarren, von Wasser und Wind modellierten Landschaft. Mit Blick auf die wilde Nordküste steigt man zur Playa de Vallehermoso hinab, wo ein Pool Erfrischung bietet. Wer ein Faible für abgeschiedene Palmendörfer hat, legt unterwegs einen Abstecher nach Tazo und Arguamul ein.
- **Markierung:** GR-132 (rot)
- **Ausgangpunkt:** Chorros de Epina
- **Endpunkt:** Playa de Vallehermoso
- **Länge:** ca. 10 km (nur Hinweg)
- **Dauer:** 3:30 Std.
- **Höhenunterschied:** 900 m im Abstieg, 70 m im Anstieg
- **Einkehr:** Ausflugslokal in Chorros de Epina, Bar an der Playa de Vallehermoso
- **Anfahrt:** Startpunkt ist das Ausflugslokal *Chorros de Epina,* wo es einen Parkplatz gibt; nahebei hält Buslinie 5 (Alojera – Vallehermoso).
- **Hinweis:** Von der Playa de Vallehermoso erreicht man in gut 3 km auf wenig befahrener Straße das Ortszentrum, von wo Busse nach Hermigua und San Sebastián (Linie 2) sowie nach Alojera (Linie 5) fahren. Wer keine Kraft mehr zum Laufen hat, fragt motorisierte Ausflügler am Strand, ob sie noch Platz im Auto haben.

Vom Ausflugslokal **Chorros de Epina** folgt man der Straße 100 Meter in Richtung Vallehermoso und biegt an der großen, ausgeschilderten Gabelung links ein. Nach 700 Metern ignoriert man einen Rechtsabzweig, um ein paar Meter weiter gleichfalls rechts in die nach Tazo/Arguamul ausgeschilderte Piste einzuschwenken. In weiten Kehren führt sie leicht abschüssig durch eine herb-melan-

WANDERUNG 13

cholische Landschaft. An einer **Gabelung** (45 Min.) besteht die Möglichkeit zu einem Abstecher links hinüber zu den Palmendörfern Tazo und Arguamul. Die Hauptroute führt rechts weiter, nun unterhalb des steil abfallenden Teselinde-Massivs. An der **Ermita de Santa Clara** (1:30 Std.) bietet sich ein schöner Blick auf das Dorf Arguamul, bei klarer Sicht erkennt man am Horizont die Nachbarinsel La Palma.

Rechts der Kapelle setzt sich die Piste (PR-LG 9.2) unterhalb der Kammhöhe fort, knapp eine halbe Stunde später schwenkt sie auf den Kamm zurück. Wir befinden uns nun inmitten einer fremdartigen Landschaft mit rötlichem, von winterlichen Sturzbächen zer-

Einsame Berglandschaft bei Tazo

furchtem Erdgrund. Vorbei an einem Rastplatz erreichen wir die **Ermita Nuestra Señora de Coromoto** (2:15 Std.), eine winzige Kapelle auf verlassener Flur. Links von ihr zweigt ein Fahrweg zum Weiler Chigueré ab, den wir unbeachtet lassen.

Weiter auf Nordostkurs kommen wir in einer kleinen Senke zu einer Gabelung: Große Steinmännchen und eine Tafel markieren den Rechtsabzweig eines Pfades, den wir uns für den späteren Weg merken. Zunächst aber folgen wir der Piste 100 Meter bergauf bis zu ihrem Ende am Aussichtspunkt **Buenavista** (2:30 Std.). Der Name verspricht nicht zu viel: Über die zerklüfteten, brandungsumtosten Klippen des Nordens hat man einen fantastischen Ausblick aufs Meer.

Nun gehen wir 100 Meter zurück und biegen in den Pfad ein, der sich anfangs der Küste, später dem Untertal von Vallehermoso zuwendet und in vielen Kehren zur **Straße** (3:30 Std.) hinunterschraubt (Km. 1). Hält man sich links, erreicht man nach fünf Minuten die **Playa de Vallehermoso.**

Auf dem Weg von der Playa nach Vallehermoso, im „Garten der Entdeckungen"

Wanderung 14**:
Malerisches Bergdorf Imada

Rundtour ab Casita Olsen an der Höhenstraße

- **Charakter:** Eine über weite Strecken gemütliche Tour auf gut ausgebauten und markierten Wegen. Auf den Talmarsch ins schön gelegene Bergdorf Imada folgt ein 40-minütiger Steilaufstieg zur Kreuzung Las Paredes. Von dort geht es mäßig ansteigend durch lichten Kiefernwald zum Ausgangspunkt zurück. Während der gesamten Tour genießt man fantastische Ausblicke auf den schluchtenzerfurchten Süden der Insel.
- **Markierung:** ab Imada PR-LG 15 (gelb)
- **Ausgangs- und Endpunkt:** Casita Olsen
- **Zwischenziel:** Imada
- **Länge:** 7,5 km (Rundwanderung)
- **Dauer:** 3:30 Std.
- **Höhenunterschied:** 500 m im Ab- und Anstieg
- **Einkehr:** in der Bar *Arcilia* in Imada; hier findet man auch ein preiswertes Quartier für die Nacht.
- **Anfahrt:** Der Startpunkt befindet sich 1 km östlich der Kreuzung Pajarito bei Km. 23 der Höhenstraße. Ein grünes Richtungsschild trägt die Aufschrift „Imada 2.9 km", auch eine Parkausbuchtung ist vorhanden. Busfahrer (Linie 1) halten auf Handzeichen, wer aussteigen will, nennt den Namen des Hauses. Die Casita Olsen ist das unauffällige Betonhäuschen mit Antenne und Messstation links oberhalb der Straße.
- **Hinweis:** Kombinationsmöglichkeiten mit Tour 15 (Imada-Runde), Tour 18 (Imada – Playa Santiago) und Tour 8 (Garajonay – Laguna Grande).

An der **Casita Olsen,** einem unscheinbaren Betonmast mit Antenne, folgen wir der mit „Imada 2.9 km" ausgeschilderten Piste in feucht-schattigen Lorbeerwald. Haushohe Gagel- und Erikabäume wachsen am Wegesrand, es duftet nach Moos und Pilzen. Unbesorgt kann man sich treiben lassen, nur eine links abzweigende Piste gilt es zu ignorieren. Kaum liegt der Wald hinter uns, blicken

Wanderung 14

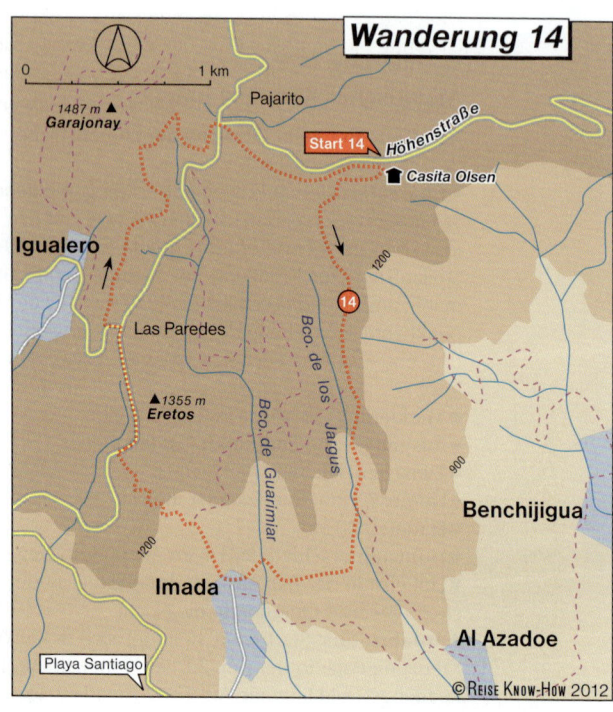

wir auf den gewaltigen Barranco de Benchijigua, der an seinem nordöstlichen Rand vom majestätisch aufragenden Felsdom des Roque Agando gekrönt wird. Wir passieren eine Kettenschranke, die Autos die Durchfahrt versperrt. Kurz hinter einem Nationalpark-Schild ignorieren wir einen rechts abzweigenden Fahrweg, um geradeaus der Ausschilderung nach Imada zu folgen. Wo die Piste wenig später scharf rechts einknickt, halten wir uns geradeaus, wieder dem Schild Imada nach.

In der Gegend um Imada werden die Felder noch bestellt

Die Piste geht bald in einen alten Camino über, dessen Steinpflasterung hin und wieder aufblitzt. Er klammert sich verwegen an die Steilwand der Schlucht, ist aber in allen Partien sicher und breit. Nach insgesamt 40 Minuten ist eine **Gabelung** erreicht: Links kommt ein Weg vom Weiler El Azadoe herauf (⇨ Wanderung 15), wir aber bleiben rechts. Unser Weg quert den Talgrund und steigt in der Folge leicht an. Nach gut 10 Min. umgehen wir einen markanten Felssporn, hinter dem bereits das von Palmen eingerahmte Dorf **Imada** erscheint. Am ersten Haus steigen wir über Betontreppen zum Wendeplatz der Dorfstraße hinab, halten uns rechts und erreichen nach 250 Metern die **Bar Arcilia,** wo man sich stärken kann für den steilen, nun folgenden Aufstieg (1:15 Std.).

Von der Bar gehen wir auf dem gelb ausgeschilderten PR-LG 15 (Izque – Pajaritos) 60 Meter zurück und biegen links in einen breiten, teils gerölligen, teils steingepflasterten Weg ein. Er führt steil aufwärts, passiert einen Wasserspeicher und wenig später ein von der Naturschutzbehörde aufgestelltes Schild. Danach schraubt er sich in Serpentinen den ausgeglühten, rötlich schimmernden Hang empor, der mit den umstehenden Felswänden ein weites Halbrund bildet. Nach 30-minütigem Aufstieg bietet sich ein weiter Blick zurück auf den Barranco de Guarimiar bis nach Playa Santiago. Nach weiteren schweißtreibenden zehn Minuten mündet der Weg in die von Playa Santiago heraufkommende Straße. Ihr folgen wir nach rechts und erreichen nach 800 Metern die markante Straßengabelung **Las Paredes** (2:15 Std.).

Hier biegen wir links in die nach Igualero und Chipude ausgeschilderte Straße ein, verlassen sie aber schon in der nächsten Kurve auf einem rechts abzweigenden, für Autos gesperrten Fahrweg zum Garajonay, dem höchsten Gipfel der Insel. Der Fahrweg stößt auf eine Forstpiste mit der Bezeichnung „Sendero forestal al cruce de Pajarito" (laut Leserzuschrift mittlerweile abmontiert). Geradeaus führt sie zum Garajonay (⇨Wanderung 8), wir halten uns rechts und gehen durch Kiefernwald zur **Pajarito-Kreuzung** an der Höhenstraße (3:15 Std.).

Wer an dieser Stelle nicht auf den Bus warten, sondern zum Startpunkt der Wanderung zurückgehen will, biegt an der Informationstafel des Nationalparks in den mit „Los Roques 4.8 km" ausgeschilderten Weg ein. Nach 250 Metern hält man sich links (Ausschilderung „Los Roques") und erreicht eine kleine Kuppe. Weit reicht der Blick über das bewaldete Hochplateau, aus dem der graue Fels des Roque Agando aufragt. Leicht abschüssig geht es zu einer Gabelung hinab. Wir biegen rechts ein und stoßen wenig später auf die Höhenstraße, der wir nach rechts folgen. Nach 50 Metern erreichen wir den Startpunkt der Tour an der **Casita Olsen** (3:30 Std.).

Wanderung 15**:
Schluchten und ein idyllischer Weiler

Rundtour ab Imada

- **Charakter:** Eine relativ einfache Rundwanderung auf gut ausgebauten Wegen mit spektakulären Ausblicken auf die Schluchtenwelt des Südens. Anstrengend ist nur ein 45-minütiger Aufstieg über 300 Höhenmeter.
- **Markierung:** PR-LG 16.1 (gelb) bis zur Wegteilung von El Azadoe, der anschließende Aufstieg ist nicht in das „offizielle" Wegenetz einbezogen; das Schlussstück verläuft auf PR-LG 15 (gelb).
- **Ausgangs- und Endpunkt:** Imada
- **Zwischenziel:** der verlassene Weiler El Azadoe
- **Länge:** 6,5 km (Rundwanderung)
- **Dauer:** 2:15 Std.
- **Höhenunterschied:** 300 m im An- und Abstieg
- **Einkehr:** Bar in Imada
- **Anfahrt:** Der Startpunkt befindet sich an der Bar *Arcilia* in Imada, vor der auch Autos geparkt werden können. Anmarsch möglich mit Wanderung 14 von der Casita Olsen (1:15 Std.) oder von der Bushaltestelle Cruce de Imada nördlich von Alajeró (30 Min.).
- **Variante:** Ab der „Wegteilung von El Azadoe" geht es auf dem gelb markierten PR-LG 16.1 in einer Stunde nach Benchijigua hinauf. Die Häuser des Dorfes liegen im Schatten des majestätischen Roque Agando und sind umgeben von Palmen und Eukalyptusbäumen. In Benchijigua hat man Anschluss an Wanderung 17 (Roque Agando – Playa Santiago).

Schräg gegenüber der **Bar Arcilia** in **Imada** biegt man in einen Weg ein, der oberhalb der ehemaligen Dorfschule mit zugehöriger Telefonzelle verläuft (gelb „PR-LG 16.1 Benchijigua – Roque Agando"). An der Gabelung nach 50 Metern hält man sich links, um sogleich rechts auf einen steingepflasterten Weg einzuschwenken. Dieser führt parallel zu einer Wasserleitung an Terras-

senfeldern vorbei abwärts. In einem Seitental wechselt er auf die gegenüberliegende, linke Hangseite und steigt steil zum letzten Haus von Imada empor.

Von dort geht es höhehaltend ins östlich angrenzende Tal: nun mit weitem Blick über den tief eingeschnittenen Barranco de Guarimiar bis zur Küste. Ab einer Linkskurve (mit den ersten verlassenen Häusern von El Azadoe) geht es in mehreren Kehren ins trockene Bett des Barranco de Jargus hinab. Man quert seinen Grund und kommt gut 3 Min. später zur (nicht sehr markanten!) **Wegteilung von El Azadoe** (45 Min.): Geradeaus geht es auf gelb markiertem Weg vorbei an weitere Ruinenhäusern (s. Variante) mit prächtiger Aussicht auf den so genannten „Pilzfelsen", wir aber halten uns links und folgen einem nordwärts aufsteigenden Steinpfad (er ist nicht mehr gelb markiert, sondern mit weißen Balken versehen!), der uns mit einer der wenigen wasserreichen Schluchten des Südens vertraut macht. Er verläuft durchweg auf der (vom Wanderer gesehen) rechten Talseite und führt dann über viele Kehren aus dem Talgrund heraus.

Das folgende Wegstück erfordert viel Schweiß: Steil führt der Pfad insgesamt 45 Min. die Bergflanke hinauf; nach Passieren eines Naturschutzschilds wird der Weg breiter – jetzt hat man nur noch einen zehnminütigen Aufstieg vor sich. Schließlich ist eine

Gabelung (1:30 Std.) unmittelbar vor einem ausgewaschenen Barrancobett erreicht: Halbrechts läuft man in nördlicher Richtung zur Casita Olsen hinauf (⇨Wanderung 14), unser Weg quert den Talgrund nach links und steigt in der Folge leicht an. Nach gut 10 Minuten umgehen wir einen markanten Felssporn, hinter dem bereits das von Palmen eingerahmte Dorf **Imada** sichtbar wird. Am ersten Haus steigen wir über Betontreppen zum Wendeplatz der Dorfstraße hinab, halten uns dort rechts und erreichen nach 250 Metern die **Bar Arcilia** (2:15 Std.).

Wanderung 16**:
Schneejungfrau und gigantische Felsen

Runde von der Degollada de Peraza über La Laja und den Roque Agando

- **Charakter:** Der Weg ist das Ziel: Auf einem restaurierten Königspfad geht's längs einer Steilflanke hinab fast bis zum Weiler La Laja und von dort hinauf zur Familia de los Roques, einer Gruppe majestätischer Felsmonolithen. Anschließend folgt ein gemütlicher, fast höhehaltender Bummel zur „Kapelle der Schneejungfrau", von wo es nicht mehr weit zum Startpunkt ist. Eine problemlose Tour, doch aufgrund der steilen Ab- und Anstiege etwas anstrengend.
- **Markierung:** erst PR-LG 17 (gelb), dann GR-131 (rot)
- **Ausgangs- und Endpunkt:** Aussichtspunkt Degollada de Peraza
- **Zwischenziele:** La Laja, Roque Agando
- **Länge:** 9 km (Rundwanderung)
- **Dauer:** 3 Std.
- **Höhenunterschied:** 700 m im An- und Abstieg
- **Anfahrt:** Startpunkt ist die Degollada de Peraza (mit Parkausbuchtung) an der Carretera General Km. 16, ca. 50 m vom Straßenabzweig nach Playa Santiago entfernt. Alle Busse von und nach San Sebastián, Valle Gran Rey und Playa Santiago halten hier.
- **Hinweis:** Wer die Tour abkürzen will, läuft nur bis zum Roque Agando und steigt dort in den Bus.

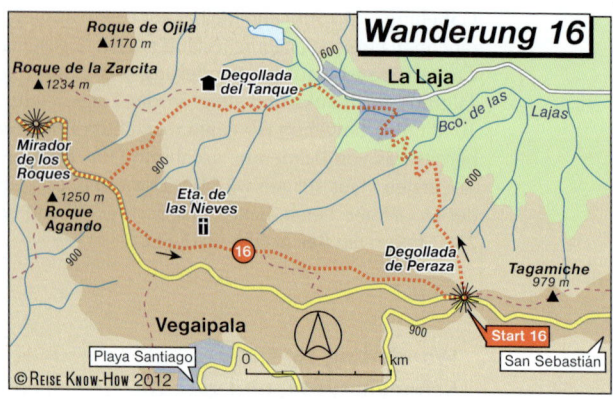

Die zwischen zwei Felsen gelegene Einsattelung **Degollada de Peraza** bietet einen tollen Blick in den Barranco de la Villa und auf den dahinter aufragenden Gebirgskamm. Zwischen der Aussichtsterrasse und dem Bushäuschen steigt man auf einem breiten, steingepflasterten Weg hinab („PR-LG 17 La Laja"). Nach knapp 20 Minuten ignoriert man einen rechts abzweigenden Weg und folgt der Ausschilderung nach **La Laja,** dessen Häuser bald hinter einer Felsnase erscheinen. Man läuft einige Seitenschluchten aus und erreicht knapp oberhalb des Dorfs eine **Gabelung** (45 Min.): Geradeaus geht's direkt nach La Laja hinab, wir aber halten uns links, wo sich unser mit „Roque Agando" ausgeschilderter Weg etwas später mit einem von unten heraufkommenden Camino vereint.

In steilen Kehren windet sich der Weg aufwärts, wobei er von Kanarischen Kiefern sowie Eukalyptus- und Lorbeerbäumen beschattet wird. Eine ausgiebige Rast empfiehlt sich an der malerisch gelegenen Schutzhütte **Degollada del Tanque** (1:45 Std.). „Schutzhütte" meint freilich nichts anderes als eine urige, mit trockenen Kiefernnadeln ausgelegte Ruine – im Notfall kann man in ihr übernachten. Hinter dem Haus sieht man die zuckerhutförmigen Berge Roque de la Zarcita und Roque de Ojila, die wir während der nächsten Etappe genauer kennen lernen werden.

Weiter geht es auf dem breiten Weg aufwärts, vorbei an jungen Kiefern, die nach dem verheerenden Waldbrand von 1984 angepflanzt wurden. Teils über Stufen, teils über Steinpflasterung er-

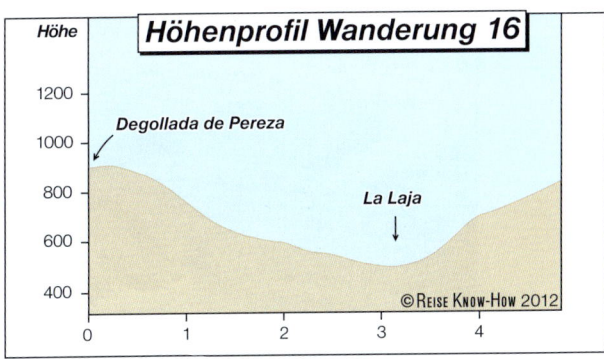

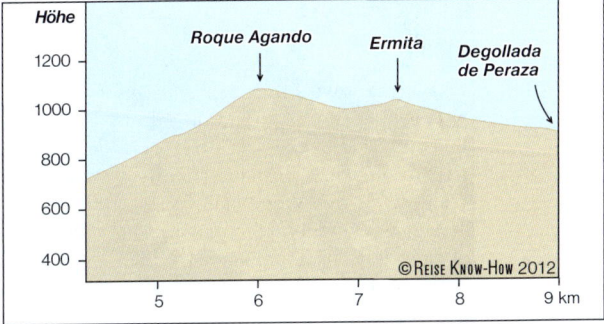

reicht man die **Höhenstraße** (2:10 Std.), wo zur Rechten der mit Moos und Flechten bedeckte **Roque Agando** aufragt.

Abstecher zum Mirador de los Roques (30 Min.): Wer Lust auf einen Abstecher hat, folgt dem rot ausgeschilderten Trampelpfad an der Straße 300 Meter nach rechts zu einem kleinen Plateau unmittelbar am Fuß des Giganten, wo ein **Denkmal** an die Toten des Waldbrands erinnert (Ausgangspunkt von Wanderung 17). Bleibt man weitere 400 Meter auf der Straße, gelangt man zum **Mirador de los Roques,** einem schön angelegten Aussichtspunkt. Hier bieten sich tolle Ausblicke in den Barranco de Benchijígua und auf den Lorbeerwald. Anschließend gehen wir die 700 Meter zu jener Stelle zurück, an der wir erstmals die Carretera berührten.

Weiter mit der Hauptwanderung: Wir folgen der Straße 200 Meter südostwärts über einen schmalen Bergrücken, um in ei-

nen links abzweigenden, steingepflasterten Weg einzuschwenken (rot „LG-17 La Laja por Degollada de Peraza"). Er führt durch dichtes Erikagebüsch und flechtenbehangene Baumheide zur **Ermita Virgen de las Nieves,** der „Kapelle der Jungfrau vom Schnee" (2:30 Std.). Zwar ist das Kirchlein meist verschlossen, doch laden Holzbänke zu einer Verschnaufpause ein; es gibt Trinkwasser und überdachte Grillplätze, selbst ein großer Backofen fehlt nicht. Von der Aussichtsplattform öffnet sich ein weiter Blick gen Süden – an klaren Tagen kann man sogar die Nachbarinseln erkennen.

Von der Ermita folgt man einem asphaltierten Sträßchen bergab und biegt nach 700 Metern – vor einer Rechtskurve – links in eine

Aufstieg zur Höhenstraße

Piste ein (GR-131), die bald in einen Weg übergeht. Dieser führt an einem umzäunten Gelände mit Haus vorbei und geht schließlich in eine Felstreppe über, die steil zur Höhenstraße hinabsteigt. Wir folgen der Straße nach links, passieren nach 50 Metern den Abzweig nach Playa Santiago und erreichen nach weiteren 50 Metern den Startpunkt der Tour, die **Degollada de Peraza** (3 Std.).

Wanderung 17**:
Von der Höhenstraße zur Südküste

Abstieg vom Roque Agando über Pastrana nach Playa Santiago

- **Charakter:** Grandiose Gebirgstour durch alle Klimazonen Gomeras – von der feucht-kühlen, von Lorbeerwald gesäumten Höhenstraße bis hinab zur trockenen, von der Sonne ausgeglühten Südküste. Anfangs steigt man auf einem steil angelegten Weg ins kesselartige Hochtal von Benchijigua, dann verläuft der Weg mäßig abschüssig durch eine lange Schlucht, vorbei an malerischen Palmendörfern. Die letzte Etappe wird auf Asphalt zurückgelegt und enttäuscht, aber das Ziel ist nah ... Starten Sie möglichst früh am Morgen und vergessen Sie nicht, ausreichend Trinkwasser mitzunehmen!
- **Markierung:** anfangs identisch mit PR LG 16 (gelb)
- **Ausgangspunkt:** Plateau am Roque Agando an der Höhenstraße
- **Endpunkt:** Playa Santiago, Bus 3 und 7
- **Länge:** 12 km
- **Dauer:** 4 Std.
- **Höhenunterschied:** 1100 m im Abstieg, 25 m im Anstieg
- **Einkehr:** Bar in Benchijigua (unregelmäßig geöffnet), Restaurants in Playa Santiago
- **Anfahrt:** Startpunkt ist das Plateau am hoch aufragenden, zuckerhutförmigen Roque Agando (Höhenstraße, Km. 19.4) mit kleinem Parkplatz und Bushaltestelle, Bus 1.
- **Hinweis:** Von Playa Santiago fährt mehrmals tgl. ein Schnellboot nach Valle Gran Rey bzw. San Sebastián.

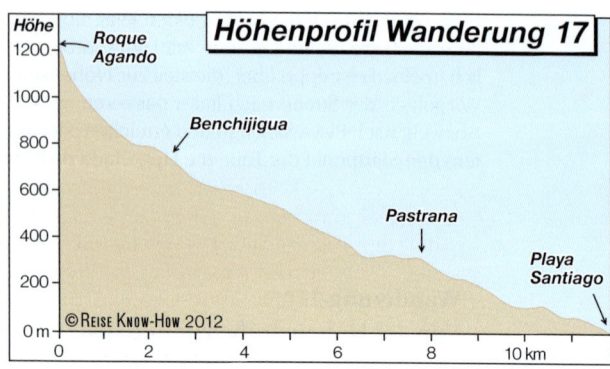

Vom Plateau am Fuße des **Roque Agando** folgt man dem Richtungsschild „Benchijígua 2,5 km/ PR-LG 16". Der steingepflasterte Treppenweg senkt sich längs einer gewaltigen Felswand in scharfen Kehren bergab – erst durch Kiefern-, dann durch Buschwald. Nach einer guten halben Stunde wird die Vegetation lichter und man erblickt das Hochtal von Benchijígua. Nach Überquerung eines abgedeckten Kanals und eines trockenen Bachbetts geht es rechts des Talgrunds weiter. Zum Greifen nah liegen vor uns weiß gekalkte, von Palmen gerahmte Häuser; in der Ferne erkennt man bereits den in den Gebirgsstock tief einschneidenden Barranco de Santiago. An einem ersten Wasserverteiler geht man links, an einem zweiten rechts vorbei. Es folgt eine Gabelung, an der man sich links hält – 100 Meter weiter ist das „Ortszentrum" von **Benchijígua** erreicht (1:15 Std.). Das längliche Haus an der Plaza unterm Kiefernbaum beherbergt eine Bar – doch leider hat *Señor Salvador* nicht immer geöffnet.

Nach einer Verschnaufpause folgen wir der Dorfpiste nach links, verlassen sie aber schon nach knapp 100 Metern auf einem rechts abzweigenden, gelb-weiß markierten Weg, der sich an den letzten Häusern des Weilers vorbei auf die linke Talseite zubewegt. Nach ca. 15 Minuten durchquert er ein trockenes Seitental, wenig später stößt er auf ein rechts zum Weiler **Lo del Gato** (Katzenrücken) hinabführendes Sträßchen. Ihm folgen wir bergauf, verlassen es aber schon nach 100 Metern (scharfe Linkskurve) auf einem rechts abzweigenden Weg.

Dieser bleibt fortan auf der linken Seite der Schlucht, schmiegt sich geschickt in den Fels und läuft jedes noch so kleine Seitental aus; mal ist er sandig, mal lässt er die Steinpflasterung des alten *Camino Real* erkennen. Rechts unter uns liegt der Weiler Lo del Gato inmitten sorgfältig bestellter Gemüsefelder; die zugehörigen Häuser drängen sich aneinander, als suchten sie Schutz vor der gewaltigen Gebirgswelt. Kurz nach dem Unterschreiten einer Stromleitung gabelt sich der Weg, wir gehen geradeaus weiter.

In der Folge wird die Schlucht enger, zwischen den Felswänden staut sich die Hitze. Der Weg senkt sich zum Barranco-Grund ab und folgt ihm ein Stück, bevor er vorübergehend auf die rechte Talseite wechselt. Danach kreuzt er das Barranco-Bett wieder nach links und geleitet uns durch Palmenhaine in das malerische Dörfchen **Pastrana** (2:45 Std.). Über mehrere Stufen steigen wir zum Ende einer Asphaltstraße empor, der wir bis Playa Santiago folgen werden. Vorerst aber lohnt ein Blick auf das winzige, meist verschlossene Kirchlein oberhalb der Straße. Mehrere angeschwärzte Backöfen verraten, dass hier vor noch gar nicht langer Zeit Brot gebacken wurde.

Im Anschluss bringt uns die einsame Asphaltstraße zur Gabelung am Weiler **Taco** (3 Std.). Rechts geht es zu den Orten El Rumbazo und El Cabezo, wir halten uns links und erreichen nach drei Kilometern **Playa Santiago,** den Endpunkt unserer Tour (4 Std.).

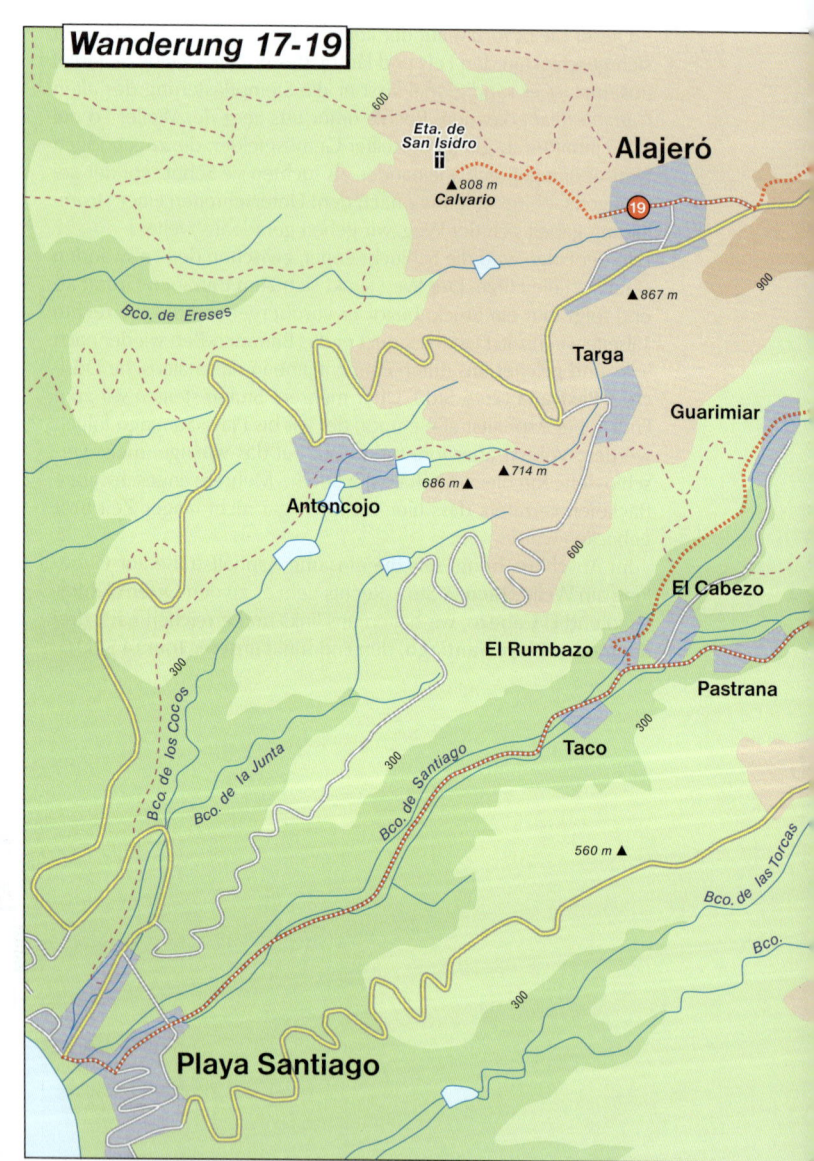

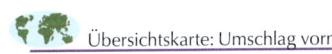

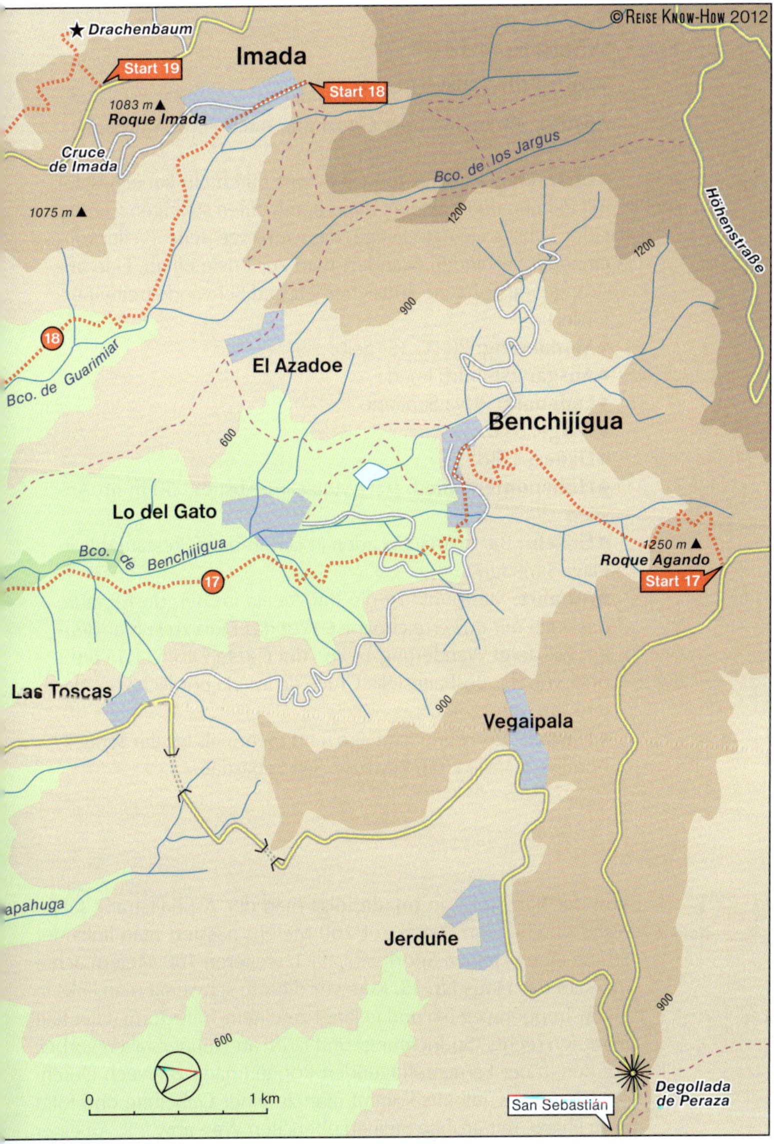
©Reise Know-How 2012
Drachenbaum
Imada
Start 19
Start 18
1083 m
Roque Imada
Cruce de Imada
1075 m
Bco. de los Jargus
Höhenstraße
1200
1200
900
18
Bco. de Guarimiar
El Azadoe
Benchijígua
600
Lo del Gato
Bco. de Benchijigua
17
1250 m
Roque Agando
Start 17
Las Toscas
900
Vegaipala
apahuga
Jerduñe
900
600
0
1 km
San Sebastián
Degollada de Peraza

Wanderung 18***:
Wohin die Füße tragen

Abstieg von Imada über Guarimiar nach Playa Santiago

- **Charakter:** Anfangs führt die Tour durch ein liebliches Tal mit Palmen und Kakteen, dann durch einen steinigen Cañon. Über kühn angelegte Wege, die weltvergessene Weiler miteinander verbinden, wandert man zur Küste hinab. Eine anstrengende Tour, die Trittsicherheit und Schwindelfreiheit erfordert.
- **Markierung:** PR-LG 15 (gelb)
- **Ausgangspunkt:** Imada
- **Endpunkt:** Playa Santiago
- **Länge:** 8 km
- **Dauer:** 3 Std.
- **Höhenunterschied:** 920 Meter im Abstieg, 50 m im Anstieg
- **Einkehr:** Bar in Imada, Laden in El Rumbazo, Restaurants in Playa Santiago
- **Anfahrt:** Startpunkt ist die Bar Arcilia im Bergdorf Imada, das auch mit Bus erreichbar ist. Wer das Dorf zu Fuß ansteuern will, folgt Wanderung 14 von der Casita Olsen (1:15 Std.) oder von der Bushaltestelle Cruce de Imada nördlich von Alajeró (30 Min.).
- **Hinweis:** Von Playa Santiago fährt mehrmals tgl. ein Schnellboot nach Valle Gran Rey bzw. San Sebastián.

Von der Bar Arcilia in **Imada** folgt man der Asphaltstraße talabwärts durchs Dorf. Nach gut 200 Metern passiert man links der Straße einen kleinen Sportplatz, nach weiteren 100 Metern achte man auf das **Haus Nr. 15.** Kurz vor diesem schwenkt man links in einen Treppenweg ein und gelangt zu einem Trafo-Turm. Hier hält man sich rechts (Südrichtung) und läuft, an Hühnerställen vorbei, auf den in der Ferne aufragenden Roque Imada zu. Nach Durchquerung eines Talbetts kommt man zu einer Gabelung und folgt dem linken, mit groben Steinen übersäten Weg abwärts. An einer

Palmengruppe nach 300 Metern knickt der Weg rechts ein und führt, vorbei an aufgelassenen Terrassenfeldern, ins Tal hinab. An einer Gabelung nach fünf Minuten hält man sich links, an einer Hausruine wenig später wiederum links, nun geht es aber steiler bergab. Die Schluchtenwände werden enger, die Landschaft wirkt wild und alpin. Der Weg verläuft nun auf steinigem Terrain; wo nötig, sorgen Steinmännchen für Orientierung. Von oben sieht man bereits, wie sich der Weg fortsetzt: Wie ein rötliches Band klebt er an der senkrechten Felswand – keine Angst: Er ist breit und gut begehbar.

In steil angelegten Serpentinen geht es längs der Felswand hinab, schon bald wird der Abstieg wieder sanfter. Einem stillgelegten Wasserkanal folgen wir ca. 100 Meter, bevor sich der Weg nach unten absetzt. Palmen und Häuser des nächsten Weilers scheinen auf, erstaunlich viele Felder sind bewirtschaftet. Nach Durchquerung eines trockenen Bachbetts steigen wir zu den ersten Häusern des Dorfes **Guarimiar** auf (1:30 Std.). Unser Weg setzt sich am oberen Dorfrand fort, dabei stets Steinmännchen und roter Markierung folgend. An einem Palmenhain im Seitental ignorieren wir einen rechts abzweigenden Pfad und kommen wenig später zu einem verlassenen Haus, kreuzen hinter ihm das Bachbett und stoßen auf eine Gabelung. Rechts geht es nach Targa, wir folgen dem linken, entlang der rechten Bergflanke durch den Barranco führenden Weg. Etwas später blickt man hinüber nach El Cabezo, einem wie eine Bugfigur am Felsriff klebenden Dorf, im Barranco-Grund wachsen Schilf und Kakteen.

Schließlich ist das erste Haus von **El Rumbazo** (2 Std.) erreicht. Wir folgen dem Weg weiter abwärts und gelangen zum „Ortskern" oberhalb der Straße. Wer Durst hat, kann sich in der *tienda*, einem namenlosen Laden, mit kühlen Getränken versorgen. Anschließend steigen wir über Stufen zum Autowendeplatz hinab, folgen der Straße über eine Brücke, halten uns nach 200 Metern rechts und gelangen nach weiteren 500 Metern auf die von Pastrana kommende Landstraße. Auf ihr lassen wir uns die letzten vier Kilometer hinabtreiben nach **Playa Santiago** (3 Std.).

Wanderung 19*:
Legendärer Drachenbaum

Vom Cruce de Imada zum Kalvarienberg

- **Charakter:** Die abwechslungsreiche Tour führt zum einzigen wild wachsenden Drachenbaum der Insel und zum verschlafenen Gemeindeort Alajeró. Krönender Abschluss ist die Besteigung des Kalvarienbergs, von wo sich ein interessanter Rundblick bietet. Die Wanderung ist leicht und verläuft auf bestens restaurierten Wegen, kurzzeitig auch auf Asphalt.
- **Ausgangs- und Endpunkt:** Aussichtsplattform 200 m oberhalb der Kreuzung Cruce de Imada
- **Zwischenziele:** Drachenbaum, Alajeró, Kalvarienberg
- **Länge:** 7 km (hin und zurück)
- **Dauer:** 2:30 Std.
- **Höhenunterschied:** 300 m im Ab- und Anstieg
- **Einkehr:** Bars in Alajeró
- **Anfahrt:** Startpunkt ist die bislang namenlose Aussichtsplattform (mit Parkmöglichkeit) 200 m oberhalb der Cruce de Imada, des Straßenabzweigs nach Imada (dort Bushaltestelle, Bus 3 und 6).
- **Hinweis**: Wer nicht zum Drachenbaum, sondern sogleich nach Alajeró gehen will, wählt folgende Abkürzung: Am Startpunkt schlägt er nicht den rechten, zum Drago führenden, sondern den linken Weg ein, ignoriert nach 200 m einen Linksabzweig und läuft an stattlichen Palmen vorbei geradeaus weiter. Nach weiteren 200 m quert er eine Asphaltpiste und befindet sich nun auf der beschriebenen Hauptroute.

An der **Aussichtsplattform** starten zwei Wege: Wir wählen den rechts abzweigenden Paradeweg (Richtungsschild „Drago Centenario"); er ist steingepflastert und von Seitenmauern eingefasst, führt an einem Wasserspeicher vorbei abwärts. Nach wenigen Minuten ignorieren wir einen Linksabzweig (merken ihn uns aber für später) und kommen 60 Meter weiter zu einer Gabelung: Hier bietet sich ein kurzer Abstecher nach rechts zum **Mirador del Drago:** Vom geländergesicherten Aussichtspunkt schaut man in eine liebliche Schlucht, in der der Drachenbaum nebst einem Mandelbaum und einer Palme steht. Anschließend kehren wir zur Gabelung zurück, halten uns nun rechts und steigen direkt zum **Drago** hinab (20 Min.). Der jahrhundertealte Baum gefällt durch seinen majestätischen Wuchs und seine dichte Krone; leider wurde er kürzlich umzäunt, weil sich zu viele Besucher mit einem Namenszug in der Rinde verewigt haben.

Nach einer Rast kehren wir zur letzten Gabelung zurück (links liegt der Aussichtspunkt), halten uns rechts und biegen nach 60 Metern abermals rechts in einen etwas schmaleren Weg ein. In einem malerischen Bogen führt er uns zur Häusergruppe von **Agalán** (30 Min.), wo eine Asphaltpiste ihren Ausgang nimmt. Wir folgen dieser nach links und achten nach einigen Minuten auf einen steingepflasterten, von Seitenmäuerchen flankierten Rechtsabzweig, in den wir einschwenken. (Hier treffen wir auf den direkten Weg vom Ausgangspunkt, ⇨ Hinweis.)

Der Weg führt an aufgelassenen Terrassenfeldern vorbei und mündet nach 800 Metern an einem gemauerten Bushäuschen in die **Carretera General del Sur** (50 Min.), die wir sofort auf einem rechts abzweigenden Asphaltsträßchen verlassen. Nach 800 Metern bringt es uns ins **Ortszentrum von Alajeró** (1 Std.) mit der Plaza del Ayuntamiento, dem Rathausplatz. Wir folgen der Straße etwas weiter hinab bis zum Kirchplatz, wo man im Schatten von Zypressen und Indischen Lorbeerbäumen eine Verschnaufpause einlegen kann.

Anschließend geht es auf der Straße weiter hinab zu einer Gabelung: Wir halten uns links, an der Verzweigung nach 50 Metern am Spielplatz rechts. Die schmale Straße führt aus dem Ort heraus und geradewegs auf den vor uns aufragenden **Kalvarienberg** zu. Knapp 300 Meter hinter der letzten Verzweigung wird eine rechts abzweigende Piste ignoriert; nach weiteren 200 Metern, wo die Straße eine scharfe Linkskurve beschreibt, steigen wir auf einer geradeaus weisenden, steinigen Piste zum Wendeplatz am Fuß des Kalvarienberges hinab. Dann folgt der steile Aufstieg: In mehreren steingepflasterten Serpentinen schraubt sich der Weg zum Gipfelplateau hinauf. Ein spektakulärer Rundblick von der winzigen, windgepeitschten **Ermita de San Isidro** (1:30 Std.) ist der Lohn der Mühe.

Auf gleichem Weg geht man zum Startpunkt der Tour zurück, verzichtet aber auf den Abstecher zum Drago: also nicht auf Asphalt zur Häusergruppe von Agalán einschwenken, sondern geradeaus (parallel zur Hauptstraße) weiter und nach 300 Metern zur Straße (2:30 Std.) aufsteigen.

Wanderung 19

Wanderung 20**:
Schlucht des kleinen Ziegenbocks

Von San Sebastián nach El Cabrito und zurück

- **Charakter:** In stetem Auf und Ab geht es nahe der Küste von einer Schlucht zur nächsten. Ist der Weg auch steinig und karg, so erwartet den Wanderer am Ziel eine Oase mit Mango-, Papaya- und Bananenplantagen; bei ruhiger See kann man in der großen, naturbelassenen Kiessteinbucht eine Badepause einlegen. Aufgrund der steilen An- und Abstiege ist der Weg anstrengend; man sollte möglichst am Morgen starten, unterwegs gibt es keinerlei Schatten.
- **Ausgangs- und Endpunkt:** San Sebastián
- **Länge:** 12 km (hin und zurück)
- **Dauer:** 4:30 Std.
- **Höhenunterschied:** 300 m im An- und Abstieg
- **Einkehr:** In der Finca El Cabrito erhalten Wanderer kostenlos Trinkwasser; Teilnahme am Essen der Gäste ist nur nach Absprache vor Ort möglich.
- **Anfahrt:** Startpunkt ist die Promenade von San Sebastián, wo es zahlreiche Parkplätze gibt. Nahebei befindet sich die Bushaltestelle.
- **Hinweis:** Wer nicht auf gleichem Weg zurückwandern will, kann sich in der Rezeption der Finca erkundigen, ob in dem mehrmals täglich zwischen El Cabrito und San Sebastián pendelnden Boot Plätze frei sind.

Von der Uferpromenade in **San Sebastián** geht es südwärts auf die hoch aufragende Steilwand zu (⇨ Stadtplan San Sebastián). Hinter dem Sportplatz, etwa 100 m vor dem Ende der Promenade, biegt man rechts in eine Piste ein, die in einem trockenen Bachbett zum Endesa-Werk führt. Unmittelbar hinter der Einfahrt zum Werk biegen wir links in den Weg GR-132 El Cabrito – Playa de Santiago

Typisch für den Süden: Palmen und schroffe Felswände

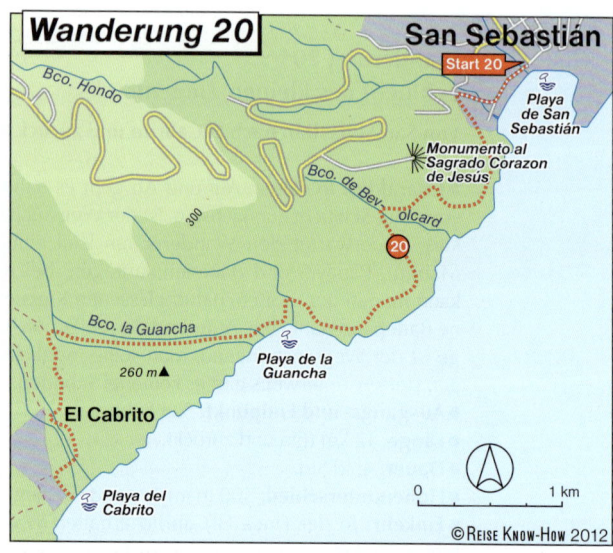

ein, der erst am Zaun entlang, dann quer über den Berghang emporführt. An einer Gabelung nahe dem Holzkreuz **Cruz de Machal** (15 Min.) halten wir uns rechts und folgen einer durch Steinmännchen rot-weiß markierten Trittspur aufwärts.

Nach Passieren einer Hausruine geht es zum Talgrund des **Barranco del Revolcadero** hinab (30 Min.), man durchquert ihn und steigt auf der gegenüberliegenden Seite wieder hinauf. Der Weg kreuzt eine schon lange nicht mehr benutzte Piste und führt auf den Kamm hinauf, von dem sich eine schöne Aussicht auf die Playa de la Guancha bietet; man kann auch bereits einen ersten Blick auf die Häuser von El Cabrito erhaschen. Alsdann führt der Weg in ein kleines Tal hinab und schlängelt sich zum Barranco-Grund hinunter, dem man 50 Meter links zur **Playa de la Guancha** hinab folgt. In einem Steinhaus am Strand lebt zeitweise ein Fischer, ansonsten ist der Platz menschenleer, nur bevölkert von Möwen und Sturmtauchern – ein idealer Ort für eine erste Badepause (1:15 Std.).

Links am Haus vorbei geht es in den Talgrund hinein. In der Folge wechselt der Weg dreimal die Barranco-Seite, ist aber immer gut zu sehen (1:30 Std.) und führt schließlich steil hangaufwärts

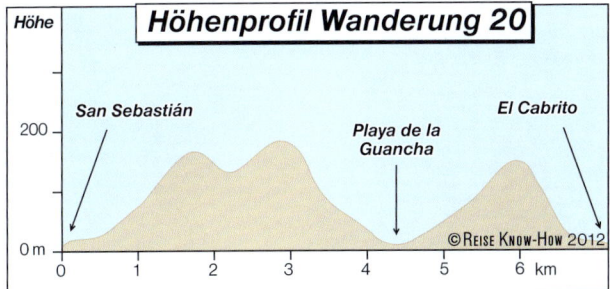

zum **Kamm** (1:45 Std.). Wenig später sieht man bereits die Finca El Cabrito auf dem Grund des gleichnamigen Barranco.

Nun windet sich der Weg zum trockenen Bett der Schlucht hinab, wo ein von der Naturschutzbehörde aufgestelltes Schild auf das „Monumento Natural Barranco del Cabrito" verweist. Wir durchqueren das Bett, steigen auf der gegenüberliegenden Seite über eine niedrige Mauer und folgen der schnurgeraden Piste in Richtung Meer. Nach ein paar Minuten kann man rechts in einen Weg einbiegen, der vorbei an einem Herrenhaus und blühenden Gärten zur Rezeption der **Finca El Cabrito** führt. Wer will, kann aber auch auf der Piste zur Küste gehen und dort rechts einbiegen (2:15 Std.). Nach Rast- und Badepause kehrt man auf gleichem Weg nach **San Sebastián** zurück (4:30 Std.). Möglich ist es auch, auf dem rot markierten Weg GR-132 bis Playa Santiago zu laufen (weitere 4 Std.) und von dort per Bus bzw. Schiff zurückzufahren.

ANHANG

Literaturtipps

Belletristik

- *Mani Beckmann:* **Sodom und Gomera,** Zech Verlag: Santa Úrsula 2009. Ein kriminalistisch eingefärbter Urlaubsroman, der seinen Titel einer „Stern"-Reportage über Gomera entlehnt hat. Ute, eine junge Frau, die den Kontakt zu ihrer Zwillingsschwester seit mehreren Jahren verloren hat, erhält von dieser eine Postkarte aus Gomera, die sie als chiffrierten Hilferuf deutet. Um ihrer Schwester zu helfen, reist sie zusammen mit ihrem Freund auf die Atlantikinsel und gerät dabei in undurchsichtige Drogen- und Sektenkreise. Eine realistische, teilweise humoristisch eingefärbte Darstellung des Valle Gran Rey, und es mag Leute geben, die in dem Buch einen ernsthaften Beitrag zur Aufklärung sehen ... Der Autor, *Mani Beckmann,* war übrigens in den 1980er Jahren Gitarrist der westdeutschen Punk-Band *Brigade Fozzy!*

- *Janosch:* **Gastmahl auf Gomera,** Goldmann: München 1999. Der in Schlesien geborene und auf Teneriffa lebende Janosch, mit 150 Büchern in 30 Ländern erfolgreichster Kinderbuchautor der Welt, bekommt Post: Jerzey Skral aus Haifa möchte seine Biografie schreiben. Tatsächlich lässt sich Janosch auf das Vorhaben ein und verbringt mit dem Journalisten drei Tage auf Gomera. Und so erfährt man in diesem Buch vieles über den Schriftsteller und nebenbei auch einiges über seine Sicht von der Insel. Keine großartige Literatur, aber ganz nett!

- **Kanarische Inseln – Eine literarische Einladung.** *Hrsg. Gerta Neuroth,* Wagenbach Verlag 2010. Kanarische und ausländische Autoren beleuchten vielfältigste Facetten des Archipels, sprechen vom Kanarienvogel und vom Informal Empire im 19. Jh., von geheimnisvollen Legenden und bizarren Sprichwörtern. Eine schöne Einstimmung auf die Inseln!

- *Antonio Lozano:* **Harraga.** Zech Verlag, Santa Úrsula 2011. Politischer Kriminalroman über Bootsflüchtlinge, Drogen- und Menschenhandel zwischen Marokko und Spanien – auf den Kanaren ein vertrautes Thema.

- *Christian Mähr:* **Die letzte Insel,** DuMont Verlag, Köln 2001. Ein Schriftsteller macht Urlaub auf Gomera und entdeckt am Horizont eine geheimnisvolle Insel. Zusammen mit ein paar Gleichgesinnten begibt er sich auf die Suche nach ihr, wobei einige Freunde auf ungeklärte Weise „verschwinden". An ihrer statt steigen die Toten aus dem Meer und entführen weitere Lebende in ihr bizarres Reich.

● *Sabas Martín:* **Die Schritte kommen näher,** Konkursbuch Verlag, Tübingen 2010. Der neue Erfolgsroman des kanarischen Schriftstellers entpuppt sich als düster-poetische Liebesgeschichte. Nach dem Tod der Mutter kehrt der Sohn nach Nicaria, einem fiktiven Ort auf einer kanarischen Insel zurück und beginnt die Geschichte seiner Familie, die ihm stets fremd geblieben war, zu rekonstruieren. Dabei erfährt er, dass sich vieles im Verborgenen, fernab bürgerlich-katholischer Moral zugetragen hat. Das Erzählte spielt sich vor der Folie der Gegenwart ab, in der der Sohn im Zusammensein mit Alma nach offenen, ehrlichen Beziehungen sucht ...

Sachbuch

● *Richard Pott/Joachim Hüppe/Wolfredo Wildpret de la Torre:* **Die Kanarischen Inseln – Natur- und Kulturlandschaften,** Stuttgart 2003. Die Autoren stellen die Flora der Kanaren vor, die aufgrund der isolierten Insellage im Atlantik, des milden Klimas und des Vulkanismus einzigartig ist. Auch die wechselseitigen Einflüsse zwischen Alter und Neuer Welt werden aufgezeigt: Im Koffer der Konquistadoren gelangte kanarische Flora nach Amerika, von dort kamen Exoten wie die Banane.

● *Peter und Ingrid Schönfelder:* **Die Kosmos-Kanarenflora,** Stuttgart 2012. Ein unentbehrlicher Reisebegleiter für alle, die Pflanzen nicht nur sehen und genießen, sondern auch bestimmen wollen – hervorragend bebildert, verfasst von einem Botaniker und einer Apothekerin.

Sprachführer

● *Izabella Gawin/Dieter Schulze:* **Spanisch für die Kanarischen Inseln – Wort für Wort,** Kauderwelsch Band 161, REISE KNOW-HOW Verlag, Bielefeld. Spanisch zum Einsteigen und Auffrischen, bestens geeignet für die schnelle Verständigung – mit Ausspracheregeln, Wörterlisten und wichtigen Redewendungen. Doch das Buch ist mehr als nur ein Sprachführer. Es verrät spielerisch und ganz nebenbei einiges über die Sitten und Unsitten auf den Inseln.

● **AusspracheTrainer Spanisch für die Kanaren,** REISE KNOW-HOW Verlag, Bielefeld. Auf dieser Audio-CD werden die wichtigsten Sätze und Redewendungen des Konversationsteils der Kauderwelsch-Bücher von Muttersprachlern gesprochen.

● **Kauderwelsch digital Spanisch,** REISE KNOW-HOW Verlag, Bielefeld. Buch und Tonmaterial sind auf dieser CD-ROM für den heimischen PC kombiniert.

Entfernungstabelle

Entfernungen in km	Aero-puerto	Agulo	Gara-jonay	Hermigua	Playa Santiago	San Sebastián	Valle Gran Rey	Valle-hermoso
Aeropuerto		40	16	36	4	33	42	47
Agulo	40		21	4	35	24	38	14
Garajonay	16	21		16	20	21	25	19
Hermigua	36	4	16		31	20	36	19
Playa Santiago	4	35	20	31		29	44	42
San Sebastián	33	24	21	20	29		46	38
Valle Gran Rey	42	38	25	36	44	46		25
Valle-hermoso	47	14	19	19	42	38	25	

Kleine Sprachhilfe

Dieser kleine Sprachführer soll dabei helfen, sich auf Gomera zurechtzufinden: bei der Unterkunftssuche und im Restaurant, bei der Autovermietung und beim Einkaufen. Und natürlich macht es Spaß, mit dem Schafhirten von Alojera ein paar Worte zu wechseln, mit der Marktfrau am Käsestand oder mit dem Busfahrer auf dem Weg in den Norden. Damit man beim Essen nichts Falsches bestellt, kann man auf das gastronomische Glossar zurückgreifen. Wer länger auf Gomera bleiben will, dem sei der Sprechführer **„Spanisch für die Kanaren – Wort für Wort"** aus der Kauderwelsch-Reihe empfohlen oder auch der Band **„Spanisch Slang"**, mit dem man seine Kenntnisse gut um typische Wendungen der Alltagssprache erweitern kann (⇨Literaturtipps).

Betonung und Aussprache

Bei der **Betonung** gilt es folgende Grundregeln zu beachten:
- Aufeinander folgende Vokale werden getrennt gesprochen, jedoch nicht abgehackt, sondern elegant verschliffen (s*o*y, b*ai*le).
- Mehrsilbige Wörter, die auf Vokal, n oder s enden, werden auf der vorletzten Silbe betont (*u*no, pes*e*ta, bu*e*nas t*a*rdes); Ausnahmen werden mit einem Betonungs-Akzent gekennzeichnet (adi*ó*s, pensi*ó*n).
- Wörter, die auf einen Konsonanten (außer n und s) enden, müssen auf der letzten Silbe betont werden (hot*e*l, ay*e*r).
- Wörter, die auf Vokal plus y enden, werden gleichfalls auf der letzten Silbe betont (est*o*y).

Die **Aussprache** der folgenden Buchstaben(-kombinationen) weicht vom Deutschen ab:
c vor dunklen Vokalen wie k (casa), vor hellen Vokalen wie engl. stimmloses th (gracias)
ch wie tsch (ocho)
h wird nicht gesprochen (holá)
j wie ch in „acht" (Juan)
ll wie j (valle)
ñ wie nj (mañana)
qu wie k (queso)
s wie ss (casa)
y wie j (apoyo), am Wortende wie i (hoy)
z wie engl. stimmloses th (diez)

Das umgedrehte Fragezeichen (¿) vor dem Fragesatz ist eine typisch spanische Besonderheit. Analog wird vor dem Befehlssatz ein umgedrehtes Ausrufezeichen (¡) gesetzt.

KLEINE SPRACHHILFE

Allgemeines

Guten Morgen, guten Tag (vormittags)!	¡Buenos días!
Guten Tag (nachmittags)!	¡Buenas tardes!
Guten Abend, gute Nacht!	¡Buenas noches!
Auf Wiedersehen!	¡Adiós!
Tschüss!	¡Hasta luego!
Vielen Dank!	¡Muchas gracias!
Sprechen Sie Deutsch?	¿Habla Usted alemán?
ja, nein	sí, no
ein wenig	un poco
nichts	nada
Wie geht es Ihnen?	¿Como está Usted?
Entschuldigen Sie!	¡Perdón!
Einen Augenblick, bitte!	¡Un momento, por favor!
Wo liegt …?	¿Dónde está …?
Wie heißt …?	¿Cómo se llama …?
Wann ist … geöffnet?	¿A que hora está abierto …?
Wie spät ist es?	¿Qué hora es?
Haben Sie …?	¿Tiene …?
Gibt es …?	¿Hay …?
Ich möchte gern …	Quisiera …
Ich brauche …	Necesito …
rechts/links	a la derecha/ a la izquierda
geradeaus	todo derecho
oben/unten	arriba/abajo
heute/morgen/gestern	hoy/mañana/ayer
von … bis	de … hasta
Lassen Sie mich bitte in Ruhe!	¡Por favor, déjeme en paz!
Hau ab!	¡Lárgate!
Hör sofort auf!	¡Basta ya!
Hilfe!	¡Socorro!

Wochentage

Montag	lunes
Dienstag	martes
Mittwoch	miércoles
Donnerstag	jueves
Freitag	viernes
Samstag	sábado
Sonntag	domingo

Monate

Januar	enero
Februar	febrero
März	marzo
April	abril
Mai	mayo
Juni	junio
Juli	julio
August	agosto
September	septiembre
Oktober	octubre

KLEINE SPRACHHILFE

	November	*noviembre*
	Dezember	*diciembre*

Zahlen

1	*uno, una*
2	*dos*
3	*tres*
4	*cuatro*
5	*cinco*
6	*seis*
7	*siete*
8	*ocho*
9	*nueve*
10	*diez*

Unterkunftssuche

Hotel, Apartment, Pension	*hotel, apartamento, pensión*
Landhaus	*casa rural*
Haben Sie ein Einzel-/Doppelzimmer?	*¿Tiene una habitación individual/doble?*
mit eigenem Bad	*con baño propio*
Wie viel kostet es?	*¿Cuánto cuesta?*
mit Frühstück	*con desayuno*
mit Halb-/Vollpension	*con media pensión/pensión completa*
Kann ich das Zimmer sehen?	*¿Puedo ver la habitación?*

Im Restaurant

Die Speisekarte (Weinkarte), bitte!	*¡La carta (carta de vinos), por favor!*
Kellner, Kellnerin	*camarero, camarera*
Hören Sie! (Anrede des Kellners/der Kellnerin)	*¡Oiga, por favor!*
Ich möchte etwas essen (trinken)	*Quisiera comer (beber) algo.*
Guten Appetit!	*¡Qué aproveche!*
Prost!	*¡Salud!*
Die Rechnung bitte!	*¡La cuenta, por favor!*
Wo ist die Toilette?	*¿Dónde están los servicios?*

Beim Autoverleih

das Auto	*el coche*
der Vertrag	*el contrato*
der Führerschein	*el permiso de conducir*
der Preis	*el precio*
die Kreditkarte	*la tarjeta de crédito*
Benzin bleifrei	*gasolina sin plomo*
die Tankstelle	*la gasolinera*
die Straße	*la carretera*
der Parkplatz	*el aparcamiento*
Wo kann man ein Auto mieten?	*¿Dónde se puede alquilar un coche?*

Einkaufen

Wo ist der Markt?	*¿Dónde está el mercado?*
Gibt es auch eine Fischhalle?	*¿Hay también una pescadería?*
Laden	*tienda*

Bäckerei — *panadería*
Apotheke — *farmacia*
Post — *correos*
Briefmarke — *sello / estampilla*
Wie viel kostet das? — *¿Cuánto cuesta?*
Das ist teuer/billig. — *¡Es caro/barato!*
Das gefällt mir! — *¡Esto me gusta!*
Das ist alles! — *¡Más nada!*
Kann ich mit Kreditkarte bezahlen? — *¿Puedo pagar con tarjeta de crédito?*

Gastronomisches Glossar

Buchtipp
Spanisch kulinarisch – Wort für Wort, Kauderwelsch-Reihe, REISE KNOW-HOW Verlag, Bielefeld

aceite – Öl
aceitunas – Oliven
agua mineral – Mineralwasser
　con gas – mit Kohlensäure
　sin gas – ohne Kohlensäure
aguacate – Avocado
aguardiente – Schnaps
ahumado – geräuchert
ajo – Knoblauch
al ajillo – mit Knoblauch zubereitet
al salmorejo – in pikanter Weinsoße
albaricoque – Aprikose
albóndigas – Fleischklöße
alcachofas – Artischocken
almejas – Muscheln
almendras – Mandeln
almendrados – Mandelmakronen
almogrote – Gomera-Spezialität: pikanter Brotaufstrich aus Hartkäse, Chili und Olivenöl
anchoas – Sardellen
arepas – gefüllte Teigtaschen
arroz – Reis
asado – gebraten
atún – Thunfisch
azafrán – Safran
azúcar – Zucker

bacalao – Kabeljau
batata – Süßkartoffel
bebida – Getränk
berro – Kresse
besugo – Seebrasse
bien hecho – ganz durch
bienmesabe – Mandelmus
bistec – Beefsteak
bizcochos – süßes Gebäck
bocadillo – belegtes Brötchen

bonito – kleiner Thunfisch
buey – Rind-, Ochsenfleisch
buñuelo – Krapfengebäck

cabrito en adobo – pikant eingelegtes Zickleinfleisch
café solo – Espresso
café carajillo – Espresso mit Brandy
café cortado – Espresso mit etwas Milch
café con leche – Milchkaffee
café barraquito – Milchkaffee mit Zimt und Zitrone
calamares a la romana – panierte Tintenfischringe
calamares en su tinta – Tintenfisch in eigener Soße
caldo – Fleischbrühe
caldo de pescado – Fisch- und Meeresfrüchtesuppe
caña – Bier vom Fass
cangrejo – Krebs
carne – Fleisch
casero – hausgemacht
cazuela – Fischgericht mit Kartoffeln
cebolla – Zwiebel
cerdo – Schweinefleisch
cereza – Kirsche
cerveza – Flaschenbier
chicharrones – in *gofio* gewälzte Speckgrieben
chorizo – pikante Paprikawurst
chuleta – Kotelett
churros con chocolate – fettgebackene Hefekringel mit heißer Schokolade
ciruela – Pflaume
cochinillo – Spanferkel
cocido – 1. gekocht, 2. Fleisch- und Gemüseeintopf
coliflor – Blumenkohl
conejo – Kaninchen
consomé – Kraftbrühe
cordero – Lamm
corvina – Schattenfisch
crema – Creme, Suppe
crudo – roh

dulces – Süßigkeiten

embutido – Wurst
empanada – gefüllte Maismehltasche
ensalada – Salat
ensaladilla rusa – Kartoffelsalat mit Thunfisch und Gemüse
escaldón – Brühe mit *gofio*
escalope – Schnitzel
espárragos – Spargel
estofado – Schmorbraten

fideos – Fadennudeln
flan – Karamelpudding

fresa – Erdbeere
frito – gebacken
fruta del mar – Meeresfrüchte
fruta – Obst

gallina – Huhn
gambas – Garnelen
garbanzos – Kichererbsen
gazpacho – kalte Gemüsesuppe
gofio – Mehl aus geröstetem Getreide und Mais
gomerón – Tresterbranntwein mit Palmenhonig
guisado – Schmorfleisch mit Soße und Kartoffeln
guisantes – Erbsen

helado – Speiseeis
hielo – Eis (zum Kühlen)
hierbas – Kräuter
higado – Leber
huevo – Ei
huevo duro – hartes Ei
huevo pasado – weiches Ei
huevo frito – Spiegelei
huevos revueltos – Rührei

jamón – gekochter Schinken
jamón serrano – luftgetrockneter Schinken
judías – Bohnen
jugo – Saft

langosta – Languste
langostinos – Riesengarnelen
lapas asadas – gegrillte Muscheln
leche – Milch
lechuga – grüner Salat
legumbres – Gemüse, Hülsenfrüchte
lenguado – Seezunge
lentejas – Linsen
licor – Likör
limón – Zitrone
lomo – Rückenstück

mantequilla – Butter
manzana – Apfel
mariscos – Meeresfrüchte
media ración – halbe Portion
medio hecho – halb durch
melocotón – Pfirsich
menú del día – Tagesmenü
merluza – Seehecht
mero – Zackenbarsch
miel – Honig

mistela – Orangenlikör mit Palmenhonig
mojo verde – grüne Soße mit Koriander und Knoblauch
mojo rojo – rote Soße mit Chilischoten und Knoblauch
morcilla – Blutwurst
morcilla dulce – Blutwurst mit Mandeln und Rosinen
mostaza – Senf

naranja – Apfelsine
nata – Schlagsahne
nueces – Nüsse

paella – Reisgericht mit Meeresfrüchten, Fleisch und Gemüse
pabellón criollo – Reisgericht mit dunklen Bohnen, Fleisch, Ei und Banane
pan – Brot
panecillo – Brötchen
papas – Kartoffeln
papas fritas – Pommes frites
papas arrugadas – Kartöffelchen mit Salzkruste
parra – Weinschnaps
parrillada – Grillplatte
pastel – Kuchen, Torte
pata de cerdo – zartes Schweinefleisch
pechuga – Brust
pepinillo – saure Gurke
pepino – Salatgurke
pera – Birne
perdiz – Rebhuhn
perejil – Petersilie
pescado – Fischgericht
pez – Fisch
pez espada – Schwertfisch
pimienta – Pfeffer
pimiento – Paprikaschote
pincho, pinchito – Spieß
piña – Ananas
plátano – Banane
pollo – Hähnchen
polverones – leichte Gebäckstücke
potaje – Gemüseeintopf
puchero – Eintopf aus Fleisch und Gemüse
pulpo – Krake, Oktopus

queso asado – gegrillter Käse
queso de almendras – Mandelkuchen
queso duro/semiduro – gereifter/halbreifer Käse
queso tierno – Frischkäse
queso a la brasa – gegrillter Ziegenkäse
queso del país – palmerischer Käse

ración – große Portion
rape – Seeteufel

ron Aldea – palmerischer Rum
ropa vieja – herzhaftes Fleischgericht mit Kichererbsen

sal – Salz
salchichas – Würstchen
salchichón – Salami
salsa – Soße
salmón – Lachs
sancocho – Fisch mit Süßkartoffeln und Gemüse
sangría – Rotweinbowle mit Zitrusfrüchten
setas – Speisepilze
solomillo – Filetsteak
sopa – Suppe
sopa de garbanzos – Kichererbsensuppe
sopa de verduras – Gemüsesuppe

tapa – kleines Tellergericht, Zwischenmahlzeit
tarta – Torte
té – Tee
tiburón – Haifisch
tocino – Speck
torta de cuajada – Quarktörtchen
tortilla española – Omelett mit Kartoffelstücken
tortilla francesa – Omelett
trucha con batatas – Gebäck mit Süßkartoffelmus
truchas con cabello de ángel – Gebäck mit Fasermelonenkonfitüre
turrón – feste, süße Masse aus Mandeln und Eiern

uvas – Weintrauben

vegetariano – vegetarisch
verdura – Gemüse
vieja – karpfenähnlicher Fisch
vinagre – Essig
vino – Wein
vino blanco – Weißwein
vino rosado – Roséwein
vino tinto – Rotwein
vino dulce – süßer Wein
vino semiseco – halbtrockener Wein
vino seco – trockener Wein
vino de tea – Wein mit harzigem Geschmack

zanahorias – Möhren
zumo – Saft

HILFE!

Dieser Reiseführer ist gespickt mit unzähligen Adressen, Preisen, Tipps und Infos. Nur vor Ort kann überprüft werden, was noch stimmt, was sich verändert hat, ob Preise gestiegen oder gefallen sind, ob ein Hotel, ein Restaurant immer noch empfehlenswert ist oder nicht mehr, ob ein Ziel noch oder jetzt erreichbar ist, ob es eine lohnende Alternative gibt usw.

Unsere Autoren sind zwar stetig unterwegs und versuchen, alle zwei Jahre eine komplette Aktualisierung zu erstellen, aber auf die Mithilfe von Reisenden können sie nicht verzichten.

Darum: Schreiben Sie uns, was sich geändert hat, was besser sein könnte, was gestrichen bzw. ergänzt werden soll. Nur so bleibt dieses Buch immer aktuell und zuverlässig. Wenn sich die Infos direkt auf das Buch beziehen, würde die Seitenangabe uns die Arbeit sehr erleichtern. Gut verwertbare Informationen belohnt der Verlag mit einem Sprechführer Ihrer Wahl aus der über 220 Bände umfassenden Reihe „Kauderwelsch" (siehe unten).

Bitte schreiben Sie an:
REISE KNOW-HOW Verlag Peter Rump GmbH, Postfach 140666, D-33626 Bielefeld, oder per E-Mail an: info@reise-know-how.de

Danke!

Kauderwelsch-Sprechführer –
sprechen und verstehen rund um den Globus

Afrikaans ● Albanisch ● Amerikanisch – *American Slang, More American Slang,* Amerikanisch oder Britisch? ● Amharisch ● Arabisch – Hocharabisch, für Ägypten, Algerien, Golfstaaten, Irak, Jemen, Marokko, ● Palästina & Syrien, Sudan, Tunesien ● Armenisch ● *Bairisch* ● Balinesisch ● Baskisch ● Bengali ● *Berlinerisch* ● Brasilianisch ● Bulgarisch ● Burmesisch ● Cebuano ● Chinesisch – Hochchinesisch, kulinarisch ● Dänisch ● Deutsch – *Allemand, Almanca, Duits, German, Nemjetzkii, Tedesco* ● *Elsässisch* ● Englisch – *British Slang, Australian Slang, Canadian Slang, Neuseeland Slang,* für Australien, für Indien ● Färöisch ● Esperanto ● Estnisch ● Finnisch ● Französisch – kulinarisch, für den Senegal, für Tunesien, *Französisch Slang, Franko-Kanadisch* ● Galicisch ● Georgisch ● Griechisch ● Guarani ● Gujarati ● Hausa ● Hebräisch ● Hieroglyphisch ● Hindi ● Indonesisch ● Irisch-Gälisch ● Isländisch ● Italienisch – *Italienisch Slang,* für Opernfans, kulinarisch ● Japanisch ● Javanisch ● Jiddisch ● Kantonesisch ● Kasachisch ● Katalanisch ● Khmer ● Kirgisisch ● Kisuaheli ● Kinyarwanda ● *Kölsch* ● Koreanisch ● Kreol für Trinidad & Tobago ● Kroatisch ● Kurdisch ● Laotisch ● Lettisch ● Lëtzebuergesch ● Lingala ● Litauisch ● Madagassisch ● Mazedonisch ● Malaiisch ● Mallorquinisch ● Maltesisch ● Mandinka ● Marathi ● Modernes Latein ● Mongolisch ● Nepali ● Niederländisch – *Niederländisch Slang,* Flämisch ● Norwegisch ● Paschto ● Patois ● Persisch ● Pidgin-English ● *Plattdüütsch* ● Polnisch ● Portugiesisch ● Punjabi ● Quechua ● *Ruhrdeutsch* ● Rumänisch ● Russisch ● *Sächsisch* ● *Schwäbisch* ● Schwedisch ● *Schwiizertüütsch* ● *Scots* ● Serbisch ● Singhalesisch ● Sizilianisch ● Slowakisch ● Slowenisch ● Spanisch – *Spanisch Slang,* für Lateinamerika, für Argentinien, Chile, Costa Rica, Cuba, Dominikanische Republik, Ecuador, Guatemala, Honduras, Mexiko, Nicaragua, Panama, Peru, Venezuela, kulinarisch ● Tadschikisch ● Tagalog ● Tamil ● Tatarisch ● Thai ● Tibetisch ● Tschechisch ● Türkisch ● Twi ● Ukrainisch ● Ungarisch ● Urdu ● Usbekisch ● Vietnamesisch ● Walisisch ● Weißrussisch ● *Wienerisch* ● Wolof ● Xhosa

SPANISCH SPEZIAL

Die Sprachen Spaniens

O'Niel V. Som
Spanisch – Wort für Wort

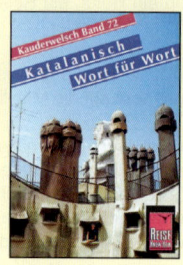

Hans-Ingo Radatz
Katalanisch – Wort für Wort

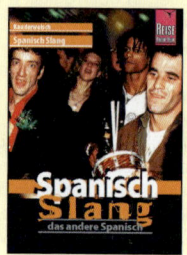

Hans-Jürgen Fründt
**Spanisch Slang
– das andere Spanisch**

Izabella Gawin &
Dieter Schulze
**Spanisch für die Kanarischen
Inseln – Wort für Wort**

Auch wenn **español** – oder besser gesagt: **castellano** – heute in ganz Spanien den Status der Amtssprache hat, so ist es doch nicht die einzige Sprache im Land: etwa 8 Millionen Spanier sprechen **català** (Katalanisch), ungefähr 2 Millionen **galego** (Galicisch) und gut 700.000 **euskara** (Baskisch) – völlig eigene, selbstständige Sprachen, die sich in Wortschatz, Grammatik und Aussprache vom Spanischen unterscheiden. Aber auch Spanisch ist nicht gleich Spanisch: ein Andalusier redet anders als ein Gomerianer. Die Kauderwelsch-Reihe trägt diesen Feinheiten und sprachlichen Besonderheiten Rechnung. Sie richtet sich an alle, die etwas über typische Bezeichnungen und Ausdrucksweisen in den Regionen Spaniens wissen möchten, um sich im Land entsprechend zu verständigen. Für die Titel Spanisch, Katalanisch sowie Spanisch für Andalusien ist zudem ein **AusspracheTrainer** erhältlich, für Spanisch außerdem ein **Kauderwelsch digital,** mit dem man die Sprache ohne Stress am PC lernen kann.

REISE KNOW-HOW Verlag, Bielefeld

Mit Reise Know-How gut orientiert unterwegs

Die Landkarten des **world mapping project** bieten gute Orientierung – weltweit.

Moderne Kartengrafik mit Höhenlinien, Höhenangaben und farbigen Höhenschichten

- GPS-Tauglichkeit durch eingezeichnete Längen- und Breitengrade und ab Maßstab 1:300.000 zusätzlich durch UTM-Markierungen
- Einheitlich klassifiziertes Straßennetz mit Entfernungsangaben
- Wichtige Sehenswürdigkeiten, herausragende Orientierungspunkte und Badestrände werden durch einprägsame Symbole dargestellt
- Der ausführliche Ortsindex ermöglicht das schnelle Finden des Zieles
- Wasser abstoßende Imprägnierung

Derzeit über 160 Titel lieferbar (siehe unter www.reise-know-how.de), z.B.:

- **Andalusien** (1:350.000)
- **Iberische Halbinsel** (1:900.000)
- **Costa Brava** (1:150.000)
- **Mallorca** (1:80.000)
- **Nordspanien** (1:350.000)
- **Teneriffa** (1:120.000)

world mapping project
Reise Know-How Verlag, Bielefeld

REISE KNOW-HOW
das komplette Programm fürs Reisen und Entdecken

Weit über 1000 Reiseführer, Landkarten, Sprachführer und Audio-CDs liefern unverzichtbare Reiseinformationen und faszinierende Urlaubsideen für die ganze Welt – *professionell, aktuell und unabhängig*

Reiseführer: komplette praktische Reisehandbücher für fast alle touristisch interessanten Länder und Gebiete **CityGuides:** umfassende, informative Führer durch die schönsten Metropolen **CityTrip:** kompakte Stadtführer für den individuellen Kurztrip **world mapping project:** moderne, aktuelle Landkarten für die ganze Welt **Edition REISE KNOW-HOW:** außergewöhnliche Geschichten, Reportagen und Abenteuerberichte **Kauderwelsch:** die umfangreichste Sprachführerreihe der Welt zum stressfreien Lernen selbst exotischster Sprachen **Kauderwelsch digital:** die Sprachführer als eBook mit Sprachausgabe **KulturSchock:** fundierte Kulturführer geben Orientierungshilfen im fremden Alltag **PANORAMA:** erstklassige Bildbände über spannende Regionen und fremde Kulturen **PRAXIS:** kompakte Ratgeber zu Sachfragen rund ums Thema Reisen **Rad & Bike:** praktische Infos für Radurlauber und packende Berichte außergewöhnlicher Touren **sound)))trip:** Musik-CDs mit aktueller Musik eines Landes oder einer Region **Wanderführer:** umfassende Begleiter durch die schönsten europäischen Wanderregionen **Wohnmobil-TourGuides:** die speziellen Bordbücher für Wohnmobilisten mit allen wichtigen Infos für unterwegs

Erhältlich in jeder Buchhandlung und unter www.reise-know-how.de

www.reise-know-how.de

Unser Kundenservice auf einen Blick:

Vielfältige Suchoptionen, einfache Bedienung

Alle Neuerscheinungen auf einen Blick

Schnelle Info über Erscheinungstermine

Zusatzinfos und Latest News nach Redaktionsschluss

Buch-Voransichten, Blättern, Probehören

Shop: immer die aktuellste Auflage direkt ins Haus

Versandkostenfrei ab 10 Euro (in D), schneller Versand

Downloads von Büchern, Landkarten und Sprach-CDs

Newsletter abonnieren, News-Archiv

Die Informations-Plattform für aktive Reisende

REISE Know-How online

KulturSchock

Diese Reihe vermittelt dem Besucher einer fremden Kultur wichtiges Hintergrundwissen. **Themen** wie Alltagsleben, Tradition, richtiges Verhalten, Religion, Tabus, das Verhältnis von Frau und Mann werden nicht in Form eines völkerkundlichen Vortrages, sondern praxisnah auf die Situation des Reisenden ausgerichtet behandelt. Der **Zweck** der Bücher ist, den Kulturschock weitgehend abzumildern oder ihm gänzlich vorzubeugen. Damit die Begegnung unterschiedlicher Kulturen zu beidseitiger Bereicherung führt und nicht Vorurteile verfestigt. Die Bücher haben jeweils ca. 240 Seiten. Eine Auswahl:

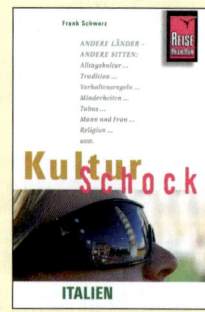

- KulturSchock Ägypten
- KulturSchock Argentinien
- KulturSchock Australien
- KulturSchock Brasilien
- KulturSchock VR China/Taiwan
- KulturSchock Finnland
- KulturSchock Kleine Golfstaaten/Oman
- KulturSchock Indien
- KulturSchock Indonesien
- KulturSchock Italien
- KulturSchock Japan
- KulturSchock Kambodscha
- KulturSchock Laos
- KulturSchock Marokko
- KulturSchock Mexiko
- KulturSchock Polen
- KulturSchock Slowenien
- KulturSchock Spanien
- KulturSchock Tansania
- KulturSchock Thailand
- KulturSchock Türkei
- KulturSchock Ungarn
- KulturSchock USA
- KulturSchock Vietnam

REISE KNOW-HOW Verlag,
Bielefeld

Inseln im Atlantik

Die schönsten Ferienziele richtig erleben! Die Reiseführer der Reihe REISE KNOW-HOW bieten Insider-Informationen und Hintergrundwissen von Spezialisten.

Izabella Gawin
La Palma
396 Seiten, 17 Karten und Pläne, 20 Wanderungen, über 100 Fotos, durchgehend farbig illustriert.

Dieter Schulze
Gran Canaria
384 Seiten, 23 Karten und Pläne, 5 Wanderungen, über 100 Fotos, durchgehend farbig illustriert.

Izabella Gawin
El Hierro
360 Seiten, 30 Karten und Pläne, 18 Wanderungen, über 80 Fotos, durchgehend farbig illustriert.

Eyke Berghahn,
Hans Grundmann, Petrima Thomas
Teneriffa
620 Seiten, 47 Karten und Pläne, über 300 Fotos, durchgehend farbig illustriert.

Dieter Schulze
Lanzarote
408 Seiten, 31 Karten und Pläne, 12 Wanderungen, über 70 Fotos, durchgehend farbig illustriert.

Dieter Schulze
Fuerteventura
408 Seiten, 28 Karten und Pläne, 10 Wanderungen, über 100 Fotos, durchgehend farbig illustriert.

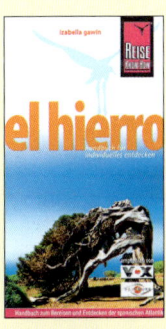

REISE KNOW-HOW Verlag, Bielefeld

Register

A
ADAC 59
Agalán 170, 361
Agulo 260, 333
Alajeró 168
Almogrote 69
Alojera 240
Altkanarische Kultur 36
Alto de Contadero 288, 322, 325
Anreise 50
Apartacaminos 229
Apartments 97
Apotheken 83
Aragonien 38
Argaga 219
Argayall 219
Arguamul 245, 341
Armas 51
Artenschutz 67
Arure 226, 304, 313
Aufstand 41
Ausflüge 86
Ausflugsboote 91
Auskunft 95
Ausrüstung 82, 299
Aussteiger 185
Autofähre 56
Autofahren 57
Autonomiestatus 45

B
Baby 80
Baby-Beach 80, 215
Baden 14, 88
Bananen 21, 24
Bananenanbau 43, 268
Bands 30
Banken 85
Bar 71, 84
Barranco de Guarimiar 346
Barranco de la Villa 135
Barranco de las Rosas 335
Barranco de Santiago 166
Barranco del Agua 315
Barranco del Revolcadero 364
Barrancos 21
Beatriz de Bobadilla 41, 114
Behinderte 60
Behörden 85
Benchijígua 166, 354
Benzin 58
Berber 37
Berberstämme 36
Beschwerdebuch 98
Besucherzentrum
   Nationalpark 259
Béthencourt, Jean de 38
Bienmesabe 72
Billigflieger 50, 54
Biosphärenreservat 56
Bobadilla, Beatriz de 114
Bootstouren 91, 218
Borbalán 210
Botanischer Garten 21, 248, 259
Botschaften 61
Briefmarken 85
Briten 42
Broschüren 78
Buchten 18
Buchung 50, 78, 96
Buchungsagenturen 99, 301
Bürgerkrieg 44
Buschwald 24
Busfahren 60
Busrouten 61

C
Cádiz 56
Calvario 168
Caminos Reales 296
Camping 97
Carvalhos, Pepe 266

Casa de Aguada 118
Casa de Chelé 307
Casa de Colón 121
Casa del Conde 119
Castillo del Mar 252
Cedro 291
Centros de salud 82
Charco del Conde 199, 215
Chipude 234, 315, 319
Chorros de Epina 238, 337, 339
Christen 38
Christusskulptur 126
CICAR 58
Conquista 36, 38, 106
Contadero 288

D

Degollada de los Bueyes 312
Degollada de Peraza 144, 350
Degollada del Tanque 350
Delfine 220
Dickblattgewächse 24
Diebstahl 86
Diplomatische Vertretungen 61
Disco 84
Dokumente 66
Doña Efigenia 230
Dornlattich 24
Drachenbaum 25, 170, 360
Drachenblut 170
Drago 25, 170, 360

E

EC-Karte 74
Efigenia 230
EG 45
Eidechsen 27
Einkaufen 62
Einreisebestimmungen 66
Eintopf 69
El Apartadero 319
El Atajo 135
El Azadoe 348

El Cabezo 166
El Cabrito 141, 365
El Cedro 268, 291, 331
El Cercado 229, 308, 315
El Guro 183, 214, 305, 311
El Hornillo 183
El Langrero 135
El Noruego 164
El Pavón 319
El Rumbazo 166, 359
El Silbo 35
Entfernungstabelle 370
Epina 238
Erholung 88
Ermita de Guarimiar 166
Ermita de los Reyes 307
Ermita de Nuestra Señora
   de Guadalupe 140
Ermita de Nuestra Señora
   del Buen Paso 172
Ermita de San Isidro 172, 361
Ermita de San Juan 332
Ermita de Santa Clara 341
Ermita de Santa Rosa de Lima 258
Ermita Nuestra Señora de Coromoto 342
Ermita Nuestra Señora de Lourdes 327
Ermita Virgen de las Nieves 145, 352
Eroberung 36
Essen 67, 374
EU 45
Euro 74
European Health Insurance
   Card (EHIC) 82, 100

F

Fähre 50, 51
Fährhafen 53
Fahrrad 91, 224
Fährverbindungen 73
Fährverkehr 45
Familia de los Roques 289
Farmacias 83
Faro de Cristóbal 140

Fauna 27
Feiertage 30
Ferdinand von Aragonien 40
Feste 29, 224
Feuersprung 265
Fiesta 29, 224
Fiesta de San Marcos 265
Finca El Cabrito 142
Fincas 98
Fisch 71
Fischfabrik 176
FKK 18, 88, 215
Fleisch 71
Flora 23, 248
Flug 73
Flughafen 47, 53, 150
Flug-Know-how 54
Flugtickets 54
Flugzeug 50
Folklore 29, 64
Forastera Gomera Blanca 255
Fortaleza 235, 320
Franco, Francisco 44
Frauen 73
Fred Olsen 51, 164
Freihandelsstatus 43
Fremdenverkehr 44
Fremdenverkehrsämter 76
Fruchtgarten 210
Führerschein 58

G

Galerie 119, 139
Galión 239
Gara 280
Garajonay 322
Garten der Entdeckungen 248
Gastronomie 67, 374
Gecko 29, 216
Gefahren 300
Geisterdörfer 339
Geld 74
Geldautomaten 74
Gemelos, Los 329
Generalstreik 43
Geografie 17
Geologie 23, 218
Gepäck 54, 82
Gepäckversicherung 100
Geschäfte 85
Geschichte 37
Gesundheit 132
Gesundheitstipps 83
Gesundheitszentren 82
Getränke 72
Gifttiere 29, 300
Glossar, gastronomisches 374
Gofio 71
Golf 93
Gomerón 245
Gomeros 36, 102
Grafenturm 123
Gran Canaria 73
Gran Recorrido 296
Guaguas 60
Guanchen 102
Guarapo 244
Guarimiar 359
Guiris 211

H

Haftpflichtversicherung 101
Handwerk 259
Handy 95
Hauptstadt 106
Hautacuperche 183
Heilige 29
Hermigua 267
Hesiod 37
Hexen 286
Höchstgeschwindigkeit 59
Höhenstraße 283, 351
Homer 37
Hospital Insular 82
Hotels 96
Hupalupa 180

REGISTER

I
I.D.E.A. 94
Imada 174, 345, 347
Informationen 76
Inselname 266
Internet 78
Isabella von Kastilien 40

J
Jachthafen 107
Jagd 300
Jahreszeiten 14
Jardín de las Creces 317
Jardín del Descubrimiento 248
Jardín Tecina 157
Jerduñe 146
Jogging 224
Jonay 280
Juego de Bolas 259

K
Kalamar 72
Kalvarienberg 361
Kanarenstrom 16
Kanarienvogel 27
Kanarische Palme 26
Kandelaberwolfsmilch 24
Kaninchen 71
Kap Puntallana 140
Karavelle 113
Karneval 30, 134
Karten 79
Kartoffeln 70
Käse 69
Kastilien 38
Keramik 64, 121, 229
Kiefernwald 24
Kinder 80
Kino 132
Kirche 38
Kleidung 82
Klima 14, 298
Kolitscher, Guido 119, 138
Kolumbus 36, 42, 111
Kolumbushaus 121
Kommune 144
Konditorei 263
Königswege 296
Konquistadoren 38
Konsulate 61
Kosten 76
Krankenhaus 82
Krankenkasse 82
Krankenversicherungskarte EHIC 82, 100
Kreditkarten 75
Kresse 70
Kriminalität 86
Küche 67
Kultplatz 172
Kultur, altkanarische 36
Kunst 119, 138, 144
Kunsthandwerk 64, 121, 269
Künstlerkolonie 135
Kurse 94
Küsten 17

L
La Calera 184, 302, 307
La Dama 176
La Encantadora 251, 338
La Fortaleza 235, 320
La Laja 136, 350
La Mérica 239, 303
La Montañera 260
La Palma 73
La Palmita 334
La Playa 190
La Puntilla 199
La Rajita 176
Laguna 154
Laguna Grande 286, 321
Landhäuser 98
Las Hayas 229, 313
Las Mimbreras 326
Las Paredes 346
Las Pilas 312

Las Rosas 258
Las Trincheras 156
Lavastrände 17
Lebensmittel 62
Lederwaren 189
Legenden 280
Lehrpfade 298
Leihwagen 58
Lepe 266
Leuchtturm 140
Literaturtipps 368
Lo del Gato 354
Lomo Fragoso 135
Lorbeertaube 27
Lorbeerwald 23, 56, 259, 280, 325
Los Chapines 251, 338
Los Chejelipes 135
Los Cristianos 51
Los Descansadores 183
Los Gemelos 329
Los Granados 183
Los Loros 338
Los Órganos 218
Los Roques 289

M
Maestro-Karte 74
Magischer Realismus 138
Magmasäulen 218
Malerei 138
Markt 130
Medizinische Versorgung 82
Meeresschwimmbecken 271
Meeresströmungen 16
Miel de palma 244
Mietfahrzeug 58
Mirador 144
Mirador de Agulo 334
Mirador de los Roques 291, 351
Mirador del Drago 360
Mirador del Palmarejo 180, 226
Mirador El Bailadero 292
Mirador El Rejo 292

Mirador Ermita del Santo 226, 303
Missionare 38
Mitbringsel 62
Mobiltelefon 95
Mojo 71
Montaña Castilla 168
Monument al Sagrado Corazón de Jesús 126
Mühl, Otto 144
Musik 29, 64
Mutprobe 265
Mütter 80

N
Nachbarinseln 73
Nachspeisen 72
Nachtleben 84, 202, 203, 210
Name der Insel 266
Nationalfeiertag 34
Nationalpark 23, 56, 259, 281
NATO 45
Naturkostläden 67
Naturschutz 56
Nebelwald 21
Niederschläge 23
Nightlife 84, 202, 203, 210
Nordostpassat 16
Norweger 164
Notfälle 84, 100, 300
Notrufnummern 59, 84

O
Oceano 208
Öffnungszeiten 85
Oficina de Turismo 78
Olsen, Fred 164
Online-Buchung 78
Orgelpfeifen 218
Ostern 32

P
Pajarito 288, 346
Palmen 21, 26

Palmenhonig 26, 244
Panne 59
Papas arrugadas 70
Passatwinde 16
Pastrana 166, 355
Pauschalreise 96
Pensionen 96
Pequeño Recorrido 296
Peraza 144
Peraza, Fernán 40
Peraza, Guillén 40
Peraza, Hernán 41, 114, 180
Personalausweis 66
Pfeifsprache 35
Pflanzen 23, 248
Phönizier 37
Picknickplatz 81, 317, 321
Piedra de la Rosa 338
Piraten 42
Playa de Agulo 262
Playa de Alojera 242
Playa de Avalos 140
Playa de Chinguarime 156
Playa de Erese 157
Playa de Hermigua 271
Playa de la Caleta 271
Playa de la Cueva 126
Playa de la Guancha 364
Playa de la Roja 157
Playa de la Sepultura 258
Playa de las Arenas 217
Playa de los Dejes 258
Playa de Santiago 156
Playa de Tapahuga 156
Playa de Valle Gran Rey 215
Playa de Vallehermoso 250, 342
Playa de Vueltas 216
Playa del Águila 141
Playa del Cabrito 141
Playa del Cangrejo 141
Playa del Guincho 156
Playa del Inglés 191, 215
Playa del Medio 156

Playa del Remo 246
Playa San Marcos 262
Playa Santiago 150, 355
Playas 18
Plinius d.Ä. 38
Polizei 84
Portugal 38
Portugiesische Galeere 90
Post 85
Potaje de berros 70
Preise 76
Preiskategorien (Restaurants) 72
Preiskategorien (Unterkünfte) 96
Prepaid-Karte 95
Presa de Arure 313
Presa de los Tiles 330
Privathaftpflichtversicherung 101
Promillegrenze 59
Prozessionen 29
Ptolemäus 38
Puerta del Perdón 119
Puerto del Trigo 242

Q
Qualle 90
Quellen 238, 338
Queso asado 69
Quittungen 100

R
Radfahren 91, 224
Rastplätze 86
Reedereien 52
Regen 23, 301
Reisegepäckversicherung 101
Reisekosten 76
Reisepass 66
Reiserücktrittsversicherung 101
Reisevorbereitung 66
Reptilien 27
Rieseneidechse 28
Roque Agando 167, 289, 351, 354
Roque Blanco 258

Roque Cano 247
Roque de la Zarcita 291
Roque de Ojila 291
Rote Wand 334
Routenvorschläge 86
Rufnummern 84, 95
Runzelkartoffeln 70

S
Saison 14, 96
Salsa 30
Salto del Agua 305, 331
San Isidro 238
San Sebastián 106, 363
Santa Catalina 271
Santa Cruz de Tenerife 56
Säugetiere 27
Schafe 27
Schafskäse 69
Schiffsprozession 141
Schiffstouren 218
Schlangen 29
Schluchten 17, 21
Schneejungfrau 29
Schriftzeichen 120
Schutzheilige 29
Schweinebucht 217
Scirocco 16
Shopping 62
Sicherheit 55, 86
Siesta 85
Silbo 35
Skinks 29
Sklaven 42
Skorpione 29
Sondergepäck 55
Soße 71
Souvenirs 62
Speisekarten 69
Speisen 69
Spezialitäten 62, 69
Spielplatz 248
Sport 88

Sprachhilfe 371
Sprachurlaub 94
Stauseen
 135, 251, 330, 334, 338
Steilwand 334
Stollen 293
Strände 17
Straßennetz 56
Strömung 88, 216
Supermärkte 85
Surfen 90

T
Tabaiba-Strauch 24
Taco 166, 355
Tagoror 172, 320
Taguluche 227, 239
Tal des Großen Königs 180
Tamargada 257
Tanken 58
Tänze 29
Tauchen 90
Tauchschulen 90
Tausendfüßler 300
Taxi 94
Tazo 245, 341
Tecina 155
Teguergenche 312
Telefonieren 94
Telefonkarten 94
Temperaturen 14
Teneriffa 50, 73
Tennis 92
Teselinde 246
Thunfisch 72
Tiere 27, 66
Tintenfisch 72
Töpfereien 229
Tor der Vergebung 114
Torre del Conde 124
Touren 86, 301
Tourismus 44, 211
Touristeninformation 78

REGISTER, ZEICHENERKLÄRUNG

Trinkgeld 77
Trommeltanz 29
Turismo Rural 168

U
Umweltschutz 56
UNESCO 35, 56, 281
Unfall 59
Unterkunft 96
Ureinwohner 36, 41, 102

V
Valle Gran Rey 180
Valle-Bote 101
Vallehermoso 246, 336
Vegaipala 146
Vegetation 23
Veras, Pedro de 114
Verkehrsnetz 56
Verkehrsregeln 59
Verleihfirmen 58
Versicherungen 100
Visa-Karte 75
Vögel 27
Vorwahl 94
Vueltas 203
Vulkanausbrüche 21

W
Währung 74
Walbeobachtung 220
Wald 23, 280
Wale 222
Wandern 221, 296
Wandertouren 301
Wappentier 27
Wasserfall 306, 331
Wasserschlucht 315
Wasserstollen 293
Wegenetz 296
Wein 42, 72, 255
Weltkulturerbe 35
Wetter 14, 298
Wetterscheide 16
Whalewatching 220
Wildkresse 70
Winde 16
Winter 14
Wirtschaft 164
Wolken 23
Wüstenflora 24

Z
Zahnärzte 83
Zeitungen 101
Ziegen 27, 71
Ziegenkäse 69
Zoll 67
Zwillingsfelsen 329

Zeichenerklärung zu den Stadtplänen

- ■ Übernachtung
- ■ Essen und Trinken
- ■ Geschäfte, Sonstiges
- ■ Aktiv
- ■ Unterhaltung
- ⊕ Gesundheitszentrum
- ★ Sehenswürdigkeit
- ❶ Information
- ✉ Post
- ⛪ Kirche, Kapelle
- 🅿 Parkplatz
- Ⓑ Bushaltestelle
- ✖ Taxi
- ✈ Flughafen
- ⚓ Hafen
- 🏛 Gebäude
- ※ Aussichtspunkt
- ▲ Gipfel
- ☙ Strand
- ▭ Fußgängerzone

Die Autorin

Izabella Gawin (1964) studierte Spanisch, Deutsch und Kunst. Die Kanarischen Inseln haben es ihr so sehr angetan, dass sie dort jedes Jahr mehrere Monate lebt. Ihre Dissertation schrieb sie über die Kulturgeschichte des Archipels, außerdem verfasste sie Reise- und Wanderbücher. Bei REISE KNOW-HOW erschienen von ihr die Titel „La Palma", „El Hierro" und (zusammen mit Dieter Schulze) „Spanisch für die Kanaren". Auf der Internationalen Tourismusbörse in Berlin wurde sie mit dem Autorenpreis ausgezeichnet.